Sixty Voices is a Peace X Peace Production
Please share with others, and please join us at
www.peacexpeace.org

Sixty
Years
Sixty
Voices

ستون عاماً ستون صوتاً

שישים שנה שישים קולות

Israeli and Palestinian Women

Editorial Director: Patricia Smith Melton
Designer: Louise Brody

Color separation: Pica Digital, Singapore
Printed in October 2008 by: Star Standard, Singapore

First published by Peace X Peace in 2008
© Patricia Smith Melton for the text and the photographs
ISBN: 978-2-87868-122-2

Sixty Years Sixty Voices

ستون عاماً ستون صوتاً

שישים שנה שישים קולות

Israeli and Palestinian Women

نساء إسرائيليات وفلسطينيات

נשים ישראליות ופלסטיניות

Patricia Smith Melton editor and photographer

باتريشا سميث ملتون محررة ومصورة

פטרישיה סמית מלטון עורכת וצלמת

This book is for

all Palestinian and Israeli women—

those whose voices are being heard

and those whose voices will be heard.

This book is for all women everywhere

in celebration not only of our beauty

and diversity but of our wisdom, perseverance,

and genius in healing and harmony.

This book is for all men who long for peace.

Listen to the women, ask, and trust.

She is rising to her full self,

to people's astonishment.

She has placed her future in her hands,

and is ready to drink from the cup of it.

~ Patricia Smith Melton

הקדשה

ספר זה מוקדש לכל הנשים הפלסטיניות והישראליות –
נשים שקולן כבר נשמע, ואלו שקולן עוד ישמע.

ספר זה מוקדש לא רק ליופי ולשוני שבינינו הנשים, אלא
גם לחכמתנו, התמדתנו ויכולתנו להביא מזור ולהשרות
הרמוניה.

ספר זה מוקדש לכל הגברים הכמהים לשלום. האזינו
לנשים, שאלו אותן ובטחו בהן.

שיר, למקום כלשהו:
היא צומחת למלוא קומתה,
לתדהמת הכול.

היא הפקידה את עתידה בידיה,
והיא מוכנה לשתות מגביעו.

פטרישיה סמית מלטון

إهداء

نهدي هذا الكتاب للمرأة الفلسطينية وللمرأة الإسرائيلية، اللواتي استطعن إسماع أصواتهن وآرائهن، وللواتي سيتمكّن من إسماع أصواتهن وآرائهن.

كما نهدي هذا الكتاب إلى النساء في كل مكان، ليس تكريماً لجمال المرأة فحسب، وإنما تكريماً لحكمتها، وإصرارها ولعبقريتها في إيجاد الحلول وإيجاد الألفة والتوافق.

كما نهدي هذا الكتاب إلى جميع الرجال الذين يتوقون شوقا للسلام. دعونا نستمع للمرأة ونسألها عن رأيها ونثق بها.

قصيدة
أراها تنهض وتدرك نفسها
ويندهش الناس بها

أراها تملك مستقبلها بيدها
وأراها تدرك نتيجة عملها

باتريشا سميث ملتون

Sixty Years, Sixty Voices is the creation of an international team led by Patricia Smith Melton with Ruth Gardner, Elana Rozenman, and Rula Salameh. The expertise of dedicated people made the book a reality, born of hope.

Zainab Cheema managed the flow of text across space and languages, transcribed English-language interviews, and compiled the organizations section.

Translators were Kevin Daromar, Natalie Mendelsohn, and Ami Tzuberi. Text was reviewed and edited by Hala Boukya, Adi Foksheneanu, Grace Kafrouny, Mary L. Liepold, Ahmad Rifai, and Yael Shapira. Transcribers included Marjan Asi, Judith Forrest, and Nidaa Muqbil. Katherine Wimble reviewed all portraits and Eman Mohammed photographed inside Gaza.

Jihad Abu Zneid, Dr. Mohammad Dajani and Salwa Hudaib helped secure the Palestinian interviews. Adina Arbel, Dina Feldman, Michelle Katz, Tzvi Rozenman, and Michal Weiner helped with the Israeli interviews, translations, and photographs.

Marie-Claude Millet led the publication process and Louise Brody graced the book as its designer.

A special Thank You goes to Pierre and Pam Omidyar for their belief and support.

To our spouses, partners, and family members: Your patience softened the difficult parts and your understanding and joy add to the celebration. Thank you.

Note on the interviews

In the editorial process of selecting key statements, we have striven to stay true to the women's voices, their intents and meanings, within the excerpted interviews, and also across translations.

The majority of women were interviewed in English, not their first language. For some, this was a sacrifice of the nuance and fluidity they have in their native Arabic or Hebrew. We have chosen to leave their words as they said them, even when slightly awkward, in the interest of accuracy.

The women are gathered into two sets, Israeli and Palestinian, to help the reader see the diversity within each group. The Israeli women are printed first solely on the basis of alphabetization.

In the Index the women are listed with their positions and the language in which they were interviewed.

'שישים שנה, שישים קולות' מהווה יצירה של צוות בין-לאומי. הצוות הונהג על ידי פטרישיה סמית מלטון, ביחד עם רות גרדנר, אילנה רוזמן, ורולה סאלאמה. כח הרצון ושילוב היכולות של הצוות הביא את הספר מתקווה למציאות.

זיינאב צ'ימא ניהלה את זרימת התמלילים דרך זמנים ומרחבים שונים עד לנוסח הסופי. היא תעתקה את הראיונות בשפה האנגלית, וערכה את רשימת הארגונים.

קווין דרומאר, נטלי מנדלסון, ועמי צוברי תרגמו את הטקסט משפות המקור לאנגלית. הטקסטים נערכו ונקראו על ידי עדי פוקשניאנו, גרייס קרפוני, מרי ל. ליאופולד, אחמד ריפאי, ויעל שפירא.

המתעתקים היו מרג'אן אסי, יהודית פורסט, ונידא מוזביקי.

קתרין ווימבל עידנה את התמונות.

אנו מודים לג'יהאד זיינד, דר. מוחמד דאג'אני, וסלווה הודייב אשר סייעו בקיום הראיונות הפלסטינים. כמו כן, אני מודים למיכל וינר, לעדינה ארבל, לדינה פלדמן, למישל כץ ולצבי רוזנמן על עזרתם בראיונות, בתרגומים ובצילומי הנשים הישראליות.

תודה למרי קלוד ודידיה מילט מחברת ההוצאה לאור הפסיפיק, אשר הנהיגה את תהליך ההוצאה לאור וכן ללואיז ברודי אשר עיצבה את הספר.

תודה מיוחדת לפייר ופם אומידייאר על אמונתם ותמיכתם.

לבני הזוג שלנו ולבני משפחתנו – תמיכתכם וסבלנותכם עזרו לנו לשמור על שלווה פנימית בזמנים קשים, ושמחתכם מוסיפה לחגיגה שלנו.

תודה.

הערה:

בתהליך העריכה חתרנו להשאר נאמנים לקולן של הנשים, כוונתן, ומשמעותן של ראיונותיהן, גם לאורך התרגומים.

מרבית המרואיינות לא רואיינו בשפת אמן, אלא באנגלית. מסיבה זו, חלק מהראיונות איבדו מהזרימה שלהם ואת הניואנסים של השפה העברית או הערבית. מילותיהן של הנשים לא שונו למרות קשיי השפה הברורים, לשם שמירת האותנטיות.

הראיונות מופרדים בספר לפי השתייכותן הגיאוגרפית של הנשים, ישראל ופלסטין, בכדי להדגים את השוני בכל אזור. הראיונות הישראליים מוצגים בראשונה על בסיס סידור אלפבתי בלבד.

ניתן למצוא את תפקידי הנשים, והשפה בה הן רואיינו ברשימה המפורטת בספר.

ستون عاماً…ستون صوتاً هو نتاج فريق عمل دولي قادته باتريشا سميث ملتون وضم كل من رووث غاردنر، الينا روزنمان، و رولا سلامة. إن الخبرة والإخلاص والتفاني جعلت من هذا الكتاب واقعاً ولد من قلب الأمل. قامت زينب خيما بالإشراف على سلاسة النص عبر المكان واللغة وسجلت المقابلات التي أجريت باللغة الإنجليزية، وصنفت الأقسام الخاصة بالمؤسسات.

قام كل من كيفين دار عمر، نتالي مندلسن، وآمي تسوبيري بأعمال الترجمة، وقام كل من أدي فوكشينونو، غريس كافروني، ماري ليبولد، أحمد رفاعي، وجميلة … بتحرير النصوص، أما مرجان آسي، جوديث فوريست، ونداء مقبل فقمن بكتابة النصوص، وقامت كاثرين ويمبل بمراجعة الصور.

النائب جهاد أبو زنيد، الدكتور محمد دجاني، وسلوى هديب (وكيل وزارة شؤون المرأة) ساعدوا على الوصول إلى المقابلات الفلسطينية. وساعد كل من أدينا آربل، دينا فلدمن، ميشيل كاتس، تسفي روزنما، وميخال وينر على الوصول إلى المقابلات الإسرائيلية والترجمة وأخذ الصور.

قامت ماري كلود-ديدبير من بالإشراف على عملية النشر وقامت لوي برودي بتصميم الكتاب.

شكر خاص إلى بيير و بام أومديار على دعمهما لهذا العمل وإيمانهما به. كما نتوجه بالشكر إلى أزواجنا وزوجاتنا وشركائنا على صبرهم وتحملهم، ما ساهم في تخفيف مصاعب وأعباء هذا العمل، كما نشكرهم على تفهمهم وعلى تعبيرهم عن فرحتهم بعملنا، ما زاد من بهجة إنجاز هذا العمل، فشكراً لكم جميعاً.

ملاحظات على المقابلات

حاولنا في سياق التحرير حيث، اختيار تصريحات رئيسية، أن نلتزم بما عبرت عنه أصوات النساء وما قصدن من معنى في الأجزاء المختارة من المقابلات والترجمات.

كانت معظم المقابلات مع النساء باللغة الإنجليزية التي هي ليست لغتهن الأم، ما شكل نوعاً من التضحية في السلاسة اللغوية والأسلوب الذي تتمتع كل منهن به في لغتهن الأم سواء كانت عربية أم عبرية. لقد اخترنا أن نبقي كلماتهن كما هي، ولو كان نوعاً ما بعضها غريبا أو غير سلس، وذلك حفاظاً على الدقة.

تم توزيع النساء على مجموعتين، أحدهما إسرائيلية والأخرى فلسطينية، كي نساعد القارئ على استكشاف التنوع الذي تتصف به كل مجموعة. وجاء وضع مجموعة النساء الإسرائيليات أولاً فقط حفاظاً على الترتيب الأبجدي. أما الفهرس فيحتوي على أسماء النساء والمراكز التي يحتلن ولغة المقابلة.

Sixty Years, Sixty Voices: Israeli and Palestinian Women

Sixty Years, Sixty Voices carries the voices of 30 Israeli women and 30 Palestinian women who share their wisdom, experiences, points of view, wounds, and joys. They trusted us to represent them well, individually and as a whole. We are touched and we are bound.

This book has one agenda: to show the richness of female minds and hearts and to demonstrate that women are those best prepared to reach across differences and to build peace on mutual goals. Palestinian and Israeli women, in all their diversity, can bring peace to the Holy Land of the Abrahamic religions of Islam, Judaism, and Christianity.

2008 is celebrated by Israelis as the 60th anniversary of the State of Israel. It is lamented by Palestinians as the 60th year of the *Naqbeh*, the catastrophe.

Since 1948, Palestinians and Israelis have suffered wars, *intifadas*, occupation, boundary changes, refugee camps, suicide bombers, failed attempts at peace, economic sanctions, prison detention, and sealed borders. Yet, the majority of Israelis and Palestinians say now is the time to come to an agreement each side can live with, an agreement that brings security, truth-based education, financial viability, and self-governance to both peoples.

The premise of *Sixty Years, Sixty Voices*, supported by UN Security Council Resolution 1325 on Women, Peace, and Security, is that women are those most capable to create substantive, sustainable peace. Women know best what is needed, they have the endurance to make it happen, and they are willing to reach across divides. Indeed, several of the women in the book have already striven hard to be in dialogue with their neighboring sisters.

Israeli and Palestinian women, who have suffered equally if not more than men, have faith in themselves. They believe if the other women knew their situation they would do something. They believe they do not need to love each other, but they can find a way to live productively next to each other, if not for their sake then for the sake of their children.

Indeed, the women speak quickly of the needs of the children. Many also express disappointment in their political leaders, the imperative for financial means, and the need to stop violence in all forms. Women on both sides of the Wall tell us how the conflict affects their lives.

The women also define courage. They live courage. Israeli and Palestinian women are stunning in their fortitude, resilience, creativity, and tenacity as they work for the components of peaceful societies, including financial equality, education, conflict resolution and nonviolence, truth in media, human rights, restorative justice, and inclusive governments.

From Knesset member to martial arts instructor, from comedian to the widow of a Hamas leader, from prisoner to soldier, from Bedouin to rabbi, the women tell us who they are, what they do, what they believe, what their lives are like, and what is needed to build peace. The women break stereotypes, theirs and ours, and expand the possibility for healing, and for peace, with unrelenting realism.

By definition, the women in the book are those most open to talking with the "other" and those least constrained by religious or political structures. We acknowledge the courage especially of the women who stepped beyond their injuries, suspicion, fears, and social codes to talk with us. Thank you.

Even though we offered the invitation, out of the immense diversity of Palestinian and Israeli women, certain voices are still missing. For each woman in the book, others watch and wait, in processes of decision or healing. May they be encouraged by the women in this book. May we all, women and men, be inspired.

We asked repeatedly, "Is peace possible?" *Every* woman said "Yes." Now is the time, and women are the way.

Patricia Smith Melton
Editor and Photographer
Founder of Peace X Peace
www.peacexpeace.org
www.60voices.org

שלהן, הכורח במשאבים כלכליים ועל ההכרחיות לשים קץ לאלימות על כל צורותיה. נשים משני צדי גדר ההפרדה מתארות כיצד הסכסוך משפיע על חייהן.

הנשים גם מגדירות אומץ. הן חיות באומץ. נשים ישראליות ופלסטיניות מדהימות בעוצמתן, בנחישותן, ביצירתיות ובעקשנות שלהן, בפעילותן לבניית חברה שלווה שבה יתקיימו שוויון כלכלי, חינוך, יישוב סכסוכים ואי-אלימות, אמון בתקשורת, זכויות אדם, תיקון עוולות ושלטון כוללני.

מחברת כנסת ועד מדריכה באומנויות הלחימה, מקומיקאית ועד אלמנתו של מנהיג חמאס, מאסירה ועד חיילת, מבדווית ועד רבה – הנשים מספרות לנו מי הן, מה מעשיהן, במה הן מאמינות, איך נראים חייהן ומה נדרש כדי לכונן שלום. הנשים שוברות סטריאוטיפים, שלהן עצמן ושלנו, ומחזקות את האפשרות לריפוי ולשלום מבלי לוותר על ראייה מפוכחת.

מטבע הדברים, הנשים בספר זה הן הפתוחות ביותר לדבר עם 'הצד האחר' והפחות מוגבלות על-ידי מחסומי הדת או הפוליטיקה. אנו מוקירות את האומץ שנדרש מהן, בייחוד מהנשים שהתעלו על המכאובים, החשדות, הפחדים והמוסכמות החברתיות כדי לשוחח עמנו. תודה לכן.

אף שהזמנו אותן להישמע, בתוך המגוון העצום של קולות של נשים פלסטיניות וישראליות חסרים עדיין אי-אילו קולות. כנגד כל אישה בספר זה יש אחרות המתבוננות וממתינות, נתונות בתהליך של החלטה או מרפא. מי ייתן וישאבו עידוד מהנשים שבספר זה. מי ייתן וכולנו, נשים וגברים, נשאב מהן השראה.

שאלנו שוב ושוב, "האם השלום אפשרי?" כל הנשים ענו "כן". זהו הזמן, והנשים הן הדרך.

פטרישיה סמית מלטון

עורכת וצלמת מייסדת "Peace X Peace"

www.peacexpeace.org

www.60voices.org

שישים שנה, שישים קולות: נשים ישראליות ופלסטיניות

'שישים שנה, שישים קולות' מביא את קולותיהן של 30 נשים ישראליות ו-30 נשים פלסטיניות החולקות עמנו את חכמתן, חוויותיהן, השקפותיהן, מכאוביהן ושמחותיהן. חשיפה כזו התרחשה תוך אמון שנייצג נאמנה כל אחת מהן ואת כולן יחדיו האמון נגע ללבנו והטיל עלינו מחויבות שאנו עומדים בה.

לספר זה יש קו מנחה מרכזי: להציג את מגוון ההשקפות והרגשות הנשיים ואת מוכנות הנשים לגשר על פערים ולבנות שלום המבוסס על הבנה הדדית. נשים פלסטיניות וישראליות, עם כל השוני ביניהן, מסוגלות להביא שלום לארץ הקודש של בני דתות אברהם: איסלאם, יהדות ונצרות.

ב-2008 הישראלים חוגגים 60 שנה להקמתה של מדינת ישראל. הפלסטינים מקוננים על שנת ה-60 לנכבה, האסון.

מאז 1948 סבלו הפלסטינים והישראלים ממלחמות, אינתיפאדות, כיבוש, שינויי גבולות, מחנות פליטים, פיגועי התאבדות, ניסיונות כושלים לכונן שלום, סנקציות כלכליות, מעצרים וסגירת גבולות. אולם מרבית הישראלים והפלסטינים אומרים שעתה הוא הזמן להגיע להסכם ששני הצדדים יוכלו לחיות עמו, הסכם שיביא אתו ביטחון, חינוך על בסיס של אמון, ישימות כלכלית ושלטון עצמאי לשני העמים.

הנחת היסוד של 'שישים שנה, שישים קולות', פרויקט המסתמך על החלטת מועצת הביטחון של האו"ם 1325 בעניין נשים, שלום וביטחון, היא שנשים הן הכשירות ביותר לכונן שלום ממשי ובר-קיימא. נשים מטיבות לדעת מה נדרש, הן בעלות כושר העמידה לממש זאת, ויש בהן נכונות לגשר מחלוקות. ואכן, כמה מן הנשים בספר זה כבר עמלו קשות לקיים דיאלוג עם אחיותיהן השכנות.

נשים ישראליות ופלסטיניות שסבלו כמו הגברים, אם לא יותר, הנן בטוחות בעצמן. הן מאמינות שלו ידעו נשים אחרות על מצבן, היו עושות משהו. הן מאמינות שאין הן חייבות לאהוב זו את זו, אך הן יכולות למצוא דרך לחיות זו לצד זו בצורה פורייה, אם לא למענן, אז לפחות למען ילדיהן.

ואכן, הנשים מזכירות בחטף את צורכיהם של הילדים. רבות אף מביעות אכזבה מהמנהיגים הפוליטיים

كما تتحدث المرأة في هذا العمل عن الشجاعة، فنجد أن المرأة في الجانب الفلسطيني والإسرائيلي تستحق الإعجاب والتقدير لما لديها من قوة وصلابة وإصرار وعزم وإبداع وهي تعمل من أجل السلام بين المجتمعين، ومن أجل المساواة في التعليم، وفي الحقوق المالية. كما نراها تعمل على فض النزاعات، وتعمل مستخدمة أساليب لاعنفية، وتبحث عن الحقيقة، وتسعى من أجل الحفاظ على حقوق الإنسان والعدالة.

ففي "ستون عاماً...ستون صوتاً" هنالك المرأة العضو في الكنيست، والمرأة التي تدرس الفنون العسكرية، والمرأة الكوميدية، كما أن هنالك أرملة أحد قادة حركة حماس، وهنالك المجندة والسجينة والمرأة البدوية والمرأة الحاخام، كلهن يتحدث عن أنفسهن وعمّا يؤمن به وعن أعمالهن وعن حياتهن التي يحيينها، وعن ضرورات بناء السلام. فالمرأة في هذا العمل تتجاوز الأنماط التقليدية وتنظر بحثاً عن الشفاء والسلام بجد واجتهاد.

النساء في هذا العمل هن الأكثر مرونة في التحدث مع "الآخر"، وهن الأقل خضوعاً للمحددات الدينية والسياسية، لذلك، فإننا نقدر شجاعتهن خاصة اللواتي تخطين ما لديهن من جراح وآلام وشكوك ومخاوف وقيود اجتماعية لكي يتحدثن معنا، فلهن جزيل الشكر.

بالرغم مما وصلنا إليه مع العديد من النساء الإسرائيليات والفلسطينيات وما حصلنا عليه من نتائج تعكس التنوع الهائل بينهن، إلا أنه لا تزال هنالك أصوات لم نسمعها بعد، وتلك الأصوات تترقب وتنتظر وتأمل أن يكون هنالك شفاء ودواء. نأمل أن يكون هذا العمل بمثابة تشجيع للنساء والرجال على الإقدام والعمل بالمثل.

لقد طرحنا السؤال التالي عدة مرات "هل السلام ممكن؟" وكان جواب جميع النساء عليه "نعم". لقد آن الأوان لتحقيق السلام، والمرأة هي الطريق لتحقيقه.

باتريشا سميث ملتون
محررة ومصورة
مؤسسة ورئيسة Peace X Peace
www.peacexpeace.org
www.60voices.org

ستون عاماً...ستون صوتاً: نساء إسرائيليات وفلسطينيات

ستون عاماً...ستون صوتاً يحمل أصوات ثلاثين امرأة إسرائيلية، ومثلهن فلسطينية، يتحدثن مم اكتسبن في الحياة من حكمة وخبرة وآراء وفرح وجراح. لقد منحننا ثقتهن لكي نقدم ما لديهن كأفراد وكمجموعات. مما أثر بنا وجعلنا نلتزم بذلك.

لهذا الكتاب أجندة واحدة وهي أن نوضح ما يتمتع به عقل المرأة وقلبها من ثراء، ونبرهن أن المرأة هي الأفضل استعداداً للقيام بتخطي الخلافات وبناء السلام والوصول إلى الغايات المشتركة. فالمرأة الفلسطينية ومثيلتها الإسرائيلية، بالرغم مما لديهن من اختلاف، تستطعن تحقيق السلام في الأرض المقدسة، أرض الديانات الثلاث الإسلام واليهودية والمسيحية.

تحتفل إسرائيل في عام ٢٠٠٨ بعيد تأسيسها الستين، بينما يبكي الفلسطينيون في هذه الذكرى لأنها الذكرى الستون للنكبة.

لقد عانى الفلسطينيون والإسرائيليون من ويلات الحروب منذ عام ١٩٤٨، فكان هنالك الانتفاضات والاحتلال وتغيير الحدود ومخيمات اللاجئين والتفجيرات الانتحارية وفشل العملية السلمية والاعتقالات والمقاطعة الاقتصادية وإغلاق الحدود. بالرغم من كل هذا، يعلو صوت الفلسطينيين والإسرائيليين مطالبين بأن الوقت قد حان للوصول إلى اتفاق يستطيع الطرفان التعايش معه، بحيث يحقق هذا الاتفاق الأمن، والتعليم القائم على الصدق، والقدرة المالية اللازمة للاستمرار والحكم الذاتي للشعبين.

إن الفكرة من وراء هذا العمل "ستون عاما...ستون صوتاً"، والمستندة الى قرار مجلس الأمن الدولي رقم ١٣٢٥ حول المرأة والسلام والأمن، هي أن المرأة هي الأكثر قدرة على إيجاد السلام الحقيقي الدائم. فالمرأة هي التي تدرك وتعي الأمور التي نحتاجها من أجل تحقيق السلام، وهي التي تستطيع أن تصبر وتتحمل حتى تحقق السلام، وهي التي لا تتوانى عن اجتياز الحدود للوصول إلى هذه الغاية. لهذا، فإن العديد من النساء في هذا الكتاب قد عملن بجد واجتهاد من أجل إيجاد حوار مع جاراتهن وأخواتهن.

النساء الفلسطينيات والإسرائيليات اللواتي عانين حتى وصلت درجة معاناتهن معاناة الرجال أو زيادة عن ذلك. لديهن ثقة وإيمان بأنفسهن. فهن يؤمن بأنه إذا كانت المرأة الأخرى تعرف عن وضعهن فإنها لن تقف مكتوفة الأيدي. وهن يعرفن أنه ليس لزاما عليهن أن يحببن بعضهن البعض، ولكن عليهن إيجاد طريقة للعيش بجانب بعضهن البعض من أجل خير أطفالهن وخيرهن.

تتحدث النساء في هذا العمل بإيجاز عن احتياجات أطفالهن. كما يتحدثن عن خيبة أمالهن بالقيادات السياسية. ويتحدثن أيضاً عن أهمية القضايا المالية، وضرورة العمل على وقف العنف بكافة أشكاله. النساء على جانبي الجدار يصفن كيف يؤثر النزاع على مجرى حياتهن.

FOLLOWING PAGES:
5000-year-old olive tree in Alwalajah village, west of Beit Jala in the West Bank.

Sarai Aharoni

Facilitator with Isha L'Isha–Haifa Feminist Center

Aharoni, whose mother is American and father is Iraqi, identifies herself as a feminist, political activist, and secular Mizrachi. She lives in Haifa and works with Jewish and Arab women in the Isha L'Isha Feminist Center. A PhD candidate at Bar Ilan University, Aharoni focuses on participation of Israeli women in peace negotiations and promotes implementation of UN Security Council Resolution 1325 on Women, Peace, and Security.

מנחה במרכז הפמיניסטי 'אישה לאישה' בחיפה

שרי אהרוני, בת לאם אמריקנית ואב עיראקי, מעידה על עצמה שהיא פמיניסטית, פעילה פוליטית ואישה מזרחית חילונית. היא מתגוררת בחיפה ועובדת עם נשים יהודיות וערביות במרכז הפמיניסטי 'אישה לאישה'. היא דוקטורנטית באוניברסיטת בר אילן, המתמקדת בהשתתפותן של נשים ישראליות במשא ומתן לשלום ומקדמת את יישום החלטת האו"ם מס' 1325 בעניין נשים, שלום וביטחון.

ميسرة في مركز "إيشا لإيشا" في حيفا

تُعرَف السيدة ساراي أهاروني، ذات الأم الأمريكية والأب العراقي، نفسها بأنها ناشطة في مجالات المساواة بين الرجل والمرأة والمجالات السياسية. كما تُعرف السيدة ساراي أهاروني نفسها بأنها يهودية شرقية علمانية. تسكن السيدة أهاروني في مدينة حيفا وتعمل مع نساء عربيات ويهوديات في مركز "إيشا لإيشا" (امرأة لامرأة) الذي يعمل في مجالات المساواة بين الرجل والمرأة. تحضّر السيدة أهاروني لشهادة الدكتوراه في جامعة بار إيلان، وهي تُركز على موضوع مشاركة النساء الإسرائيليات في مفاوضات السلام. تعتبر السيدة ساري أهاروني من العاملات على تطبيق قرار مجلس الأمن الدولي التابع للأمم المتحدة رقم ١٣٢٥ حول المرأة والسلام والأمن.

החלטה מס' 1325 על נשים, שלום וביטחון התקבלה על ידי מועצת הביטחון של האו"ם באוקטובר 2000, והיא נחשבת בעיני תנועת הנשים הבין-לאומית לאחד הישגים הגדולים של התנועה בעשור האחרון. ההחלטה מכירה רשמית בצורך לשלב נשים בכל משא ומתן לשלום ובכל סוגיה העוסקת בסכסוכים – מניעתם, ניהולם ופתרונם.

האם החלטה מס' 1325 מיושמת באופן פעיל?

הדיון נמשך. קבוצות של נשים בזרמים המרכזיים וברמות הפוליטיות הגבוהות דנות איך לפרש וליישם את ההחלטה באופן מעשי-פעיל ועל ידי הגשת דרישות לקהילה הבין-לאומית ולממשלות המקומיות.
נשים בעמדות פוליטיות בכירות לא יכולות להרשות לעצמן להגן על נשים אלא אם רוב הנשים מוכנות להזדהות בתור נשים בפוליטיקה שלהן, בראיית העולם שלהן ובאמונה שלהן. מנהיגות זקוקות להרבה נשים פמיניסטיות מאחוריהן. רק כשנשים יאמינו ביכולת של נשים לשנות, המנהיגות יוכלו לחולל שינוי.

את "פמיניסטית"?

אני פמיניסטית ראליסטית – זאת אומרת, אני פמיניסטית קיצונית! אני מעורבת בנושאים של זכויות הנשים – כגון התנגדות לאלימות, התנגדות לסחר בנשים, זכויות כלכליות, פעילות בפרלמנט, ועבודה יום יומית עם נשים ונערות – בכל מקום נתון, ועם כל מיני שותפים.
נשים בכל העולם צריכות להמשיך לעשות כל מה שביכולתן כדי שקולן ישמע.
נשים צריכות לעמוד על שלהן כדי שהעבר לא יחזור, הן צריכות לומר את כל מה שבלבן בלי חשש שיושתקו, יוכו, יירצחו, יופלו, או יפוטרו. אני מקווה שכל אישה ששומעת אותי תזהה את כוחה לשנות את חייה ואת חיי האחרים – בקהילה שלה, במשפחה שלה או בארץ שלה.
אנו הנשים הפעילות צריכות ולסייע זו לזו, כתנועת הנשים הבין-לאומית המנסה ליזום מפגשי נשים מכל העולם. במפגשים האלה נשים חולקות חוויות ויוצרות קשרים, הם זוכות בבמת שיקום ושינוי, להבדיל ממה שמתרחש במציאות המדאיגה כל כך סביבנו.

הכותרת של החלטה מס' 1325 היא "נשים, שלום וביטחון". לדעתם השלום אפשרי?

צריך להמשיך להשתמש במילה שלום. אנשים הפסיקו להשתמש בה, מישהו צריך להזכיר לכולם שהמושג הזה קיים. צריך לשאת את הלפיד, אפילו בשעות של עלטה כבדה, של התפכחות מאשליה ושל אלימות. מישהו צריך להאמין שתקוותינו לשלום יתגשמו,ויום אחד מישהו ייקח את הלפיד מאתנו וימשיך את הדרך.
הדבר הכי גרוע שיכול לקרות הוא מלחמה אזורית. אנשים לא מבינים שיש לנו שתי ברירות – או שננסה את דרך השלום או שנגיע למלחמה אזורית. השלום הוא עדיין הפתרון הטוב ביותר.

ساراي أهاروني / שרי אהרוני

Resolution 1325 on Women, Peace, and Security was accepted by the United Nations Security Council in October 2000 and is seen by the international women's movement as one of the biggest achievements of the movement during the last decade. It officially recognizes the need to incorporate women in all peace negotiations and everything to do with conflicts—prevention, management, and resolution.

Is Resolution 1325 being implemented?

The debate goes on. Women's groups at the grassroots and high political levels debate how the resolution should be interpreted and applied in practice, in actions, and in demands on the international community and local governments. Women leaders need many feminist women standing behind them. Women in high politics cannot afford to speak for women unless the majority of women are ready to identify themselves *as* women in their politics, in how they see the world, and in what they believe. When women believe in women's ability to make changes, then women leaders will be able to make changes.

Are you a "feminist woman"?

I am a realistic feminist, which is another way of saying I am a radical feminist! I have been involved in women's rights—anti-violence, anti-trafficking, economic rights, work in the Parliament, in the streets with women, with girls—in every conceivable place and with all kinds of partners.

Women all over the world need to keep doing whatever they can so that women's voices, wherever they are, will not be silent. Never again. And that women will stand up and say whatever they want about anything they want without the fear of being silenced or beaten or murdered or deprived or fired or whatever. I hope every woman who hears me will identify her own power to change her life, and the lives of others, whether in her community, her family, or her country.

We women activists need to take care of ourselves also, to help each other in our work. The global women's movement is trying to do this, as women from all over the world are meeting, sharing experiences, and creating networks. This is a good start for women to create places where there is sanity instead of the things that are happening in our very troubling reality.

Resolution 1325 is titled "Women, Peace, and Security." Is peace possible here?

We should keep using the word *peace*. People don't use it anymore, and someone has to remind everyone this concept exists. Someone has to hold the torch, even in times of great darkness and disillusionment and violence. Someone has to believe it is possible. And one day someone will come and take the torch from us and keep on going.

Regional war now is the worst thing that could happen. People don't understand we have two options—either we try the peaceful way, or we go to a regional war. In my eyes, the peaceful solution is still the best solution.

صادق مجلس الأمن الدولي على قرار ١٣٢٥ المتعلق بالمرأة والسلام والأمن في تشرين أول/ أكتوبر عام ٢٠٠٠ ، حيث يعترف هذا القرار رسمياً بضرورة مشاركة المرأة في جميع المفاوضات السلمية وكافة القضايا المتعلقة بالنزاعات، بما في ذلك منع النزاعات وإدارتها وتسويتها. واعتبرت الحركة النسائية العالمية هذه المصادقة من أعظم إنجازاتها خلال العقد الماضي.

هل هناك تطبيق فعلي لقرار ١٣٢٥؟

لا يزال الحوار مستمراً. فالمجموعات النسائية على المستوى الشعبي والمستويات السياسية العليا لا تزال تناقش قضية تفسير القرار وتطبيقه عملياً، بالإضافة إلى مطالبات المجتمع الدولي وحكومات الدول.

تحتاج القيادات النسائية إلى دعم يؤيد المساواة بين الجنسين. لا تستطيع المرأة التي تحتل مركزاً سياسياً رفيعاً أن تتحدث باسم المرأة إلا في حالة انخراط غالبية النساء في القضايا السياسة والتعبير عن رؤيتهن للعالم والقضايا التي يؤمن بها. تستطيع القيادات النسائية أن تحدث تغييرات عندما تؤمن المرأة بقدرتها على إحداث تغيير.

هل أنت من مؤيدات المساواة بين الرجل والمرأة؟

أنا من مؤيدي المساواة بين الرجل والمرأة، كما أنني واقعية في هذا المجال، أي أنني أؤيد المساواة بين الرجل والنساء المتطرفات. عملت ولا أزال في مجالات حقوق المرأة مثل منع العنف ضدها، والمتاجرة بها، بالإضافة إلى حقوق المرأة الاقتصادية. دافعت عن هذه الحقوق في البرلمانات وفي الشوارع مع النساء ومع الفتيات في كل مكان ومع العديد من الشركاء.

على المرأة في جميع أنحاء العالم أن تقوم بكل الأمور التي تبقي على صوتها مسموعاً، وأن تقف النساء معاً وأن تقول المرأة كلمتها ورأيها في أي شيء دون أن تخاف من أن أحدا ما سيسكتها أو يضربها أو يقتلها أو يحرمها أو يقيلها من عملها. آمل أن تدرك كل امرأة تسمعني قدرتها على تغيير حياتها وحياة الآخرين في مجتمعها وعائلتها وبلدها. علينا كنساء نشيطات أن نعتني بأنفسنا أيضاً، وأن نساعد بعضنا في عملنا. تسعى الحركة النسائية العالمية من أجل ذلك حيث تلتقي نساء من العالم يشاركن خبراتهن ويقمن شبكات فيما بينهن. هذه بداية موفقة للمرأة من أجل إيجاد مناطق خالية من الجنون الذي أصاب عالمنا وواقعنا.

هل يمكن للسلام أن يحدث؟

علينا أن نستمر في استخدام كلمة سلام، فالناس لا يستخدمونها كثيراً هذه الأيام، وعلينا أن نُذَكر أنفسنا بوجود هذه الكلمة. يجب أن يحمل شخص ما شعلة السلام في زمن الظلام والعنف والضلال. يجب أن يكون هنالك شخص مؤمن بهذا، حيث يأخذ الشعلة منا ويسير بها إلى الأمام.

الحروب الإقليمية هي أسوأ شيء ممكن أن يحدث. لا يدرك الناس أن أمامنا خيارين، إما أن نتخذ طريق السلام وإما أن نتخذ طريق الحرب الإقليمية. الحل السلمي في رأيي هو الحل الأفضل.

אמאל אלסאנה אלג׳וג׳ / أمل الصانع الحجوج

Now they are teaching adults how to listen. As a shepherd, I listened to everything and developed my senses from the air, earth, moon, and stars. Even though I was without shoes and it was cold, I think I want to send my kids to the field with three sheep and one cow and say, "This is the best school in your life."

When did you became a shepherd?
I was five. It was tough to wake at 5:30, go out to the field with 50 sheep, three cows and a donkey, come back at 7:45, dress myself, and run three kilometers to school. My village in the Bedouin community had no electricity, no infrastructure, nothing.
Sometimes troubles are opportunities. In nature, the sky is the limit.
My imagination painted my future as a great leader. The first book I read, as a ten-year-old, I found on a rainy day when I went to the valley to find shelter. The water was streaming past with a book floating on top about Nelson Mandela. It was my window to the world. I imagined myself like Mandela, fighting for my people. I played with the sheep that I am a leader. I would see ants in a line and try to change their direction. This was my game, to change the direction of sheep and other things.
Even though I was his fifth girl, my father's eyes said, "Go forward. You are strong and you are my daughter." I want to be a citizen who changes the whole atmosphere in Israel.

You want to change the atmosphere towards Bedouins?
Some villages along the roads existed before Israel was established and they still are not recognized, they have no electricity, nothing. Many Jews pass through our villages and don't even see them, we are invisible. The gaps in equality are huge in budget allocations, infrastructure, policy-making, decision-making. We are Muslim, Arab, and Palestinian, and we will be in Israel forever.
You want the Bedouin to be strong, or do you want a community where only negatives exist? Cooperation is not a matter of choice, we must have equality between the two people and mutual understanding where each can fulfill his potential. The people are more willing than the government which has stupid policies. I think the ministries are not aware because most are men, women see things in different ways.

Do you believe in destiny?
I think it is not by accident I was the fifth girl before my five brothers were born, and that Amal means "hope" in Arabic and "work" in Hebrew. Hope and work. We have a purpose in life, you are not here just to be here.
The Bedouin society is a very patriarchal, but there is a change in the field. I tell young women, you can choose to be a victim of this process or a designer of this process. If you want to be a designer, you have to be active. I also tell women to keep asking questions, always ask questions, and take nothing for granted.

الكبار يتعلمون الآن أساليب الاستماع. أما أنا راعية الغنم فبإمكاني أن أسمع كل شيء حولي. لقد نَمت حواسي وترعرعت في الهواء الطلق تحت القمر والنجوم، حتى عندما كنت حافية القدمين وكنت أشعر بالبرد. أعتقد أنني سأرسل أولادي إلى الحقل مع ثلاثة خراف وبقرة وأقول لهم «هذه أفضل مدرسة في الحياة.»

متى أصبحت راعية غنم؟
كنت في الخامسة من عمري عندما بدأت أرعى الغنم. كان من الصعب النهوض من النوم الساعة الخامسة والنصف والذهاب إلى الحقل مع خمسين من رؤوس الأغنام وثلاث بقرات وحمار والعودة الساعة السابعة وخمس وأربعين دقيقة لأرتدي الثياب وأركض مسافة ثلاث كيلومترات إلى المدرسة. لم تكن قريتي البدوية موصولة بالكهرباء، ولم يكن فيها بنيةٍ تحتية، لقد كانت تفتقر إلى كل شيء.
تشكل المصاعب أحياناً فرصاً للنجاح. فالسماء هي الحد. أنظر في مخيلتي فأجدني قائدة عظيمة. لقد كان أول كتاب قرأته وأنا عمري عشر سنوات عائماً في الوادي في يوم ماطر. وجدته وأنا أبحث عن مكان اختبئ به من الشتاء. كان ذلك الكتاب عن نيلسون مانديلا. أتخيل نفسي مثل مانديلا أحارب من أجل شعبي. ألعب دور القائد وأنا أرعى الماشية، وعندما أرى النمل يسير في اتجاه ما أحاول تغيير ذلك الاتجاه. هذه لعبتي، فأنا أغير اتجاه الماشية واتجاه الأشياء الأخرى.
بالرغم من أني كنت ابنته الخامسة، كان أبي يشجعني وكنت أرى عينيه تقولان لي دائما «سيري إلى الأمام، فأنت ابنتي القوية.» أردت أن أكون مواطنة تُغَيِر الأوضاع في إسرائيل.

تغيير الأوضاع لصالح البدو؟
بعض القرى الموجودة على الطريق وجدت قبل قيام إسرائيل، إلا أنها لا تزال غير معترف بها. حيث تفتقر إلى الكهرباء والخدمات الأخرى. الكثير من اليهود يمرون من قرانا دون أن يلاحظونا، فنحن بالنسبة لهم غير مرئيين. هناك فجوات شاسعة في تخصيص الموازنة وفي البنى التحتية كما في صياغة السياسات واتخاذ القرارات.
نحن مسلمون عرب فلسطينيون، وسنبقى في إسرائيل إلى الأبد. هل تريدون أن يكون البدو أقوياء أم تريدون مجتمعاً تملأه السلبيات؟ التعاون ليس مسألة اختيارية. يجب أن يكون هناك مساواة وتفاهم متبادل بين الشعبين حيث يستطيع الجميع أن يقدم ما لديه من إمكانيات. الناس أكثر رغبة في التعاون من الحكومة التي تتصف سياساتها بالغباء. فالوزراء الذين هم من الرجال لا يدركون هذه المسألة، ولو كانوا من النساء لرأوا الأمور بشكل مختلف.

هل تؤمنين بالقدر؟
لا أعتقد أنني الابنة الخامسة بسبب الصدفة. اسم أمل يعني «الأمل» باللغة العربية و»العمل» باللغة العبرية. الأمل والعمل يعنيان أن هنالك سببا لوجودنا في هذه الحياة.
المجتمع البدوي هو مجتمع أبوي خالص، إلا أن هنالك تغييرا في هذا النمط السائد.
أقول للفتيات الشابات أن بإمكانهن أن يكن ضحايا لهذا النمط أو أن يقمن بتغييره.
إن تغيير الأنماط السائدة يتطلب العمل الفعال. وأقول للنساء أيضاً أن يطرحن الأسئلة باستمرار وأن لا يقبلن الأشياء باعتبارها أموراً مفروغاً منها.

Amal Elsana Alh'jooj

Bedouin spokeswoman and Founder-Director of AJEEC

Alh'jooj, raised as a shepherd girl in the Negev desert, was teaching Bedouin women literacy by her teens, gained a masters degree in community development in Canada, and now directs AJEEC-The Arab Jewish Center for Equality, Empowerment, and Cooperation. The Arab-Bedouin minority of 170,000 people is concentrated in the Negev. Alh'jooj was 2007 recipient of the Circles of Change Award from Seeking Common Ground.

דוברת הבדווים, מנהלת ומייסדת של AJEEC

אמאל אלסאנה אלג'וג' הייתה בילדותה רועת צאן בנגב. בנעוריה לימדה נשים בדוויות קרוא וכתוב. בקנדה סיימה תואר שני בפיתוח קהילתי, וכיום היא מנהלת את AJEEC – המרכז הערבי-יהודי לשוויון, העצמה ושיתוף פעולה. המיעוט הערבי-בדווי מונה 170,000 איש ומרוכז בנגב. אמאל קיבלה בשנת 2007 את פרס Circles of Change מטעם הארגון Seeking Common Ground.

ناطقة بدوية ومديرة ومؤسسة المركز العربي اليهودي للمساواة، التمكين والتعاون

نشأت السيدة أمل الحجوج كراعية أغنام في صحراء النقب. بدأت منذ أن كانت فتاة في سن المراهقة بتعليم النساء البدويات القراءة والكتابة. حصلت على لقب الماجستير في التنمية المجتمعية من كندا. وهي الآن مدير المركز العربي اليهودي للمساواة، التمكين والتعاون. يصل عدد أفراد الأقلية البدوية العربية إلى 170,000 شخصا يتمركزون في النقب. حازت السيدة الحجوج سنة 2007 على جائزة "دوائر التغيير" من منظمة "السعي من أجل إيجاد أمور مشتركة Seeking Common Ground."

כיום מלמדים מבוגרים להקשיב. בתור רועת צאן הקשבתי לכול ופיתחתי את החושים שלי לפי האוויר, האדמה, הירח והכוכבים. אמנם הייתי יחפה והיה לי קר, אבל אני הייתי רוצה לשלוח את הילדים שלי לשדה עם שלושה כבשים ופרה ולומר להם, "זהו בית הספר הטוב ביותר שתמצאו".

מתי נעשית רועת צאן?

הייתי בת 5. היה קשה להתעורר ב-05:30, לצאת לשדה עם 50 כבשים, שלוש פרות וחמור, לחזור ב-07:45, להתלבש ולרוץ שלושה קילומטרים לבית הספר. בכפר הבדווי שלי לא היה חשמל, לא היו תשתיות, וכדומה.
לפעמים בעיות הן הזדמנויות. בטבע, השמים הם הגבול. בדימוני, עתידי הוא זה של מנהיגה גדולה. את הספר הראשון שקראתי, בגיל 10, מצאתי ביום גשום כשירדתי לעמק לחפש מחסה. המים זרמו לידי והביאו אתם ספר על נלסון מנדלה. זה היה פתח לעולם אחר. דמיינתי שאני, כמו מנדלה, נלחמת למען עמי. בשדות שיחקתי בתפקיד ראשי כמנהיגת הטבע. הייתי מעמידה פנים שאני מנהיגתן של הכבשים והנמלים, הייתי משנה את כיוונם, זה היה המשחק שלי. אף על פי שהייתי הבת החמישית של אבי, עיניו תמיד לחשו לי, "תמשיכי. את חזקה ואת הבת שלי". אני רוצה להיות אזרחית בעלת השפעה לשנות את כל האווירה בישראל.

את רוצה לשנות את האווירה כלפי הבדווים?

יש כפרים בצדי הדרכים שהיו קיימים עוד לפני שישראל קמה, ועדיין לא מכירים בהם, אין בהם חשמל, שום דבר. יהודים רבים עוברים דרך הכפרים שלנו ואפילו לא רואים אותם. אנחנו בלתי נראים. פערי השוויון עצומים בחלוקת התקציבים, בתשתיות, במדיניות ובקבלת ההחלטות.
אנחנו מוסלמים, ערבים ופלסטינים, ואנחנו נישאר בישראל לנצח. אתם רוצים שהבדווים יהיו חזקים או שאתם רוצים קהילה שלילית? שיתוף פעולה הוא לא עניין של בחירה. מוכרח להיות שוויון בין שני העמים ומוכרחים להסכים איפה כל עם ביחודו יכול להגשים את הפוטנציאל שלו. אנשים פתוחים יותר מממשלה הנוקטת במדיניות מטופשת. אני חושבת שהשרים לא מודעים לכך, כי רובם גברים, נשים רואות דברים בעין אחרת.

את מאמינה בגורל?

אני חושבת שלא במקרה הייתי הבת החמישית, ואחר כך נולדו חמשת האחים שלי; 'אמאל' פירושו 'תקווה' בערבית ו'עבודה' בעברית. תקווה ועבודה. לכל אחד ואחת יש ייעוד בחיים.
החברה הבדווית פטריארכלית מאוד, אבל יש שינוי בשטח. אני מנחה נשים צעירות שהן "יכולות לבחור להיות הקרבן של התהליך הזה או המעצבות שלו. אם אתן רוצות להיות המעצבות, אתן צריכות להיות פעילות". אני אומרת לנשים להמשיך לשאול שאלות, תמיד לשאול שאלות, ולא לקחת שום דבר כמובן מאליו.

אניה אנטפולסקי / آنيا أنتوبولسكي

I'll tell you a story. About a year ago I was going through the checkpoint on my way home when I saw a very pretty Palestinian girl with a beautiful scarf covering her hair. She was standing next to the checkpoint holding a Palestinian flag and demonstrating against the security fence. I wanted to stand next to her holding an Israeli flag, because I'm also against the fence. If she's against the fence, and I'm against the fence, then who is for it, really? That's what I want to say.

You live in Nokdim, which is called a "settlement," and you are called a "settler." What does this mean to you?
It's strange to hear that word, "settler." Why? After I made *aliyah* from Russia ten years ago, I was introduced to this place and immediately felt it was where I want to live. This is the Land of Israel that I feel is ours. I don't really differentiate between one place and another.
My husband, children, and I traveled to Sanur before the disengagement from Gaza. Several communities in Samaria were handed over to the Arabs—Sanur, Homesh, and another few. It was a Jewish community and, now, unfortunately, Jews no longer live there. I sat and looked at the people, and suddenly I felt that all of the Land of Israel is my home. That was the starting point of the work I do today.
For three years I have worked to bring together Russian-speaking Jews, secular and religious. When we lived in Russia, all the Jews were together. It didn't matter if you were secular or not. Here I see Jews who aren't even acquainted with each other.

Is peace possible?
Peace is possible *only* if we Jews finally feel that this is our country. That doesn't mean no one else can live here. Heaven forbid! Anyone can live here. But the country is ours, and if that is what we feel, then everyone will understand it and we'll live here together happily.

How does the conflict between Israelis and Palestinians affect you?
I live here and I see the Palestinians, the Arabs, who live next to us.
My husband is a doctor and has gone to visit them and help them. I can't say relations between us are good, but they are normal. I can understand if they think this is their country, they feel they have to do something to get it, right? They have a reason for wanting to be here. We have a reason for wanting to be here. We can talk.
But terrorist incidents really affect us. Three people, Russian-speaking Jews, very good friends of ours, have been killed. I can certainly say that is frightening.

What would you say to the women of the world?
The most important thing we can do is to pass on our family tradition to our children. It doesn't matter who you are, everyone has their own culture and tradition—a Jew or an Arab or person from Africa. It's important for every family to remember its roots, and to preserve them and pass them on to their children.

سأروي لك قصة. قبل حوالي العامِ كنت أجتازٍ أحد الحواجز أثناء عودتي إلى منزلي، فرأيت فتاة فلسطينية جميلة جداً تلبس منديلاً يغطي رأسها، تقف بالقرب من الحاجز وتحمل علماً فلسطينياً في مظاهرة ضد الجدار (الأمني). كنت أريد أن أحمل علماً إسرائيلياً وأقف بجانبها لأني أيضاً ضد الجدار، وأي منا يدعم هذا الجدار؟! هذه هي القصة.

أنت تسكنين في نوكديم، فيما يسمى "بمُستَوطَنَة"، وأنت تعتبرين مُستَوطِنَة. ماذا يعني ذلك لك؟
كلمة مُستَوطَنَة كلمة غريبة، فبعد أن هاجرت من روسيا قبل عشرة أعوام، تعرفت على مكان شعرتَ بأنه المكان الذي أريد السكن فيه. هذه (أرض إسرائيل التي أشعر أنها لنا، أنا لا أرى فرقاً بين مكان وآخر).
زرت أنا وزوجي وأبنائي "سانور" قبل الانفصال عن غزة، هنالك العديد من المستوطنات في (السامرة) التي أعيدت للعرب مثل سانور وحومش، وأخرى.(لقد كانت تجمعات يهودية لكنها الآن، ولسوء الحظ، لا يسكنها اليهود). جلست ونظرت إلى الناس وأحسست أن كل أرض إسرائيل هي بيتي، وكانت هذه نقطة بدء العمل الذي أقوم به الآن، حيث أعمل منذ ثلاث سنواتٍ على إيجاد نقاط التقاء بين اليهود الروس – العلمانيين والمتدينين – الذين كانوا يداً واحدة في روسيا، ولم يكن هنالك فرق بين علماني ومتدين، أما هنا فنرى يهوداً لا يعرفون بعضهم البعض.

هل يمكن أن يكون هناك سلام؟
يمكن للسلامِ أن يتحقق فقط عندما نشعر نحن اليهود بأن هذا بلدنا، وهذا لا يعني أنه لا يسمح للآخرين العيش هنا، لا سمح الله، فالجميع يستطيعون العيشِ هنا. إلا أن هذه البلد لنا، وإذا كان هذا شعورنا، فالجميع سيفهم ذلك وسنعيش معا بسعادة.

كيف يؤثر عليك الصراع الإسرائيلي الفلسطيني؟
أسكن هنا وأرى الفلسطينيين العرب الذين يسكنون بجانبنا. زوجي طبيب، وقد ذهب لمساعدتهم وزيارتهم عدة مرات. لا أستطيع أن أقول أن العلاقة بيننا جيدةٍ، إلا أنها طبيعية. أنا أتفهم إذا اعتقدوا أن هذه بلدهم وأن عليهم أن يعملوا شيئاً من أجل الحصول عليه. لديهم سبب لكي يكونون هنا، كما لدينا سبب لنكون هنا. لذلك نستطيع التحدث معاً. إلا أن الأعمال (الإرهابية) تؤثر علينا. لقد قتل ثلاثة من اليهود الروس الذين كانوا من أفضل أصدقائنا، وهذا شيء مرعب.

ماذا تقولين لنساء العالم؟
أهم شيء نفعله هو أن نقوم بنقل التقاليد عبر الأجيال. لا يهم من أنت فالجميع له ثقافته وتقاليده سواء كانوا يهودا أم عربا أو من أفريقيا، وعلى كل عائلة أن تنتمي إلى جذورها، وأن تحافظ عليها و تنقلها عبر الأجيال.

Anya Antopolski

Director of Meeting Point in Nokdim

Antopolski, born in Moscow, immigrated to Israel ten years ago. She lives in Nokdim, a village near Bethlehem in the West Bank, where her parents recently joined her from Russia. An Orthodox Jew, Antopolski directs Nekudat Mifgash (Meeting Point), uniting secular and religious Jews in courses, seminars, and joint trips. Her grandfather's imprisonment in a Stalin work camp is a model to her of strength under difficulties.

מנהלת 'נקודת מפגש' בנוקדים

אניה אנטפולסקי נולדה במוסקווה ועלתה לישראל בגיל עשר. היא מתגוררת בנוקדים, יישוב בגדה המערבית ליד בית לחם. לאחרונה הצטרפו אליה למקום גם הוריה מרוסיה. אניה היא יהודייה שומרת מצוות המנהלת את מרכז 'נקודת מפגש'. המרכז מפגיש בין יהודים חילונים ודתיים לקורסים, סמינרים וטיולים משותפים. כליאתו של סבה במחנה עבודה של סטלין היא בעבורה מודל להתמודדות בנסיבות קשות.

مديرة "نقطة لقاء" في نوكديم

وُلدت السيدة آنيا أنتوبولسكي في موسكو. هاجرت إلى إسرائيل منذ ١٠ سنوات، وهي تعيش في نوكديم، القرية الواقعة بالقرب من مدينة بيت لحم في الضفة الغربية، حيث انضم إليها والداها مؤخراً من روسيا. تدير السيدة آنيا أنتوبولسكي، وهي يهودية أرثوذكسية، "نكودات مفغاش" (نقطة لقاء) الذي يجمع يهود علمانيين ومتدينين من خلال دورات وندوات ورحلات مشتركة. تأثرت السيدة آنيا أنتوبولسكي كثيراً بالفترة التي أمضاها جدها في سجون العمل إبان حكم ستالين حيث تعتبر ذلك نموذجاً تستمد منه القوة للتغلب على المصاعب التي تواجهها.

אספר לך סיפור. לפני כשנה עברתי במחסום בדרך הביתה וראיתי נערה פלסטינית יפה מאוד עם צעיף יפהפה מכסה את שיערה. היא עמדה ליד המחסום והחזיקה דגל פלסטיני והפגינה נגד גדר הביטחון. רציתי לעמוד לידה ולהחזיק דגל ישראל כי גם אני נגד הגדר. אם היא נגד הגדר ואני נגד הגדר, אז למה הגדר בעצם קיימת? זהו המסר שאני נושאת עמי.

את גרה בנוקדים, שנקראת "התנחלות", ואת נקראת "מתנחלת". מה פירוש הדבר מבחינתך?

משונה לשמוע את המילה "מתנחלת". למה? אחרי שעליתי מרוסיה לפני 10 שנים הכירו לי את המקום הזה, ומיד הרגשתי שמצאתי את מקומי. ארץ ישראל, היא שלנו, אני לא מבחינה באמת בין מקום אחד לאחר.

בעלי, הילדים שלי ואני נסענו לשא-נור לפני ההתנתקות מעזה. מסרו לערבים כמה קהילות בשומרון – שא-נור, חומש וכמה קהילות אחרות. זאת הייתה קהילה יהודית, ועכשיו, למרבה הצער, יהודים כבר לא גרים שם. ישבתי והסתכלתי באנשים, ופתאום הרגשתי שכל ארץ ישראל היא הבית שלי. זו הייתה נקודת ההתחלה של העבודה בה אני עוסקת כיום.

במשך שלוש שנים אני פועלת להפגיש בין קהילות יהודיות שונות כגון דוברי רוסית, חילונים ודתיים. כשחיינו ברוסיה, כל היהודים היו יחדיו בין אם אתה חילוני או לא. כאן אני רואה יהודים שאפילו לא מכירים אחד את השני.

את צופה שיכול להיות שלום?

השלום אפשרי רק אם אנו היהודים נרגיש סוף-סוף שזו הארץ שלנו. זה לא אומר שאף אחד אחר לא יכול לגור כאן, חס וחלילה! כל אחד יכול לחיות כאן. אבל הארץ היא שלנו, ואם זה מה שנחצין, כולם יבינו, ונחיה כאן יחד באושר.

איך הסכסוך בין הישראלים לפלסטינים משפיע עליך?

בעלי רופא והוא הלך לבקר אותם ולעזור להם. אני לא יכולה לומר שהקשרים בינינו טובים, אבל הם נורמליים. אני מבינה שמבחינתם זו הארץ שלהם. הם מרגישים שהם צריכים לפעול כדי לקבל אותה, נכון? יש להם סיבה לרצות להיות כאן בדיוק כמונו, לכן אנחנו יכולים לשוחח.

למרות זאת, פיגועי הטרור באמת משפיעים עלינו. שלושה בני אדם, יהודים דוברי רוסית, חברים טובים מאוד שלנו, נהרגו. אני בהחלט יכולה לומר שזה מפחיד.

מה היית אומרת לנשות העולם?

הדבר החשוב ביותר שאנחנו יכולות לעשות הוא להעביר את המסורת של המשפחה שלנו לילדים שלנו. לא משנה מי אתה, לכל אחד יש תרבות ומסורת משלו – יהודי, ערבי או אפריקני. חשוב שכל משפחה תזכור את השורשים שלה, תשמר אותם ותעביר אותם לילדים.

Rachel Aspir

Chair of NAAMAT for the Jerusalem area

Aspir, originally from Iraq, has directed the Jerusalem branch of NAAMAT, Israel's largest women's organization, the past five years. She has also worked with the National Insurance Institute, including 20 years as chair of the Employees' Committee. NAAMAT, established in 1921 by young working women and with more than 200 daycare centers plus legal offices across Israel, helps women achieve equality in the work force.

יושבת ראש נעמ"ת באזור ירושלים

גברת אספיר היא יוצאת עיראק, ובחמש השנים האחרונות היא מנהלת את הסניף הירושלמי של נעמ"ת, ארגון הנשים הגדול בישראל. היא עבדה במוסד לביטוח לאומי, ובמשך עשרים שנה כיושבת ראש לשכת התעסוקה. בשנת 1921 ייסדו את נעמ"ת נשים עובדות צעירות, וכיום יש לארגון יותר ממאתיים מרכזים לטיפול יום ומשרדים לייעוץ משפטי ברחבי ישראל, והוא מסייע לנשים להשיג שוויון בשוק העבודה.

رئيسة فرع منظمة "نعمات" في منطقة القدس

تولت السيدة راشيل أسبر، وهي من أصل عراقي، خلال السنوات الخمس الأخيرة إدارة فرع منظمة "نعمات" في القدس، وتعتبر منظمة "نعمات" أكبر منظمة نسائية إسرائيلية. كما عملت السيدة راشيل أسبر في مؤسسة التأمين الوطني في إسرائيل، ترأست خلالها لجنة العمّال لمدة عشرين سنة. تأسست منظمة "نعمات" عام ١٩٢١ بواسطة مجموعة من النساء الشابات العاملات. تدير منظمة "نعمات" مائتي حضانة أطفال، بالإضافة إلى مكاتب قانونية في إسرائيل. كما تقدم "نعمات" العون للنساء من أجل تحقيق المساواة في سوق العمل.

נולדתי בעיראק ובאתי לארץ בגיל ארבע או חמש. זה היה טראומטי. הוריי ברחו מעיראק בחשאי. אם אני זוכרת משהו מאותה עלייה, מהמסע לארץ ישראל, זה שאבי הופרד מאמי. הגברים היו צריכים לצאת לדרך לבדם, ואמי נשארה עם אחי ואִתי. הוא היה תינוק, והיא החזיקה אותו בזרועותיה. ההורים שלי אף פעם לא אמרו דברים רעים על ערבים. עבדאללה – אני זוכרת דוד נחמד שהביא לי ממתקים – עזר לאמי לחצות את הגבול ולהביא את אחי ואותי לאן שהיינו צריכים להגיע.

לדעתם השלום אפשרי?

לא גדלנו באמונה שהיהודים עליתים, זה לא מה שכתוב בתורה, ואני בדעה בתורה. אז האם השלום אפשרי? אני מתפללת שכן, אבל קשה לי לומר אם כן או לא. אילו זה היה תלוי בי, היה שלום. אבל מעצבי המדיניות הם לא נשים, אז אני לא יכולה לומר אם יהיה שלום או לא.

אולי הצלחתי קצת לחנך את בנותי לחיות עם אחרים בלי עוינות, להבין את המצוקה של האחר. הנכדה המבוגרת ביותר שלי התגייסה לצה"ל, אבל אני מקווה שכשיגיע תורם של נכדי הבאים, הם לא יצטרכו להתגייס. אולי בגלל שאני הסבתא שלהן ואני אמורה רק לאהוב אותן ולא לחנך אותן. בבית הספר או בשכונה, האווירה הסובבת את הנכדים שלי די ימנית ולא לטעמי. כל אמא חשה את הכאב של ילדיה. זה לא רלוונטי אם הם פלסטינים או ישראלים.

את עובדת עם אימהות וילדים.

שני תחומי העבודה העיקריים שלנו הם מעונות יום לילדים צעירים ומילוי הצרכים הקהילתיים של נשים על ידי נתינת עזרה – לא רק טיפול בילדים שלהן, אלא גם פעילות במטרה לוודא שיוכלו לשמור על העבודות שלהן, שלא יסבלו מאפליה ושיתחשבו בהן באמצעות אפליה מתקנת. יש לנו ייעוץ משפטי ברחבי הארץ, ופסיכולוג שלנו נותן תמיכה רגשית. נשים, בייחוד אימהות חד-הוריות במשבר, יכולות לקבל ייעוץ בלי התשלום הגבוה שגובים פסיכולוגים בירושלים.

דו-קיום הוא מרכיב נוסף שאני מקווה להרחיב. חשוב לגייס עוד נשים ערביות-ישראליות. יש לנו פעילויות משותפות עם נשים ארמניות במזרח ירושלים ועם נשים מוסלמיות וערביות מאבו גוש, עין נקובא ועין רפא.

איימו עליי בעקיפין בפגיעה אישית אם אעשה פעולה מסוימת. סיכנתי את פרנסתי בגלל חשיבות עבודתי, אזרתי עוז, מתוך אמונה שאיש לא יוכל לפגוע בי אם לא עשיתי שום דבר רע. רעדתי כולי, נעתקה נשימתי, אבל בזכות קצת אומץ המשכתי והצלחתי. אם את פועלת באהבה ואמונה, את יכולה לעשות כל דבר, ובסופו של דבר לומר שהצלחת.

راشيل أسبر / רחל אספיר

I was born in Iraq, and arrived here at age four or five. It was traumatic. My parents fled from Iraq secretly. If I have a recollection of that *aliyah*, of that journey to Israel, it is of my father being separated from my mother. The men had to leave on their own, and my mother stayed behind with my brother and me. He was a baby in her arms. My parents never spoke badly of Arabs. Abdullah—I remember him as a nice uncle who brought us sweets—helped my mother cross the border to get my brother and me where we needed to go.

Is peace possible?

We didn't grow up believing Jews were superior, and that is not what's written in the Torah—and I know something about the Torah. So, is peace possible? I can pray it is, but it's hard to say "yes" or "no." If it depended on me, and other mothers and grandmothers and Palestinian women's organizations, there would be peace. But the policymakers are not women, so I can't say whether there will be peace or not.

My oldest granddaughter enlisted in the army but I hope when my grandsons' turns come, they won't need to. Perhaps I succeeded some with my daughters to live among others without hostility, to understand another person's distress. Perhaps because I'm their grandmother and I'm supposed only to love them and not educate them … well, at school or in the neighborhood, the atmosphere for my grandchildren is fairly right wing and not to my liking. *Every* mother feels the pain of her children. Whether they're Palestinian or Israeli is irrelevant.

You work with mothers and children.

Our two main areas of work are daycare centers for young children and fulfilling community needs by helping women not only to take care of their children but to make sure they can keep their jobs—that they suffer no discrimination and are given consideration through affirmative action. We have legal offices around Israel and provide emotional backing with a psychologist. Women, particularly single mothers in crisis, can get advice without the high fees charged by psychologists in Jerusalem.

Coexistence is another element I hope to expand. It is important to recruit more Israeli Arab women. We conduct joint activities now with Armenian women in East Jerusalem and with Muslim and Arab women from Abu Ghosh, Ein Nakuba, and Ein Rafa.

I have risked my livelihood out of regard for the employees. I had indirect threats I might be harmed personally if I continued a particular action. I gathered my courage based on the truth that no one could hurt me if I'd done nothing wrong. I was shaking in my boots, I lost my breath, but with a bit of courage, I continued and succeeded. If you work out of love and faith, you can do anything, you can say at the end of your term that you succeeded.

ولدت في العراق. قدمت إلى هنا وأنا في الرابعة من عمري. لقد كان الوضع مأساوياً حيث غادر والدي العراق بطريقة غير قانونية. لو كنت أستطيع تذكر «الهجرة» فهي تذكري افتراق والديّ عن بعضهما حيث كان على الرجال أن يغادروا لوحدهم، وبقيت أنا وأمي وأخي لوحدنا. كان أخي لا يزال طفلا صغيراً لا يستطيع المشي. لم أسمع والديّ يتحدثان عن العرب بطريقة سيئة. أتذكر العم عبد الله الذي كان يحضر لنا الحلويات، وهو الذي ساعدنا في عبور الحدود لنصل إلى المكان الذي كنا نبغي.

هل السلام ممكن؟

لم نربى عليَ أن اليهود هم أفضل من غيرهم، وهذا ليس مكتوبا في التوراة التي أعرفها جيداً. أصلي من أجل أن يكون هذا ممكنا، إلا أنه يصعب الإجابة على هذا السؤال «بنعم» أو «لا». لو كان الأمر يتوقف علي وعلى الأمهات الأخريات وعلى الجدات وعلى المؤسسات النسوية الفلسطينية، لكان السلام قد تحقق منذ وقت طويل. إلا أن صناع القرار السياسي هم من غير النساء، بالتالي لا أستطيع أن أحدد فيما إذا سيكون هنالك سلام أم لا.

لقد تم تجنيد حفيدتي الكبرى في الجيش، آمل عندما يصبح حفيدي في سن التجنيد أن لا يكون هنالك حاجة لذلك. ربما نجحت في تربية بناتي على العيش مع الآخرين بسلام، وعلى تفهم أحزان الآخرين. ربما كان ذلك لأنني الجدة، وأن علي أن أحب بناتي وأن لا أفرض عليهن رأيي.

تتسم البيئة المحيطة بأحفادي بين الجيران وفي المدرسة بالميل نحو الاتجاه اليميني، وهذا ما لا يروق لي. فالأم تشعر بما يكابد أطفالها من آلام سواء كانت فلسطينية أو إسرائيلية.

تعملين مع الأمهات والأطفال؟

هنالك مجالان رئيسيان لعملي وهما حضانات الأطفال والعمل على تلبية الاحتياجات المجتمعية من خلال مساعدة النساء على العناية بأطفالهن وعلى الحفاظ على وظائفهن في نفس الوقت، وأن لا يكون هنالك تمييز ضدهن، وأن يقمن بعملهن على أكمل وجه. لدينا مكاتب قانونية في جميع أنحاء إسرائيل، حيث يتوفر فيها دعم نفسي يقدمه الأطباء النفسيون. فالأمهات، خاصة الأمهات اللواتي يعشن من غير أزواج، يحصلن على الإرشاد والدعم دون أن يضطررن لدفع التكاليف العالية التي يتقاضاها أطباء النفس في القدس.

كما نسعى من أجل العمل على تعزيز مسألة التعايش، ما يعني أنه من الأهمية بمكان أن نوظف نساء عربيات من اللواتي يحملن بطاقات الهوية الإسرائيلية الزرقاء. هنالك نشاطات مشتركة مع نساء أرمنيات في القدس الشرقية، بالإضافة إلى نساء مسلمات وعربيات من أبو غوش وعين ناكوبا وعين رافا.

لقد تعرضت للمخاطر بسبب التوظيف، كما تعرضت إلى تهديدات غير مباشرة بسبب قيامي بأنشطة معينة. إلا أنني لم أخف لأنني آمنت بأنني لن أتعرض للأذى ما دمت أقوم بالعمل الصحيح. لقد كنت أرجف من الخوف أحيانا إلا أن القليل من الشجاعة جعلتني أستمر وأنجح. عندما يعمل الإنسان من منطلق الإيمان فإنه يستطيع أن يقوم بكل ما يريد وأن ينجح في نهاية المطاف.

ענבל אבנון / إنبال أفنون

To serve as a woman in a combat position is a big honor. Military service has always been important to me. Even at an early age I knew I wanted to join a combat unit. I had to cope with people asking, "Why?" and making fun of me because women weren't in combat units then. But it is one of the most challenging things open to women in the army, and has given me a lot.

What is the life of an Israeli soldier?

Each soldier comes from a home with a mother and father who are scared to death each time he leaves the house. Life is love, emotion, friends—an entire world. The soldiers are children, ages 18 to 22, just graduated from high school, and they're placed in situations that are impossible—a threat that a terrorist could enter the country, heaven forbid, or a bomb go off in Jerusalem, or a little boy approach you with a bomb attached to his body. That's extreme, but it has happened.

I've never seen weapons fired at civilians, never seen anyone killed before my eyes. But there were difficult moments—at checkpoints, for instance, little children, Arabs. The first time I was taken to a checkpoint, it was in Qalqilyah. I started to cry. It took time to compose myself and say "It's better I do these things with some understanding of the situation than someone who does them in a negative way."

You have to learn more than how to use a weapon, you must have emotional strength. That's not something they teach you. *You* have to develop it. For some, it's relatively easy—for others, less easy. Behind every soldier in uniform is a soul. Courage is encountering a situation that is difficult in every way—physically, emotionally—and doing what you need to do, and doing it the best you can.

Have you ever been afraid?

The truth is, fear depends on the stage you're at in the army. In the beginning, I was afraid of my commanding officer. Later, at the frontlines there are times when it's the middle of the night, and you suspect something might happen. It's not fear, but a sort of adrenaline that can be defined either as tension or excitement.

We're such a small country, everyone has friends and relatives who've been killed in the army. Memorial Day for Fallen Soldiers is powerful because these deaths are close to you and happening all the time.

Can women in the military or anywhere bring peace?

Women have an emotional intelligence that isn't one hundred percent present in men. We need to use it more and get to where we can have influence. Women have the ability to see and cope, and to explain things in a slightly different way.

"Peace" is a very big word. But I'm sure co-existence is possible. The large majority just want their children to get to and from school safely and to grow up to a world of equal opportunity. It's the extremists that draw attention and keep people from reaching these goals.

كان الانضمام إلى الخدمة العسكرية بمثابة شرف لي. فلطالما كانت الخدمة العسكرية بمثابة أمر هام بالنسبة لي. حتى في سنوات حياتي المبكرة كنت أفكر في الانضمام إلى الجيش، مما اضطرني إلى أن أتحمل التهكمات والأسئلة السخيفة التي سخرت مني مدعية بأن الأمور لا تسير بهذه الطريقة، إلا أن الخدمة العسكرية تبقى من أكثر المسائل المتاحة للمرأة تحدياً، ولقد علمتني الكثير.

ما هي طبيعة حياة الجندي الإسرائيلي؟

يأتي كل جندي من عائلة تخشى عليه لدرجة الموت في كل لحظة يغادر فيها المنزل. الحياة هي الحب والعاطفة والأصدقاء، وهي عالم بأكمله. والجنود هم أطفال تتراوح أعمارهم بين ١٨ و ٢٢ سنة، أنهوا لتوهم تعليمهم الثانوي، ليجدوا أنفسهم في أوضاع مستحيلة مثل تهديدات دخول إرهابيين إلى الدولة، لا سمح الله، أو انفجار قنبلة في القدس، أو أن يأتي إليهم ولد صغير يحمل قنبلة ملصقة بجسده.

لم أر في حياتي النار تطلق على أشخاص مدنيين، ولم أر شخصا يقتل أمامي من قبل. على أية حال، كانت هنالك لحظات صعبة أمضيتها على نقاط التفتيش التي يعبرها أيضاً الأطفال العرب الصغار. عملت في البداية في نقطة تفتيش في قلقيلية. بدأت عملي بالبكاء، ثم أقنعت نفسي بعد وهلة بأنه "من الأفضل القيام بعملي وتفهم الوضع بدلاً من التعامل مع الأمور بطريقة سلبية."

على الجندي أن يكتسب قوة عاطفية، ولا يقتصر تعليمه على استخدام السلاح. إن اكتساب القوة العاطفية لا يأتي من خلال التعليم وإنما هو أمر مكتسب. يجد البعض هذا الأمر سهلا، بينما يجده الآخرون أكثر صعوبة. فلكل جندي روح، والشجاعة هي أن نواجه الأوضاع الصعبة، سواء كانت هذه الصعوبة جسدية أو عاطفية، والقيام بما يقتضيه الأمر بأفضل شكل ممكن.

هل شعرت بالخوف يوماً ما؟

في الواقع، تتوقف مسألة الخوف على المرحلة التي يكون فيها الجندي. ففي البداية كنت أخاف من الضابط المسؤول، ثم أصبح خوفي من خطوط المواجهات الأمامية. ففي بعض الأحيان عند منتصف الليل نشعر بأن شيئا ما سيحصل. المسألة ليست مسألة خوف بقدر ما هي مسألة تدفق للأدرينالين الذي قد يفسر بأنه قلق أو إثارة.

نحن نعيش في بلد صغير، لكل فرد منا صديق أو قريب قتل وهو في الجيش، مما يجعل ذكرى سقوط الجنود من أقوى المناسبات لأن القتل قد يحدث في أي لحظة.

هل تستطيع المرأة المجندة أو أي امرأة أن تحقق السلام؟

للمرأة ذكاء عاطفي يفتقر إليه الرجل. بالتالي، على المرأة أن تستغل هذا الذكاء وتصل به إلى المراكز ذات التأثير. فالمرأة قادرة على التحمل، وهي قادرة على أن تتفهم الأمور بطريقة تختلف قليلاً عن الرجل.

«السلام» مصطلح كبير، إلا أنني أعتقد أن التعايش ممكن. فالغالبية تريد أن يحيا أطفالها بسلام في عالم من الفرص المتساوية. أما المتشددون فهم الذي يريدون أن يمنعوا الناس من الوصول إلى هذه الغايات.

Inbal Avnon

Sergeant with Israeli Defense Force

Avnon was raised in a liberal Zionist family with a father and uncles holding prominent ranks in the army. She serves in the Nachal Gar'in unit. They began with eight months of kibbutz life, and then moved to combat duty where she served alongside men as a combat soldier in the Karakal unit patrolling Israeli's southern border. Now, in the last stage, she lives with her unit in Haifa, where they do community service with youth.

סמלת בצבא ההגנה לישראל

ענבל אבנון גדלה במשפחה ציונית ליברלית. אביה ודודיה שימשו בתפקידים בכירים בצבא, והיא משרתת בגרעין נח"ל. בתחילת השירות חיו חברי הגרעין במשך שמונה חודשים בקיבוץ, ואחר כך עברו ליחידות קרביות. ענבל שירתה שם לצד הגברים כחיילת קרבית ביחידת קרקל וסיירה לאורך הגבול הדרומי של ישראל. עתה, בשלב האחרון של שירותה הצבאי, היא מתגוררת בחיפה עם יחידתה, ועוסקת בשירות קהילתי בקרב בני נוער.

رقيبة في جيش الدفاع الإسرائيلي

نشأت السيدة إنبال أفنون في عائلة صهيونية ليبرالية حيث تبوأ أبوها وأعمامها مراتب رفيعة في الجيش. تخدم في لواء «ناخال غارين». بدأت الخدمة من خلال العيش في كيبوتس لمدة ثمانية أشهر ومن ثم انتقلت إلى مهمة قتالية لتخدم إلى جانب الرجال كجندية مقاتلة في وحدة «كاراكال» ضمن دورية مراقبة الحدود الإسرائيلية الجنوبية. تمضي السيدة إنبال أفنون الآن مع كتيبتها أيام الخدمة الأخيرة في حيفا حيث تقدم الخدمة المجتمعية مع الشباب.

להיות אישה לוחמת זה כבוד גדול. השירות הצבאי תמיד היה חשוב לי. כבר בגיל צעיר ידעתי שאני רוצה לשרת ביחידה קרבית. נאלצתי להתמודד עם לעג ועם שאלות כמו "למה?", כי נשים לא שירתו אז ביחידות קרביות. אבל זה אחד האתגרים הגדולים ביותר שפתוחים בפני נשים בצבא, וזה נתן לי המון.

תארי את החיים של חיילת בצה"ל.

כל חייל מגיע מבית עם אימא ואבא שפוחדים פחד מוות בכל פעם שהוא יוצא מהבית. החיים הם אהבה, רגשות, חברים – עולם שלם. החיילים הם ילדים, בני 18 עד 22; רק סיימו את התיכון, ושמים אותם במצבים בלתי אפשריים – איום שמחבל עלול להיכנס למדינה, חס וחלילה, או שפצצה תתפוצץ בירושלים, או שילד קטן יתקרב אלייך עם פצצה מוצמדת לגוף שלו. זה קיצוני, אבל זה קרה. אף פעם לא ראיתי שיורים בנשק על אזרחים, אף פעם לא ראיתי מישהו נהרג. אבל היו רגעים קשים – במחסומים, למשל, ילדים קטנים, ערבים. בפעם הראשונה שלקחו אותי למחסום, זה היה בקלקיליה. התחלתי לבכות. לקח לי זמן להתעשת ולהגיד, "יעדיף שאני אעשה את הדברים האלה, בקצת הבנה של המצב, מאשר שמישהו אחר יעשה אותם בדרך שלילית".
צריך ללמוד הרבה יותר מאיך להשתמש בנשק, חוזק אישי ודברים שאי אפשר ללמד או ללמוד. יש כאלו שזה יחסית קל להם ויש שפחות קל להם, כמו בכל דבר, מאחורי כל חייל במדים יש נשמה. 'אומץ' זה להתמודד עם מצב קשה בכל המובנים – פיזית ורגשית – ולעשות הכי טוב את המוטל עלייך.

פחדת אי-פעם?

למען האמת, הפחד תלוי באיזה שלב את בצבא. בהתחלה פחדתי מהמפקדת שלי. אחר כך, בקווים, לפעמים זה אמצע הלילה ואת חושדת שמשהו עומד לקרות. זה לא פחד, אלא סוג של אדרנלין שאפשר להגדיר אותו כמתח או התרגשות.
אנחנו מדינה קטנה כל כך. לכל אחד יש חברים או קרובי משפחה שנהרגו בצבא. יום הזיכרון לחיילים שנפלו הוא יום חזק, כי המתים קרובים אלייך, וזה קורה כל הזמן.

האם הנשים בצבא או במקום אחר יכולות לכונן שלום?

לנשים יש אינטליגנציה רגשית שלא קיימת במאה אחוז אצל גברים. אנחנו צריכות להשתמש בה יותר ולהגיע למקומות שתהיה לנו השפעה. לנשים יש יכולת לראות ולהתמודד, ולהסביר את הדברים קצת אחרת.
"שלום" זו מילה גדולה מאוד. אבל אני בטוחה שדו-קיום אפשרי. הרוב הגדול רק רוצה שהילדים שלו ילכו לבית הספר ויחזרו ממנו בשלום ויגדלו בעולם של הזדמנויות שוות. הקיצונים הם אלה שמושכים את תשומת הלב ומונעים מאנשים לממש את היעדים שלהם.

Tamar Borer

Therapist and artist of multidisciplinary stage creations

Borer is a performance artist, Butoh dance teacher, and movement and guided imagery therapist. A paraplegic, Borer works with people of special needs, especially women, to explore the processes of death and being reborn. She lives in Ramat Gan and feels that, by definition, being an artist in Israel makes her involved politically. Her dances focus on life, society, and the evolution of human consciousness.

מטפלת ואמנית במיצגים בימתיים רב-תחומיים

תמר בורר היא אמנית במה, מורה לריקוד בוטו (Butoh) ומטפלת בתנועה ובדמיון מודרך. כמישהי הלוקה בשיתוק הרגליים, היא עובדת עם אנשים בעלי צרכים מיוחדים, ובייחוד עם נשים, כדי לחקור את תהליכי המוות והלידה מחדש. תמר מתגוררת ברמת גן וחשה שמתוקף היותה אמנית בישראל היא מעורבת פוליטית. הריקוד שלה מתמקד בחיים, בחברה ובהתפתחות המודעות האנושית.

أخصائية علاج وفنانة استعراضية متعددة المسارات

تعمل السيدة تامار بورر كفنانة استعراضية ومعلمة رقص "بوتو" وأخصائية علاج بالحركة والخيال المُوَجّه. تعاني السيدة تامار بورر من شلل نصفي وتعمل مع ذوي الاحتياجات الخاصة وبخاصة النساء منهم، على استكشاف صيرورة الموت والولادة المتجددة. تسكن في مدينة رامات-غان وتشعر أن كونها فنانة في إسرائيل بحد ذاته يزّج بها في السياسة. تسلط رقصاتها الضوء على الحياة والمجتمع وتطور الوعي الإنساني.

האומץ לחיות הוא האומץ הגדול ביותר שיכול להיות לנו. האומץ לקבל את המוות כחלק מהחיים היום-יומיים שלנו הוא השער הראשי להגשמת החירות.
אומץ לב הוא אכן בעייתי. אומץ לב בשבילי הוא הקיצוניות השנייה של להיות קרבן. בישראל יש לנו היסטוריה ארוכה של קרבנות וגיבורים, ואני דוחה אותה מעצם ההגדרה. כולנו בני אדם עם מכנה משותף של ניסיון למצות את החיים עד תומם.
אנשים נוטים לחשוב שאני אמיצה מאוד. אני לא חושבת שאני אמיצה. אני רק מנסה למצות את החיים עד תום. כל הגיבורים הם קרבנות. אם את מקדישה את עצמך להיות גיבורה, את הופכת למושא הערצה שנובעת מההבנה הלקויה שלך לחיות את החיים למען רעיונות של חברה חרדה ומפוחדת, כמו החברה שאנחנו חיים בה. בין רגע את הקורבן.

איזו אמנות את מביאה לעולם?

אני אמנית מבצעת, והריקוד האהבה חיי. אני חיה בבועת הריקוד – יוצרת, מופיעה ומלמדת. אני רוקדת 'בוטו'. 'בוטו' זו המילה היפנית לריקוד נשמה – מצב קיומי שיוצר ריקוד של תנועה פנימית ששואף להגיע לריכוז עמוק. בצורת התנועה המיוחדת הזאת אפשר לעורר את העצמי ולהבין את השלמות של חייך בתור חלק בלתי נפרד מהריקוד של היקום.

למה את עובדת עם אנשים עם מוגבלות?

לפני 17 שנה קרה אירוע, רגע בו הכל השתנה, של קבלה – קיבלתי גוף חדש: נקלעתי לתאונת דרכים ונעשיתי משותקת בגפיים. רציתי לשתף בתהליך הזה אנשים אחרים עם מוגבלות, בייחוד נשים. התחלתי לעבוד עם נשים מוכות, ושילבתי הופעה בדיון ובריקוד. כעת אני עובדת בבתי חולים ובמרכזי שיקום כדי להעצים, לעודד ולחוות יחד את האפשרות לצאת ממעמקי המוות ללידה מחדש. אנו הנשים צריכות לזכור את המתנה האינטואיטיבית שלנו – הבריאה. היא נובעת מהיכולת שלנו להכיל הכול, כמו האדמה הנדיבה שמכילה את הזרעים, הנבטים וגם את המתים. גם הם נמצאים בקרבנו. מה שעושה אותנו לנשים הוא האפשרות להיוולד מחדש ולשאת את המשמעות של הדבר לצד יכולתנו לשנות מתוך חמלה.

את פוחדת ממשהו?

מפחיד אותי להכאיב לאנשים. ואני פוחדת לאבד את הדרך הנכונה, לאבד את חוט הזהב שקושר את הכתר שעל ראשנו עם מה שאנחנו יכולים להבין מהעולמות העליונים, ולאבד את החוט האדום שקושר אותנו לאדמה הנדיבה שלנו.
הלוואי שהיינו נוטשים את הדעות הקדומות שלנו שנובעות מפחד ורואים אחד את השני. אנחנו משפחה אחת עם אפשרות לקיים מערכת יחסים מעמיקה. החברה הישראלית משלמת מחיר עצום מפני שאינה מתירה ל'מה', למרחב שבין הדברים, להתקיים. הייתי רוצה שנעריך את ה'מה' הזה, גם אם פירושו לוותר על הצרכים האישיים המוגבלים שלנו. הגישה הזאת תוכל לעזור להשכין שלום בתוכנו.

تامار بورر / תמר בורר

The courage to live is the greatest courage we can have. The courage to accept death as part of our daily life is probably the major gate through which we can realize freedom.
Bravery is a problem. Bravery for me is the other extreme of being a victim.
In Israel we have a great history of victims and heroes, and I deny it by definition.
We are all humans with a common denominator of trying to live life to its fullest.
People tend to see me as very brave. I don't see myself as brave, I just try to live my life to its fullest. All heroes are victims. If you become devoted to being a hero, you become someone admired for your mistaken understanding of living your life for the sake of ideas of an anxious and fearful society, like the one we live in. In that instant, you become a victim.

What art do you bring to the world?
I am a performance artist, dancing is the major love of my life. I live in the state of dancing—creating, performing, teaching. I dance Butoh. Butoh is the Japanese word for soul dance—a state of being that creates an inner movement dance that wishes to arrive to a profound concentration. In this special way of motion, one can awaken the self and realize the wholeness of one's life as an integrated part of the dance of the universe.

Why do you work with people with disabilities?
An amazing event happened 17 years ago, a moment of becoming, of accepting, of being given a new body when I was in a car accident that left me paraplegic. I wanted to share this process with other people with disabilities, especially women. I started working with battered women, doing a performance with discussion and dancing together. Now I work in hospitals and rehabilitation centers as a way to empower, encourage, and experience collectively the possibility of coming from the depth of death to being reborn.
We women should remember our intuitive gift of creating, which derives from our ability to contain all, like the generous earth contains the sperms, sprouts, as well as the dead, who are within us as well. What makes us women is the possibility to be reborn and endure what it means, with our abilities to transform with compassion.

Are you afraid of anything?
Hurting people makes me afraid, and I fear of losing the right way, of losing the golden thread that connects the crown of our head with what we can realize from the upper worlds, and of losing the red thread that keeps us connected to our generous earth.
I wish we will let go of our prejudice that derives from fear and see people as equal humans. We are one family with the possibility of profound relationship. The Israeli society pays an enormous price for not allowing the *ma*, the space in-between the things, to exist. I wish for us to appreciate this *ma* even if it means letting go of our shortcoming private needs. This approach could help create peace amongst us.

إن شجاعة البقاء هي أعظم شجاعة عند الإنسان، كما أن الشجاعة التي يتطلبها قبول الموت كجزء من الحياة هي التي تفتح ذلك الباب العظيم الذي يعطينا الحرية.
أما الإقدام فهو إشكالية، فأنا أعتقد أن الإقدام هو عكس الضحية. لدينا في إسرائيل تاريخ عظيم من الضحايا والأبطال، إلا أنني لا أعترف بهذا التاريخ من حيث التعريف. نحن جميعاً بشر لدينا نقاط مشتركة تجعلنا نريد أن نحيا أفضل حياة.
ينظر الناس إلي على أنني شجاعة جداً، ولكني لا أعتبر نفسي شجاعة، فأنا أريد أن أحيا حياة كاملة. جميع الأبطال هم من الضحايا. إذا كرس الإنسان نفسه ليكون بطلاً فإنه سيصبح شخصاً ينال إعجاب الناس لفهمه الخاطئ في العيش من أجل أفكار مجتمع متوتر وخائف، مثل هذا المجتمع الذي نعيش فيه. هذا الإنسان الذي يكرس نفسه ليكون بطلاً يصبح ضحية.

ما هو الفن الذي تختصين به؟
أنا فنانة أداء، والرقص هو حب حياتي. أعيش في حالة رقص حيث اصمم الرقص وأؤديه وأعلمه. كما أنني أرقص رقصة «البوتو» وهي كلمة يابانية تعني رقصة الروح، أي الحالة التي نستطيع من خلالها إيجاد حركة رقص داخلية تهدف الوصول إلى أسمى درجات التركيز. تمكن هذه الحركة الخاصة الإنسان من إيقاظ النفس وإدراك كلية الحياة كجزء من رقصة الكون.

لماذا تعملين مع أشخاص معاقين؟
بسبب حادثة غريبة حصلت لي قبل ١٧ عاما حيث أصبت بشلل نصفي في حادث سير. أردت أن أتقاسم هذا مع أشخاص آخرين من ذوي الإعاقات خاصة النساء.
بدأت العمل مع نساء يعانين من حياة تعيسة من خلال النقاش والرقص معاً. الآن أعمل في المستشفيات ومراكز التأهيل من أجل تمكين وتشجيع مشاركة تجربة العودة إلى الحياة من أعماق الموت.
على المرأة أن لا تنسى موهبة الخلق التي تنبع من قدرتنا على استيعاب كل شيء، كالأرض الخصبة التي تحتوي المني، والموتى الذين هم بداخلنا أيضاً. ما يجعلنا نساء هو إمكانية إعادة الولادة ومعرفة معناها مع قدرتنا على التحول.

مم تخافين؟
أخاف أن أجرح مشاعر الآخرين، وأن أضل عن الطريق الصحيح، وأن أفقد الخيط الذهبي الذي يربط تاج رأسنا بما نستطيع أن ندركه من العوالم الفوقية، وأن أفقد الخيط الأحمر الذي يبقينا متصلين بأرضنا الخصبة. أتمنى لو تخلصنا من التمييز الناجم عن خوفنا وأن نرى الناس متساوين. نحن عائلة واحدة تستطيع إيجاد علاقات عميقة. المجتمع الإسرائيلي يدفع ثمناً باهظاً لأنه لا يسمح بوجود ذلك المكان الذي يقع بين الأشياء. أتمنى لو أننا نتيح المجال لذلك المكان حتى لو اضطررنا للتخلي عن احتياجاتنا الخاصة الضعيفة. إن هذا النهج سيساعد على إيجاد سلام بيننا.

Above: Dome of the Rock at Temple Mount in the Old City of Jerusalem. Completed in 691 CE, it is the most sacred Islamic site outside of Mecca and Medina.

Opposite page: Western Wall, the holiest of Jewish sites and only remaining structure of the Second Temple destroyed in 70 CE by the Romans.

מיכל כפרי / ميشيل كافري

I am Israeli, a right-winger, and a feminist. I am not for the building of the wall, I think Jews and Arabs should co-exist. I don't see an end or solution right now, but I know my policies. Menachem Begin, a right-wing president, brokered the first peace treaty with an Arab country, Egypt, and it continues to this day. Maybe it's a cold peace, but it's a peace for 30 years.

Politics can be used for good?

You can have huge influence in politics, but you must be experienced and have an agenda over years. I have my agenda and I stick to it, I don't need anyone else's assurance. I used to be one of the few right-wingers in gender issues, but there is a correlation between being a politician and being a feminist. I was a lonely voice for years.

The past 15 years you see more right-wing women in the feminist agenda because in the religious population—mid-Orthodox, not Ultra Orthodox—there is a feminist revolution for higher studies for women and becoming scholars of the Torah.

When world peace comes, it will be mainly done by women. It's important to invest in women and girls of all backgrounds. Women run things differently; we are less influenced by hierarchy. Give us a chance to run things our way, come back in 50 or 100 years. It will be a better place to live.

A place where Jews and Arabs co-exist?

I am a seventh generation Israeli. Israel is my homeland. I see Israel as a Jewish state with an Arab minority entitled to all its rights, as promised in our Declaration of Independence. I am for a civil and military service for Arab young people. It would be fantastic for Arab girls. It would give them independence and raise their age of marriage.

Do you feel secure?

Yes, but just before September 11, a suicide bomber blew himself up behind my car. Pieces of him fell on me. My car had nail holes in it. If one had hit me in the head, I wouldn't be here. It didn't weaken my feeling that this is my country, my place. When my family came here from Germany in 1847, it was Palestine, so I also belong to Palestine. And as a feminist, it makes me angry that someone can think that doing this will get him 72 virgins in heaven.

You don't agree with the wall?

It reminds me of the Berlin Wall, and gives me a horrible feeling of being in a ghetto. It was made to reduce suicide attacks and arms smuggling, but Arabs and Jews have to live here. It puts up something solid that will take generations to bring down.

And, I am against dividing Jerusalem. Jerusalem should stand as a single united city, and I am aware how it is looks outside the country, not that that it is my main problem. The majority of Israelis believe most of the world is not pro-Israeli. It's something we grow up with. Judaism isn't the most popular religion in the world.

أنا إسرائيلية أنتمي إلى اليمين الإسرائيلي كما أني أؤيد المساواة بين الجنسين. أنا أرفض بناء الجدار لأنني أعتقد أن على العرب واليهود أن يتعايشوا معاً. لا أرى نهاية أو حلا في الوقت الحالي، إلا أنني على دراية بالأوضاع السياسية. قام مناحيم بيغن، وهو رئيس وزراء إسرائيلي من اليمين، بتوقيع اتفاقية سلام مع مصر، ولا تزال هذه الاتفاقية قائمة حتى اليوم. ربما يكون سلاماً بارداً إلا أنه سلام مضى عليه ثلاثون عاماً.

هل يمكن استخدام السياسة لتحقيق أغراض جيدة؟

يمكن أن يكون للإنسان تأثير كبير في السياسة، إلا أنه يجب أن يتمتع بالخبرة في المجالات السياسية وأن تكون له خطة طويلة الأمد. لدي أجندتي الخاصة وأنا ملتزمة بها ولست بحاجة إلى ضمانات من أي شخص. كنت إحدى الشخصيات اليمينية في قضايا النوع الاجتماعي، إلا أن هنالك إرتباطا بين كون المرء سياسياً وكونه مؤيداً للمساواة بين الجنسين. كنت صوتاً وحيداً لسنوات طويلة.

رأينا في السنوات الخمسة عشر الأخيرة زيادة في عدد النساء من اليمين اللواتي يشاركن في أجنده المساواة بين الجنسين. هنالك ثورة في تأييد المساواة بين الجنسين، حيث تشارك المرأة في الدراسات العليا، كما أصبحت المرأة من ضمن الباحثين في التوراة.

سيتحقق السلام العالمي على يد المرأة بشكل رئيسي. من الأهمية بمكان أن نستثمر في المرأة والفتاة أينما كانت. فالمرأة تدير الأمور بطريقة مختلفة حيث تتأثر بالبيروقراطية بشكل أقل. أعطونا فرصة إدارة الأمور بطريقتنا الخاصة، ثم عودوا إلينا بعد ٥٠ أو ١٠٠ عام لتجدوا أن هذا المكان أصبح مكاناً أفضل للعيش.

مكان يعيش فيه العرب واليهود معاً؟

أنتمي إلى الجيل الإسرائيلي السابع، إسرائيل هي وطني. أرى إسرائيل كدولة يهودية ذات أقلية عربية تتمتع بجميع حقوقها كما نص عليها إعلان الاستقلال. أؤيد المشاركة العربية في الخدمة المدنية والعسكرية، ستكون فرصة رائعة للفتيات العربيات، ويمنحهن الاستقلال ويرفع من معدلات العمر عند الزواج.

هل تشعرين بالأمان؟

نعم، ولكن قبل ١١ أيلول بوقت قصير فجر انتحاري نفسه خلف سيارتي. تساقطت علي بعض من أشلائه. كان هنالك ثقوب مسامير في سيارتي. لو أصابني أحد المسامير في رأسي لقتلني. إلا أن هذا لم يضعف شعوري بأن هذا وطني. كان هذا البلد يسمى فلسطين عندما جاءت عائلتي من ألمانيا إلى هنا عام ١٨٤٧، بالتالي فإنني أنتمي إلى فلسطين أيضاً. وكوني مؤيدة للمساواة بين الجنسين فإنني أشعر بالغضب عندما يفكر الانتحاري في تفجير نفسه ليحصل على ٧٢ حورية في السماء.

هل تؤيدين الجدار؟

الجدار يذكرني بسور برلين، مما يخلق لدي شعوراً سيئاً حول السكن في أحياء الأقليات في المدن. يهدف الجدار إلى التقليل من الهجمات الانتحارية ومن تهريب السلاح، إلا أن على العرب واليهود أن يعيشوا معاً. يشكل الجدار عائقاً مادياً ستحتاج إزالته أجيالا عديدة. كما أنني ضد تقسيم القدس التي يجب أن تبقى مدينة موحدة. أعلم كيف ينظر العالم إلى القدس إلا أن هذه ليست مشكلتي، فغالبية الإسرائيليين يرون أن العالم لا يؤيد إسرائيل، هذا أمر تربينا عليه، فاليهودية ليست أكثر الديانات شعبية في العالم.

Michal Cafri

Lawyer and Senior Advisor to Ministers in the Knesset

A self-described right-wing feminist, Cafri is a seventh-generation Israeli whose family emigrated from Germany to Jerusalem in 1847. A member of the Likud party, she was Senior Advisor to the Minister of Education, Culture, and Sports from 2001 to 2006 and to the Minister for Telecommunication from 1996 to 1999. Cafri, who works with a Jerusalem law firm, has been involved in gender issues through her adult life.

עורכת דין ויועצת בכירה לשרים בכנסת

מיכל כפרי מתארת את עצמה כפמיניסטית ימנית. היא בת לדור שביעי של משפחה שעלתה לירושלים מגרמניה ב-1847 והיא חברה במפלגת הליכוד. בשנים 2001–2006 שימשה כיועצת בכירה לשר החינוך, התרבות והספורט, ובשנים 1996–1999 הייתה יועצת לשר התקשורת. היא עובדת במשרד עורכי דין בירושלים, ובכל שנות בגרותה היתה מעורבת בסוגיות מגדר.

محامية ومستشارة رفيعة للوزراء في الكنيست

تصف السيدة ميشيل كافري نفسها كناشطة يمينية في مجالات المساواة بين الرجل والمرأة. تنتمي السيدة ميشيل كافري إلى الجيل الإسرائيلي السابع، وهي من عائلة هاجرت من ألمانيا إلى القدس سنة ١٨٤٧. السيدة كافري عضو في حزب الليكود ، عملت كمستشارة رفيعة لوزيرة التعليم والثقافة والرياضة من سنة ٢٠٠١ حتى سنة ٢٠٠٦ ولوزير الاتصالات من سنة ١٩٩٦ حتى سنة ١٩٩٩. تعمل في شركة محاماة في القدس وكانت ناشطة طيلة حياتها في قضايا النوع الاجتماعي.

אני ישראלית, ימנית ופמיניסטית. אני לא תומכת בהקמת החומה. אני חושבת שיהודים וערבים צריכים לחיות יחד. אני לא רואה סוף או פתרון כרגע, אבל אני יודעת מה המדיניות שלי. מנחם בגין, ראש ממשלה ימני, הוציא לפועל את הסכם השלום הראשון עם מדינה ערבית, מצרים, והוא נמשך עד היום. אולי זה שלום קר, אבל זה שלום שנמשך 30 שנה.

לדעתך אפשר להשתמש בפוליטיקה למטרות טובות?

בפוליטיקה יכולה להיות לך השפעה עצומה, אבל את חייבת להיות מנוסה, עם אותה אידאולוגיה לאורך השנים. לי יש עמדה פוליטית בה אני דבקה. אני לא זקוקה לאישור מאף אחד. הייתי אחת הימניות הבודדות המעורבות בענייני מגדר, אבל יש זיקה בין היותי פוליטיקאית לבין היותי פמיניסטית. הייתי קול בודד במשך שנים.

ב-15 השנים האחרונות יש יותר נשים ימניות בעלות עמדה פמיניסטית, כי באוכלוסייה הדתית – כפה סרוגה, לא החרדית – יש מהפכה פמיניסטית למען לימודים גבוהים לנשים ולהתמחויות בתורה.

השלום העולמי יגיע בעיקר בזכות נשים שייצרו אותו. חשוב להשקיע בנשים ובנערות מכל רקע. נשים מנהלות דברים אחרת, אנחנו פחות מושפעות מהירכיה. השאירו לנו לנהל את העניינים ותחזרו בעוד 50 או 100 שנה. החיים יהיו טובים יותר.

במקום שיהודים וערבים חיים יחד?

אני ישראלית דור שביעי. ישראל היא מולדתי. אני רואה בישראל מדינה יהודית ובה מיעוט ערבי שזכאי לכל הזכויות שלו, כפי שהובטח בהכרזת העצמאות. אני בעד שירות לאומי וצבאי לצעירים ערבים. זה יהיה נהדר לצעירות ערביות. זה יתן להן עצמאות ויעלה את גיל נישואיהן.

את מרגישה בטוחה?

כן, אבל בדיוק לפני 11 בספטמבר מחבל מתאבד התפוצץ מאחורי המכונית שלי. חתיכות ממנו נפלו עליי. המכונית שלי הייתה מנוקבת ממסמרים. אילו אחד מהם היה פוגע לי בראש, לא הייתי כאן. למרות זאת, זה לא ערער בי שזו הארץ שלי, זהו מקומי. כשהמשפחה שלי הגיעה לכאן מגרמניה ב-1847 זו הייתה פלסטינה, אז אני שייכת לפלסטינה. וכפמיניסטית מכעיס אותי שמישהו חושב שמעשה כזה יביא לו 72 בתולות בגן העדן.

את מתנגדת לחומה?

היא מזכירה לי את חומת ברלין, חיים בגטו. היא הוקמה כדי להפחית את פיגועי ההתאבדות ואת הברחות הנשק, אבל ערבים ויהודים צריכים לחיות כאן. היא מקימה דבר מוחשי, ויחלפו כמה דורות עד שיסירו אותה.

אני נגד חלוקת ירושלים. ירושלים צריכה להיות עיר מאוחדת, ואני מודעת לאופן שהיא נראית מחוץ למדינה, אבל זו לא הבעיה העיקרית שלי. רוב הישראלים מאמינים שרוב העולם איננו פרו-ישראלי, שכן הדת היהודית אינה הכי פופולרית, ועם זה אנחנו גדלים.

Siham Chalabi

Facilitator at Daliat El-Carmel Community Center

Chalabi, a Druze Arab, facilitates Women's Programs and Adult Education for the Community Center in Daliat El-Carmel. Beginning her activism 20 years ago, she brought the women of her conservative society together for empowerment programs. Soon they were invited into the Community Center. Today, the women outnumber the men four to one in obtaining high school diplomas and are represented on the local council by professionals.

מנחה במרכז הקהילתי בדליית אל-כרמל

סיהאם חלאבי היא ערבייה דרוזית ומנחת תכניות לנשים ולחינוך מבוגרים במרכז הקהילתי בדליית אל-כרמל. לפני עשרים שנה, כשהחלה בפעילותה, כינסה את הנשים מחברתה השמרנית לתכניות העצמה. בתוך זמן קצר הוזמנו הנשים למרכז הקהילתי. כיום, מספרן של הנשים שמקבלות תעודות גמר מבית הספר התיכון הוא פי ארבעה מזה של הגברים, ויש להן ייצוג במועצה המקומית.

ميسرة في المركز الاجتماعي في دالية الكرمل

السيدة سهام حلبي هي عربية درزية تعمل كميسرة لبرامج النساء وتعليم الكبار في المركز المجتمعي في دالية الكرمل. بدأت السيدة سهام حلبي نشاطها منذ عشرين سنة حيث قدمت برامج تمكين للنساء في مجتمعها المحافظ، هؤلاء النساء سرعان ما انضممن لفعّاليات المركز الاجتماعي. اليوم، يبلغ عدد النساء الحاصلات على شهادة التوجيهية في دالية الكرمل أربعة أضعاف عدد الرجال ويتمتعن بتمثيل في المجلس البلدي.

הקהילה הדרוזית הינה קהילה שמרנית המאמינה באל אחד, בינה דתיים וחילוניים. אחד העקרונות הבסיסיים שלנו הוא שמיקומנו הגאוגרפי אינו משנה, אנחנו צריכים להיות נאמנים לאותה מדינה בה אנו חיים. אנחנו דואגים לא רק לאינטרסים שלנו, אלא גם לאינטרסים של המדינה. אנחנו עושים כל דבר 'ישראלי', הכול. יש לנו אנשים בעמדות בכירות ובמשרות רגילות בממשל. הילדים שלנו משרתים בצה"ל. אנחנו דרוזים ערבים, אבל אנחנו חיים בטוב עם היהודים. אנחנו אוהבים את המדינה שלנו.

בתור מנהיגה של נשים דרוזיות, לאילו שינויים היית עדה?

אחרי 20 שנה, נשים חשות שהן הכוח המניע בכפר שלנו, דליית אל-כרמל. המצב היה ממש רע. לנשים לא היה חינוך. רק לארבע או חמש היו תעודות סיום מהתיכון. אז גייסתי כמה נשים, ובכל שבוע אירחנו הרצאה או דיון. כשמנהל המרכז הקהילתי הציע, "למה שלא תקיימו את הפעילויות שלכן במרכז?", כל הכפר התחיל לדבר על ההזדמנויות שבפנינו. הייתה התפוצצות של פעילות. נשים התחילו להיות מעורבות בפוליטיקה והתחילו לפעול בשמם של הבעלים והאחים שלהן. כיום, על כל גבר שנרשם לבית ספר יש ארבע נשים. יש לנו במועצה עורכות דין, מהנדסות, ומנהלות. התחלנו מהפכה.

המרכז מציע קורסים לנשים, גברים, ובני נוער. בעבודה שלי אני מסייעת לנשים שלא יודעות קרוא וכתוב וכן לנשים שמשלימות את הבגרויות שלהן. יש לנו קורסים בקוסמטיקה, עיצוב שיער, הכנת תכשיטים וגם סדנאות למורים ולקצינות תעסוקה בצבא, קורסים שהן מקבלות עליהן קרדיט.

היעד הסופי שלי הוא לחולל מהפכה בקרב הנשים עצמן. כל אישה צריכה לאהוב את עצמה ולדאוג קודם כל לצרכים של עצמה. מי שאין לו תוכן משלו לא יכול להעניק לאחרים, אז כל אישה שאין לה השכלה צריכה ללמוד. אחר כך, אם ניצור קבוצות של נשים שידברו ויקשיבו זו לזו, נוכל להניע דברים למען הנשים. אני אוהבת נשים מאוד. בכל מקום שבו הן נמצאות, אני מקווה שהן יעשו דברים זו למען זו, למען השלום ולמען הילדים שלהן.

האם מהפכת נשים יכולה להביא שלום?

אם לא נפעל למען השלום, זה לא יקרה. אני ערבייה ושנאתי ערבים אחרים. זה נבע מחוסר היכרות; אף פעם לא הזדמן לנו להיפגש. גידלו אותנו לחשוב שערבים מוסלמים הם מחוץ לתחום מבחינתנו. פתאום היו לנו מפגשים בכל חודש עם כמה נשים מהכפרים סביב, הבנתי מה זאת אומרת לשבת עם אישה מוסלמית.

מפגש אחד גדל והגיע ל-300 נשים, ופתאום הנשים הדרוזיות והערביות התחילו להתווכח. היינו בהלם. לא ידענו מה לעשות. אז התחלתי לפעול למען השלום ברמה המקומית. אני מקווה שיום אחד תהיה לנו מדינה פלסטינית עצמאית שכנה ונוכל לבקר זו את זו.

سهام حلبي / סיהאם חלאבי

The Druze are conservative people who believe in one God. There are religious Druze and secular Druze. One of our principles is that wherever we are, in whatever country, we have to be loyal to that country. We are concerned not only with our own interests but with the interests of the country. We do everything "Israeli," everything. We have people in senior positions and regular jobs in the government. Our children serve in the army. We are Arab Druze, but we have a good life with the Jews. We love our country.

As a leader of Druze women, what changes have you seen?

After 20 years, women feel they are the moving force in our village of Dalyat El-Carmel. The situation was really bad. Women didn't have education, only four or five had high school diplomas. So I recruited some women and each week we would host a lecture or discussion. When the community center director asked, "Why don't you have your activities at the center?" the whole village began to talk of what we could do. There was an explosion of activity. Women became involved in politics, and they began acting on behalf of their husbands and brothers. Today, for every man enrolled in school there are four women.

We have a woman lawyer and woman engineer on the council, and women as departmental directors. We started a revolution.

The center offers courses for women, men, and teenagers. In my job, I begin with women who cannot read or write and extend to women completing their high school diplomas. We have courses in cosmetology, hairdressing, jewelry-making—and workshops for teachers and career officers in the military, courses for which they get credit.

My ultimate goal is to spark a revolution *within* women. Every woman should love herself and care for her own needs first. People who lack things in themselves cannot give to others, so every woman should study if she lacks education. Then, by forming groups of women who can speak and listen to each other, we can get things going for women. I love women very much. Wherever they are, I hope they do things for each other, for peace, and for their children.

Can a women's revolution bring peace?

If we don't work toward peace, it won't come about. I'm an Arab, and I hated other Arabs. It was a lack of acquaintance—we never had a chance to meet. We were brought up to think Muslim Arabs were off limits to us. Then, suddenly, we had meetings with a few women every month from the surrounding villages, and I felt what it was like to sit with a Muslim woman.

One gathering grew to about 300 women and suddenly the Druze women and the Arab women began to argue. We were in shock, we didn't know what to do. It was then I began working for peace at the local level. I hope one day we have an independent Palestinian state as neighbors and we can visit each other.

الدروز هم مجتمع محافظ يؤمن بإله واحد. هنالك الدروز المتدينون وهنالك الدروز العلمانيون. إلا أن هنالك مبدأ لدى الدروز يقتضي أن يكونوا مخلصين للدولة التي يقيمون بها ، بغض النظر عن طبيعة تلك الدولة. فنحن لا نهتم فقط بمصالحنا ، وإنما بمصالح الدولة التي نعيش بها. نحن نقوم بكل ما هو إسرائيلي، ولدينا أشخاص في مراكز عليا ومراكز أخرى في الحكومة. أبناؤنا يؤدون الخدمة العسكرية. وبالرغم من أننا دروز عرب، إلا أننا نحيا حياة جيدة مع اليهود ، ونحن نحب بلدنا .

ما هي التغييرات التي شاهدتها كواحدة من القيادات النسائية الدرزية؟

تشعر المرأة الآن بعد انقضاء عشرين عاماً وكأنها إحدى قوى التغيير في قريتنا دالية الكرمل. كان الوضع في السابق سيئا للغاية، حيث لم تحصل المرأة على التعليم، وكان عدد النساء اللواتي أنهين تعليمهن الثانوي أربع أو خمس نساء. قمت باستقطاب بعض النساء، وكنا نعقد جلسات نقاش ومحاضرات أسبوعية. وعندما طلب منا مدير المركز الاجتماعي أن نعقد لقاءاتنا في المركز، بدأت القرية بأكملها تتحدث عما يمكننا القيام به. تعاظمت النشاطات وأصبحت المرأة منخرطة في السياسة، وبدأت المرأة تمثل الأخ والزوج. اليوم تصل نسبة طالبات المدارس إلى أربع طالبات مقابل كل طالب. لدينا في المجلس محامية ومهندسة، كما تترأس النساء بعض الدوائر، لقد استطعنا أن نحقق ثورة.

يقدم المركز دورات للنساء والرجال والشباب. يقتضي عملي تعليم النساء اللواتي لا يستطعن القراءة أو الكتابة واللواتي ينهين تعليمهن الثانوي. نقدم دورات في مجالات التجميل وقص الشعر وصناعة الحلي، بالإضافة إلى عقد ورشات عمل للمعلمين وللضباط في الجيش، بحيث يحصل الخريجون على شهادات من المركز بعد إتمام الدورات.

هدفي الأسمى هو أن أحقق ثورة بين النساء، بحيث تركز كل امرأة أولاً على حبها لنفسها وعلى تحقيق احتياجاتها ، ففاقد الشيء لا يعطيه، من هنا فإن على كل امرأة لا تملك تعليماً أن تتعلم. ومن ثم العمل على تحقيق الأهداف النسائية بعد تشكيل مجموعات من النساء اللواتي يستطعن التواصل فيما بينهن. أحب المرأة كثيراً، أينما كانت، وأتمنى أن يتعاونّ معاً من أجلهن ومن أجل السلام ومن أجل أبنائهن.

هل تستطيع ثورة المرأة أن تحقق السلام؟

لن يتحقق السلام إذا لم نعمل من أجله. بالرغم من أنني عربية، إلا أنني كنت أكره العرب، وكان السبب في ذلك عدم وجود تعارف وتواصل بيننا . لقد تربينا على أن نبتعد عن العرب المسلمين. ثم أصبحنا نعقد اجتماعات شهرية مع نساء من القرى المجاورة، وبدأت حينها أشعر بماهية الجلوس والتحدث مع المرأة المسلمة.

وصل عدد النساء في أحد التجمعات إلى ٣٠٠ امرأة، وكان هنالك حوار بين المرأة العربية والمرأة الدرزية. كان الأمر بمثابة صدمة بالنسبة لنا ، ولم نعرف ماذا نصنع. ثم بدأت أعمل من أجل السلام على المستوى المحلي. أتمنى، ذات يوم، أن يكون هنالك دولة فلسطينية مستقلة نستطيع تبادل الزيارات مع أهلها .

ד"ר נעמי חזן / نعومي خازان

I was one of the first Israeli supporters of a Palestinian state alongside Israel. I've tried to achieve that for over 40 years. Yes, I've gotten an award here or there because I've tried, but I don't think I deserve any of those awards because I haven't succeeded.
When I say *I*, I mean *we*. I think no Israeli or Palestinian can rest until there is a normalization of relations, which depends on understanding there are two people who live on this land and each deserves self-determination. Israel's independence is dependent on Palestinian independence, and Palestinian self-determination is dependent on the recognition that Israel has a right to exist. That's what I fight for. I hope to succeed soon because I'm getting older.

How do you keep fighting?
I eat a lot, and I smoke. A lot of women who have been at this a long time are smokers. Another reason we need peace is we vowed to stop smoking as soon as the agreement is signed, so we want to prolong our lives.
Perseverance is a feminine trait. Men go up and down while women plod along despite setbacks. Over time women's approach has immense power.
If we fail, we try harder to think of ways to achieve the same goals, to create new connections, to establish new structures. We persevere, we analyze, we pioneer, and we're innovative.
The strength in Israeli, Palestinian, and international women speaking in one united voice! It says, "We're in this together, we have to find a resolution to the conflict, and we are going to do it as if there were no differences between us."

Will there be peace in your lifetime?
I wouldn't be working on it if I didn't think it were possible. Of course a two-state solution doesn't fall from the sky, it's not rain. A two-state solution has to be *achieved*. You have to build it.
In this case, peace is not love. It's a new political agreement that creates foundations for justice for both people, for a different kind of relationship. It's going to be up to the next generations to cement that relationship in equality, mutual respect, and human dignity, and that will take a long time.
The parents of most of my friends were survivors of the Holocaust. If there's one lesson embedded in us, it's that injustice exists in racism, discrimination, and lack of respect. Under no circumstances can we Israeli Jews afford to allow anything like what happened to the Jews during World War II to happen to anybody in this world.
I cry when I see the Wall. I tried to stop the Wall before the first stone. For one thing, where it was placed could become a political boundary. If it were one inch from the 1967 lines, that is unacceptable to me unless it's by agreement.

What makes you happiest in the whole world?
Chocolate. A moment of silence. A good book. I'm a woman and a mother, and like most women, I'm not looking for total happiness, but for moments of pleasure.

كنت واحدة من الإسرائيليين الذين أيدوا قيام دولة فلسطينية إلى جانب إسرائيل. وعملت من أجل الوصول إلى هذا (الهدف) مدة ٤٠ عاماً. حصلت خلالها على العديد من الجوائز ، غير أني اعتقد بأني لا استحق أيا من هذه الجوائز لأنني لم أنجح (في تحقيق الهدف).
عندما أقول «أنا» فإنني أعني «نحن». لن يهنأ الفلسطينيون والإسرائيليون إلا إذا طّبعوا علاقاتهم، الأمر الذي يعتمد على معرفتهم بحقهم كشعبين في الحياة على هذه الأرض، وحقهما في تقرير مصيرهما. يعتمد استقلال إسرائيل على استقلال الفلسطينيين، كما يعتمد حق تقرير المصير الفلسطيني على اعتراف الفلسطينيين بحق إسرائيل في الوجود. وهذا ما أحارب من أجله، وآمل أن أنجح في ذلك سريعاً، لأن السن يتقدم.

كيف تستطيعين الاستمرار؟
آكل كثيراً وأدخن كثيراً. الكثير من النساء اللواتي عملن في هذا المجال لمدة طويلة هن من المدخنات، كما أننا أقسمنا أن نترك التدخين فور توقيع اتفاق سلام، لذلك نريد أن تطول أعمارنا.
الإصرار هو من صفات المرأة، فالرجل يتقلب في الوقت الذي تسير فيه المرأة بإصرار وبخطى ثابتة بالرغم من الانتكاسات، ولهذه الصفة ميزة كبيرة على الأمد البعيد لأن المرأة عندما تفشل في شيء ما تبحث عن طرق جديدة تتمكن من خلالها من تحقيق غايات صغيرة، ثم تعمل على إيجاد حلقات اتصال جديدة وإيجاد ترتيبات جديدة، ونحن نعمل من خلال إصرارنا على أن نكون مبدعات ورائدات وأن نعمل على تحليل الأوضاع التي نمر بها.
تأتي قوة صوت المرأة الإسرائيلي الفلسطيني الدولي الواحد في أنه يقول إننا معاً فيما نحن فيه وإن علينا أن نجد حلاً للنزاع، وإننا سنجد هذا الحل وكأنه لا يوجد بيننا اختلافات.

هل سيتحقق السلام في حياتك؟
لو كنت أعتقد أن السلام غير ممكن لما عملت من أجله، إلا أن حل الدولتين لن يسقط من السماء مثلما تسقط الأمطار، لذلك علينا أن نعمل من أجل هذا الحل وعلينا أن نبنيه. السلام في هذه الحالة ليس المحبة، فهو اتفاق سياسي جديد يخلق أسس العدل للشعبين، ويخلق أسس علاقة من نوع جديد يتوقف تعزيزها وتقويتها على الأجيال القادمة من حيث العمل على العدل والاحترام المتبادل، هذا الأمر يستغرق وقتاً طويلاً.
العديد من أهالي أصدقائي هم من الناجين من المحرقة النازية، التي علمتنا أن الظلم وعدم الاحترام المتبادل يكمنان في التمييز والتفرقة العنصرية، وأن علينا أن نمنع، وبكل ثمن، تكرار ما حّل بنا خلال الحرب العالمية الثانية. أبكي عندما أرى الجدار الذي حاربته قبل أن يوضع حجره الأول. وإذا كان الجدار يشكل حدودا سياسية، فيجب التوصل إلى اتفاق حوله إذا كان يبعد عن حدود ١٩٦٧ ولو لمسافة انش الواحد.

ما الذي يجعلك أسعد إنسانة في العالم؟
الشوكولاته، لحظات الصمت، الكتب الجيدة، فأنا امرأة وأم، وكغيري من النساء لا أبحث عن السعادة الكاملة، بل أبحث عن لحظات استمتاع.

Naomi Chazan

Professor, author, and Member of Knesset (1992–2003)

Chazan is Professor of Political Science at The Hebrew University of Jerusalem and Head of the School of Government and Society at the Academic College of Tel-Aviv-Yafo. A former Knesset Member (Meretz party), Chazan has written many books, lectured extensively, and received numerous awards. She co-founded several women's organizations, including the Women's Commission for a Just and Sustainable Israeli-Palestinian Peace.

פרופסור, סופרת וחברת כנסת (2003—1992)

ד"ר נעמי חזן היא פרופסור למדע המדינה באוניברסיטה העברית בירושלים וראש בית הספר לממשל וחברה במכללה האקדמית של תל אביב-יפו. בעבר הייתה חברת כנסת מטעם מפלגת מר"צ, כתבה ספרים רבים, הרבתה להרצות וקיבלה פרסים רבים. היא הייתה שותפה לייסוד של ארגוני נשים אחדים, ובהם 'הוועדה הבין-לאומית לנשים למען שלום ישראלי-פלסטיני צודק ובר-קיימא'.

أستاذة جامعية، مؤلفة وعضوة سابقة في الكنيست (١٩٩٢-٢٠٠٣)

تعمل السيدة نعومي خازان كأستاذة في العلوم السياسية في الجامعة العبرية في القدس وهي رئيسة كلية الحكومة والمجتمع في الكلية الأكاديمية تل-أبيب – يافا. شغلت في السابق منصب عضوة كنيست (عن حزب ميريتس)، لها عدة مؤلفات كما أنها قدّمت عددا كبيرا من المحاضرات وحازت على الكثير من الجوائز. شاركت السيدة خازان في تأسيس عدة منظمات نسائية، من ضمنها لجنة النساء من أجل سلام إسرائيلي- فلسطيني عادل ودائم.

הייתי אחת הישראלים הראשונים שתמכו במדינה פלסטינית לצד מדינת ישראל, אחד מיעדיי מזה ארבעים שנה. נכון, קיבלתי פרסים פה ושם מפני שניסיתי; אבל אני לא חושבת שאני ראויה לפרס, כי לא הצלחתי.

כשאני אומרת 'אני', אני מתכוונת ל'אנחנו'. אני חושבת ששום ישראלי או פלסטיני לא יוכל לנוח עד שיהיה נרמול ביחסים. דבר כזה תלוי בהבנה בין שני עמים שחיים בארץ ושלכל אחד מהם יש זכות להגדרה עצמית. העצמאות של ישראל תלויה בעצמאות של הפלסטינים, וההגדרה העצמית של הפלסטינים תלויה בהכרה שלישראל יש זכות קיום. על זה אני נלחמת. אני מקווה שאצליח בקרוב, כי אני מזדקנת.

איך את ממשיכה להילחם?

אני אוכלת הרבה, ואני מעשנת. הרבה נשים שעסקו בכך לאורך זמן מעשנות. עוד סיבה שאנחנו צריכים שלום היא שנדרנו להפסיק לעשן ברגע שההסכם ייחתם, ואנחנו רוצות להאריך את החיים שלנו.

התמדה היא תכונה נשית. גברים נעים מעלה-מטה, ולעומתם הנשים משתרכות בתלם למרות הקשיים. לאורך זמן לגישה של הנשים יש עוצמה אדירה. אם אנחנו נכשלות, אנחנו משתדלות עוד יותר לחשוב על דרכים להשיג את אותן מטרות, ליצור קשרים חדשים, להקים מבנים חדשים. אנחנו מתמידות, אנחנו מנתחות, חלוצות, ואנחנו מחדשות.

כח הנשים הישראליות, פלסטיניות ונשים מהעולם מדברות בקול אחד, קול שאומר "אנחנו בעסק הזה יחד. מוכרחים למצוא פתרון לסכסוך. ואנחנו נעשה את זה כאילו שאין הבדלים בינינו".

האם יהיה שלום בימי חייך?

לא הייתי פועלת לכך אלמלא חשבתי שזה אפשרי. כמובן שפתרון של שתי מדינות לא נופל מהשמים. זה לא גשם. צריך להסכים על פתרון היוצר שתי מדינות.

במקרה הזה, השלום לא נבנה על אהבה, זו הסכמה פוליטית שבונה את היסודות למערכת יחסים שונה. הדורות הבאים יצטרכו למסד את מערכת היחסים הזאת בשוויון, כבוד הדדי וכבוד האדם, וזה ייקח הרבה זמן.

ההורים של מרבית החברים שלי היו ניצולי שואה. אם יש לקח אחד שטבוע בכולנו הוא שחוסר הצדק קיים בגזענות, בהפליה ובחוסר כבוד. אנחנו היהודים הישראלים לא יכולים בשום תנאי להרשות שמשהו כמו מה שקרה ליהודים במלחמת העולם השנייה יקרה למישהו בעולם הזה.

אני בוכה כשאני רואה את החומה. ניסיתי לעצור את החומה לפני שהונחה האבן הראשונה. במקום שהיא הוצבה היה יכול להיות גבול פוליטי. אם היא סוטה בסנטימטר מקווי 1967, זה לא מקובל עליי, אלא אם זה בהסכמה.

מה הדבר שהכי משמח אותך?

שוקולד. רגע של דממה. ספר טוב. אני אישה ואימא, וכמו רוב הנשים, אני לא מחפשת אושר מוחלט אלא רגעים של עונג.

Amira Dotan

Member of Knesset and retired Brigadier-General

Dotan, a member of the Knesset with the Kadima party, serves on key committees, including Foreign Affairs and Defense and the subcommittee for Trafficking in Women. The first woman Brigadier General of the Israel Defense Force, Dotan served from 1965 to 1988, capping her career as Head of the Women's Corps. She commanded women's units during the 1973 Yom Kippur War. Dotan co-founded The Center for Mediation in Law.

חברת כנסת ותת-אלוף בדימוס

עמירה דותן, חברת כנסת במפלגת קדימה, מכהנת בכמה ועדות, ובהן ועדת החוץ והביטחון ובתת-הוועדה לסחר בנשים. היא שירתה בצבא בשנים 1965–1988 והייתה האישה הראשונה בצה"ל בדרגת תת-אלוף. שיא הקריירה שלה היה בתפקיד קצינת ח"ן ראשית. היא פיקדה על יחידות של נשים במלחמת יום כיפור ב-1973. עמירה דותן הייתה שותפה לייסוד 'המרכז ליישוב סכסוכים'.

عضوة كنيست وعميدة متقاعدة

السيدة أميرة دوتان هي عضوة كنيست عن حزب "كاديما" وعضوة في عدة لجان هامة بما فيها لجنة الشؤون الخارجية والدفاع واللجنة الفرعية ضد المتاجرة بالنساء. خدمت السيدة دوتان في جيش الدفاع الإسرائيلي منذ سنة ١٩٦٥ وحتى سنة ١٩٨٨ وهي أول امرأة تتلقى رتبة عميد حيث توجت مسيرتها كرئيسة فيلق النساء. وقد قادت وحدات النساء خلال حرب يوم الغفران في العام ١٩٧٣. تعتبر السيدة أميرة دوتان من مؤسسي مركز الوساطة القانونية.

פמיניזם הוא היכולת לעשות מה שאת רוצה לעשות. חייבים לשים מיד על השולחן שישנם שני מינים שונים. נשים צריכות לומר שהגברים הם מי שהם ואנחנו מי שאנחנו, ולהתגאות במה שאנחנו, במקום לבזבז אנרגיה רבה כל כך בניסיון לחקות את הגברים. כך תהיה לנו יותר אנרגיה לעשות מה שאנחנו רוצות לעשות, והשאלות של הטרדה ואלימות יפחתו, מפני שהגברים יראו בנו שוות.

בתור תת-אלוף, ראית בעצמך משכינת שלום או לוחמת?
זו לא הייתה שאלה שאנחנו בצה"ל שאלנו את עצמנו. ייחודו של צה"ל טמון בשמו: אנחנו רוצים להיות חזקים כדי להגן על עצמנו. השלום הוא חלק מזה: אנחנו מוודאים שאיש לא יפגע במשפחה ובמדינה שלנו. אנחנו לא שולחים את הילדים שלנו, את החיילים שלנו, להילחם במלחמות של אחרים; ואנחנו לא רוצים שאחרים יילחמו במלחמות שלנו. אנחנו עושים את זה בעשר אצבעותינו. ההגנה היא חלק מהשלום.

יש לך תקווה שיבוא זמן שישראל לא תזדקק לצבא הגנה?
תמיד. אני אופטימית מאוד. אני אעשה כמיטב יכולתי לוודא שנפעל אנשים-מול-אנשים על פני האדמה כדי להתמודד עם הצדדים האנושיים של החיים במזרח התיכון. לא מדובר בשאלות גדולות כמו מלחמה או שלום. מדובר במציאת פרטנרים לשלום.

יש לכם פרטנרים פלסטינים?
בהחלט. כשבעלי נפטר, הרגשתי שאני מוכרחה ליצור משהו חדש, מרענן. ביקשתי משמעון פרס להקים רשת של נשים במזרח התיכון. הקמנו ארגון לא-ממשלתי של נשות עסקים מירדן, פלסטין, מרוקו וישראל. המפגש הראשון היה ביוני 1995. אמרתי לחברותי, המשתתפות מישראל, שאני חושבת שיהיה לי קל יותר להתמודד עם משתתפות אחרות מהמזרח התיכון מאשר עם הפלסטיניות. הניסיון שלך מצה"ל לימד אותך שהן האויב. אבל הן באו לתל אביב, ותחושת האחווה המיידית שלי הייתה כלפי הפלסטיניות. כשראיתי את הנשים הפלסטיניות ההן, זה היה כאילו שגדלנו יחד. היו לנו אותן בדיחות, אותה הבנה, אותה מנטליות.

אילו יכולת לדבר עם כל הנשים הפלסטיניות, מה היית אומרת?
הייתי אומרת שבלב כל אחת יודעת את האמת. אנחנו צריכות לשחק את המשחק שלנו ולא את המשחק המוכתב. המשחק שלנו הוא לוודא שהילדים והנכדים שלנו יחיו בשלום ובהבנה.
להיות תת-אלוף, פרופסור או חברת כנסת זה ציון של יכולות או תכונות מסוימות: של השכל, של ההיגיון, של העקשנות, של האמינות. זה פרס. אימהות היא לא פרס. היא נועדה לוודא שהחיים יימשכו אחרייך ושמשהו מהיכולות, התכונות או הרגשות שלך ישרוד אחרייך. זו הסיבה שאנחנו צריכות לשחק את המשחק שלנו ולא את המשחק של מישהו אחר.

أميرة دوتان / עמירה דותן

النسوية هي قدرة المرأة على استخدام حريتها كاملة. يجب أن ندرك منذ البدء أن هناك رجلا كما أن هنالك امرأة. يجب على المرأة أن تميز نفسها عن الرجل، وأن تعتز بكونها امرأة بدلاً من أن تضيع وقتها وجهدها في محاولات تقليد الرجال. هكذا يكون للمرأة الطاقة الكافية لاستخدام حريتها ، وتتقلص حالات العنف ضدها والتحرش بها لأن الرجل عندها سينظر إلى المرأة على أنها مساوية له.

هل أنت مقاتلة أم حافظة للسلام كونك عميدا في الجيش؟
نحن في جيش الدفاع الإسرائيلي لا نسأل أنفسنا هذا السؤال. فكوننا جزءاً من الجيش هو في حد ذاته ميزة. فنحن نريد أن نكون الأقوى لكي نحمي أنفسنا. السلام هو جزء من هذا الاعتبار حيث نريد حماية أسرنا ودولتنا. نحن لا نرسل أطفالنا وجنودنا للمشاركة في حرب طرف ثان ولا نريد من أحد أن يخوض حروبنا بالنيابة عنا ، فنحن قادرون على أن نخوض حروبنا بأيدينا ، فالدفاع جزء من السلام.

هل تأملين في أن يأتي زمن لا تحتاج فيه إسرائيل إلى جيش دفاع؟
دائماً آمل ذلك، فأنا متفائلة جداً. سأبذل قصارى جهدي لكي تعمل الشعوب معاً لمعالجة الجانب الإنساني للحياة في الشرق الأوسط. أنا لا أتحدث عن القضايا الكبيرة مثل الحرب والسلام وإنما البحث عن شريك يريد العيش بسلام.

هل لديك شركاء فلسطينيون؟
أكيد، عندما توفي زوجي أردت أن أعوض ذلك بشيء ما، لذلك طلبت من شمعون بيريس أن يقيم شبكة تضم النساء الشرق أوسطيات. وقمنا بإنشاء منظمة أهلية تضم نساء أعمال من الأردن وفلسطين والمغرب وإسرائيل. عقدت المنظمة أول اجتماع لها في حزيران ١٩٩٥. ظننت حينها أن من الأسهل لي التعامل مع مشاركين من غير الفلسطينيين، وهذا ما أخبرت بها زملائي الإسرائيليين، حيث أن خبرتي في جيش الدفاع اقتضت أن أنظر إلى الفلسطينيين على أنهم أعداء. حضرت المشاركات به الفلسطينيات إلى تل أبيب وشعرت بأخوة تجاههن وكأننا نشأنا معاً، واستمتعنا بنفس النكات ونفس العقلية.

ما ذا تقولين للنساء الفلسطينيات لو أتيحت لك فرصة التحدث معهن؟
أقول لهن إننا جميعاً ندرك الحقيقة في أعماق قلوبنا، وأن علينا أن نقوم بدورنا الذي يقتضي منا أن نضمن الأمن والسلام لأطفالنا. لكل منا دوره وصفاته. فالمناصب العسكرية والمهنية والسياسية هي صفات وقدرات تعبر عن عقلية ما وعن سلوكيات محددة، أما الأمومة فتقتضي أن نضمن استمرارية الحياة لأجل أبنائنا، وأن جزءاً من قدراتنا وصفاتنا وعواطفنا تبقى بعد أن تنتهي حياتنا، لهذا علينا أن نقوم بدورنا، ونبتعد عن القيام بأدوار الآخرين.

Feminism is the ability to do what you want to do. It must be on the table immediately that there are two different genders. Women need to say men are who they are and we are who we are, and to be proud of who we are instead of spending so much energy imitating men. Then we will have more energy to do what we want to do, and questions of harassment and violence lessen because men see you as equal.

As Brigadier General, did you see yourself as a peacekeeper or a fighter?
That was not one of the questions we in the IDF asked ourselves. The unique part of being in the Israeli Defense Forces is there in the name. We want to be strong to defend ourselves. Peace is part of it, in making sure no one harms our family and our country. We don't send our children, our soldiers to fight somebody else's wars and we don't want somebody else to fight our wars, we are doing it with our own ten fingers. The notion of defense is part of peace.

Do you have hope there will be a time when Israel will not need a defense force?
Always. I am very optimistic. I will do my best to make sure that we work people-to-people on the ground to deal with the human sides of living in the Middle East. It's not about big issues like peace and war, it's about how to find your counterparts in order to live peacefully.

Do you have Palestinian counterparts?
Absolutely. When my husband passed away, I felt I had to give birth to something. I asked Shimon Perez to bring together a network of women in the Middle East. We put together an NGO of businesswomen of Jordon, Palestine, Morocco, and ourselves. The first meeting was June of 1995. I told my friends, the Israeli participants, I believe that it will be easier for me to deal with the other Middle Eastern participants than the Palestinians. From your experiences in the Defense Forces, you feel that they are your enemy. Yet, they came to Tel Aviv and my immediate feeling of sisterhood was with the Palestinian women. When I saw those Palestinian women, it was as if we had grown up together. We had the same jokes, the same understanding, the same mentality.

If you could speak with all Palestinian women, what would you say?
I would say that in our hearts, each of us knows the truth. We should play our game and not someone else's game. Our game is to make sure our children and children's children will live in peace and understanding.
Being a brigadier general, professor, or member of Knesset is a record of certain abilities and traits: mental, rational, stubbornness, trustworthiness. It's a reward. Motherhood is not a reward. It's making sure life continues after you, and that something of your abilities, traits, and emotions will be part of life after you're gone. Because of that, we should play our game and not others' games.

טרודי דותן / ترود دوتان

When we dig up cities, we get pottery. People were people—they were born, they grew up, they died. Life revolves around this. When we find burial grounds, fortifications, private houses, we get a sense of how they lived, how they ate. The fun of archeology is to make alive cities and civilizations of the past. People are people are people.

Are you first an Israeli, an archeologist, a woman, or a citizen of the world?
A woman I am, that's a fact, though I've never been a feminist. I've always worked with men, my husband was an archeologist. We never excavated together, but we wrote together. I am a scientist, an archeologist, and a proud grandmother. The past is very important—you have a different perspective on things when you know the past, but it's important not to be stuck in the past.

Do emotions have any place in science?
They shouldn't. Archeology is not science *per se*. We use human interest, interactions with people, and sociology, as emotions have impact on making sites, cities, and civilizations come to life, but it is dangerous for science to be carried away by emotions.

What civilizations do you study?
My interest is the interconnections with the Mediterranean, connections with Egypt, historical, everyday customs. I'm interested in the period of the Judges, and I focus on the Philistines. I'm a Philistine. That was a joke, to be called a Philistine used to be an insult. Now, I understand what a rich culture they had. I start in the Canaanite period. I've also studied the exodus. I excavated a site now in the Gaza Strip where we found the remains of a 13th century BC stronghold on the route to Canaan from Egypt. It was fantastic, with coffins with gold.
In fashion now are catastrophes—earthquakes, tsunamis. Around 2200 BC there was some kind of catastrophe. Greece—Mycenae—was destroyed. Writing stopped. Cities on the shores of Canaan were destroyed. Trade on the Mediterranean halted. We know, by archeological finds, of ships that sank off the coast of Turkey. This was a dramatic point where some things ended, but new things happened. You have the settlement of Canaan by the Israelites. This period of 12th to 13th century BC interests me because the Philistines are a new element from the West coming in to settle Canaan. They don't bring trade, but they bring their culture with them. In their vessels and decorations, I found exact parallels with the work of Greece.

Do you believe in the Bible?
Depends on what you mean by "believe." I think the Bible is a wonderful book.

People have fought a long time. In the conflicts here now, are those best solved through the head or heart?
Best would be both together, but it depends on who is doing it and who is involved. It amazes me, but people don't change, unfortunately. But I am an optimist even though I see the suffering.

عندما نقوم بالحفر والتنقيب عن المدن نجد أوعية فخارية قديمة. فالناس قديماً كانوا مثلنا يولدون ويعيشون ومن ثم يموتون. الحياة تدور حول هذا الواقع. عندما ننقب عن أماكن الدفن والقلاع والبيوت الخاصة ندرك كيف كان هؤلاء يعيشون وكيف كانوا يأكلون. المتعة في علم الآثار هي إحياء مدن وحضارات الماضي.

هل أنت أولاً إسرائيلية، امرأة، أم مواطنة في هذا العالم؟
أنا امرأة وهذه حقيقة بالرغم من أنني لم أكن ذات يوم من أعضاء الحركات النسائية التي تؤيد المساواة بين الجنسين. عملت دائماً مع الرجال. كان زوجي عالم آثار. لم نقم بالتنقيب عن الآثار معاً أبداً إلا أننا كنا نؤلف معاً. أنا عالمة في مجالات التنقيب عن الآثار، كما أنني جدة. الماضي مهم جداً، فالإنسان ينظر إلى الأمور بطريقة مختلفة عندما يدرك الماضي، ولكن يجب أن لا نحبس أنفسنا في الماضي.

هل للعواطف مكان في العلم؟
يجب أن لا يكون للعاطفة مكان في العلم. علم الآثار ليس علماً بحد ذاته. نحن نختص بالأمور الإنسانية، والتفاعل مع الناس، وعلم الاجتماع. تؤثر العواطف على بعث الحياة في المواقع والمدن والحضارات، إلا أنه يجب أن لا تتغلغل العاطفة في العلم، لأن هذا يشكل خطراً.

ما هي الحضارات التي تدرسينها؟
مجال اهتمامي هو العلاقات بين مناطق حوض البحر الأبيض المتوسط، والعلاقات التاريخية مع مصر، والعلاقات بين العادات اليومية. أنا مهتمة في زمن القضاة وأركز على الفلسطينيين القدماء، فأنا أنتمي إلى الفلسطينيين القدماء. (كانت هذه مجرد نكتة)، حيث كان لقب فلسطيني قديما بمثابة إهانة، أما الآن فأنا أدرك أنه كان للفلسطينيين القدماء ثقافة غنية.
بدأت بالفترة الكنعانية. كما قمت بدراسة الخروج من مصر. قمت بالتنقيب عن موقع هو الآن في قطاع غزة حيث وجدنا بقايا قلعة من القرن الثالث عشر قبل الميلاد في الطريق إلى كنعان من مصر. كان اكتشافاً مدهشاً حيث وجدنا قبوراً من ذهب.
هناك الآن العديد من الكوارث مثل الزلازل والتسونامي. كان هنالك كوارث في العام ٢٢٠٠ قبل الميلاد حيث كان تدمير اليونان. توقفت الكتابة. تم تدمير المدن على شواطئ كنعان وتوقفت التجارة في حوض البحر الأبيض المتوسط. نعرف من خلال الموجودات الأثرية عن سفن غرقت قرب الشواطئ التركية. كانت هذه نقطة دراماتيكية حيث انتهت أمور وحدثت أمور جديدة. كانت هنالك مستوطنات الكنعانيين بالقرب من مستوطنات الإسرائيليين القدماء. أنا مهتمة بالفترة من القرن الثاني عشر وحتى القرن الثالث عشر قبل الميلاد لأن الفلسطينيين القدماء كانوا عناصر جديدة أتت من الغرب لتستوطن كنعان. لم يجلبوا معهم التجارة وإنما أحضروا معهم ثقافتهم حيث تشبه سفنهم ورسوماتهم أعمال اليونانيين.

هل تؤمنين بالتوراة؟
يتوقف الأمر على معنى الإيمان. أعتقد أن التوراة كتاب رائع.

حارب الناس منذ زمن بعيد. هل تعتقدين أن من الأفضل أن نجد حلاً للصراع اليوم باستخدام القلب أم العقل؟
من الأفضل استخدام الجهتين معاً، ولكن الأمر يتوقف على من يقوم بذلك وعلى الأطراف المعنية. أنا مندهشة ولكن الناس لسوء الحظ لا يتغيرون. إلا أنني متفائلة بالرغم من رؤية المعاناة.

Trude Dothan

Archeologist, author, and professor

Dothan, age 85, is a renowned archeologist and professor at The Hebrew University of Jerusalem's Institute of Archeology. Her area of study starts with the Canaanite Period and focuses on the Philistines. Her many books include two on her excavation of a site, now in the Gaza Strip, that was on the route to Canaan from Egypt. Dothan's husband and father were also archeologists. Her parents emigrated from Vienna in the 1920's.

ארכיאולוגית, סופרת ופרופסור

טרודי דותן, בת 85, היא ארכיאולוגית ידועה, ופרופסור בבית הספר לארכיאולוגיה באוניברסיטה העברית בירושלים. ראשיתו של תחום המחקר שלה בתקופה הכנענית, המתמקד בפלשתים. ספריה הרבים כוללים שני ספרים על חפירות שביצעה באתר שברצועת עזה, בדרך ממצרים לכנען. אביה ובעלה היו ארכיאולוגים גם כן, והוריה עלו לישראל מווינה בשנות העשרים של המאה העשרים.

عالمة آثار ومؤلفة وأستاذة جامعية

السيدة ترود دوتان، ٨٥ سنة، هي إحدى علماء الآثار المعروفين، وهي أستاذة في معهد الآثار في الجامعة العبرية في القدس. يبدأ مجال بحثها مع الكنعانيين ويتمركز حول الفلسطينيين القدامى. من ضمن مؤلفاتها العديدة كتابان يتناولان الحفريات التي أجرتها في موقع على الطريق المؤدي من مصر إلى كنعان، الموقع الآن في قطاع غزة. كان زوج السيدة دوتان وأبوها كذلك عالمي آثار وقد هاجر أهلها من فيينا عام ١٩٢٠.

כשאנחנו חופרים ומגלים ערים, אנחנו מוצאים חרסים. אנשים היו אנשים – הם נולדו, גדלו, מתו. החיים סובבים סביב זה. כשאנחנו מוצאים חלקות קבורה, ביצורים, בתים פרטיים, הבנת העבר גדלה. האושר בארכיאולוגיה הוא לעורר לחיים ערים וציביליזציות מהעבר. אנשים הם אנשים הם אנשים.

את קודם כל ישראלית, ארכיאולוגית, אישה או אזרחית העולם?
אני אישה, זאת עובדה, אף על פי שמעולם לא הייתי פמיניסטית. תמיד עבדתי עם גברים, בעלי היה ארכיאולוג. אף פעם לא חפרנו יחד, אבל כתבנו יחד. אני מדענית, ארכיאולוגית וסבתא גאה. העבר חשוב מאוד. את מקבלת נקודות השקפה שונות על דברים אם את מכירה את העבר, אבל חשוב לא להיתקע בעבר.

לרגשות יש מקום כלשהו במדע?
לא צריך להיות להם. ארכיאולוגיה בפני עצמה היא לא מדע. אנחנו משתמשים בפן האנושי, ביחסי הגומלין עם אנשים ובסוציולוגיה, מאחר שרגשות משפיעים על הקמת אתרים, ערים וציביליזציות שקמות לתחייה, אבל מסוכן שהמדע ייגרר אחר רגשות.

אילו ציביליזציות את חוקרת?
העניין שלי הוא בקשרים הפנימיים עם אזור הים התיכון, בקשרים עם מצרים, במנהגים ההיסטוריים, היום יומיים. אני מתעניינת בתקופת השופטים ואני מתמקדת בפלשתים. אני פלשתית. זו בדיחה. הכינוי 'פלשתי' נחשב בעבר לעלבון. עכשיו אני מבינה איזו תרבות עשירה הייתה להם.
מחקרי מתחיל בתקופה הכנענית ויציאת מצרים. חפרתי באתר שנמצא כעת ברצועת עזה, ושם מצאנו שרידים של מבצר מהמאה ה-13 לפנה"ס, בדרך ממצרים לכנען. זו הייתה חוויה נהדרת! עם ארונות קבורה מצופים זהב.
האפנה כיום היא אסונות – רעידות אדמה, צונמי. בערך ב-2200 לפנה"ס היה אסון כלשהו: יוון – מיקינס – נחרבה, הכתיבה פסקה, ערים לחופי כנען נחרבו, והמסחר בים התיכון נעצר. אנחנו יודעים, לפי ממצאים ארכיאולוגיים, על ספינות שטבעו ליד חופי טורקיה. זו הייתה נקודת מפנה דרמטית. בני ישראל יישבו את כנען. התקופה הזאת של המאות ה-12 וה-13 לפנה"ס מעניינת אותי כי הפלשתים היו גורם חדש מהמערב שהגיע ליישב את כנען, הם לא הביאו אתם מסחר אלא תרבות. בכלים ובקישוטים שלהם מצאתי יצירות מקבילות בעבודות מיוון.

את מאמינה בתנ"ך?
תלוי למה את מתכוונת ב'מאמינה'. אני חושבת שהתנ"ך הוא ספר נהדר.

אנשים נלחמו זמן רב. איך ניתן לפתור את הסכסוכים של היום, בראש או בלב?
הכי טוב לשלב את השניים, אבל תלוי מי עושה את זה ומי מעורב בזה. מדהים, אבל אנשים לא משתנים, למרבה הצער. למרות זאת, אני אופטימית, אפילו למראית סבל.

Fighter jet display on
Independence Day, May 8.

Opening celebration of the 60th anniversary of the State of Israel on the evening
of May 7, 2008 in Jerusalem.

Noa Epstein

Coordinator for Peace Now

A conscientious objector who refused to enlist in the army, Epstein has worked to get young people involved to end the conflict since 1997 when she was in Seeds of Peace, which brings together Israeli and Palestinian youth. There, she became friends with Bushka Mukbil, whose interview is also included. Epstein is Jerusalem Coordinator for Peace Now for courses, tours, and campaigns for a two-state solution to the conflict.

מתאמת 'שלום עכשיו'

נועה אפשטיין סירבה מצפונית להתגייס לצה"ל. היא פועלת לשכנע צעירים לשים קץ לסכסוך, וחברה בארגון 'זרעים של שלום' המפגיש מאז 1997 בין נוער ישראלי ופלסטיני. במסגרת הארגון התיידדה עם בושרה מוקביל; בין המראיינות. נועה אפשטיין היא כיום נציגת 'שלום עכשיו' בירושלים ועוסקת בכל הקשור לקורסים, סיורים ומסעות תעמולה למען פתרון דו-מדינתי לסכסוך.

منسقة في حركة "السلام الآن"

رفضت السيدة نوا ابستاين الخدمة العسكرية في الجيش لأسباب ضميرية، وقد عملت منذ العام ١٩٩٧ مع الشباب من أجل إنهاء الصراع من خلال نشاطها في حركة «بذور السلام» التي تجمع ما بين شبان إسرائيليين وفلسطينيين. تعرّفت هناك ونشأت علاقة صداقة بينها وبين السيدة بشرى مُقبل التي تم إجراء مقابلة معها أيضاً. تعملُ السيدة نوا ابستاين في حركة «السلام الآن» في القدس كمنسقة الدورات والجولات والحملات المُطالبة بدولتين لشعبين كحلّ لإنهاء الصراع.

מבחינה פוליטית תמיד הייתה לי מוטיבציה, והייתי פעילה ודעתנית. אם לנשים יש דעה, הן נחשבות דעתניות. יש לזה קונוטציה שלילית, לפחות בעברית. ניסיתי לתרגם מילים למעשים – אושר, חמלה, דאגה, אהבה.
שלום זו מילה גדולה, לא מדובר רק בהיעדר מלחמה. מדובר ביחסי אנוש, בקבלה של אנשים שונים ממך, בנכונות לשלם מחיר – אבל מחיר נמוך מהמחיר של היעדר שלום. מדובר בשלות להשאיר מאחור את הרגשות הלאומניים לנצח ולעקור שורש – מילים שאני מתביישת לשמוע בצד הישראלי.
אני יכולה לשבת על הספה ולומר, "תראו, הם הורגים זה את זה. אי אפשר לעשות אתם שלום". אבל מחובתי לדאוג למתרחש בגבולות שלי, לעזור לאנשים – יהודים או ערבים.

מה את מרגישה כשאת מסתכלת על גדר ההפרדה?

רגש מורכב של זעם ותסכול, כי אני יכולה להבין את הטיעון הביטחוני על מחסום שימנע חדירה של מחבלים. אבל אם באמת ישראל הייתה רוצה ביטחון, היא הייתה צריכה לבנות את החומה על הקו הירוק. במצב הנוכחי, היא מיועדת ליצור פתרון טריטוריאלי שהפלסטינים ייאלצו לקבל, אבל לא כך משיגים שלום לטווח ארוך. מחברים פלסטינים אני יודעת שלחומה אין כמעט תפקיד במניעת טרור, להיפך היא יוצרת יותר טרור. אם מחבל מתאבד רוצה להגיע לישראל, הוא ימצא דרך.

הסכסוך הזה ייפתר בלב או בשכל?

גם הלב וגם השכל, בעת ובעונה אחת. ישראל היא הכובשת, והצד החזק יותר אחראי לעשות את הצעד הראשון. זה לא יהרוג אותנו. זה לא אומר שהפסדנו במשחק. זה אומר שאנחנו מתווים את הדרך החוצה מהתסבוכת של הסכסוך הזה. בגלל האקלים הפוליטי והמחסור בהנהגה, הרוב שמרגיש שאנחנו צריכים להחזיר את השטחים עדיין לא ייצא להפגין. אבל הם יעשו את זה אם יהיה משהו מוחשי על השולחן.

שמעתי ישראלים שאומרים שהעם שלהם סכיזופרני.

אנשים הסתגלו למצב המזעזע הזה. הם עברו כל כך הרבה שקשה לזעזע אותם. הם מקבלים דברים יותר ויותר חמורים. אם את לא יכולה לזעזע אנשים, קשה להניע אותם. אם תקחי כמה מהתסמינים של מה שמתרחש באזור שלנו ותציגי אותם בסקנדינביה, תהיה שם מהפכה ברחובות.
מישהו באוניברסיטה אמר לי, "אין שום פתרון. אנחנו צריכים להיות החיילים הטובים ביותר ולהפוך את ישראל לכוח הצבאי החזק ביותר במזרח התיכון".
עניתי לו, "אתה בגילי, אבל הראייה שלך כל כך קודרת, חבל על הזמן! למה שלא תתאבד כבר עכשיו? למה שבכלל ננסה?"
האופטימיות הכרחית להשרדות. יש ישראלים שחושבים שהשמאל חי בחלום. בעיניי זו מחמאה. אם את לא חולמת, איך תמצאי משמעות לחיים? אם ננעל את עצמנו בקופסה ונתמקד בכוחניות, לא יהיה סוף למעגל.

نوا ابستاين / נועה אפשטיין

Politically, I've always been motivated, active, and opinionated. Whenever women have an opinion, they are considered to be opinionated. At least in Hebrew, it has a negative connotation. I have tried to translate words into action—happiness, compassion, care, love.

Peace is a big word, not just the absence of war. It is human relations, acceptance of people different than you, being prepared to pay a price—but a lower price than the cost of not having peace. It's the maturity to leave behind nationalistic feelings to "win" and "eradicate"—words I am ashamed to hear on the Israeli side.

I can sit on my couch and say, "Look, they're killing each other, it's impossible to make peace with them," but it is my duty to care what is happening on my borders, to help people if they are Jewish or Arab.

What do you feel when you look at the Wall?

A complex kind of anger—frustration because I can relate to the security argument for a barrier to prevent infiltration of terrorists. However, if Israel wanted security, it would build the Wall on the Green Line. As is, it is intended for a territorial solution the Palestinians will be forced to agree to. This is not how peace is achieved long term.

I know from Palestinian friends the Wall plays a very small role in the prevention of terrorism. It creates more terrorism. If a suicide bomber wants to come to Israel, he will find a way to do so.

Is this conflict solved through the heart or mind?

Heart *and* mind, bottom-up and top-down simultaneously. As the occupier and stronger party, Israel has the responsibility to put one foot out first. It won't kill us, it won't mean we lost the game. It will mean we are setting a route out from this knot of conflict. The political climate and lack of leadership are such that the majority who feel we need to give back the territories won't come out and demonstrate yet. They will, though, when something real is on the table.

I've heard Israelis refer to their nation as schizophrenic.

People have adapted to this outrageous situation, gone through so much that it's hard to shock them. They accept worse and worse. If you can't shock people, it's hard to motivate them. If you took a few of the symptoms of what's happening in our region and introduced them into Scandinavia, there would be revolution in the streets.

Someone at university said to me, "There is no solution. We have to be the best soldiers, and make Israel the strongest military power in the Middle East." I said, "You are my age, but your vision is so bleak, why bother? Why don't you just kill yourself now? Why should we even try?"

Optimism is essential to the desire to survive. Some Israelis refer to the Left as dreamers. To me, that is a compliment. If you don't dream, how do you find meaning in life? If you close yourself in a box and focus on being mighty, there is no end to the cycle.

لطالما كنت أتمتع بالنشاط والحيوية والإلهام والإصرار على الرأي، بالرغم من أن لهذا التعبير معاني سلبية في اللغة العبرية، ولطالما عملت على ترجمة الأقوال مثل العطف والسعادة والحنان والمحبة إلى أفعال.

السلام كلمة كبيرة، وهي لا تعني فقط أنه لا يوجد حرب. فالسلام يعبر عن علاقة إنسانية وتقبل الأشخاص بغض النظر عن الاختلافات فيما بيننا، والتضحية من أجل ذلك، إلا أن التضحية في السلم أقل بكثير من التضحية في حالات عدم وجود سلم. علينا كأشخاص عقلاء أن نعمل على إزالة المشاعر التي تدفعنا إلى تدمير الآخرين، وإني لأخجل عندما اسمع مثل هذه الكلمات التي تعبر عن مشاعر الدمار آتية من الجانب الإسرائيلي.

أستطيع أن أجلس جلسة مريحة على كرسي وأقول، «إنهم يقتلون بعضهم البعض، فالسلام بينهم أمر مستحيل،» إلا أن واجبي هو أن أهتم بما يحدث على حدود الدولة، وأن أساعد الآخرين سواء كانوا يهودا أو عربا.

ما هو الشعور الذي ينتابك عندما تنظرين إلى الجدار؟

أشعر بالغضب والإحباط، فالجدار يمنع الإرهابيين من العبور، إلا أنه كان على إسرائيل أن تبنيه على الخط الأخضر لو أرادت الأمن. وإذا كان الهدف منه إيجاد حل حدودي وإجبار الفلسطينيين على القبول به، إلا هذه ليست طريقة لتحقيق السلام على المدى البعيد.

علمت من أصدقائي الفلسطينيين أن الجدار قلما يعمل على منع الإرهاب، فهو يعمل على زيادة الإرهاب، لان منفذي العمليات الانتحارية سيجدون طريقهم إلى إسرائيل.

هل يكمن حل الصراع في القلب أمٍ العقل؟

الحل يكمن في القلب والعقل معاً. فعلى إسرائيل، وهي الجهة المحتلة والطرف الأقوى، أن تكون صاحبة المبادرة، وهذا لا يعني أننا نُقتل أو أننا نخسر اللعبة، بل يعني أننا نسعى من أجل إيجاد طريق للخروج من الأزمة. هنالك مناخ سياسي غير موات، كما أن هنالك عجزا في القيادة. الجدير بالذكر أن غالبية المواطنين يشعرون بوجوب التخلي عن الأرض مقابل السلام، إلا أننا لا نشاهد هذه الغالبية تخرج في مظاهرات عارمة، فهي تنتظر طرح أمور جدية على طاولة المفاوضات لكي تخرج في تظاهرات كبيرة (مؤيدة).

يشير الإسرائيليون إلى أنفسهم أنهم أمة مصابة بانفصام في الشخصية؟

لقد اعتاد الناس على هذا الوضع الذي لا يحتمل، وتعرضوا للكثير لدرجة أنه يصعب الآن إيجاد ما يهز كيانهم، وكأنهم يرضون بتفاقم الأوضاع. فعندما يصل الناسٍ إلى مثلٍ هذا الوضع الذي لا تجد فيه ما يزعزع كيانهم، فإن أمر تحفيزهم يصبح أمراً صعباً. ولو أخذنا بعض الأعراض التي تعاني منها منطقتنا ونقلناها إلى اسكندنافيا فسنُحدث ثورة شعبية.

قال لي أحدهم في الجامعة، «لا يوجٍد حل، علينا أن نكون أفضل جيش وأن نجعل من إسرائيل الدولة الأقوى عسكرياً في الشرق الأوسط.» قلت، «لماذا هذه النظرة التشاؤمية يا أخي مع أننا في نفس الفئة العمرية، لماذا لا تقتل نفسك الآن؟ ما الفائدة من المحاولة؟»

الحياة تقتضي التفاؤل. ينظر بعض الإسرائيليين إلى اليسار على أنه يحلم، وهذا مديح بالنسبة لي. فعدم الحلم يعني عدم القدرة على إيجاد معنى للحياة. إذا أغلق الإنسان على نفسه الصندوق، وأصبحت قوته هي شغله الشاغل، فإنه لن يجد نهاية لما هو فيه من وضع.

Tova Dmbulu Gette

Conversion Counselor for the Rabbinical Courts

Dmbulu Gette came to Israel at age six with her family during Operation Moses, which brought approximately 8000 Ethiopians across the Sudan during the last weeks of 1984. Gette is a Counselor for the Special Conversion Courts of the Rabbinical Court system where, fluent in Amharic, she assists Ethiopian women who require a formal conversion to Orthodox Judaism. Gette lives in Mitzpe Yericho, overlooking Jericho in the West Bank.

יועצת גיור לבתי דין רבניים

טובה דמבולו גטה באה לישראל עם משפחתה בגיל שש במסגרת 'מבצע משה' להעלאת כ-8,000 אתיופים דרך סודן, בשבועות האחרונים של 1984. גברת גטה היא יועצת לבתי הדין המיוחדים לגיור של מערכת בתי הדין הרבניים. בהיותה דוברת רהוטה של השפה האמהרית היא מסייעת לנשים אתיופיות שנדרשות להתגייר גיור אורתודוקסי רשמי. טובה גטה מתגוררת ביישוב מצפה יריחו, בגדה המערבית.

مستشارة اعتناق اليهودية في محاكم الحاخامين

أتت السيدة توفا دمبولو غيتي إلى إسرائيل مع عائلتها وهي في السادسة من عمرها في إطار "عملية موسى" التي نقلت قرابة ٨,٠٠٠ يهودي إثيوبي من أثيوبيا إلى إسرائيل عبر السودان في أواخر عام ١٩٨٤. تعمل السيدة توفا دمبولو غيتي كمستشارة في محاكم الحاخامين الخاصة باعتناق الديانة اليهودية في جهاز محاكم الحاخامين، حيث تجيد اللغة الأمهرية وتقوم بمساعدة النساء الإثيوبيات اللواتي يحتجن لمراسم رسمية لاعتناق اليهودية الأرثوذكسية. تسكن السيدة توفا دمبولو غيتي في ميتسبي-يريحو المطلة على مدينة أريحا في الضفة الغربية.

זה היה כמו יציאת מצרים. ישנו ביום וצעדנו בלילה כדי ששודדים לא יתפסו אותנו. צעדנו רעבים וצמאים. הייתי עם ההורים שלי ושניים מאחיי. העמסנו אותם על הגב והושבנו אותם על חמורים. רק האמונה שלנו באלוהים הביאה אותנו לכאן.

עכשיו אני בת 24. עליתי לישראל מאתיופיה בגיל 6, עם המשפחה, דרך סודן, במסגרת 'מבצע משה'. ההורים שלי היו עשירים באתיופיה. עושר לא בא לידי ביטוי בזהב, אלא בהרבה כבשים, פרות, או אדמה. הם רצו כל כך להגיע לישראל שהם נטשו הכל, מכרו הכל, באמונה פשוטה שהכל אפשרי, פשוט לקום ולצעוד לארץ הקודש.

לילה אחד הופיעו פתאום חיילים על סוסים וצעקו באמהרית. הם התחילו להצליף באנשים. אנשים צרחו וברחו. רצתי להתחבא, וכשיצאתי לא ראיתי אף אחד. הלכתי לאיבוד. אני זוכרת שהלכתי ובכיתי. אחרי כמה ימים ראיתי אישה שלדעתי נשלחה על ידי אלוהים. התברר שהיא קרובת משפחה, ואיכשהו היא הביאה אותי חזרה למשפחתי.

מה מצבן של הנשים האתיופיות בישראל?

סבלנו מהרבה רדיפות באתיופיה, ולנשים האתיופיות לא קל כאן. אנשים כאן גסי רוח ולא מתייחסים אליך בכבוד. אבל תמיד מוצאים את הכוח להתגבר על כל הקשיים. הנשים הצעירות הסתגלו בצורה טובה יותר. מוכרחים ללמוד לשרוד.

אני מקווה שאנשים ילמדו להיות יותר פתוחים כלפי האתיופים ולעזור להם. אומץ לב מתבטא בלהיות אמיתי וכן, להיות אדם אכפתי ולגלות חמלה.

מפריע לי שאנשים עלו מכל כך הרבה מקומות שונים; וישראל, שאמורה לאחד את כל האנשים, לא יודעת לקבל את האחר. אנשים עצבנים, כועסים, עסוקים בבעיות של עצמם, אדישים.

אם תהיה הבנה יהיה שלום, אבל זה קשה כשכל אחד מושך לכיוון שלו וחושב שרק הוא צודק. אני חושבת שהמשיח יגיע בקרוב והוא יסדר את העניינים, כי אנחנו לא מסוגלים לעשות את זה. אני מאמינה שבורא עולם יעשה את מה שצריך ויהיה שלום ונחיה יחד באחווה. וזה יקרה בקרוב.

מה את מרגישה כשקוראים לך "מתנחלת" שגרה ב"התנחלות"?

יכול להיות שאנשים שמשתמשים במונח "התנחלות" התרחקו קצת מהיהדות ומהתורה, כי מנקודת המבט של התורה, האדמה הזאת היא חלק מהארץ שלנו, חלק מארץ ישראל. הגענו מאתיופיה וחלמנו על הארץ אלפי שנים, כך שאני לא מרגישה שאני "מתנחלת". אנשים שלא מכירים טוב את האזורים במדינה יכולים לומר שזה מעבר לגבול, אבל אני חושבת שהם פשוט חסרי ידע. אני מרגישה טוב במקום בו אני מתגוררת.

توفا دمبولو غيتي / טובה דמבולו גטה

كان الأمر أشبه بالخروج من مصر. نمنا أثناء النهار ومشينا في الليل حتى لا يلحق بنا اللصوص. مشينا ونحن نعاني الجوع والعطش. كنت مع والدَيَ وأخَوَي. حملناهم على ظهورنا وعلى الحمير. لم يكن لدينا سوى إيماننا بالله بأنه سيحضرنا إلى هنا.
عمري الآن ٢٤ سنة، جئت مع عائلتي إلى إسرائيل من أثيوبيا عبر السودان وأنا في السادسة من عمري. كنا جزءا من عملية موسى. كان والدي من أثرياء أثيوبيا. الثراء في أثيوبيا لا يعني امتلاك الذهب وإنما امتلاك الكثير من الأغنام والأبقار أو الأراضي. لقد أراد أهلي القدوم إلى إسرائيل بقوة لدرجة أنهم تخلوا عن كل شيء، باعوا كل شيء، ومن نبع إيمانهم بأن القدوم إلى إسرائيل ممكن بعد ٢٠٠٠ سنة، بأن ننهض ونسير نحو الأرض المقدسة.
ظهر جنود يركبون الخيل في أحد الليالي. كانوا يتحدثون اللغة الأمهرية. بدأوا بضرب الناس بالكرابيج. كان هنالك صراخ وركض. ركضت لكي أختبئ وعندما خرجت لم أجد أحدا، كنت ضائعة. أتذكر كيف كنت أمشي وأبكي. صادفت امرأة بعد عدة أيام، أعتقد أن الله أرسل تلك المرأة إلي. كانت تلك المرأة إحدى قريباتي التي ساعدتني على إيجاد عائلتي.

ما هو وضع المرأة الأثيوبية في إسرائيل؟
لقد عانينا الكثير من سوء المعاملة في أثيوبيا، كما أنِ الأمر لا يخلو من المصاعب هنا. الناس وقحون ولا يعاملوننا باحترام. إلا أننا دائماً نجد القوة التي تجعلنا نتغلب على جميع الصعاب. الفتيات الأثيوبيات الأصغر سناً يتكيفن مع الوضع بشكل جيد، يجب على الإنسان أن يتعلم طرق البقاء.
أتمنى أن يكون الناس أكثر انفتاحاً أمام الإثيوبيين وأن يساعدوهم. الشجاعة هي أن يكون الإنسان على حقيقته وأن يكون صادقا، وأن يكون مهتماً بمن حوله ويعطف عليهم.
يزعجني أن إسرائيل لا تعرف كيف تتقبل الآخرين بالرغم من أنه من المفروض أن تعمل على توحيدهم، حيث أن الكثير من الناس هاجروا إليها من أماكن مختلفة. الناس منزعجون وغاضبون ويهتمون بمشاكلهم الخاصة.
ممكن للسلام أن يحدث إذا كان هناك تفاهم. إلا أن التفاهم صعب إذا كان كل شخص يدفع باتجاهه الخاص وينظر إلى نفسه على أنها هي وحدها على حق. أعتقد أن المسيح سيأتي في وقت قريب، وسيعمل على تنظيم كل شيء، لأننا لا نستطيع القيام بذلك بأنفسنا. نحن أنانيون جداً. أعتقد أن الخالق هو الذي سيصلح الأمور، وسيكون هناك سلام وسنعيش معاً كأخوة.

كيف تشعرين عندما يشار إليك بأنك مستَوطِنَة تعيش في مستَوطَنَة؟
«الأشخاص الذي يستخدمون مصطلح مستَوطَنَة أبعدوا أنفسهم عن الديانة اليهودية والتوراة، لأن هذه الأرض جزء من أرضنا، من أَرض إسرائيل، كما تقول التوراة. جئنا من أثيوبيا، كنا نحلم بهذه الأرض منذ آلاف السنين، لذلك لا أشعر بأنني «مستَوطَنَة». الأشخاص الذين لا يعرفون المناطق المختلفة من هذه الأرض يقولون إن هذه المنطقة خارج الحدود، أعتقد أنهم لا يعرفون الحقيقة، فأنا أشعر بالراحة حيث أسكن».

It was like the Exodus from Egypt. We slept during the day and walked at night so robbers wouldn't catch us. We walked, hungry and thirsty. I was with my parents and two of my brothers. We carried them on our backs and put them on donkeys. We had only our faith in God to bring us here.
Now I am 24 years of age. I made *aliyah* coming up to Israel from Ethiopia at the age of six with my family by way of Sudan, as part of the Moses Operation. My parents were wealthy in Ethiopia. Being rich didn't mean you had gold, it meant having a lot of sheep and cows, or land. They wanted so badly to reach Israel that they abandoned everything, sold everything, on the simple faith that it is possible, after 2000 years, to just get up and walk to the Holy Land.
One night, suddenly there were soldiers on horseback shouting in Amharic. They began whipping people. There was screaming and running. I ran to hide and when I came out I didn't see anyone, I was lost. I remember walking and crying. After a few days I saw a woman I think was sent by God. It turned out she was a relative and somehow she brought me to my family.

What is the situation of Ethiopian women in Israel?
We went through a lot of persecution in Ethiopia, and it's not easy for Ethiopian women here. People are rude and don't treat you with respect. But you always find the strength to overcome all those difficulties. You have to learn how to survive.
I hope people will learn to be more open toward Ethiopians and help them. Courage is being genuine and honest, being a person who cares and is compassionate.
It bothers me that people made *aliyah* from so many different places and Israel, that is supposed to unite all people, doesn't know how to accept the Other. People are troubled, angry, concerned with their own problems, are apathetic. Peace is possible if there is understanding—but that is difficult when each person pulls his own direction and thinks only he is right. I think the Messiah will soon arrive and He will get things in order because we are not able to do so. We're so egotistical. I believe the Creator will do what's required, and there will be peace and we'll live together in brotherhood. And it will happen soon.

What do you feel about being called a "settler" living in a "settlement"?
People who use the term "settlement" may have distanced themselves somewhat from Judaism and the Torah, because from the point of view of the Torah, this land is part of our country, part of the Land of Israel. We came from Ethiopia and dreamed about this country for thousands of years, so I don't feel I'm a "settler." People who don't know the parts of the country very well can say that it's outside the borders, but I think they're just uninformed. I feel fine about living where I live.

אסתר גולן / إيستر غولان

My mother went to her death alone and abandoned. When I teach in schools in Germany, they ask, "Don't you hate us?" At home, I wasn't allowed to hate my brother or sister. I wasn't even allowed to hate spinach. Hate creates more hate, and more hate creates more hate and, in the end, it comes to self-hate. I wasn't brought up with hate.

Were you brought up with forgiveness?
Forgiveness for Jews is different than for Christians. When we have Yom Kippur, we ask God for forgiveness only for sins we did between us and God. But if I pinch you, I have to come and ask you, "Will you forgive me?" I can't ask God to forgive me for that, I have to ask you.
As far as my being in Germany, the present generation didn't do anything to me. There's nothing I have to forgive them for. What was done to my parents was done by different people. They did something between men and God because they are not supposed to murder, and they murdered six million Jews. If they want forgiveness, they have to ask the dead people or God.

You speak of murdered Jews, yet I feel warmth from you, I see your smile.
I can either cry or smile, what would you prefer? When I was a small child in Poland, I had a lot of joy, but not since. I was taught at home by my mother. She was exceptional, to look to the future and plan for a better day. She was a heroine. My mother parted from one child to another so we could live. The power of my mother's letters accompanied me in my adolescent years. I take strength from her.

Strength to do what?
I published a book, I write articles, I'm in organizations. I opened a scout school in our immigrant settlements. I've talked in schools in Germany. They know six million Jews were killed but nobody knows what the Jews were like. Here the same thing is happening. Christian Palestinians live in a closed area and don't meet Muslim women. Muslim women live in a closed area and don't meet Jewish women, and the Christians, they don't meet Jewish women.
You don't hate something you are familiar with; there's no need to be afraid of what you know. I belong to the Interfaith Encounter group, and when my grandson was killed in the fight in Jenin, Arab women, Muslim women, and Christian women visited me. When your grandson dies, it doesn't matter how he dies, he's still dead. It helped me carry on.
Life carries on, so make the best of it. Every day the sun shines, I am grateful the sun shines. Be kind to each other. I don't say love each other, but no matter what happens, be kind. Let me live my Jewish life, you live your Christian life, and you live your Muslim life.
On Shabbat where I live, it's quiet. You feel the Shabbat, you smell the Shabbat. My being Jewish doesn't harm anybody, let me enjoy myself.

عندما توفيت والدتي كانت وحيدة ، لم يكن من أحد حولها.
يسألني الطلاب عندما أعلّم في المدارس الألمانية، «ألا تكرهيننا ؟» كان علي أن لا أكره أخي أو أختي في البيت، لم يكن مسموحاً لي حتى أن أكره السبانخ. فالكراهية تولد المزيد من الكراهية، ويستمر ذلك إلى أن يكره الإنسان نفسه.
فأنا لم أربى على ذلك.

هل رُبيتِ على التسامح؟
التسامح عند اليهود يختلف عن التسامح عند المسيحيين، نسأل الله المسامحة في عيد الغفران، ولكن هذه المغفرة تتعلق بخطايانا بحق الله. أما أخطاؤنا بحق الآخرين، فإننا نطلب السماح منهم. وفيما يتعلق بوجودي في ألمانيا فإنني أرى أن الجيل الألماني المعاصر لم يخطئ بحقي، ولا يوجد ما يستدعي مني أن أسامحهم، فما حلَّ بوالدي كان صنيعة أناس آخرين قاموا يقتل ٦ ملايين يهودي، وإذا ما أراد هؤلاء المغفرة، فإن عليهم طلبها من الأموات أو من الله.

تتحدثين عن قتل اليهود وأنت تبتسمين؟
أستطيع أن أبتسم وأن أبكي، ماذا تفضلين؟ كانت الحياة ممتعة عندما كنت طفلة في بولندا ، إلا أن هذه المتعة انتهت في ذلك الحين.
علمتني أمي في البيت، لقد كانت أماً استثنائية حيث كانت تنظر إلى المستقبل وتخطط ليوم أفضل. لقد كانت بطلة وأتاحت لنا الفرصة كي نحيا ، لا زالت القوة التي تمنحني إياها رسائلها معي حتى اليوم.

ما الذي منحتك إياه هذه القوة؟
قمت بنشر كتاب، وأقوم بكتابة مقالات، وأنا عضوة في منظمات متعددة. قمت بافتتاح مدرسة للكشافة في مستوطنات المهاجرين. تحدثت في المدارس الألمانية.
هم يعلمون عن مقتل ٦ ملايين يهودي ولكنهم لا يعرفون كيف كان هؤلاء اليهود.
الشيء نفسه يحدث هنا. تعيش النساء المسيحيات في مناطق مغلقة دون أن تلتقي نساء مسلمات أو يهوديات. وتعيش النساء المسلمات في مناطق مغلقة لا يلتقين بنساء يهوديات.
لا يكره الإنسان الأشخاص الذين يعتاد عليهم، لا حاجة للخوف مما نعرف. أنتمي إلى مجموعة ملتقى الحوار بين الأديان. عندما قتل حفيدي في جنين، قامت نساء عربيات ومسلمات ومسيحيات بتقديم العزاء. عندما يموت الحفيد لا يهم كيف يموت لأنه اصبح ميتاً. هذا يساعدني على الاستمرار في الحياة.
الحياة تستمر، علينا أن نحياها جيداً. أشعر بالامتنان في كل يوم تشرق فيه الشمس. يجب أن نعامل بعضنا البعض بلطف. أنا لا أقول أن نحب بعضنا بعضا ، ولكن أن نكون لطيفين مع بعضنا بعض، بغض النظر عما يحدث. دعوني أحيا حياتي اليهودية ويعيش الآخرون حياتهم المسيحية أو الإسلامية.
يكون يوم السبت يوماً هادئاً في منطقتي، حيث أشعر به. كوني يهودية لا يضر احد، دعوني أستمتع بنفسي.

Ester Golan

Sociologist and Holocaust educator

Golan's parents were killed at Auschwitz. Along with her sister, Golan survived through Kindertransport when 10,000 Jewish children, primarily from Germany, were resettled to Europe in late 1938 and 1939. Golan came to Palestine in 1945. She is active in interfaith dialogue and promotes face to face encounters with the Other. Golan speaks in schools, including in Germany, and at the Yad Vashem Museum.

סוציולוגית ומחנכת לנושא השואה

הוריה של אסתר גולן נהרגו באושוויץ. אסתר ואחותה שרדו בזכות ה'קינדר-טרנספורט': 10,000 ילדים יהודים, בעיקר מגרמניה, נקלטו מחדש במקומות מגורים באירופה בשנים 1938–1939. אסתר הגיעה לארץ ישראל ב-1945. היא פעילה בשיח בין-דתי ומקדמת מפגשים אינטימיים עם הצד האחר. אסתר גולן מרצה בבתי ספר, כולל בגרמניה, ובמוזאון 'יד ושם'.

عالمة اجتماعية ومُدرسة متخصصة في مواضيع "المحرقة النازية"

قضى والدا السيدة إيستر غولان نحبهما في أوشفيتس، إلا أنها نجت هي وأختها من خلال عملية «نقل الأطفال» التي تم خلالها نقل ١٠,٠٠٠ طفل يهودي، من ألمانيا بشكل رئيسي، إلى أنحاء أخرى من أوروبا مع نهاية العام ١٩٣٨ والعام ١٩٣٩. أتت السيدة غولان إلى فلسطين عام ١٩٤٥، وهي ناشطة في «الحوار بين المعتقدات» وتشجع اللقاءات وجهاً لوجه مع الآخر. تقدم المحاضرات في المدارس، بما فيها في ألمانيا، وفي متحف «ياد فاشيم».

אמי הלכה אל מותה בודדה ונטושה. כשאני מלמדת בבתי ספר בגרמניה הם שואלים, "את לא שונאת אותנו?". בבית לא הרשו לי לשנוא את אחי או אחותי. היה אסור לי אפילו לשנוא תרד. שנאה יוצרת שנאה נוספת, ושנאה נוספת יוצרת שנאה נוספת, ובסוף זה מגיע לשנאה עצמית. לא היה מקום לשנאה כשגידלו אותי.

היה מקום לסליחה כשגידלו אותך?

סליחה ליהודים שונה מלנוצרים. ביום כיפור אנחנו מבקשים מאלוהים סליחה רק על חטאים שחטאנו כלפי אלוהים. אבל אם אצבוט אותך, עליי לבוא ולבקש סליחה ממך. אני לא יכולה לבקש מאלוהים לסלוח לי על כך. אני צריכה לבקש ממך. במה שנוגע לשהותי בגרמניה, הדור הזה לא עשה לי דבר. אני לא צריכה לסלוח להם על שום דבר. מה שנעשה להוריי עשו אנשים אחרים. הם עשו משהו בין אנשים לאלוהים, מפני שהם לא אמורים לרצוח, והם רצחו שישה מיליון יהודים. אם הם רוצים סליחה, היו צריכים לבקש מהמתים או מאלוהים.

את מדברת על יהודים שנרצחו, אבל אני חשה חום בוקע ממך, אני רואה שאת מחייכת.

אני יכולה לבכות או לצחוק. מה היית מעדיפה? כשהייתי ילדה קטנה בפולין הייתי מאושרת מאוד, אבל מאז לא. למדתי בבית של אמא שלי. היא הייתה מיוחדת. למדתי להתבונן בעתיד, לצפות לזמנים טובים יותר. אמי הפרידה בין הילדים כדי שנחיה. היא הייתה גיבורה. החוזק והיופי של המכתבים של אמי ליוו אותי בשנות נעוריי. אני שואבת ממנה כח עד עצם היום הזה.

כח לעשות מה?

הוצאתי ספר; אני כותבת מאמרים; אני חברה בארגונים. פתחתי בית ספר לצופים בקהילות העולים שלנו, ודיברתי בבתי ספר בגרמניה. הם יודעים ששישה מיליון יהודים נהרגו, אבל אף אחד לא יודע מי היו היהודים. כאן קורה אותו דבר. פלסטיניות נוצריות חיות במתחם סגור ולא פוגשות נשים מוסלמיות. נשים מוסלמיות חיות במתחם סגור ולא פוגשות נשים יהודיות. והנוצריות לא פוגשות נשים יהודיות.

לא שונאים משהו שמכירים. אין צורך לפחד ממה שמכירים. אני שייכת לקבוצת המפגש הבין-דתי, וכשהנכד שלי נהרג בקרב בג'נין, נשים ערביות, נשים מוסלמיות ונשים נוצריות ביקרו אצלי. כשהנכד שלך מת, זה לא משנה איך הוא מת, הוא עדיין מת. זה עזר לי להמשיך. החיים נמשכים, אז תפיקו מהם את המרב. בכל יום שהשמש זורחת אני אסירת תודה. תהיו טובים זה לזה. אני לא אומרת שתאהבו זה את זה, אבל לא משנה מה יקרה, תהיו טובים. תנו לי לחיות את חיי כיהודייה, אתם תחיו כנוצרים או כמוסלמים.

בשבת שקט במקום שאני גרה. מרגישים את השבת, מריחים אותה. העובדה שאני יהודייה לא פוגעת באף אחד. תנו לי ליהנות.

Galia Golan

Commentator, author, professor, and co-founder of Peace Now

An activist since 1978, Golan is a co-founder of peace organizations including Peace Now, Jerusalem Link, and the International Women's Commission for a Just and Sustainable Israeli-Palestinian Peace. The author of eight books, Golan is Professor of Government at the Interdisciplinary Center of Herzliya and Professor Emerita of The Hebrew University of Jerusalem. Her many awards include the 1999 Gleitsman Foundation Activist Award.

מבקרת, סופרת, פרופסור ושותפה לייסוד 'שלום עכשיו'

במסגרת פעילותה מאז 1978 הייתה ד"ר גולן שותפה לייסוד ארגוני שלום אחדים ובהם 'שלום עכשיו', 'הקשר הירושלמי' ו'הוועדה הבין-לאומית לנשים למען שלום ישראלי-פלסטיני צודק ובר-קיימא'. היא כתבה שמונה ספרים ומכהנת כפרופסור לממשל במרכז הבינתחומי בהרצליה ופרופסור אמריטוס באוניברסיטה העברית בירושלים. היא קיבלה פרסים רבים, ובהם פרס הפעילות של קרן גלייצמן לשנת 1999.

مؤلفة وأستاذة جامعية ومن مؤسسي حركة "السلام الآن"

بدأت السيدة غولان نشاطها منذ العام ١٩٧٨ وقد شاركت في تأسيس منظمات سلام منها حركة "السلام الآن" و"Jerusalem Link" ولجنة النساء الدولية من أجل سلام إسرائيلي- فلسطيني عادل ودائم. لها ثمانية مؤلفات، وهي أستاذة في موضوع الحكم في مركز هرتسليا وأستاذة مشاركة في الجامعة العبرية في القدس. من بين الجوائز العديدة التي حازت عليها، "جائزة مؤسسة غليتسمان للناشطين" في العام ١٩٩٩.

אנשים לא מפחדים כיום להשתמש במילה "כיבוש". אני חושבת שאנשים שלא משתמשים במילה הזאת הם עיוורים או חסרי צדק. אני פשוט לא מבינה אותם. ישנם כמובן אנשים בימין הקיצוני שמאמינים ששחררנו את השטחים האלה ב-1967 – שהגדה המערבית, רמת הגולן ואולי אפילו רצועת עזה הם שטחים שאלוהים הבטיח לאברהם. אנשים כאלה ידחו את המילה "כיבוש".
הסטטיסטיקה מראה שרוב הישראלים תומכים בפתרון של שתי מדינות, פחות או יותר לפי הקווים של לפני מלחמת ששת הימים. יש הרבה רעיונות, למשל חילופי שטחים, כדי שחלק מההתנחלויות יוכלו להישאר והפלסטינים יקבלו שטח ישראלי. האמת היא שהיינו קרובים מאוד מאוד לפתרון. היינו קרובים כל כך שיכולנו כמעט לגעת בו. יש הסכמה כללית שהכיבוש לא עושה טוב לאף אחד. רוב הישראלים מאמינים שהכיבוש לא מביא לנו ביטחון. חלק גם מרגישים שהוא לא נכון מבחינה מוסרית.

למה אכפת לך?

למה? אם המצב רע, והמצב אכן רע, אני לא יכולה לשבת בחיבוק ידיים. לרוב האנשים יש – לי בהחלט יש – סוג של בעלות כלפי הארץ, השתייכות. מה שקורה כאן קשור אליי. יש לי אחריות אישית לחוסר הצדק – לחוסר השוויון בין המינים, למקרים אחרים של חוסר שוויון, לסכסוך הישראלי-ערבי, לכיבוש ולמה שקורה במהלך הכיבוש; לא רק לנשים, אבל במיוחד לנשים.
אני בוכה כשאני רואה איזו מין חברה ישראל נהייתה. זה לא מה שחשבנו שתכוננו- הסבל בגדה המערבית וברצועת עזה, העוני בדרום תל אביב, הכפרים הבדווים הבלתי מוכרים.
מה שנותן לי תקווה, בתור פעילה בתנועת השלום מאז הקמתה ב-1978, הם הצעירים שבאים להפגין איתנו בשטחים הכבושים פשוט מפני שהם מאמינים שמה שקורה לא תקין.

מבחינת נשים, מהי הבעיה העיקרית במצב הנוכחי?

חוסר השוויון העצום בין המינים בפלסטין ובישראל – באלימות כלפי נשים או באי-שוויון בפרנסה. כאן יש לסכסוך השפעה עצומה, כי החברה הישראלית נעשתה מיליטריסטית – הביטחון הוא הנושא העיקרי, והמומחים לביטחון הם גברים. נשים מוערכות פחות מגברים. מובן שתפקידם של הגברים הוא להגן עלינו. גם אצל הפלסטינים הזכר הוא הלוחם, זה שיביא את החירות. ענייני הנשים נעשים משניים. רק מהסיבה הזאת צריכים לפתור את הסכסוך – אפילו כשאנחנו במצב של חיים ומוות, שזו הסיבה החשובה ביותר לשים קץ לסכסוך.
ממש עכשיו הקמנו את "ועידת הנשים הבין-לאומית לשלום ישראלי-פלסטיני צודק ובר-קיימא", כדי להביא את קולן של הנשים לכל משא ומתן. במשך השנים היינו עדים להצעות רבות, והנשים אף פעם לא כלולות. אף פעם לא נועצו בהן ולא שמעו את הרעיונות שלהן. אנחנו 20 נשים ישראליות, 20 פלסטיניות ו-20 מרחבי העולם, ואנחנו יוצרות כלי שנועד להשמיע את קולן של הנשים למקבלי ההחלטות.

د. غاليا غولان / ד"ר גליה גולן

People aren't afraid to use the word *occupation* today. I think people who don't use the word are blind or unjust. I can't understand them. There are, of course, people on the far Right who believe we liberated these territories in 1967—that the West Bank, Golan Heights, maybe even the Gaza Strip are God-given territories promised to Abraham. They would reject the word *occupation*.
Statistics show the vast majority of Israelis favor a two-state solution more or less along the lines before the 1967 war. There are many ideas, such as land swaps so some settlements could be accommodated while Palestinians receive some Israeli land. The truth is we have been very, very close to a solution, we've been so close we could almost touch it. There is a general agreement the occupation is not doing anyone any good. Most Israelis believe it is not bringing us security. Some of us also feel it is morally wrong.

Why do you care?
Why? If things are bad, and things *are* bad, I can't not do anything. Most people have—certainly, *I* have—a sense that it's my country. What happens here is connected with me. I have personal responsibility for the injustices—gender inequality, other inequalities, the Arab-Israeli conflict, the occupation and what happens under the occupation not only to women, but especially to women.
I cry when I see the kind of society Israel has become. It is not what we thought we were creating—suffering inside the West Bank, the Gaza Strip, poverty in South Tel Aviv, Bedouin villages that aren't recognized.
What gives me hope, as an activist in the peace movement since its inception in 1978, is the young people who come to demonstrate in the occupied territories with us simply because they believe what's going on is wrong.

What is the primary issue facing women?
The tremendous gender inequality inside Palestine and Israel, whether violence against women or inequality in earning a living. Here, the conflict has enormous effect because Israeli society has become militarized—security is the main issue and the experts in security are men. Women are less valued than men who, of course, are there to defend us.
For Palestinians, too, the male is the fighter, the one who is going to bring liberation. Women's issues become secondary. For this reason alone, we need a resolution of the conflict—even as we are in a life and death situation, which is the most important reason to end the conflict.
We just created the International Women's Commission for a Just and Lasting Israeli-Palestinian Peace to bring women's voice to whatever negotiations take place. We have seen for many years any number of proposals and women are never there, never consulted, their ideas not heard. We are 20 Israeli women, 20 Palestinian women, and 20 international women creating a vehicle to bring women's voices to the decision-makers.

لا يخشى الناس هذه الأيام من استخدام كلمة "احتلال"، وأعتقد أن الأشخاص الذين لا يستخدمون هذه الكلمة إما عميان أو لا يعرفون العدل، واعجز عن فهم وجهة نظرهم. هناك في اليمين المتطرف أشخاص يعتقدون أننا حررنا أراضي عام ١٩٦٧، أي أن الضفة الغربية ومرتفعات الجولان وحتى قطاع غزة، هي أراضي وعد الله أن يعطيها لإبراهيم، وبذلك يرفضون كلمة احتلال.
تبين الإحصاءات أن الغالبية العظمى من الإسرائيليين يفضلون حل الدولتين التي تفصل بينهما حدود حرب عام ١٩٦٧ أو ما شابه، وهناك العديد من الأفكار مثل تبادل الأراضي التي تمكن من الإبقاء على المستوطنات مقابل تخلي إسرائيل عن أراض إسرائيلية لصالح الفلسطينيين. الحقيقة أننا اقتربنا ونقترب كثيراً من إيجاد حل. وهناك أيضا إجماع بأن الاحتلال لا يفيد أحدا، فهو لا يوفر لنا الأمن، كما يعتقد غالبية الإسرائيليين، كما يشعر البعض منا بأنه غير أخلاقي.

لماذا كل هذا الاهتمام؟
علينا أن لا نقف مكتوفي الأيدي عندما تسوء الأوضاع، والأوضاع فعلاً سيئة. أنا أشعر أن هذه بلدي، وما يجري هنا يؤثر علي، وأرى أنني مسؤولة شخصياً عمّا يجري هنا من ظلم، ومن اضطهاد للنوع الاجتماعي، وقضايا اللامساواة الأخرى، بالإضافة إلى الصراع العربي الإسرائيلي، والاحتلال وما يعانيه الإنسان، خاصة المرأة تحت الاحتلال.
ينتابني شعور بالبكاء عندما أرى ما آل إليه المجتمع الإسرائيلي، وعندما أرى ما تسببنا به من معاناة في الضفة الغربية و قطاع غزة، والفقر في جنوب تل أبيب، والقرى البدوية غير المعترف بها.
كوني إحدى ناشطات حركة "السلام الآن" منذ تأسيسها عام ١٩٧٨، أشعر بالأمل، عندما يشارك الشباب في مظاهراتنا في الأراضي المحتلة لأنهم يشعرون بأن ما يجري هناك هو خطأ.

ما هي القضية الأساسية التي تواجه المرأة؟
القضية الأساسية هي اللامساواة بين النوع الاجتماعي في فلسطين وإسرائيل، سواء تمثل بالعنف ضد المرأة أو في اللامساواة في الأجور. ولهذه القضية انعكاساتها الهامة هنا حيث أصبح المجتمع الإسرائيلي مجتمعاً عسكرياً، وأصبح الأمن هو شغلنا الشاغل. وتبقى قضية الأمن بيد الرجل، والمرأة هنا لا تتمتع بالقيمة الحقيقية مقارنة بالرجل الذي يعمل في الدفاع عنا.
وكذلك هو الحال بالنسبة للفلسطينيين حيث أن المقاتلين هناك من الرجال، الذين يسعون من أجل التحرير.
الجدير بالذكر أن قضايا المرأة أصبحت قضايا ثانوية، لهذا السبب فقط علينا أن نجد حلاً للنزاع، حتى لو كنا في هذا الوضع الذي نحياه والذي يفرض علينا إما أن نحيا وإما أن نموت.
قمنا حديثاً بتأسيس الهيئة النسائية الدولية من أجل السلام الإسرائيلي الفلسطيني العادل والدائم. تعمل الهيئة على إسماع صوت المرأة في المفاوضات بين الإسرائيليين والفلسطينيين. لقد رأينا في السابق الكثير من المبادرات التي لم يكن للمرأة وجود فيها ولم تتح المجال لإسماع صوتها وأفكارها.
تتكون الهيئة من ٢٠ امرأة إسرائيلية و ٢٠ امرأة فلسطينية، بالإضافة إلى ٢٠ امرأة من دول أخرى، وتعمل الهيئة على إسماع صناع القرار صوت المرأة.

Above: Israeli settlement of Har Homah (Jabal Abu Ghaneim), south of Jerusalem in the West Bank.

Opposite page: Father and daughter at a commemorative fountain at Ben Yehuda Street in Jerusalem, site of a suicide bombing in September 1997. The father was among the wounded. Ethiopian Israeli basket weavers and needle workers in Kiryat Gat in southern Israel. Family in Sderot in southern Israel, target of Qassam missiles launched from nearby Gaza.

רבקה גרבובסקי / ريفكا غرابوفسكي

I hear the noise of the Qassam rocket, and the loudspeaker and the red alert, and my heart's beating quickly, and I can't catch my breath, and what do I do now? It can happen anywhere. You can be at home, at the Center, in the street. I live in fear. I feel I have a sixth sense with which I can hear better, concentrate better. I'm so frightened and tense—but courage is key. Don't give up, despite everything. I continue to walk for exercise, do my shopping, take classes, visit my girlfriends, and come to work despite the fears, anxiety, and trembling.
I tell myself not to give up, but to get up and do the impossible.

Would you ever leave Sderot?
I won't let anyone drive me away. This is my home, despite everything. This is my land, this is where I educated my children. What gives me strength is believing this is my place, and not letting anyone tell me to leave—and we enjoy Sderot. I have a good life apart from the fact that my children don't come to visit because of the Qassams.
I get a little emotional because my husband and I wanted a tight-knit family that stays together, spends the Sabbath and holidays together. I want my children to come home happily, without my having to tell them, "Open the windows. Be careful. Don't come this Sabbath, wait until next week when it might be calmer."

What would you tell the women of Gaza?
I understand their frustration and difficulty with everything happening there. I really do want them to raise their children happily and in peace. Their children should have the chance to learn, they should have a high level of education and be able to earn a good livelihood.
Peace between us is possible. It's true that the larger peace with our neighbors rests on a particular base, but we have to work on that base and create a fresh opportunity for dialogue. We can create peace, why not? They want to live in peace just as we do.

What would you tell the women of the world?
Women are the leaders of their families. Women have been making history since the Biblical era. Look at Yael, Deborah, and all the women of the Bible. Women should lead their families with strength, according to their credos. They should raise families that remain close, that have values.
When I'm faced with a challenge that is consistent with my credo, I will find whatever tools it takes to achieve it—without, heaven forbid, knocking anyone down along the way. I believe in the courage to overcome obstacles, attain goals without being afraid, and have faith in the things you believe in—like values.
Part of our being strong is the support around us. Everyone tries to help, even those who say, "Oh, you're from Sderot, you deserve a hug." These things help. Don't forget us. Keep sending us text messages. Keep hugging us. Keep supporting us. It gives us fuel and strength.

عندما أسمع الضجيج الذي يحدثه صاروخ القسام ومكبرات الصوت وأصوات أجهزة الإنذار والإنذار الأحمر يبدأ قلبي بالخفقان بسرعة ولا أستطيع التقاط أنفاسي. ماذا أفعل؟ قد تحدث هذه الأمور في أي مكان، في البيت، في مركز المدينة، أو في الشارع. أمضي وقتي في خوف. أشعر أنني أمتلك حاسة سادسة تمكنني من أن أصغي بشكل أفضل وأن أركز بشكل أفضل. أنا خائفة جداً ومتوترة، إلا أن الشجاعة تبقى هي مفتاح الحل. لن أيأس بالرغم من كل شيء. أمارس تمارين المشي وأتسوق وأذهب إلى صفوفي وأزور صديقاتي وأذهب إلى عملي رغم الخوف والاضطراب والارتعاش من شدة الخوف. أقول لنفسي أن لا تيأس وأن تنهض وتعمل المستحيل.

هل سترحلين عن سديروت؟
لن أسمح لأحد أن يخرجني من سديروت، فهي بيتي بالرغم من كل شيء، وهذه أرضي، هذا المكان الذي ربيت فيه أولادي. إن الإيمان بأن هذا هو مكاني يعطيني القوة بحيث لا أسمح لأحد أن يجبرني على المغادرة. كما أننا نحب سديروت. أنا سعيدة في حياتي هنا بالرغم من أن أولادي لا يزورونني بسبب صواريخ القسام.
ما يزعجني في الأمر أنني وزوجي أردنا عائلة تبقى مع بعضها بعض، وتقضي أيام السبت والأعياد معاً في سلام. أريد أن يأتي أولادي إلى بيتهم وهم يشعرون بالسعادة، دون أن أضطر أن أقول لهم «افتحوا الشبابيك وتوخوا الحذر، أو لا تأتوا هذا السبت، وانتظروا حتى الأسبوع القادم فلربما تكون الأمور أكثر هدوءاً».

ماذا تقولين للنساء في غزة؟
أقول لهن إنني أتفهم معاناتهن وصعوبة العيش هناك. أتمنى حقاً لهن أن يربين أبناءهن بسلام وسعادة. يجب أن يكون لأطفالهن فرصة للذهاب إلى المدرسة، وأن يحققوا مستويات أعلى من التعليم، وبالتالي تحقيق حياة أفضل.
يمكننا أن نحقق السلام. بالرغم من أن السلام مع جيراننا يقوم على أسس معينة، إلا أن علينا أن نعمل من أجل أن نخلق فرصا جديدة للحوار. يمكننا أن نصنع السلام، ولم لا؟ فهم يريدون أن يعيشوا بسلام ونحن نريد أن نعيش بسلام.

ماذا تقولين لنساء العالم؟
المرأة هي التي تقود العائلة. لقد شاركت المرأة في صنع التاريخ من عهد التوراة، مثل يائيل وديبرا والنساء الأخريات المذكورات في التوراة. على المرأة أن تقود عائلتها بقوة وفقا للعقائد. على النساء أن ينشئن عائلات تتمتع بالقيم وتبقى قريبة من بعضها بعض.
عندما أواجه تحدياً لما أومن به من عقيدة أعمل على مواجهة هذا التحدي مستخدمة جميع الوسائل المتاحة لذلك دون، لا سمح الله، توجيه ضربات قاضية للآخرين. أومن بالشجاعة للتغلب على العوائق وتحقيق الغايات دون الشعور بالخوف، ومع المحافظة على الإيمان بالقيم.
هنالك جزء من قوتنا يأتي من المحيط الذي يحيط بنا. فالجميع يحاول أن يقدم يد العون حتى الذين يقولون «أنت من سديروت، أنت تستحقين عناقاً.» هذه الأشياء تساعدنا، لا تنسونا، استمروا في إرسال الرسائل القصيرة إلينا، استمروا في معانقتنا، واستمروا في دعمنا، فهذا يعطينا طاقة وقوة.

Rivka Grabovski

Director of Daycare Center in Sderot

Grabovski is Director and Educational Counselor of a daycare center in Sderot, which is a half-mile from the border with Gaza. Sderot is the primary target of Qassam rockets. Grabovski's work includes protecting the children and tending to their trauma. Related community programs include after-school clubhouses, parental counseling, a library, and food parcels for the needy.

מנהלת מעון יום בשדרות

רבקה גרבובסקי היא מנהלת ויועצת חינוכית במעון יום בשדרות, הנמצא כקילומטר מהגבול עם עזה, ולעיתים קרובות מהווה מטרה לרקטות קסאם. עבודתה של גרבובסקי כוללת הגנה על ילדים וטיפול בטראומה. התכניות הקהילתיות הנלוות כוללות מועדונים שלאחר הלימודים, ייעוץ להורים, החזקת הספרייה והכנת חבילות מזון לנזקקים.

مديرة حضانة في سديروت

تعمل السيدة ريفكا غرابوفسكي كمديرة ومستشارة تربوية في حضانة في مدينة سديروت التي تبعد نصف ميل عن الحدود مع قطاع غزة وتشكل الهدف الرئيسي لصواريخ القسّام. يشمل عمل السيدة ريفكا غرابوفسكي حماية الأطفال والتعامل مع الأزمات والصدمات التي يتعرضون لها. ومن ضمن الفعاليات المجتمعية المُرافقة نَذْكر النوادي التي تعقد بعد ساعات الدوام المدرسي وتقديم الاستشارة للأهالي والعمل في المكتبات العامة وتوفير الطعام للمحتاجين.

אני שומעת את הקול של רקטת הקסאם, את הרמקול ואת ה"צבע האדום". הלב הולם במהירות. אני לא יכולה לנשום. מה לעשות עכשיו? זה יכול לקרות בכל מקום. את יכולה להיות בבית, במרכז, ברחוב. אני חיה בפחד. אני מרגישה שיש לי חוש שישי שבעזרתו אני שומעת טוב יותר, מתרכזת טוב יותר. אני כל כך מבוהלת ומתוחה. אבל אומץ הוא המפתח, אסור להתייאש, למרות הכול. אני ממשיכה להתעמל, לעשות קניות, לעבוד, ללמוד, ולבקר את חברותיי למרות הפחדים, החרדה והרעד. אני דוחפת את עצמי לא לוותר אלא לקום ולעשות את הבלתי אפשרי.

היית עוזבת את שדרות אי-פעם?

לא ארשה לאף אחד לגרש אותי. זה הבית שלי למרות הכל, זאת הארץ שלי. כאן אני מחנכת את הילדים שלי. האמונה שזה המקום שלי מחזקת אותי, לא אתן לאף אחד לומר לי לעזוב. אנחנו נהנים בשדרות, יש לי חיים טובים, חוץ מזה שהילדים שלי לא באים לבקר בגלל הקסאמים.

אני מדי פעם נשברת כי בעלי ואני רצינו משפחה מלוכדת אשר מבלה יחד בשבתות ובחגים. אני רוצה שילדיי יבואו הביתה בשמחה, בלי שאני אצטרך לומר להם, "תפתחו את החלונות. זהירות. אל תבואו השבת. חכו לשבוע הבא, אולי יירגע קצת".

מה היית אומרת לנשות עזה?

אני מבינה את התסכול ואת הקושי שלהן עם כל מה שקורה שם. אני באמת רוצה שהן יגדלו את הילדים שלהן באושר ובשלווה. לילדים שלהם מגיעה הזדמנות ללמוד, מגיע להם חינוך ברמה טובה ופרנסה טובה.

השלום בינינו אפשרי. נכון שהשלום עם שכנינו נשען על בסיס מסוים, אבל אנחנו מוכרחים לעבוד על הבסיס הזה וליצור הזדמנות חדשה לדיאלוג. אנחנו יכולים לעשות שלום. למה לא? הם רוצים לחיות בשלום בדיוק כמונו.

מה היית אומרת לנשות העולם?

מאז תקופת התנ"ך נשים הנהיגו את משפחותיהן, ונכתבו בהיסטוריה. תראי את יעל, דבורה ואת כל הנשים בתנ"ך. נשים צריכות להנהיג את המשפחות שלהן, לפי ה'אני מאמין' שלהן. הן צריכות לגדל משפחות מלוכדות, משפחות עם ערכים. כשאני עומדת מול אתגר שעולה בקנה אחד עם 'האני מאמין' שלי, אני יכולה למצוא את כל הכלים הדרושים כדי להשיג אותו, בלי, חס וחלילה, לרמוס מישהו לאורך הדרך. אני מאמינה שאפשר להתגבר על מכשולים באומץ, להשיג מטרות בלי לפחד ולהאמין בדברים שמאמינים בהם – ערכים למשל.

חלק מהחוזק שלנו הוא התמיכה סביבנו. כולם מנסים לעזור, אפילו כשאומרים "אה, אתם משדרות, מגיע לכם חיבוק". זה עוזר. אל תשכחו אותנו. תמשיכו לשלוח לנו הודעות טקסט. תמשיכו לחבק אותנו. תמשיכו לתמוך בנו. זה נותן לנו דלק, מוטיבציה וכח.

Gita Hazani

Director General of Mosaica Center for Inter-Religious Cooperation

As Director General of the Mosaica Center, Hazani follows the heritage of her grandfather, a rabbi in Teheran who initiated relations with Iranian Muslims. Mosaica Center supports a dialogue of educators from East and West Jerusalem for mutual educational reform, including curricula that acknowledge the realities of the Other. Hazani has also catalyzed a supportive coalition of inter-religious leaders.

מנכ"ל 'מרכז מוזאיקה לחקר דת, חברה, ומדינה'

בהיותה המנהלת הכללית של 'מרכז מוזאיקה', גיטה חזני ממשיכה במורשת סבה, רב מטהרן שיזם קשרים עם איראנים מוסלמים. 'מרכז מוזאיקה' תומך בדו-שיח בין מחנכים מירושלים המזרחית והמערבית לקידום רפורמה חינוכית הדדית, ובכללה תכנית לימודים המכירה במציאות של האחר. גטה חזני זירזה את הקמתה של קואליציה תומכת של מנהיגים מדתות שונות.

مديرة عامة لمركز موزايكا للتعاون بين الديانات

تتبع السيدة غيتا حازاني كمدير عام لمركز "موزايكا" خطوات جدها الذي كان حاخاما يهوديا في طهران وبادر لإنشاء علاقات مع الإيرانيين المسلمين. يدعم مركز "موزايكا" الحوار بين المعلمين من القدس الشرقية والقدس الغربية من أجل المبادرة لإصلاح تربوي مشترك يشمل مناهج تعليم تعترف بواقع الآخر. كما ساهمت السيدة حازاني بتحفيز ائتلاف داعم مكون من قياديين من ديانات مختلفة.

כשהפחדים נעלמים ושני הצדדים אומרים מה הם מרגישים באמת, הם פותחים את הלב ואומרים דברים כואבים מאוד, לדוגמא, "כשאתם מדברים על הבעלות שלכם על בית המקדש, אני מרגיש שתוקעים לי סכין בלב ומסובבים אותו. כל כך קשה לשמוע אתכם מדברים כך על המקום הקדוש לי".
כשמבחינים זה בכאב של זה, אלה רגעים של אמון והבנה של המסר ההדדי. אנחנו מבינים ש"לא בטוח שנאהב זה את זה, אבל בטוח שאנחנו צריכים לחנך את ילדינו אחרת. לא נוכל להמשיך לחיות כך. בואו נחיה יחד, אפילו בלי שלום, בהגינות, וניצור סביבה שתאפשר לילדים שלנו לא למות במלחמות".

איך משנים מערכת חינוך?
כיום יש מערכת חינוך נפרדת ליהודים ולמוסלמים, ואין שום מגע בין הקהילות. כחלק מתוכנית המרכז אספנו מחנכים משמונה בתי ספר יהודיים ועשרה בתי ספר מוסלמיים במזרח ירושלים, ואנחנו מגייסים עוד 18, אשר מפתחים תכנית לימודים שמתמודדת עם סטריאוטיפים ודוגמות ולא מחכים למדיניות רשמית של ממשלה כזו או אחרת. אנחנו משוכנעים שזאת הדרך למהפכה חינוכית בירושלים.
אנחנו רואים את פריחת הניצנים כשהמורים הישראלים שלנו מדברים על יום העצמאות שלנו, והם מדברים על "הנכבה" של האחר. זה לא מובן מאליו שאפשר להתייחס לכאב של האחר, יש כאן משהו עמוק יותר מכאב. כאשר יהודים יכולים לעמוד מול תלמידים ממשפחות קיצוניות שמתגוררות בהתנחלויות ולדבר על "הנכבה", זה דורש אומץ בעל משמעות עצומה.
אחרי שנתיים של מפגשי דיאלוג, עבודה, זיעה ורגעים קשים, המורים והמנהלים מציגים את התכניות בבתי הספר שלהם. יש רגעי מתח, אבל הם נעשים חברים. המשפחות שואלות, "איך אתם נפגשים עם רוצחים? איך אתם נפגשים עם יהודים מלוכלכים?". הם מוכרחים להתמודד עם זה, לדבר עם המשפחות שלהם, עם התלמידים, עם מורים אחרים.

מה היחס שלכם לקהילות הדתיות?
אנחנו פועלים בדיפלומטיה בין-דתית כדי ליצור קואליציה של תמיכה. כל מנהיגי הדת הם גברים. אני לא צריכה לספר לך כמה קשה להתמודד עם מנהיגי דת, יהודים או מוסלמים. בהתחלה, כשהם ראו אישה מניעה תהליך, התעלמו ממני. התייחסו אליי כמו אל מזכירה אף על פי שידעו שהם סביב השולחן כי אני כינסתי אותם. הייתי רגישה מאוד, אבל עכשיו אני לא, אני חושבת שהם למדו לקבל אותי.

את צופה שהשינוי יהיה אטי או מהיר?
למזרח התיכון יש קצב משלו. מדובר במאה שנים של מחלוקות, ואי-אפשר לפתור אותן בשלוש או חמש שנים של תכניות חינוכיות.
יש לי תקוות גדולות שהעתיד הקרוב יביא נשים מנהיגות. ראינו היסטוריה של דור אחר דור של מנהיגים גברים. כיום יש יותר נשים בעמדות מפתח. אנחנו יכולות לשנות את העולם. זה לא בדיון, זו מציאות.

When the fears are gone and both sides say what they really feel, they open their hearts and say very difficult things. Someone says, "When you talk about your ownership of the holy temple, I feel someone put a knife in my heart and turned it. It's so difficult to hear you talking this way about my holy place."
When one perceives the other's pain, these moments contain trust and realization of each other's narratives. We understand "We are not sure we will love each other, but we are sure we have to educate our children differently—we cannot keep living like this. Let's live together, even without peace, fairly and create an environment that enables our children not to die in wars."

How do you change an educational system?
Today's education system is separate for Jews and Muslims with no contact between the communities. We have gathered educators from eight Jewish schools and ten Muslim schools in East Jerusalem, and we are recruiting eighteen more. They develop curricula that counter stereotypes and dogma, and don't wait for a formal policy of this or the other government. We are confident this will lead to an educational revolution in Jerusalem.
After two years of dialogue encounters, work, sweat, and hard moments the teachers and principals are initiating their programs in their schools. There were tense moments, but they became friends. Their families ask, "Why do you meet with killers? Why do you meet with dirty Jews?" They have to cope with it, talk with their families, the students, other teachers.
We can see the fruit growing. Our Israeli teachers, when they talk about our Independence Day, now talk about the other's Naqbeh. We cannot take for granted we can relate to the others' pain; it's deeper than pain—but that Jews can stand in front of students from extremist families who live in the settlements and talk about the Naqbeh, this is courage, this is meaningful.

What is your relationship to the religious communities?
We work in inter-religious diplomacy to build a coalition of support. Religious leaders are all men, I don't have to tell you how difficult it is to deal with religious leaders, Jewish or Muslim. When they see a woman run a process … well, at first they ignored me. I was considered as a secretary even though they knew they were around the table because I had brought them. I was very sensitive, but I'm not now. I think they learned to accept me.

Will change be slow or fast?
This is the Middle East and has its own rhythm. It's a hundred years of dispute that you can't solve in three or five years of educational programs.
I have great hopes the near future will bring women leaders to run the world. We saw the world through a history of male leaders for ages and ages. Now more women are in key positions. We can change the world. It's not a phrase, it's real.

عندما تزول المخاوف ويتحدث الجميع عن مشاعره بحرية، تظهر الحقيقة والصراحة في القول والحديث عن الأمور الشائكة. قال أحدهم " أشعر وكأن أحدا يطعنني بسكين في صميم قلبي عندما تتحدثون عن ملكيتكم لجبل الهيكل، فمن الصعب الإصغاء لكم وأنتم تتحدثون بهذه الطريقة عن أماكننا المقدسة."
إن استيعاب وتفهم آلام الآخرين يعني التعرف على ما يكابدونه من معاناة. نحن ندرك أننا ربما لن نتوصل إلى أن يحب كل منا الآخر، إلا أننا ندرك أن علينا أن نعلم أطفالنا بطريقة مختلفة، حيث أننا لن نتمكن من أن نستمر بالعيش هكذا.
دعونا نحيا معاً بعدل ومساواة، حتى لو لم يتحقق السلام، مما يمكن أطفالنا من تجنب الحروب والموت فيها.

كيف نغير أنظمة التعليم؟
تختلف أنظمة التعليم لدى اليهود عن تلك الأنظمة المتوفرة لدى المسلمين حيث يفتقر المجتمعان إلى سبل التواصل فيما بينهما، من هنا قمنا بجمع مربيين من ثمانية مدارس يهودية وعشرة مدارس إسلامية من القدس الشرقية، ونعمل على إضافة ثمانية عشر مرب آخر إلى المجموعة. يعمل هؤلاء المربون معاً على وضع مناهج تعليمية تعالج القضايا العقائدية والقضايا المتعلقة بتعميم صفات معينة على الآخرين. نحن لا ننتظر تدخلاً سياسياً رسمياً من أي حكومة، فنحن على ثقة من أن هذا الأمر سيُحدث ثورة تربوية في القدس.
بدأ المربون ومدراء المدارس بتطبيق البرامج التي توصلوا إليها بعد جهد جهيد والعديد من اللقاءات التي استغرق العمل بها مدة عامين. لقد كانت تلك اللحظات حاسمة، إلا أن المربين عملوا معاً ليصبحوا أصدقاء. البعض يسأل «لماذا تجتمعون بالقتلة؟ لماذا تعقدون لقاءات مع يهود قذرين؟» على هؤلاء أن يدركوا ويتعايشوا مع هذا الوضع، كما أن عليهم أن يتحدثوا مع عائلاتهم وطلابهم ومربيهم حول هذه المجالات.
لقد أصبحنا نرى ثمار عملنا، حيث نجد أن المعلمين الإسرائيليين يجدون الشجاعة ليتحدثوا عن النكبة عندما يتحدثون عن عيد الاستقلال، حتى لو كان ذلك أمام طلبة من عائلات متشددة تسكن في المستوطنات.

ما هي علاقتك بمجتمعات المتدينين؟
نحن نعمل في حوار يجمع ما بين الأديان المختلفة من أجل الوصول إلى تحالف داعم. نعلم أن المسألة صعبة حيث أن جميع القيادات الدينية الإسلامية واليهودية هي من الرجال. لقد تجاهلوني في البداية ثم نظروا إلي على أنني سكرتيرة بالرغم من أنني أنا التي جمعتهم في لقاء حول طاولة مستديرة. كنت حساسة لهذا الأمر في البداية أما الآن فإنني أتفهم هذا الأمر، حيث أعتقد أنهم تقبلوا فكرة التعامل معي.

هل سيكون التغيير سريعاً أم بطيئاً؟
للشرق الأوسط طبيعته الخاصة، ونحن لا نستطيع حل الخلافات التي مضى عليها مئة عام خلال ثلاث أو خمس سنوات من البرامج التعليمية. بالرغم من هذا إلا أن لدي آمالا كبيرة في أن تكون قيادة العالم في يد المرأة، حيث أن هنالك العديد من المراكز الهامة الآن بيد المرأة، التي باستطاعتها أن تغير العالم الذي نرى ما آل إليه بسبب قيادة الرجل، هذا هو الواقع، ليس مجرد شعارات.

טל קרמר / تال كرمر

Working with women who have been raped or sexually abused, you must listen to hear their particular needs, desires, and voices. They are so varied and so different from each other. Everyone reacts differently in the world of sexual abuse, and each person has a different way of coping.
Often a woman who has experienced sexual abuse in the past tends to be aggressive as a way of protecting herself. We have to loosen our boundaries and try to accept different kinds of behavior and different kinds of women.

How does courage enter into your work?
Courage is speaking our truth. We get between 30,000 and 35,000 calls each year on our hotlines. Our statistics in Israel are similar to those in the United States. One of every three women will be sexually abused during her lifetime, and one in seven men will be abused. In early childhood, there are no differences between girls and boys, they are equally vulnerable to sexual abuse. After 12 years of age, there is a difference, and many cases are incest cases. One of every six or seven girls and one of every ten boys will be abused by their father, big brother, or uncle.
Courage is also to break through the ring of secrecy, silence, and denial that surrounds victims. Sexual abuse is the only crime in which the victim blames herself and society often blames her as well. Why did you dress that way? Why did you walk that way? Why did you go to his house on the first date? It takes courage to break through that ring and tell the secret, to let someone in on the secret so not everything rests on your shoulders, so you can begin a process of rehabilitation.

Your work must take daily fortitude.
People don't work for this organization for very long periods of time. At some stage, it becomes very burdensome emotionally, dealing all the time with sexual abuse and rape and everything related to them. So, we provide supervision and guidance to all our workers. Without that, it's very difficult to manage. And in this work you quickly reach the extremities—there are great successes and great failures. The middle, the grey area, gets submerged.

Do you work with Arab women?
Certainly. We don't overlook any sector of the population. At our center in Nazareth all the women working in the call center are Arab and talk with the callers in Arabic. They coordinate requests for assistance from throughout the country. We have many examples of cooperation with the Arab community.

Do you believe peace is possible here?
To raise children in this country, particularly boys, you have to believe peace is an option. There are periods when you're more optimistic and periods when you're less optimistic. But there is something naïve that makes you believe that peace is possible.

يتطلب العمل مع النساء اللواتي تعرضن للاغتصاب والعنف الجنسي الاستماع إلى احتياجاتهن ورغباتهن وأصواتهن، حيث تختلف النساء بعضهن عن بعض وتكون ردود أفعالهن مختلفة. في عالم يملؤه العنف الجنسي تختلف فيه كيفية التعامل مع الأوضاع بين شخص وآخر.
عادة ما تكون المرأة التي تعرضت في الماضي إلى عنف جنسي ذات أسلوب عدواني في محاولتها للدفاع عن نفسها. علينا أن نتخلى عمّا وضعناه من محددات من أجل تقبل السلوكيات المختلفة للنساء.

كيف يكون هناك مكانا للشجاعة في عملك؟
الشجاعة هي قول الحقيقة. يبلغ عدد المكالمات التي تصلنا عبر خطنا الساخن كل عام ٣٠ إلى ٣٥ ألف مكالمة. تتشابه الإحصاءات في إسرائيل مع الإحصاءات الأمريكية، حيث تتعرض امرأة واحدة من بين كل ثلاثة نساء للعنف الجنسي خلال فترة حياتها، مقابل تعرض رجل واحد من بين كل سبع رجال للعنف الجنسي. ففي سنين الطفولة المبكرة ينعدم الفرق بين الأولاد والبنات حيث يكونون جميعاً عرضة للعنف الجنسي. يبدأ الفرق بالظهور عند بلوغ سن الثانية عشرة، وهنالك العديد من حالات سفاح القربى، حيث يقوم الآباء أو الأخوة الكبار أو الأعمام بأعمال عنف جنسية ضد بنت من بين كل ٦ أو ٧ بنات وضد كل ولد من بين ١٠ أولاد.
الشجاعة هي أيضاً كسر طوق السرية والصمت والإنكار الذي يحيط بالضحايا. جرائم العنف الجنسي هي الجرائم الوحيدة التي تجعل الضحية تلوم نفسها وتجعل المجتمع يلومها. لما ترتدين هذه الملابس؟ لماذا تمشين بهذه الطريقة؟ لماذا ذهبت إلى منزله في أول موعد لكما؟ كسر هذا الطوق والكشف عن الأسرار يتطلب شجاعة، ثم تبدأ عملية إعادة التأهيل.

عملك يتطلب شجاعة كل يوم؟
لا يستمر الأشخاص في العمل في هذه المؤسسة لفترة طويلة لأن العمل يصبح عبئاً ثقيلاً على العواطف أحياناً. لذلك نقدم إشرافا وإرشادا لموظفينا حيث يصعب العمل دون ذلك. الإنسان يصل إلى الحدود القصوى بسرعة في هذا العمل. هنالك نجاحات عظيمة وهنالك إخفاقات كبيرة وتنطمس خلالها الأمور الوسط.

هل تعملين مع نساء عربيات؟
طبعاً، نحن لا نتجاهل أي قطاع من قطاعات السكان. جميع العاملات في مركزنا في الناصرة عربيات ويتحدثن العربية مع المتصلات. ثم يقمن بتنسيق طلبات المساعدات من باقي أنحاء البلاد. لدينا العديد من الأمثلة على التعاون مع المجتمعات العربية.

هل السلام ممكن؟
يجب أن يؤمن الشخص الذي يربي الأطفال في هذه البلد، خاصة الأولاد، بأن السلام خيار. هنالك أوقات يكون فيها الإنسان أكثر تفاؤلاً وأوقات يكون فيها أقل تفاؤلاً. إلا أن هنالك شيئاً ساذجاً يجعل المرء يؤمن بإمكانية تحقيق السلام.

כשאת עובדת עם נשים שנאנסו או עברו התעללות מינית, את מוכרחה להקשיב לצרכים המיוחדים שלהן, לתשוקותיהן ולקולן המיוחד. כל אחת מגיבה אחרת בעולם של התעללות מינית, עם דרך התמודדות יחודית.
לעתים קרובות אישה שחוותה התעללות מינית בעבר נוטה להיות תוקפנית כהגנה עצמית. אנחנו מוכרחות להרפות את השמירה על הגבולות שלנו ולנסות לקבל התנהגויות שונות ונשים שונות.

איך האומץ משתלב בעבודה שלך?
אומץ הוא אמירת האמת, כנות. אנחנו מקבלות בין 30,000 ל-35,000 שיחות לקו החם שלנו בכל שנה. הסטטיסטיקות בישראל דומות לאלה של ארה"ב. אחת מכל שלוש נשים תסבול מהתעללות מינית במשך חייה, ואחד מכל שבעה גברים יסבול מכך. בילדות המוקדמת אין הבדלים בין ילדות וילדים, כולם חשופים במידה שווה להתעללות מינית. אחרי גיל 12 יש הבדל, והרבה מקרים קשורים בגילוי עריות. אחת מכל שש או שבע ילדות ואחד מכל עשרה ילדים יסבלו מהתעללות מצד אבא שלהם, מצד אח גדול או דוד.
אומץ אומר גם לשבור את מעגל השתיקה, החשאיות וההכחשה שמקיף את הקרבנות. התעללות מינית היא הפשע היחידי שבו הקרבן מאשימה את עצמה וגם החברה לעתים קרובות מאשימה אותה: למה התלבשת כך? למה הלכת בדרך ההיא? למה הלכת לבית שלו בפגישה הראשונה? צריך אומץ כדי לשבור את המעגל הזה ולגלות את הסוד, לשתף מישהו בסוד כדי שלא הכול ייפול על כתפייך, כדי שתוכלי להתחיל בתהליך של שיקום.

העבודה שלך ודאי דורשת חוזק נפשי מדי יום.
אנשים לא עובדים בארגון הזה זמן ממושך. בשלב מסוים זה מעיק מבחינה רגשית להתמודד כל הזמן עם התעללות מינית ואונס וכל מה שקשור בזה. אנחנו מעניקות פיקוח והדרכה לכל העובדות שלנו. בלעדיהם קשה מאוד להסתדר. ובעבודה הזאת מגיעים מהר מאוד לקיצוניות – יש הצלחות גדולות וכישלונות גדולים. השטח האפור מיטשטש.

האם את עובדת עם נשים ערביות?
בהחלט. אנחנו לא מקפחות אף מגזר באוכלוסייה. כל הנשים שעובדות במרכז הטלפוני בנצרת הן ערביות והן מדברות עם המטלפנות בערבית. הן מתאמות בקשות לעזרה מכל הארץ. יש לנו הרבה דוגמאות של שיתוף פעולה עם הקהילה הערבית.

את מאמינה שהשלום אפשרי?
כדי לגדל ילדים בארץ הזאת, בייחוד בנים, את מוכרחה להאמין שהשלום אפשרי. לפעמים את אופטימית יותר ולפעמים פחות. אבל יש משהו נאיבי שגורם לך להאמין שהשלום עוד יבוא.

Tal Kramer

Former Executive Director of Association of Rape Crisis Centers in Israel

The Association of Rape Crisis Centers is the umbrella organization for nine centers that provide support for victims of sexual violence. Their 24-hour hotlines include help for Arab, Russian, and Ethiopian women in their first language. The association advocates for legislative change and works to raise awareness in Israeli society, the workplace, and the media. Kramer recently left her position to be with her family and new baby.

מנהלת לשעבר של מרכזים לסיוע לנפגעות אונס בישראל

התאחדות המרכזים לסיוע לנפגעות אונס עומדת בראשם של תשעה מרכזים המספקים תמיכה לקרבנות של אלימות מינית. הקווים החמים שלהם פועלים 24 שעות ביממה וכוללים סיוע לנשים ערביות, רוסיות ואתיופיות בשפת האם שלהן. ההתאחדות פועלת למען שינויים תחיקתיים ולהגברת המודעות בחברה הישראלית, במקומות העבודה ובתקשורת. טל עזבה לאחרונה את משרתה כדי לשהות במחיצת משפחתה והתינוק החדש שלה.

مديرة تنفيذية سابقة لاتحاد مراكز مساعدة ضحايا الاغتصاب

اتحاد مراكز مساعدة ضحايا الاغتصاب في إسرائيل هو المؤسسة الأم لتسعة مراكز تقدم الدعم لضحايا الاعتداءات الجنسية. يقدم خط الطوارئ في المركز المساعدة للنساء العربيات والروسيات والإثيوبيات على مدى ٢٤ ساعة بلغاتهن الأصلية. يدافع الاتحاد عن تغيير التشريعات ويعمل على زيادة الوعي في المجتمع الإسرائيلي وفي مكان العمل والإعلام. استقالت السيدة تال كريمر مؤخراً من وظيفتها لتكون مع عائلتها وترعى مولودها الجديد.

עו"ד נירה רחל למיי / نيرا راشيل لاماي

A few weeks ago I was stopped at a barrier on my way to work. I asked the policeman, "If I were blonde with blue eyes, would you have stopped me?" He was very embarrassed. My intuition says that, when there is trouble on this road, his intuition tells him that stopping someone who is dark, who might be Arab, is a natural thing to do. This is how it is. This is my existence in Israel.
I think people in this area are dreaming of quiet—a certain quiet that exists maybe in other places of the world, and they wish it were here. If I may speak also for people in the Gaza Strip or in the Territories, I think people just wish it were quiet.

How do you identify yourself? As Mizrachi?
My identity is layered. I've come a long way as a non-European Jewish woman in Israel with a dark color, which also apparently makes a difference everywhere in the world. I am taken for an Arab. I speak Arabic and Farsi, and look Middle Eastern—my parents were born in Iran, in Persia, and immigrated when they were young.
I was raised conservative Orthodox, which was my identity as a child. Then I went in the army. This was a mind-broadening experience, meeting Ashkenazi, European Israelis. Now, as a lawyer, I appear in court or Knesset committees, and I see looks: "Who is she? What does she belong to? Is she senior enough?"

You work for the Knesset.
For the Commission for Future Generations. We view all legislation to the Knesset and its effect on future generations. Our opinion goes with the bill so every parliamentarian can see our opinion: "Vote for this bill, don't vote for it, or make sure it is changed before you vote for it." The assumption is politicians can never have enough judgment concerning people who aren't born; they favor the people voting for them right now. This is a blind spot in democracy.

Is anyone inherently evil?
People are motivated by all kinds of interests and there are many components to people's behaviors. Fear is much more common than just being evil. Fear and paranoia cause much more damage. Fear makes you distort reality. Anxiety and defense shut you down from a) what's really there and b) from trying to change what's really there. You're getting wrong signals, and you can't even transmit signals to change the situation.

If you could signal a young female lawyer in Gaza, what would you say?
I am worried about her, and hope she doesn't suffer too much, that she takes care of her safety. I would tell her not to despair, and ask her not to hate me—to understand there are kind-hearted people here who hope peace will exist.
I would invite her to Tel Aviv.
Maybe people from Tel Aviv and people from Gaza will not hug and kiss in the streets, and I would say "Okay." Most important is to provide, to make people feel they are, at least, safe, that somebody cares for their existence.

أوقفني شرطي على أحد الحواجز وأنا في طريقي إلى العمل قبل عدة أسابيع. سألت الشرطي الذي أوقفني :"هل كنت ستوقفني لو كنت شقراء وعيوني زرقاء؟" السؤال أحرج ذلك الشرطي. أعتقد أن حدس الشرطي يقول له عند وقوع مشاكل على هذه الطريق إن عليه إيقاف ذوي البشرة داكنة اللون مثل العرب. هكذا تسير الأمور في إسرائيل.
أعتقد أن الناس في هذه المنطقة، بمن فيهم أهل قطاع غزة والمناطق الفلسطينية يحلمون بالهدوء الذي تنعم به أماكن أخرى من العالم.

كيف تصفين نفسك كيهودية شرقية؟
أنا امرأة يهودية شرقية ذات بشرة داكنة تعيش في إسرائيل. يدل مظهري على أنني عربية شرق أوسطية. أنا أتحدث العربية والفارسية. أمي وأبي هم من مواليد إيران، وقد هاجروا وهم صغار السن.
تربيت كارثودكسية محافظة حيث كانت هذه هويتي وأنا طفلة. ثم التقيت باليهود الغربيين -الإسرائيليين الأوروبيين- ما أكسبني خبرة وسعت من آفاقي. أنا الآن محامية، أظهر في المحاكم و أمام لجان الكنيست، إلا أنني أرى نظرات تتساءل :من هي؟ إلى أي جهة تنتمي؟ هل هي رفيعة المستوى لدرجة تؤهلها أن تكون هنا ؟

هل تعملين في الكنيست؟
أعمل مع لجنة أجيال المستقبل حيث نقوم بمراجعة تشريعات الكنيست من حيث تأثيرها على أجيال المستقبل. ثم نسجل آراءنا وتعليقاتنا على تلك التشريعات ما يمكن جميع أعضاء الكنيست من معرفة تلك الآراء والتعليقات. فنحن ندعو أعضاء الكنيست إلى التصويت على قوانين معينة، أو عدم التصويت عليها ، أو تغييرها قبل الموافقة عليها . فالفرضية تقول أن السياسيين لا يستطيعون أن يمتلكوا الحكم الكافي فيما يتعلق بالذين لم يولدوا بعد، فهم يفضلون الأشخاص الذين يصوتون لهم في الوقت الحاضر. هذه هي النقطة العمياء في الديمقراطية.

هل جميع الناس أشرار من الداخل؟
يتأثر الناس بالعديد من المصالح وهنالك عدة مكونات للسلوك البشري. الخوف أكثر انتشاراً من الشر. فالخوف والارتياب يؤديان إلى الدمار. الخوف يجعل الإنسان يدمر الواقع. الاضطراب يجعل الإنسان منغلقاً أمام الفرص المتاحة وأمام العمل على تغيير الواقع. الخوف يجعل الإنسان يستقبل إشارات خاطئة دون أن يتمكن من الرد عبر إرسال إشارات تعمل على تغيير الواقع.

ما هي الإشارات التي ترسلينها إلى محامية شابة من غزة لو أتيحت لك الفرصة؟
أقول لها: إنني قلقة بشأنها وأتمنى أن لا تعاني الكثير وأن تعتني بنفسها جيداً. أقول لها لا تيأسي، وأطلب منها أن لا تكرهني. أقول لها: إن هنالك أناسا طيبوا القلب يتمنون السلام. كما أود أن أدعوها إلى زيارة تل أبيب. قد لا يتعانق أهالي غزة وتل أبيب في الشوارع إلا أن الأمر الهام هو أن يشعر الناس بالأمن على الأقل، ويشعروا أن هنالك أناسا يهمهم وجودهم.

Nira Rachel Lamay

Deputy Commissioner of Knesset Commission for Future Generations

Lamay, whose parents emigrated from Iran, was raised in the Sephardic tradition with a religious education. She obtained her law degree in 1997 and is a legal advisor to the Knesset Commission for Future Generations, providing oversight on proposed bills for sustainability and care for the future. As Deputy Commissioner, Lamay is in charge of legislation and international affairs. She lives in Tel Aviv.

סגנית הנציב – נציבות הדורות הבאים של הכנסת

הוריה של עו"ד למיי היגרו לישראל מאיראן, והיא גדלה במסורת הספרדית וקיבלה חינוך דתי. את תוארה במשפטים קיבלה ב-1997, והיום היא היועצת המשפטית לנציבות הדורות הבאים של הכנסת ומספקת חוות דעת על הצעות חוק לשימור ודאגה לעתיד. בתור סגנית הנציב עו"ד למיי אחראית על חקיקה ועניינים בין-לאומיים. היא מתגוררת בתל אביב.

نائب رئيس لجنة أجيال المستقبل في الكنيست

نشأت السيدة نيرا راشيل لاماي التي هاجر والداها من إيران، في بيئة يهودية شرقية تقليدية وتلقت تربية دينية. حصلت على شهادة جامعية في الحقوق سنة ١٩٩٧، وهي مستشارة قانونية في لجنة الكنيست لأجيال المستقبل، تشرف على اقتراحات القوانين المتعلقة بالاستدامة والحفاظ على المستقبل. كنائبة رئيس اللجنة تقع على عاتقها مسئولية التشريع والشؤون الدولية. تسكن في مدينة تل-أبيب.

לפני כמה שבועות עצרו אותי במחסום בדרך לעבודה. שאלתי את השוטר, "אם הייתי בלונדינית עם עיניים כחולות, היית עוצר אותי?" הוא היה נבוך מאוד. כשיש בעיות בדרך, האינטואיציה שלו אומרת לו לעצור אדם כהה, שאולי הוא ערבי. ככה זה. זו המציאות בישראל.

אני חושבת שאנשים באזור הזה חולמים על שקט – שקט שקיים אולי במקומות אחרים בעולם – והם מייחלים שהוא יהיה כאן. אם יורשה לי לדבר גם בשם האנשים בעזה או בשטחים, אני חושבת שאנשים פשוט מייחלים לשקט.

איך את מגדירה את עצמך? מזרחית?

זהותי בעלת פנים שונות: התקדמתי מעבר למצופה בישראל בתור יהודיה לא-אירופאית בעלת עור כהה. הדברים האלה משפיעים בכל מקום בעולם. חושבים שאני ערבייה. אני דוברת ערבית ופרסית ונראית מזרח תיכונית. ההורים שלי נולדו באירן, בפרס, ועלו לארץ כשהיו צעירים.

חונכתי כמסורתית/ אורתודוקסית וזו הייתה הזהות שלי בילדותי. אחר כך הלכתי לצבא, בו אופקי התרחבו כשפגשתי ישראלים אשכנזים, אירופאיים. כיום אני עורכת דין ומופיעה בבתי משפט או בוועדות הכנסת ואני רואה מבטים הרומזים, "מי זו? לאן היא שייכת? היא בכירה מספיק?"

את עובדת בשביל הכנסת?

בשביל נציבות הדורות הבאים. אנחנו עוברים על החקיקה של הכנסת ועל ההשפעה שלה על הדורות הבאים. חוות הדעת שלנו מצורפת להצעת החוק בכדי שכל חבר כנסת יראה את דעתנו, "תתמוך בהצעה, תתנגד לה או תוודא שתשונה לפני שתתמוך בה". ההנחה היא שלפוליטיקאים אף פעם לא לוקחים בחשבון את העתיד, זה שטח מת בדמוקרטיה, הם מעדיפים את האנשים שבוחרים בהם כעת.

לדעתך יש אנשים רעים במהותם?

לבני אנוש מיסודם יש אינטרסים ומניעים שונים. פחד נפוץ הרבה יותר מסתם רוע. הפחד והפרנויה גורמים להרבה יותר נזק. הפחד גורם לך לעוות את המציאות. חרדה ומגננה סוגרים אותך בפני מה שקיים באמת ומונעים ממך לנסות לשנות את זה. את קולטת אותות שגויים, ואת לא יכולה אפילו לשדר אותות שישנו את המצב.

לו יכולת לתקשר עם עורכת דין צעירה בעזה, מה היית אומרת?

שאני דואגת לה ומקווה שהיא לא סובלת יותר מדי, שהיא דואגת לביטחון שלה. הייתי אומרת לה לא להתייאש ומבקשת ממנה שלא תשנא אותי, שתבין שיש אנשים טובי לב שמקווים שישכון שלום. הייתי מזמינה אותה לתל אביב.

אולי רוב האנשים מתל אביב ומעזה לא יתחבקו ויתנשקו ברחוב, עם זה אין לי בעייה, הכי חשוב זה לתת, לגרום לאנשים להרגיש שהם בטוחים, שלמישהו אכפת מהם.

Ibtisam Mahameed

Founder–Director of Women's Center in Faradis

Mahameed lives in the Arab town of Faradis in northern Israel where she founded the Center for Hagar and Sarah to empower women who had been left out of educational resources and decision-making. A devout Muslim, Mahameed works with the Abrahamic Reunion promoting interfaith connection and is a coordinator of the TRUST WIN (Women's Interfaith Network). Mahameed is an advocate for women and circular social structures.

מייסדת-מנהלת המרכז לנשים בפרדיס

איבתיסאם מחמיד מתגוררת בעיירה הערבית פרדיס בצפון ישראל. בפרדיס ייסדה את 'המרכז למען הגר ושרה' להעצמת נשים שנותרו מחוץ לחלוקת המשאבים לחינוך ותהליך קבלת ההחלטות. מחמיד היא מוסלמית אדוקה, והיא פועלת בשיתוף עם 'איחוד בני אברהם' כדי לקדם קשרים בין-דתיים. כמו כן היא גם המתאמת של TRUST WIN (רשת נשים בין-דתית). איבתיסאם מקדמת ענייני נשים ומבנים חברתיים מעגליים.

مؤسِسة ومديرة مركز النساء في قرية الفريديس

تسكن السيدة ابتسام محاميد في قرية الفريديس الواقعة شمال إسرائيل حيث أسست «مركز هاجر وسارة» لتمكين النساء اللواتي حُرمن حق التعليم ومن الوصول لمواقع اتخاذ القرارات. وهي مسلمة ملتزمة وناشطة في «الاتحاد الإبراهيمي» لترويج التواصل بين المعتقدات، وتعمل منسقة في «تراست وين» (شبكة نسائية للحوار بين الأديان). تدافع السيدة ابتسام محاميد عن التنظيمات النسائية والاجتماعية.

השלום קיים – בכל פעם שהשמש זורחת והירח והכוכבים זורחים בלילה. הוא קיים בירק ובהרים, בים ובנוף היפהפה.

השלום אפשרי בלי תנאים. ברגע שמציבים תנאים, יש מכשול. תראי כמה מכשולים אנחנו מציבים בחיים שלנו, ואנחנו לא חיים בשלום. כשאנשים יבואו אל השלום בלב נקי, יהיה שלום.

בתור מוסלמית דתייה, מהי עבודתך עם נשים מדתות אחרות?

אני פועלת למען 'איחוד בני אברהם', המורכב משיח' מוסלמי, שיח' דרוזי, כומר נוצרי, רב יהודי ונשים דתיות ופועלת להפגיש אנשים שונים מכל מיני דתות, הרי כולם מאמינים באל אחד.

אני מנהלת גם את 'המרכז למען הגר ושרה' – מתנה שבעלי נתן לי. הוא קנה את האדמה עליה בנה את המבנה. חלמתי לעבוד בכפר שלי עם נשים שאף פעם לא זכו לתמיכה מהמועצה המקומית או מהממשלה. לנשים לא היה כוח לקבל החלטות, לא בשביל עצמן ולא בבתים שלהן. ישנו רק מקבל החלטות אחד, הגבר.

היה לי קשה עם עולם המוכתב על ידי גברים, אז פעלתי בעצמי כדי להיות אישה עצמאית ולתת לנשים הזדמנות לעתיד טוב יותר. דברים השתנו. זה קרה מיד אחרי שהקימו בית ספר תיכון ונשים התחילו לרכוש השכלה. הן למדו שהן יכולות להיות עצמאיות.

מה למדת משנות השירות שלך?

לבקש עזרה. אם אני זקוקה למשהו, למעני או למען אחרים, אני מוכרחה לומר זאת. משהו היה לקוי בחברה שלי, אנשים היו תמיד אומרים שהכול בסדר, אבל שום דבר לא היה בסדר. היה קשה לי לחרוג מהמסגרת הזאת.

פרצתי את המחסומים שמנעו ממני להתקדם בתור אישה. בשנים שהלכתי בעקבות החלום שלי, בהתמדה, לא היה חשוב עד כמה קשה זה היה. היום אין בי פחד. אני מלאת נכונות, אהבה ונתינה.

מה המסר שלך לנשים?

אלוהים ברא עולם עגול. אנחנו צריכות תמיד להימצא במעגל, בקשר. אנחנו צריכות להיות מקושרות. נשים, יש לכן כוח עצום ואחוות אחיות. יש לכן דבר נפלא שלגברים אין – הרחם שגידלתן בו את הילדים שלכן. מאותו רחם תוכלו ללמד את משמעות השלום, לא רק את הגברים אלא גם את עצמכן ואת הילדים שלכן.

נשים, יש לכן משימה בעולם. אם הגברים לא יבינו את השלום, נכשלתן. המשימה שלכן היא לעמוד זקופות ולומר, "התפקיד שלי הוא להביא שלום לעולם". המפתח הוא שנשים יפעלו יחד למען אחדות ואהבה. זה פירושה של עצמה.

נשים, אני אוהבת אתכן. אתן קרובות ללבי. אתן גן ירוק. אני אוהבת אתכן בכל הצבעים והדתות שלכן. איפה שלא תהיו, אתן יפהפיות.

ابتسام محاميد / איבתיסאם מחמיד

السلام موجود كلما أشرقت الشمس وأضاء القمر وتلألأت النجوم في الليل. السلام في السهول والجبال، في البحر وفي الطبيعة الخلابة. فالسلام ممكن دون شروط، أما في الوقت الذي نضع فيه شروطاً، فإننا نضع العوائق. فكم عدد العوائق التي نضعها أمام أنفسنا في حياتنا اليومية، ونحن لا نجد السلام؟ السلام يتحقق عندما يسير الناس نحوه بقلوب طاهرة.

ما هو عملك مع النساء اللواتي لهن أديان مختلفة وأنت امرأة مسلمة متدينة؟

أنا أعمل مع التجمع الإبراهيمي الذي يضم أحد الشيوخ المسلمين وأحد الشيوخ الدروز ورجل دين مسيحي ورجل دين يهودي، بالإضافة إلى نساء متدينات. وأنشطتنا تقتضي الجمع بين الناس من مختلف الأديان والخلفيات، فجميعهم يؤمنون بإله واحد.
كما أنني أدير مركز سارة وهاجر الذي كان هدية من زوجي الذي اشترى الأرض وأقام البناء. طالما حلمت بالعمل مع نساء من قريتي ممن لا يحصلن على دعم من المجلس المحلي أو الحكومة.
ليس للمرأة صلاحية اتخاذ قرار فيما يخصها ويخص بيتها، فالرجل هو صاحب القرار الوحيد. مشكلتي أنني عشت في مجتمع قرر فيه الرجل مصيري. ثم قررت أن أتصرف باستقلال وأن أكون امرأة مستقلة وأن أعطي المرأة فرصة للحصول على مستقبل أفضل. الأمور تغيرت الآن بعد إقامة مدرسة ثانوية مكنت المرأة من الحصول على التعليم، لقد تعلمت المرأة أن تكون مستقلة.

ماذا تعلمت خلال سنوات عملك؟

تعلمت طلب المساعدة، علي أن اسأل إن أردت شيئاً لنفسي، وكذلك أن اسأل إن أردت شيئاً للآخرين. شعرت أنه كان هناك خلل ما في المجتمع، حيث كان الناس يقولون دائماً إن كل شيء على ما يرام في الوقت الذي لم يكن فيه الأمر كذلك. كان الخروج من ذلك الإطار أمراً صعباً بالنسبة لي.
تجاوزت المعيقات التي منعتني من التقدم كوني امرأة. لقد صممت على أن أسير نحو تحقيق حلمي بغض النظر عن المصاعب. اليوم تخلصت من الخوف، ولدي القوة والحب والعطاء.

ما هي الرسالة التي توجهينها للمرأة؟

جعل الله الأرض دائرية الشكل، علينا أن نبقى دائماً ضمن دائرة، وأن نبقى على اتصال مع بعضنا البعض. أقول للمرأة أن لديها قوة هائلة ومحبة أخوية، وإن لديها شيئا رائعا يفتقر له الرجل، وهو الرحم الذي ينمو فيه الأطفال. فمن هذا الرحم تستطيع المرأة أن تُعَلِم معنى السلام، ليس للرجل فقط، وإنما لنفسها ولأطفالها.
للمرأة مهمة في هذا العالم. إذا لم يتعلم الرجل صنع السلام فإن مهمة المرأة تكون قد فشلت. مهمة المرأة أن تقف وتقول، «دوري أن أجلب السلام للعالم.» المفتاح هو أن تعمل النساء معاً من أجل الوحدة والمحبة. هذه هي القوة، أنا أحب المرأة، وهي قريبة إلى قلبي. أنتن جنائن خضراء، وأنا أحبكن بألوانكن وأديانكن المختلفة، فأنتن جميلات أينما تكن.

Peace exists—every time the sun rises and the moon and stars shine at night. It exists in the greenery and the mountains, the sea and the beautiful landscape. Peace is possible without conditions. The minute you set conditions, there's an obstacle. Look at how many obstacles we place in our lives, and we do not live in peace. When people approach peace with a pure heart, there will be peace.

As a religious Muslim, what is your work with women of different faiths?

I work for the Abrahamic Reunion, which includes a Muslim sheikh, a Druze sheikh, a Christian priest, a Jewish rabbi, and religious women. We have activities to bring together people of different religions and backgrounds. All of them believe in one God.
I also run the Center for Hagar and Sarah, which was a gift from my husband who bought the land and built the building. I'd dreamed of working with women in my village who have never received support from the local council or government. Women had no decision-making power, not for themselves and not in their homes. There is one decision-maker, and it's the man.
I had trouble with a world in which men decide things for me so I acted independently—in order to be an independent woman and to give women a chance for a better future. Things have changed. It happened right after they built a high school and women began to be educated, and they learned they can be independent.

What have you learned from years of service?

To ask for help. If I need something for myself, I must say so. If I need something for others, I must say so. Here, I feel something was wrong in my society. People would always say everything was okay. *Nothing* was okay. And it was hard for me to step out of that framework.
I broke through the barriers that prevented me from advancing as a woman in the years of pursuing my dream, persevering. It doesn't matter how difficult it was. Today I have no fear. I am full of strength, and love and giving.

What is your message to women?

God made the world round. We always need to be in a circle, in contact with each other, connected. Women, you have enormous power and sisterly love. You have something wonderful that is lacking in men—the womb where you nurtured your children. From that womb you can teach the meaning of peace, not only to men but to yourself and your children.
Women, you have a task in the world. If men do not understand peace, it means you have failed. Your task is to stand up and say, "My role is to bring peace to the world." The key is women working together for unity and love. That is strength.
Women, I love you. You are close to my heart. You are a verdant garden. I love you in all your colors and religions. Wherever you are, you are beautiful.

Above: Tel Aviv, Israel's largest city and its commercial center.

Opposite page: Old City of Jerusalem, containing the Armenian, Christian, Jewish, and Muslim Quarters.
Social diversity in central Jerusalem.
Mahane Yehuda Market in Jerusalem.

מולי מלקר / مولي ماليكار

As a peace activist, you have chances every day to feel angry. You deal with peace, but you deal with violations of peace and human rights. I've tried to build a discipline within not to be angry. One thing that relieves me is—maybe it's age—knowing that peace will not be achieved within my lifetime.
We have a long way to go and will not necessarily see the fruits of our work.
It's a marathon—and anger destroys energy.

How did you become a peace activist?
Marginalization, being an immigrant, not part of the ethos of the Mayflower of the Israelis, gave me freedom to discover things, to ask questions, to see who is dominant and who is subject to dominance. The margins give you freedom not to be captured in the "taken for granted" or subjected to the tyranny of the majority. It is also loneliness. I don't know anything else.
I was born in India, in Mumbai. My parents were Zionists; we came to Israel when I was nine. I was raised in a small development town south of Tel Aviv with immigrants from North Africa, Argentina, ex-Russia, and our very tiny community of Jews from India. The Jews arrived in India far back, after the destruction of the first temple.

What questions did you ask?
History books taught that in '48 the Palestinians fled of their own will. My instinct was, if most of the people were villagers and, as we know, farmers do not leave their land easily, then it can't be a big number who fled of their own will. But we were not exposed to the other narrative. For a long time there was no such thing called the Palestinian people for Israelis.
Now, as part of my subversive action on a personal level, I cross the wall, but each time I am back on the Israeli side, the free side, I am relieved—we women have a long history of belonging to a collective kept behind walls.
The wall is not only physical. For most Israelis, it is symbolic, as if there is something monstrous on the other side. We don't want to hear, we don't want to look, we don't care what's happening. I want to say that I do my work not only because I care what happens to Palestinians but for my own community.
I want to be regarded as part of my Jewish and Israeli community, and your *own* community regards you as an enemy. That's my struggle.

The graffiti on the wall is amazing. It's beautiful, humorous, patient.
People must see something aesthetic, it is human. If there is a monstrous thing imposed on you, what are you to do? You try to make it a little bit beautiful, color it, paint it, make it something nice your eyes can look at. But isn't it amazingly sad?

What's the bravest thing you've ever done?
Getting up every morning and saying, "Yes, I still believe it is possible."
The most courageous thing humankind can do is not to give in to pessimism.

العمل لتحقيق السلام يعني التعامل مع انتهاكات السلام وانتهاكات حقوق الإنسان، مما يجعل الإنسان يشعر بالغضب. لقد عملت على بناء نظام في داخلي يمنعني من الغضب. على أية حال، أعلم أن السلام لن يتحقق أثناء فترة حياتي، فالطريق إلى السلام طويلة ولن نحصد بالضرورة ثمار عملنا الآن. فالعمل من أجل السلام بمثابة سباق، والغضب يهدم طاقة الإنسان.

كيف أصبحت ناشطة في مجالات السلام؟
التهميش وكوني مهاجرة لا انتمي إلى ثقافة "ميفلاوار" الإسرائيلية منحاني تلك الحرية لاكتشاف أشياء كثيرة وطرح الأسئلة ومعرفة من هو المسيطر ومن هو المسيطر عليه. يعطي التهميش فرصة الابتعاد عن الصورة النمطية وعن ظلم الأغلبية. إلا أنه يجعل الإنسان يشعر بالوحدة، إلا أنني أجهل الطرق الأخرى.
ولدت في الهند في مدينة بومباي. أمي وأبي من الصهاينة. قدمنا إلى إسرائيل عندما كان عمري ٩ سنوات. نشأت في بلدة صغيرة جنوب تل أبيب مع مهاجرين من شمال أفريقيا والأرجنتين والاتحاد السوفييتي السابق وأقلية من اليهود الهنود. (وصل اليهود إلى الهند منذ زمن قديم بعد دمار المعبد الأول.)

ما هي الأسئلة التي تطرحينها؟
تقول كتب التاريخ إن الفلسطينيين غادروا بلادهم عام ٤٨ بمحض إرادتهم. ولكني أعرف أن القرويين، والغالبية كانت منهم، لا يغادرون أرضهم بسهولة، بالتالي لا يعقل أن تغادر أعداد كبيرة بمحض إرادتها. لم نستمع إلى ما يريد الطرف الآخر قوله، ولم يكن هنالك ما يسمى بالشعب الفلسطيني عند الإسرائيليين لفترة طويلة.
يتطلب عملي أن أعبر الجدار. أشعر بالراحة عندما أعود إلى الجانب الإسرائيلي من الجدار. نحن النساء لدينا تاريخ طويل من الانتماء إلى مجتمع مخفي وراء الجدران.
الجدار ليس مجرد جسم مادي، فهو بالنسبة لغالبية الإسرائيليين رمز، وكأن هنالك شيئا وحشيًا مخفيًا وراءه. لا نريد أن نسمع أو نرى أو نعرف ما يجري خلف الجدار.
أريد أن أقول إنني أمارس عملي لأنني أهتم بما يحدث للفلسطينيين كما أهتم بما يحدث في مجتمعي. أريد أن أكون جزءا من مجتمعي الإسرائيلي واليهودي، إلا أن مجتمعي ينظر إلي وكأنني عدوة له، وهذا ما أناضل ضده.

الرسوم على الجدار مدهشة، وجميلة وساخرة وتعبر عن الصبر؟
يود الإنسان بطبيعته أن يرى الأشياء الجميلة. وعندما يفرض علينا شيء بشع فإن علينا أن نجعله جميلاً ولو بعض الشيء من خلال تلوينه وجعله شيئا تقبله العين. إلا أن الجدار شيء محزن جداً.

ما هي الشجاعة؟
أن أنهض كل صباح وأنا مؤمنة أن هنالك فرصة، فالشجاعة هي أن لا يستسلم الإنسان إلى اليأس.

Molly Malekar

Director of Bat Shalom of The Jerusalem Link

Founded in 1994, The Jerusalem Link is the coordinating body of two independent women's centers—Bat Shalom in West Jerusalem and Jerusalem Center for Women in East Jerusalem. Malekar immigrated at age nine with her Zionist parents from Mumbai, India. She has been active in peace dialogue and demonstrations since her teens. The Jerusalem Link supports self-determination of both peoples along the 1967 boundaries.

מנהלת 'בת שלום' של 'הקשר הירושלמי'

'הקשר הירושלמי' הוא גוף שנוסד ב-1994 אשר מתאם בין שני מרכזים עצמאיים לנשים – 'בת שלום' בירושלים המערבית ו'המרכז הירושלמי לנשים' בירושלים המזרחית. מולי מלקר עלתה לארץ בגיל תשע ממומבאי שבהודו עם הוריה הציוניים. מאז שנות נעוריה היא פעילה בדיאלוג ובהפגנות למען שלום. 'הקשר הירושלמי' תומך בהגדרה עצמית לשני העמים בגבולות 1967.

مديرة "بات شالوم" في "جيروزاليم لينك"

تأسست منظمة "جيروزاليم لينك" سنة ١٩٩٤ وهي عبارة عن هيئة تنسيقية لمركزي نساء مستقلين: "بات شالوم" في القدس الغربية و "مركز القدس للنساء" في القدس الشرقية. هاجرت السيدة ماليكار مع والديها الصهيونيين من بومباي في الهند وبدأت نشاطها منذ صباها بالتظاهر والعمل من أجل السلام والحوار. تؤيد منظمة "جيروزاليم لينك" حق تقرير المصير للشعبين ضمن حدود ١٩٦٧.

בתור פעילת שלום, יש לך הזדמנות לכעוס בכל יום. את עוסקת בשלום, אבל את עוסקת בהפרת הסכמים וזכויות אדם. ניסיתי לבנות בתוכי משמעת שתמנע ממני לכעוס. אחד הדברים שמקלים עליי – אולי בגלל הגיל – הוא הידיעה שהשלום לא יושג בימי חיי. הדרך לפנינו עוד ארוכה, ולא בהכרח נראה את פירות עמלנו. זה מרתון, והכעס הורס את האנרגיה.

איך נעשית פעילת שלום?

נולדתי בהודו, במומבאי להורים ציוניים. באנו לישראל כשהייתי בת 9. גדלתי בעיירת פיתוח קטנה, מדרום לתל אביב, עם עולים מצפון אפריקה, ארגנטינה, בריה"מ-לשעבר, וקהילה קטנטנה של יהודים מהודו. יהודים הגיעו להודו לפני זמן רב, אחרי חורבן בית ראשון.
הדחיקה לשוליים; היותי מהגרת, לא חלק מהאתוס של ה'מייפלאואר' של הישראלים, נתנה לי את ההזדמנות לגלות דברים, לשאול שאלות, לראות מי שולט ומי נשלט. החיים בשוליים נותנים לך חופש להשתחרר מ'המובן מאליו' ולא להיכנע לתפיסת הרוב. זו אכן בדידות. אני לא מכירה משהו אחר.

אילו שאלות שאלת?

ספרי ההיסטוריה לימדו שב-48' הפלסטינים ברחו מרצונם. האינסטינקט שלי היה שאם מרבית האנשים היו כפריים, וכפי שידוע לנו, חקלאים לא נוטשים את אדמתם מהר כל כך, אז לא ייתכן שמספרים גדולים ברחו מרצונם. אבל לא חשפו את הגרסה האחרת. הרבה זמן לא היה בעיני הישראלים דבר שנקרא העם הפלסטיני.
כיום, במסגרת הפעילות החתרנית שלי ברמה האישית, אני חוצה את החומה, אבל בכל פעם שאני חוזרת לצד הישראלי, לצד החופשי, אני חשה הקלה. לנו הנשים יש היסטוריה ארוכה של השתייכות לקולקטיב שהוחזק מאחורי חומות.
החומה היא לא רק פיזית. מבחינת רוב הישראלים היא מייצגת את ההבדלים; כאילו שיש משהו מפלצתי בעבר השני שלה. אנחנו לא רוצים לשמוע, לא רוצים לראות, לא אכפת לנו מה קורה. אני רוצה לומר שאני עושה את עבודתי לא רק בגלל שאכפת לי מה קורה לפלסטינים, אלא גם למען הקהילה שלי. אני רוצה שיראו בי חלק מהקהילה היהודית והישראלית, והקהילה שלי רואה בי אויב. זה המאבק שלי.

הגרפיטי על החומה מדהים. הוא יפהפה, מלא הומור, סבלני.

אנשים מוכרחים לראות משהו אסתטי. זה אנושי. אם כופים עלייך משהו מפלצתי, מה את צריכה לעשות? את מנסה לייפות אותה קצת, לצייר עליה, לצבוע אותה. להפוך אותה למשהו יפה שהעיניים יוכלו להביט בו. אבל מדהים כמה שזה עצוב, נכון?

מה המעשה האמיץ ביותר שעשית אי-פעם?

לקום בכל בוקר ולומר, "כן, אני עדיין מאמינה שזה אפשרי". המעשה האמיץ ביותר שהאנושות יכולה לעשות הוא לא להיכנע לפסימיות.

Silvia Margia

Program director with women's intercultural organizations

Margia, a Christian Arab brought up in Jewish schools, is a bridge for transformational healing. She serves as Program Director of Beyond Words and Director for training young women leaders in Creativity Towards Peace, both committed to connecting young Palestinian and Israeli women. With a team of Arab and Jewish women, Margia helped found and direct Women in the Center, a women's empowerment center in Nazareth.

מנהלת תכנית בארגוני נשים בין-תרבותיים

סילביה מרגיע, ערבייה נוצרית שלמדה בבתי ספר יהודיים, היא גשר לריפוי באמצעות שינוי. היא מנהלת תכנית 'מעבֶר למילים' ומנהלת ב'יצירתיות למען השלום' – שני ארגונים להכשרת מנהיגות צעירות המוקדשים ליצירת קשרים בין נשים פלסטיניות לנשים ישראליות. בעזרת צוות של נשים ערביות ויהודיות סייעה גברת מרגיע לייסד ולנהל את 'נשים במרכז', מרכז העצמה לנשים בנצרת.

مديرة برامج في منظمات نسائية متعددة الثقافات

السيدة سيلفيا مارغيا هي عربية مسيحية تعلمت في مدارس يهودية وهي تمثل جسرا "للعلاج بالتحول". تعمل كمديرة برنامج لمركز "ما وراء الكلمات Beyond Words" ومديرة تدريب نساء قياديات شابات في مؤسسة "الإبداع من أجل السلام"، كلاهما ملتزمان بتشجيع التواصل بين النساء الشابات الفلسطينيات والإسرائيليات. ساهمت السيدة سيلفيا مارغيا مع طاقم من نساء عربيات ويهوديات في تأسيس وإدارة مركز لتمكين النساء في مدينة الناصرة «نساء في المركز».

יש בתוכי קולות שבינהם כמה יכולים להיות מכוערים. במלחמה האחרונה מצאתי את עצמי כועסת על העם היהודי: אולי יתעוררו ויראו שהביטחון הוא לא עניין של צבא?! שלום הוא עניין של ביטחון כלכלי. הייתי מזועזעת; איך אני חושבת כך? איך הרשיתי לעצמי להגיד את הדברים האלה? אני רוצה לרפא את עצמי מהקול הפצוע של ילדה ערבייה קטנה שבתוכי. לפעמים את צריכה לפגוש את הצד השני ולומר, "עזרו לי לרפא את עצמי, ואני אעזור לכם לעשות את אותו הדבר".

למה את מתכוונת כשאת אומרת שהפצעים הם של ילדה ערבייה קטנה?
ילדה ערבייה קטנה בחברה יהודית. ילדה ערבייה בבית ספר יהודי. הילדה שנאחזת בפחד בשמלה של אמא שלה, כי החברה האחרת לא מקבלת אותה. עכשיו אני מרגישה בת מזל שזהו סיפור חיי. אני מכירה את החברה היהודית-ישראלית היטב, בדיוק כמו את החברה הערבית. אם אני יכולה להכיל בתוכי את כל התרבויות והחוויות האלה בעת ובעונה אחת, אז גם אחרים יכולים ללמוד לחיות יחד.

האם מקומה של אישה ערבייה נוצרית שונה בישראל מזה של אישה מוסלמית?
בישראל לא שואלים אם את מוסלמית או נוצרית. התרבות הערבית היא שיוצרת את המגבלות. אני – אם גרושה ואישה שמתבטאת באומץ – חייה בפחד עם המחשבה שכל צעדיי נמדדים על ידי אחיי, החֶברה, או אפילו בעלי לשעבר. לכן, אני מודעת לכל צעדיי ושולטת בחיי באופן מלא. חברה סיפרה לי על אישה מתאבדת, אבל אני לא רואה בהשתתפות בפיגועי התאבדות שוויון בין נשים לגברים. בעיניי, כל אישה צריכה להחליט מהי מהות חוזק נפשי, נשי, מהו קולה. אבל כדי שתחליט, צריכות להיות לה הזדמנויות שמתוכן תבחר.

מהו אומץ?
להרשות לעצמך להתנתק מפחדים. אני מרשה לעצמי לתת לפחדים החיים בתוכי לחיות, לאפשר להם לבצבץ, כדי שאכיר אותם טוב יותר ואשוחח עמם. אני מביאה אותם למרחב המחיה שלי כדי לנסות להתמודד אתם. אני מדברת עם הפחדים שלי, התקוות והחלומות שלי. לקבל את עצמי זה גם לקבל את היכולת שלי לחלום ואת היכולת שלי להגשים את התקוות והחלומות שלי.

מה התקוות והחלומות שלך?
לראות יותר נשים לומדות לפעול יחד במרכז שלנו בנצרת. הייתי רוצה ללמוד לנגן בגיטרה ושיהיה בחיים שלי יותר ריקוד. הייתי רוצה לראות את עצמי משחקת ושרה, כי יש לי קול נהדר.

מה היית שרה לנשות העולם?
הדבר החשוב ביותר הוא שאנחנו זקוקות זו לזו כדי להוריש את האומץ האמִתי שלנו לעולם. אני זקוקה לכל אישה בעולם, ואני יכולה לעזור לה.

سيلفيا مارغيا / סילביה מרגיע

There are voices inside myself. Some can be very ugly. In the last war, I found myself angry with the Jewish people. Will they wake up and see that security is not about the army? Peace is about economic security, not about an army. I was shocked. How I am thinking this way? How did I give myself even permission to say these things? I want to heal myself of this voice of the wounds of the little Arab girl inside. Sometimes you need to meet the other side and say, "Help me to heal myself and I will offer my help for you to do the same."

The wounds of the little Arab girl?

The little Arab girl in Jewish society, an Arab child in a Jewish school, the girl hugging her mother's skirt with fear because another society doesn't accept her. Now, I feel blessed this is the story of my life. I know the Jewish-Israeli society as well as the Arab society. If I can have all these cultures and experiences living inside me together at the same time, then others can learn to live together as well.

Is the place of a Christian Arab woman different in Israel than that of a Muslim woman?

In Israel it is not about whether you are a Muslim or Christian. It is the Arab culture that brings limitations. For me, as a divorced mother and speaking out as a courageous woman, living with fear is part of my life—to think that my brothers, my society, and my ex are looking at me. It is not a terrible thing, it is to take control of my feelings and my way of life to decide for myself who is the master and owner of Sylvia's life.

A friend told me there was a suicide bomber who was a woman. I can't see participation in suicide bombing as equality between women and men. For me, every woman must decide what is her empowerment and what is her voice. But to decide, she must have opportunities before her from which she can decide.

What is courage?

To allow yourself to leave your fears. I allow myself to give the fears living inside of me a life, allow them shapes so I can know them better and talk with them. I bring them to my living space to try to do something with them. I speak with my fears—and with my hopes and dreams. To accept myself is also to accept my ability to dream and my ability to make my hopes and dreams come true.

What are your hopes and dreams?

To see more women learning to work together in our center in Nazareth. And I would like to play the guitar, and to have more dancing in my life. I would like to see myself acting and singing, because I have a great voice.

What would you sing to the women of the world?

The most important thing is, we need each other to bring our true courage to this world that needs us. I need each woman in this world and I can help her.

هنالك أصوات في داخلي، بعض هذه الأصوات بشع. وجدت نفسي غاضبة على الشعب اليهودي في الحرب الأخيرة. هل سيدركون يوماً أن الأمن لا يرتبط بالجيش؟ فالسلام يعني الأمن الاقتصادي، وذلك لا يرتبط بالجيش. إلا أنني شعرت بالصدمة كوني أفكر بهذه الطريقة وأسمح لنفسي أن أقول هذه الأشياء. أريد أن أشفي نفسي من صوت جراح فتاة عربية في داخلي. أحياناً أشعر بأنني أريد أن ألتقي بالطرف الآخر وأقول، "ساعدوني على شفاء نفسي سأساعدكم على شفاء أنفسكم.»

جراح فتاة عربية صغيرة؟

فتاة عربية صغيرة في مجتمع يهودي، في مدرسة يهودية، فتاة تتعلق بثوب والدتها وهي خائفة من رفض المجتمع الآخر لها.

أنا سعيدة لأن هذه هي قصة حياتي. أعرف المجتمع الإسرائيلي اليهودي كما أعرف المجتمع العربي. وإذا كان باستطاعتي أن أحتوي بداخلي جميع هذه الثقافات والخبرات في وقت واحد ، فإن باستطاعة الآخرين تعلم العيش معا.

هل تختلف مكانة المرأة العربية المسيحية في إسرائيل عن مكانة المرأة العربية المسلمة؟

الثقافة العربية هي التي تضع المحددات في إسرائيل وليس كون الإنسان مسيحيا أو مسلما. أنا أم مطلقة، وبالرغم من أنني أتحدث بشجاعة، إلا أن العيش مع الخوف هو جزء من حياتي، حين أرى كيف أخوتي ومجتمعي وزوجي السابق ينظرون إلي. المسألة ليست سيئة للغاية، وهي تتعلق بالسيطرة على مشاعري وطريقة حياتي وتفكيري بمن يملك ويسيطر على حياتي.

قال أحد الأصدقاء إنه كان هنالك امرأة من بين منفذي العمليات الانتحارية. لا أنظر إلى ذلك على أنه مساواة بين الجنسين. برأيي أن على كل امرأة أن تقرر بشأن مكانتها وصوتها، إلا أن اتخاذ القرار يتطلب إتاحة المجال أمام المرأة لتتخذ قرارها.

ما هي الشجاعة؟

الشجاعة هي أن نسمح لأنفسنا أن نغادر مخاوفنا. أسمح لنفسي أن تبث الروح في المخاوف في داخلي وتعطيها أشكالاً حتى أتعرف عليها وأتحدث معها. أحضر مخاوفي إلى فضاء حياتي لكي أعرف كيف أتصرف معها. أتحدث مع مخاوفي ومع آمالي وأحلامي. قبولي لنفسي يعني قبولي لقدرتي على أن أحلم وقدرتي على تحقيق آمالي وأحلامي.

ما هي آمالك وأحلامك؟

أن أرى نساء أكثر يتعلمن كيف يعملن معاً في مركزنا في الناصرة. أحب أن أعزف على القيثارة، وأن يكون هنالك رقص أكثر في حياتي. أحب أن أرى نفسي تمثل وتغني لأن صوتي جميل جداً.

ماذا ستغني لنساء العالم؟

أهم شيء هو أننا بحاجة إلى بعضنا البعض لكي نظهر شجاعتنا أمام هذا العالم الذي هو بحاجة إلينا. أنا بحاجة إلى كل امرأة في هذا العالم، كما أنني أستطيع مساعدة نساء العالم.

אילנית מלכיאור / إيلانيت ملخيور

When you invest in the economy, you invest in relationships. The market is the creator and founder of relationships. Jerusalem is the poorest city in Israel, young people are leaving. You find a lot of ultra-Orthodox who are not part of the working labor. We want to make sure in years to come that this will not be an empty city. And we want realistic operations between East and West Jerusalem, a reality where people respect each other and work together. The economy is a primary way to do this.

Define courage.

Courage is the ability to say, "I was wrong." It is when leaders can look in the mirror and say, "This is not what we should have done but from this point on, we can do things differently."

We don't need all the mediators, the ceremonies and cameras and other people to help us. We need to get in a room and speak to each other no matter how long it takes. We must speak to each other society to society, intellectual to intellectual, journalist to journalist, man to man, and woman to woman. We must create all these circles. A lot of people come here to try to resolve the situation for us, and it hasn't worked. We need to get in a room and resolve it ourselves.

Maybe there will be more tears and emotions this way, but the possibility to change ways of thinking will become bigger. Today we sit at home and criticize. We accept a reality to raise our children for 18 years, send them to the army, and encourage them to be good soldiers. They might die. This is not a reality we should accept!

Women, let's get together, change politics, and make sure we are in a more powerful position. Maybe women have a different perspective where we can overcome conflict and change reality. We must make our voices heard together. When you lose a child, it's not a matter of whether you are from the Palestinian side or the Jewish side. A mother is a mother.

Is love required?

We don't have to shake hands even, we can just walk next to each other. It's a cold, very realistic, pragmatic way of looking. But we must have mutual respect, and recognize that each side has its own space. Again and again we, the Israeli people, ask Palestinians to recognize our right to exist. We have this strong fear in our Jewish essence—so many people in history have tried to eliminate us. We must overcome that fear.

At the end of the day, Jerusalem is important to three religions. I don't want people prevented from the holiness of the city because they think it is unsafe. I want both communities not to be afraid, to look in one another's eyes and say, "That's a human being, I can live with him or her." For the Palestinians, this is part of their struggle for independence. We have to build a healthy society, not based in bloodshed but in morality.

عندما يستثمر الإنسان في الاقتصاد فإنه يستثمر أيضاً في العلاقات. فالسوق مكان لخلق العلاقات. القدس هي أفقر مدينة في إسرائيل، فالشباب يغادرونها إلى أماكن أخرى. يوجد الكثير من اليهود المتدينين، الذين يعيشون في القدس، والذين لا يعتبرون جزءاً من القوى العاملة. لا نريد للقدس أن تكون مدينة فارغة في المستقبل. نريد تعاونا عمليا بين القدس الشرقية والقدس الغربية حيث يحترم الناس بعضهم بعضا ويعملون معاً، فالاقتصاد يلعب دوراً رئيسياً في ذلك.

ما هي الشجاعة؟

الشجاعة هي أن يقول الإنسان «أنا على خطأ» والشجاعة تتحقق عندما ينظر القائد في المرآة ويقول لنفسه «كنت على خطأ، علي أن أعمل بطريقة مختلفة.»

لسنا بحاجة إلى الوسطاء والمراسيم والكاميرات ومساعدة الآخرين. علينا أن نجلس في غرفة ونتحدث معاً، بغض النظر عن المدة التي سيستغرقها هذا الحديث. يجب أن نتحدث معاً، مجتمعا لمجتمع، فردا لفرد، صحفي لصحفي، امرأة لإمرأة. علينا أن نخلق جميع هذه الدوائر. جاء الكثير من الناس إلى هنا لحل مشاكلنا ولم ينجحوا في ذلك. علينا أن نجلس في غرفة ونحل مشاكلنا بأنفسنا.

قد يكون هنالك الكثير من الدموع والعواطف ، ولكن هناك فرصا أفضل لتغيير طرق التفكير. فنحن اليوم نجلس في منازلنا وننتقد الآخرين. نقبل بواقع نربي فيه أطفالنا حتى يبلغوا سن الثامنة عشر ثم نرسلهم إلى الخدمة العسكرية وندفعهم ليكونوا جنوداً جيدين. قد يموتون أثناء الخدمة العسكرية، هذا واقع يجب أن يتغير.

أدعو النساء إلى الاتحاد وتغيير السياسة والحصول على مركز أكثر قوة. قد تمتلك المرأة وجهة نظر مختلفة تستطيع من خلالها التغلب على الصراع وتغيير الواقع. علينا أن نسمع صوتنا، كي لا تخسر الأمهات الفلسطينيات أو الإسرائيليات أبناءهن.

هل الحب مطلوب؟

نستطيع السير معاً دون أن نضطر إلى المصافحة. قد تكون هذه الطريقة براغماتية وباردة إلا أنها واقعية في النظر إلى الأمور. يجب أن يكون هنالك احترام متبادل بيننا وأن نحترم المساحات التي بيننا. يسأل الإسرائيليون الفلسطينيين مرارا وتكرارا أن يعترفوا بحقهم في الوجود. هناك خوف كبير في داخلنا كيهود لأن الكثير من الناس، عبر التاريخ، حاولوا إبادتنا. يجب أن نتغلب على هذا الخوف.

القدس، في نهاية الأمر، مدينة تهم الأديان الثلاثة. لا أريد أن أرى أناسا يمنعون من قدسية المدينة لأنهم يعتقدون أنها مدينة غير آمنة. أريد أن لا يخاف المجتمعون من النظر إلى عيون بعضهم بعض والقول «هذا إنسان يمكنني التعايش معه.» هذا جزء من كفاح الفلسطينيين من أجل الاستقلال. علينا أن نوجد مجتمعاً صحياً يقوم على الأخلاق لا على سفك الدماء.

Ilanit Melchior

Co–Director of StartUp Jerusalem

Melchior is Co-Director of StartUp Jerusalem, building financial strength across East and West Jerusalem. As Cluster Manager for Tourism and Culture, Melchior, formerly a consultant with multinational corporations, works with businesses in the tourism industry to find solutions to the depressed economy. StartUp Jerusalem is an inclusive organization working with both Arabs and Jews, secular and religious.

מנהלת עמיתה – 'סטארט-אפ ירושלים'

אילנית מלכיאור היא מנהלת עמיתה ב'סטארט-אפ ירושלים', לחיזוק היכולות הפיננסיות בירושלים המזרחית והמערבית, לשעבר יועצת לתאגידים רב-לאומיים. בהיותה המנהלת היחידה לתיירות ותרבות, אילנית מלכיאור, עובדת עם עסקים בתעשיית התיירות על מציאת פתרונות למצוקה הכלכלית. 'סטארט-אפ ירושלים' הוא ארגון מקיף שחברים בו ערבים ויהודים, חילונים ודתיים.

مديرة مساعدة في "ستارت أب جيروزاليم"

السيدة إيلانيت ملخيور هي مديرة مساعدة في مؤسسة "ستارت أب جيروزاليم" التي تسعى لدعم المشاريع الاقتصادية في شرقي وغربي القدس. تعمل السيدة إيلانيت ملخيور، بصفتها مديرة للسياحة والثقافة، مع الشركات السياحية من أجل إيجاد حلول تعمل على إنعاش الوضع الاقتصادي الراكد. كما عملت السيدة ملخيور في الماضي كمستشارة في شركات متعددة الجنسيات. الجدير بالذكر أن مؤسسة "ستارت أب جيروزاليم" تعمل مع العرب واليهود سواء كانوا متدينين أو علمانيين.

כשאת משקיעה בכלכלה, את משקיעה ביחסים בין-גבולות. השוק יוצר ומייסד קשרים. ירושלים היא העיר הענייה ביותר בישראל. הצעירים עוזבים, ויש בה הרבה חרדים שהם לא חלק מכוח העבודה. אנחנו רוצים לוודא שבשנים הבאות העיר לא תהיה ריקה, ואנחנו רוצים לבנות קשר פעיל ומציאותי בין ירושלים המזרחית והמערבית, מציאות שבה אנשים מכבדים זה את זה ופועלים יחד. הכלכלה היא דרך מרכזית לעשות את זה.

אנא הגדירי אומץ.

אומץ הוא היכולת לומר "טעיתי". זה היכולת של מנהיגים להסתכל במראה ולומר "זה לא מה שהיינו צריכים לעשות, אבל מעכשיו נוכל לעשות את הדברים אחרת". אנחנו לא זקוקים לכל המתווכים, הטקסים, המצלמות וזרים שיעזרו לנו. אנחנו צריכים להיכנס לחדר ולדבר זה עם זה; לא משנה כמה זמן זה יימשך. אנחנו מוכרחים לשוחח, חברה אל חברה, אינטלקטואל אל אינטלקטואל, עיתונאי אל עיתונאי, גבר אל גבר, אישה אל אישה. מוכרחים ליצור את כל המעגלים האלה. הרבה אנשים באים לכאן לנסות לפתור את המצב בשבילנו, וזה לא הולך. אנחנו צריכים להיכנס לחדר ולפתור אותו בעצמנו.

יכול להיות שזו תהיה דרך מלאת דמעות ורגשות, אבל יתכן סיכוי לשנות את דרכי המחשבה. כיום אנחנו יושבים בבית ומבקרים. אנחנו מקבלים את המציאות שמגדלים ילדים 18 שנה, שולחים אותם לצבא ומעודדים אותם להיות חיילים טובים. הם עלולים למות. זו לא מציאות שאנחנו צריכים לקבל. נשים, בואו נתאחד, נשנה את הפוליטיקה ונוודא שנהיה בעמדה חזקה יותר. אולי לנשים יש נקודת השקפה שונה שעל פיה נוכל להתגבר על הסכסוך ולשנות את המציאות. אנחנו מוכרחות להשמיע קול. אם מאבדים ילד, השאלה היא לא אם את מהצד הפלסטיני או היהודי. אימא זו אימא.

האם דרושה אהבה?

לא חייבים אפילו ללחוץ ידיים. אפשר סתם לשבת ולדבר זה עם זה. זו נקודת מבט קרה, מציאותית מאוד ופרגמטית. אבל חייב להיות כבוד הדדי וחייבים להכיר במרחב של כל צד. שוב ושוב אנחנו, העם הישראלי, מבקשים מהפלסטינים להכיר בזכות הקיום שלנו. יש במהות היהודית שלנו פחד עמוק – עמים רבים כל כך בהיסטוריה ניסו להכחיד אותנו. אנחנו מוכרחים להתגבר על הפחד הזה. בסופו של יום, ירושלים חשובה לשלוש דתות. אני לא רוצה שאנשים יימנעו מהקדושה של העיר מפני שהם חושבים שהיא לא בטוחה. אני רוצה ששתי הקהילות לא יפחדו, שיתבוננו זו לזו בעיניים ויאמרו, "זה בן אדם, אני יכול לחיות אתו או אתה". מבחינת הפלסטינים, זה חלק מהמאבק שלהם לעצמאות. אנחנו צריכים להקים חברה בריאה, לא חברה שמבוססת על שפיכות דמים, אלא על מוסריות.

תרצה מוסייאף / تيرزا موسايف

The Torah says Redemption will come from women this time. Women give birth to children and are more open and sensitive. They see reality. Men are little boys. But there is hope because women have a lot of power over men. If they guide men with respect and knowledge, I think men will be happy to receive it because they are more lost than women. They are little boys with toys. When they are impotent, they love to use a gun. If you look at the profile of major generals, I wouldn't be surprised if you find a background of impotency.
Men and women need to learn to use our energies properly, to enhance our power and not dominate each other. If we can respect each other, violence in the family and the community can be headed off. We each have our special talent for what we came to do in the world.

What did you come to do in the world?
I like to think I came to help create paradise.

How can anyone help create paradise?
Grab the person you imagine you hate the most and tell them how much you love them, how great they are, how much you want to express your love but were too embarrassed. Hate doesn't exist except in our imagination. Do you have the courage to do that? If everyone did that, can you imagine how the energy in the world would shift?
There are only two ways of being: love and fear. All negative emotions come under fear, and we have to remove the fear to see that we love each other. When we remove the veils, everything is available to us.
People have a lot of fear, a lot of anxiety. I teach people to clean their negative emotions so they can open their souls to God, to light, and to recognize it inside other people. When we come to a place of feeling that we are God and that everybody is God, then all we can do is celebrate. We would never think of doing anything as ridiculous and crazy as hurting someone else.
When we hurt someone, we hurt ourselves. I would love to have paradise on earth, and I don't see why not. It's not the Arabs against the Israelis or the Israelis against Arabs. When someone is in pain, it affects us all. Our happiness cannot be complete until everyone is content. With the war and disease in the world, we are all responsible.

Each person has this power?
Every person has power. We are suppressed Gods walking around hiding the fact that we are God. It's time to take the mask off. We are all co-creators with God, we can create anything. When a few minds get together, that's powerful.

Can the problems of this region be solved through minds?
I don't think intellectualism can solve any problem. We need a power that is clearer and stronger than logic. In everyday language, we need a miracle, but miracles are here all the time if we open to them.

تقول التوراة أن الخلاص سيأتي هذه المرة على أيدي النساء. فالمرأة هي التي تنجب الأطفال، وهي الأكثر انفتاحاً وحساسيةً، وتستطيع أن تنظر إلى الواقع وتراه. أما الرجال فهم أولاد صغار.
يأتي الأمل من حقيقة أن قوة المرأة تفوق بكثير قوة الرجل. أعتقد أن من سعادة الرجل أن تقوده المرأة باحترام ومعرفة، لأن الرجل أكثر تيهاً. فالرجال أولاد صغار يحملون دُمى، وعندما يفشل الرجل تجده يلجأ إلى استخدام السلاح. وباعتقادي لو نظرنا في ملفات الجنرالات سنجد معظمهم يعانون من الضعف والفشل.
على الرجال والنساء أن يتعلموا استغلال طاقاتهم بشكل مناسب بحيث تكون نحو الأفضل بدلاً من استخدامها في السيطرة على بعضهم البعض. إن توفر الاحترام بيننا يعني القضاء على العنف العائلي والمجتمعي، فلكل منا مواهب اجتماعية خاصة تخدم الهدف من وجودنا في هذه الدنيا.

ما هو الهدف من وجودك في هذا العالم؟
أن أوجد الجنة على وجه الأرض.

كيف؟
من خلال التعبير عن مدى حبنا للأشخاص الذين نظن أننا نبغضهم، وتعبيرنا عن مدى احترامنا لهم وعن مدى رغبتنا في التعبير عن محبتنا لهم دون إحراج. إذا كان كل منا يملك الشجاعة لفعل ذلك فسنرى كيف تتحول الطاقة في هذا العالم.
هنالك سببان للوجود وهما الحب والخوف. تأتي جميع الأحاسيس السلبية تحت تأثير الخوف، علينا أن نتخلص من الخوف حتى نشعر بمحبتنا لبعضنا بعض. وعندما يزول الحاجز، فإننا سنتمكن من رؤية كل شيء بوضوح.
الناس يشعرون بالخوف الشديد، والقلق الشديد. أعلّم الناس كيفية التخلص من الأحاسيس السلبية، كي يتمكنوا من فتح قلوبهم لله، للنور، ولرؤية النور في قلوب الآخرين. يصبح كل شيء سهلاً عندما تمتلئ قلوبنا بحب الله، فلا نفكر في إيذاء الآخرين.
عندما نتسبب بالأذى لشخص ما فإننا نؤذي أنفسنا. أحب أن أرى الجنة على الأرض. القضية ليست أن الإسرائيليين يعملون ضد العرب أو أن العرب يعملون ضد الإسرائيليين، فالألم يحيط بنا جميعاً. تكتمل سعادتنا فقط عندما نرضى جميعاً بما نحن فيه من أوضاع. جميعنا نتحمل مسؤولية وجود الأمراض والحروب في العالم.

هل يمتلك كل منا هذه القوة؟
كل واحد منا لديه قوة وهبها الله له، وعلينا أن نكتشف هذه القوة، وبإمكاننا أن نفعل أشياءً كثيرة. فعندما تجتمع العقول فإنها تجد قوتها.

هل يستطيع العقل حل مشاكل هذه المنطقة من العالم؟
لا أعتقد أن العقلانية تستطيع حل أي من المشاكل. نحن بحاجة إلى قوة أقوى وأوضح من المنطق، نحن بحاجة إلى معجزة، وهنالك الكثير من المعجزات إلا أن علينا أن نفتح قلوبنا لها.

התורה אומרת שהפעם תבוא הגאולה מהנשים. נשים יולדות ילדים, והן פתוחות ורגישות יותר. הן רואות את המציאות כמו שהיא. הגברים הם ילדים קטנים. אבל יש תקווה, כי נשים בהחלט בעלות השפעה על גברים. אם הן ינחו את הגברים בכבוד וידע, אני חושבת שהגברים ישמחו לקבל זאת, כי הם אבודים יותר מהנשים. הם ילדים קטנים עם צעצועים. כשהם אימפוטנטים, הם אוהבים להשתמש ברובה. אם תסתכל בפרופילים של גנרלים גדולים, אני לא אתפלא אם תמצא אימפוטנציה. גברים ונשים צריכים ללמוד להשתמש באנרגיה שלהם, לקדם את העוצמה שלנו, ולא לשלוט אלה באלה. אם נוכל לכבד אחד את השני, אפשר יהיה לשים סוף לאלימות במשפחה ובקהילה. לכל אחד מאתנו יש כישרון מיוחד למטרה שלמענה הגענו לעולם.

מה את באת לעשות בעולם?

לדעתי תפקידי הוא לעזור ליצור גן עדן.

איך מישהו יכול לעזור ליצור גן עדן?

תתפסי את האדם שנדמה לך שאת הכי שונאת ותגידי לו כמה את אוהבת אותו, כמה הוא נהדר, כמה רצית לבטא את אהבתך כלפיו אבל היית נבוכה מדי. השנאה קיימת רק בדמיון שלנו. יש לך אומץ לעשות את זה? אם כולם יעשו את זה, את מעלה בדעתך איך האנרגיה בעולם תשנה כיוון?

יש רק שתי דרכים לקיום: אהבה ופחד. כל הרגשות השליליים נובעים מפחד, ואנחנו צריכים לסלק את הפחד כדי לראות שאנחנו אוהבים זה את זה. כשנסלק את החסמים, הכול יעמוד לרשותינו.

לאנשים יש הרבה פחד, הרבה חרדה. אני מלמדת אנשים להתנקות מהרגשות השליליים שלהם כדי שיוכלו לפתוח את הנשמה שלהם כלפי אלוהים, כלפי האור, ולזהות אותה באנשים אחרים. כשנגיע להרגשה שאנחנו אלוהים ושכל אחד הוא אלוהים, נוכל פשוט לחגוג. לעולם לא נחשוב לעשות מעשה מגוחך ומטורף כמו לפגוע במישהו אחר.

כשאנחנו פוגעים במישהו, אנחנו פוגעים בעצמנו. הייתי שמחה מאוד שיהיה גן עדן עלי אדמות, ואני לא רואה למה זה לא יכול לקרות. לא מדובר בערבים נגד הישראלים או בישראלים נגד הערבים. כשלמישהו כואב, זה משפיע על כולנו. האושר שלנו לא יוכל להיות שלם לפני שכולם יהיו מרוצים. כולנו נושאים באחריות למחלות ולמלחמות בעולם.

לכל אחד יש הכוח הזה?

לכל אחד יש כוח. אנחנו אֵלים מודחקים שמסתובבים ומסתירים את העובדה שאנחנו אֵלים. הגיע הזמן להסיר את המסכות. כולנו שותפים לבריאה עם אלוהים. אנחנו מסוגלים לברוא כל דבר. חיבור של כמה מוחות יוצר עוצמה.

האם אפשר לפתור את בעיות האזור הזה באמצעות מוחות?

אני לא חושבת שאינטלקטואליות יכולה לפתור איזושהי בעיה. אנחנו זקוקים לכוח חד-משמעי יותר מהיגיון. בשפת היום-יום, אנחנו זקוקים לנס. אבל כל הזמן יש נִסים, אם רק ניפתח אליהם.

Tirza Moussaieff

Psychologist, writer, and imagery worker

Moussaieff, an imagery therapist, perceives women as the primary force in healing violent conflict. A former clinical psychologist in the United States, Moussaieff studied meditation in India and has taught yoga. Returning to Israel in 1976, she studied with a teacher of imagery exercises for internal changes and healing one's self. Moussaieff, who lives in Jerusalem, is a PhD candidate in the mystical traditions of Kabbalah.

פסיכולוגית, סופרת ומרפאה בדמיון מודרך

תרצה מוסייאף, מרפאה בדמיון מודרך, רואה בנשים ככוח המניע שיביא לקץ העימות האלים. בעבר שימשה פסיכולוגית קלינית בארצות הברית, ואחר כך למדה בהודו ולימדה יוגה. גברת מוסייאף שבה לישראל ב-1976 ולמדה אצל מורה לדמיון מודרך תרגילים ליצירת שינוי פנימי ולריפוי עצמי. היא מתגוררת בירושלים ומועמדת לדוקטורט במסורות המיסטיות של הקבלה.

طبيبة نفسية، كاتبة

ترى السيدة تيرزا مسايف أن المرأة هي القوة الرئيسية في علاج الصراعات العنفية. عملت في السابق كطبيبة نفسية عيادية في الولايات المتحدة الأمريكية ثم تعلمت فن التأمل في الهند وقامت بتدريس اليوغا. لدى عودتها سنة ١٩٧٦ إلى إسرائيل درست مع معلم تمارين التخيل من أجل إحداث تغيرات داخلية ومعالجة الذات. تسكن السيدة موساييف في القدس وتُحضر للقب الدكتوراه في العلوم الباطنية للكابالا.

Noemie Nalbandian

Deputy Head Nurse at Hadassah Medical Center–Mount Scopus

Nalbandian identifies herself as an Armenian, a Gregorian Christian, a mother, and a nurse. She is chair of the Jerusalem branch of the Armenian Relief Society, a worldwide organization founded in 1910 to provide educational and humanitarian assistance to Armenians. A third-generation Israeli, Nalbandian is Deputy Head Nurse in charge of wound care in the Rehabilitation Department of Hadassah Medical Center at Mount Scopus.

סגנית האחות הראשית במרכז הרפואי הדסה הר הצופים

נוימי נלבנדיאן מגדירה את עצמה 'ארמנית, נוצרית גרגוריאנית, אם ואחות בבית חולים'. היא יושבת ראש הסניף הירושלמי של 'אגודת הסיוע הארמנית', ארגון כלל-עולמי שנוסד ב-1910 כדי להעניק לארמנים סיוע הומניטרי ועזרה בחינוך. גברת נלבנדיאן היא ילידת ישראל, דור שלישי, והיום עובדת כסגנית האחות הראשית ואחראית על הטיפול בפציעות במחלקת השיקום של המרכז הרפואי הדסה הר הצופים.

نائبة رئيس الممرضات في مركز هداسا الطبي – مونت سكوبس

السيدة نعومي نالبانديان، أرمنية، مسيحية، أم، وممرضة. ترأس السيدة نالبانديان فرع القدس لجمعية الإغاثة الأرمنية وهي منظمة عالمية تأسست عام ١٩١٠ من أجل توفير المساعدة الإنسانية والتعليم للأرمن. تنتمي السيدة نالبانديان إلى الجيل الإسرائيلي الثالث، وهي نائبة رئيس الممرضات للعناية بالإصابات في قسم إعادة التأهيل في مركز هداسا الطبي في مونت سكوبس.

שואלים אותי אם אני שונאת את הטורקים. אני שונאת את מה שהם עשו להורי-הוריי. הם צריכים להכיר במעשים שלהם ולהתנצל. אני חיה בעולם שיהודים וערבים פוחדים ולא יכולים לסמוך זה בזה. הפצעים והסבל נמשכים כנראה בהתייחסות לאבותיי והיחס בין יהודים, נוצרים ומוסלמים. אני מלמדת את הילדים שלי, "אם תכו את האיש שהיכה אתכם, לא תהיו טובים יותר". לא נצא מהבלגן הזה אם נכה בחזרה.

אם זרועותייך ולבך פתוחים ולאדם מנגדך יש סכין?
אם לא מסתכנים אי-אפשר להרחיק לכת. זה כמו מישהו שמחביא את הכסף שלו במקום להשתמש בו. הוא לא עוזר לעצמו או לאחרים. כל דבר יכול להוות סיכון, בימינו אפילו נהיגה במכונית היא סיכון. אבל אלו החיים, אין לנו ברירה.

את מזכירה לי את כלל הזהב.
אולי זה האופן שחינכו אותי – ארמנית, נוצרית גרגוריאנית, ילידת ישראל דור שלישי לניצולי טבח העם הארמני. הוריי קראו באוזניי את התנ"ך, ואני לומדת מכל אדם שאני פוגשת, בבית החולים ומחוצה לו.

מה ההבדל בין לסלוח ולשכוח?
לשכוח זה לברוח. לסלוח זה להתבונן במציאות ולנסות לחיות אִתה בשלום. החיים קצרים, שום אבן או ארץ אינם שווים מלחמה אם אנשים אינם יכולים לחיות זה לצד זה וליהנות מהחיים, מהמשפחה, משמחה ומהטבע.
ירושלים היא המקום הקדוש ביותר בעולם, אבל היא מלאת עימותים ושנאה. אני הולכת ברחוב ורואה את המתח בין האנשים. אני לא רואה אהבה או סליחה אלא רק שנאה, חרדה, כעס. אני רואה יהודים ומוסלמים קיצוניים יורקים כשכומר עובר – לא רק כלפי הארמנים אלא גם כלפי נוצרים אחרים.
למה אנחנו לא יכולים לחיות בשלום? זה נורא! אילו ישו היה צועד בירושלים כיום, יכול להיות שהיה מנסה למות שוב.

איך אנשים יכולים לכבד זה את זה כאשר שנאה כזו עמוקה קיימת?
הצטרפתי ל"מפגש בין-דתי של נשים" כדי למצוא אנשים שעדיין מאמינים באהבה ובטוב לב. כל האנשים כאן לא שונאים או פוחדים, אבל זה כאילו נפל זבוב למרק שלך. זה דבר קטן, אבל הוא מקלקל את המרק. תודה לאל שיש אנשים שמנסים להשכין שלום. אני מקווה שיחד נוכל לצבוע את העיר לא רק בשחור.

לדעתך פחד אינו חלק בלתי נפרד מהחיים?
במחלקת השיקום אני רואה אנשים אחרי תאונות, פגיעות ראש, שבץ ומחלות. הם פוחדים שיישארו נכים. אנשים בריאים רואים בחיים דבר מובן מאליו. חבל שהם לא חשבו על הדברים האלה כשהיו פעילים. אנחנו צריכים להודות לאל על הכול - על האהבה, המזון והבריאות שלנו. בייחוד על הבריאות שלנו.

نعومي نالبانديان / נוימי נלבנדיאן

People ask if I hate the Turks. I do not hate the Turks, I hate what they did to my grandparents. They have to recognize what they did and apologize. I live in a world where the Arabs and Jews fear each other and can't depend on each other. The wounds and the sorrow are continuous—the way my ancestors were treated and the way Jews, Christians, and Muslims treat each other. It goes on and on. I teach my children, "If you strike the person who hit you, you are no better than he is." We can't get out of this mess if we strike back.

What if your arms and heart are open and the other person has a knife?
This is a risk you take. Otherwise you can't go far. It is like someone who hides his money instead of making use of it. He is not helping himself or others. Everything is a risk. Going into the street is a risk. Driving a car is a risk. But it is our life, we have no choice.

You remind me of the first commandment.
Maybe it is the way I was raised—Armenian, Gregorian Christian, third-generation Israeli born of survivors of the Armenian genocide. My parents read the Bible to me, and I learn from each person I meet, in the hospital or outside.

What is the difference between forgiving and forgetting?
Forgetting is running away. Forgiving is facing reality and trying to live with it in peace. We live only a short time, a year or a hundred years. Nothing, not a stone or any land is worth strife where man cannot live beside man and enjoy life, family, happiness, and nature.
Jerusalem is the holiest place in the world, but it is full of conflict and hatred. When I walk down the street, I see the tension between people. If someone does something wrong while walking or driving, I don't see love or forgiveness, only hatred, anxiety, anger. I see priests spit on by the very fanatic Jews and Muslims—not only on Armenians, but other Christians.
Why can't we live in peace? Terrible! If Jesus were walking through Jerusalem today, He might try to die again.

How can people come to honor each other out of bleakness?
I joined Women's Interface Encounter to find people who still believe in love and kindness. All people here do not hate or fear, but it is like when a fly falls in your soup, you can't eat the soup. It's a very little thing, but it spoils the soup. Thank God for people who try to make peace. I hope together we can paint the city a color other than black.

Isn't fear part of life?
In the Rehabilitation Department I see people after accidents, head trauma, stroke, and illnesses. They fear these things may leave them handicapped. When people are well, they take life for granted. It is a pity they didn't think about these things when they were running around. We must thank God for everything—love, food, our health, especially our health.

يسألني الناس إن كنت أكره الأتراك. أنا لا أكره الأتراك، ولكن أكره ما فعلوه بأجدادي. عليهم أن يعترفوا بما فعلوه ثم عليهم أن يعتذروا. أعيش في عالم يخاف فيه اليهود من العرب ويخاف فيه العرب من اليهود، ولا يثقون ببعضهم. تستمر الجراح والأحزان منذ ما حل بأجدادي وما يحل باليهود والمسلمين والمسيحيين نتيجة لطريقة تعاملهم مع بعضهم البعض. أعلّم أطفالي أن "ضرب الشخص الذي يضربك لا يجعلك أفضل منه." لن نخرج مما نحن فيه من ضيق إذا تبادلنا الضربات.

ماذا لو كانت يدك وقلبك مفتوحين بينما الشخص الآخر يحمل سكيناً؟
هذه مخاطرة يجب اتخاذها، وإلا سنبقى في مكاننا ولن نسير إلى الأمام. هذا يشبه الشخص الذي يخبئ ماله دون أن يستغله، ما يعني أنه لا يساعد نفسه ولا الآخرين. كل شيء له مخاطر، فالذهاب إلى الشارع يشكل نوعاً من المخاطر، وكذلك بالنسبة إلى قيادة السيارات، هذه هي حياتنا ولا نملك الكثير من الخيارات.

تذكرينني بالوصية الأولى من الوصايا العشر.
ربما لأنني نشأت بهذه الطريقة كأرمنية مسيحية تنتمي للجيل الثالث من الناجين من الإبادة الجماعية التي تعرض لها الأرمن. قرأ والدي الإنجيل علي، كما أني أتعلّم من الأشخاص الذين أقابلهم، سواء كان ذلك في المستشفى أو خارجها.

ما هو الفرق بين المسامحة والنسيان؟
النسيان هو الهروب، أما المسامحة فهي مواجهة الواقع والتعايش معه بسلام. نحن نعيش فترة قصيرة، سواء كان ذلك سنة أو مائة سنة. الأرض التي لا يستطيع فيها الإنسان أن يعيش بجانب الإنسان ويستمتع بحياته وعائلته وسعادته لا تستحق التضحية.
القدس هي أقدس مكان في العالم، غير أنها مليئة بالكراهية والأزمات. أرى التوتر بين الناس عندما أسير في الشوارع. لا أرى تسامحا بين الناس، إن أخطأ أحدهم أثناء قيادة السيارة أو السير، لا يوجد سوى كراهية وتوتر وغضب. أرى المتعصبين اليهود والمسلمين يبصقون على رجال الدين المسيحيين، ليس فقط الأرمن. لماذا لا نستطيع العيش بسلام؟ لو كان يسوع حياً بيننا الآن في شوارع القدس لحاول الموت من جديد.

كيف يستطيع الناس احترام بعضهم البعض في الأوقات الصعبة؟
انضممت إلى المؤسسة النسائية للحوار بين الأديان بحثاً عن أشخاص لازالوا يؤمنون بالحب والطيبة. الناس هنا لا يكرهون أو يخافون، إنما يشبه وضعهم وضع الإنسان الذي تسقط الذبابة في طعامه ولا يستطيع أكل ذلك الطعام. أحمد الله أن هناك أشخاصا يعملون من أجل السلام. آمل أن نستطيع أن نطلي المدينة بلون غير اللون الأسود.

أليس الخوف جزءاً من الحياة؟
أرى الناس الذين يتعرضون للحوادث في غرف التأهيل في المستشفى، وكذلك الذين يتعرضون لأزمات الجلطات والأمراض، وهم يخافون أن يصبحوا معاقين بسبب إصابتهم التي تعرضوا لها.
الناس الأصحاء لا يفكرون بما يمكن أن يتعرضوا له من حوادث. يجب أن نحمد الله على كل شيء، على المحبة والطعام والصحة، خاصة الصحة.

Above: Interior view of dome of the Church of the Holy Sepulchre, the holiest of Christian sites, built where Jesus is believed to have been crucified and resurrected.

Opposite page: Church of the Nativity in Bethlehem.
Center: Entry to the tomb believed to be where Jesus was buried, inside the Church of the Holy Supulchre in the Old City of Jerusalem.

When my kids are fighting, I sometimes get impatient and exclaim, "Why can't you just get along?" In the same way, I feel the Arabs and Jews to be siblings, and I am like a mother figure looking on and saying, "This is ridiculous. Everyone take a deep breath and get along." It makes me happy to see my children get along, and it would make me very happy to see Arabs and Jews get along.
My dream is for Arabs and Jews to treat each other as human beings. We are created in the image of God. Instead of seeing each other as groups, if we saw each other as individuals and human beings, it would change the situation. We must stop this cycle of hatred, this back-and-forth hurting of each other. We must work for a better world together instead of being angry at the past.

Is peace possible?
I think it's possible. If I didn't, I don't think I could stay here. I can see what it would look like in my dream, but I can't see what it would look like in the near future. We've really dug ourselves in deep.
I want for Israel to be a true light unto the nations, which I don't see at the moment—not only regarding peace but on human rights issues. I would like my granddaughters to be able to read Torah at the Western Wall, and women rabbis in all walks of Jewish life to get the respect they deserve.

What is courage?
Courage is to live your ideology and not let people tell you that something you want to do is stupid or doesn't make sense or is impossible. Also, courage is to admit when you are wrong and to see life for the complex thing it is, to see there are a lot of gray areas.
Women must not be afraid to raise their voices. The men who have run the world haven't done a very good job. It's important that women's voices bring the missing balance to the world. It's not about women ruling the world, it's about balance, which means cooperation and tolerance, and men being changed by women and women being changed by men to bring a much larger transformation to the world.

How are you helping to create balance in the world?
I was born in New York in an Orthodox Jewish home. I started to study towards a rabbinical degree even though women were not ordained in an institutional way. I continued my studies here and found an Orthodox rabbi who gave me ordination.
Now I work to increase women's participation in Jewish ritual, including with *Women of the Wall*, women who pray once a month or more at the Western Wall. Just praying out loud at the Wall, as women, is a controversial subject, as some people believe the Wall should be an ultra-Orthodox synagogue and in the ultra-Orthodox world, women are supposed to be silent.
I'm also on the board of *Rabbis for Human Rights*. That is part of my activism in religious feminism because it became increasingly difficult for me to live in this country without trying to bring peace.

أفقد صبري عندما يتشاجر أولادي أحياناً واسألهم "لماذا لا تتفقون؟" يراودني نفس الشعور بالنسبة لليهود والعرب كونهم أقرباء، حيث أنظر إليهم وأقول : "هذا سخيف، تمهلوا و خذوا نفساً عميقاً ثم اتفقوا". يسرني أن أرى أولادي متفقين، ويسرني أيضاً أن أرى اليهود والعرب متفقين.
أحلم أن يعامل اليهود والعرب بعضهم بعضا كبشر. لقد خلقنا الله على صورته، علينا أن ننظر إلى أنفسنا كأفراد وكبشر، لا جماعات، مما سيغير هذه الحال. علينا أن ننهي دائرة الكراهية وإلحاق الأذى ببعضنا البعض، وعلينا أن نعمل معاً من أجل عالم أفضل بدلاً من الحقد على الماضي.

هل يمكن للسلام أن يحدث؟
أعتقد أنه ممكن، ولو اعتقدت أنه غير ممكن لما بقيت هنا. أرى شكل السلام في أحلامي ولكن لا أرى شكله في المستقبل القريب. لقد أوقعنا أنفسنا في مأزق كبير.
أريد أن تكون إسرائيل بمثابة نور تهتدي به الأمم، إلا أنني لا أرى هذا الأمر في هذه اللحظة سواء أكان بالسلام أو بقضايا حقوق الإنسان. أود أن أرى حفيداتي يقرأن التوراة عند "حائط المبكى"، وأن أرى نساء حاخامات في جميع مناحي الحياة اليهودية ما يُمكن المرأة من الحصول على الاحترام الذي تستحقه.

ما هي الشجاعة؟
الشجاعة أن يعيش الإنسان أفكاره وأن لا يتيح المجال للآخرين ليقولوا له إن ما سيقوم به هو غباء أو مستحيل. الشجاعة أن يعترف الإنسان بخطئه ومعرفة تعقيدات الحياة وأن هنالك مناطق داكنة كثيرة.
يجب ألا تخاف المرأة من إسماع صوتها. فالرجال الذين يديرون العالم لم يقوموا بعمل جيد. على المرأة أن تعيد التوازن المفقود في العالم. القضية ليست قضية نساء يحكمن العالم وإنما قضية توازن أي تعاون وتسامح، وقيام النساء بتغيير الرجال وقيام الرجال بتغيير النساء لأجل إيجاد تحول كبير في هذا العالم.

كيف تساعدين في خلق توازن في العالم؟
ولدت في نيويورك من عائلة يهودية أرثوذكسية. درست لأحصل على درجة حاخام بالرغم من أنه ليس مسموحا للنساء أن يصبحن حاخامات. واصلت دراستي حتى وجدت حاخاماً وافق أن يسميني. أعمل الآن من أجل زيادة مشاركة المرأة في المراسيم اليهودية بما في ذلك النساء اللواتي تصلين مرة أو أكثر في الشهر عند "حائط المبكى". إن صلاة المرأة بالقرب من "حائط المبكى" في الواقع قضية ساخنة لأن الكثير من الناس يؤمن بأن يكون الجدار كنيسة لليهود الارثودكس، ما يحتم على المرأة الصمت.
كما أنني عضو في مجلس إدارة حاخامات من أجل السلام، وهذا جزء من نشاطي في التأييد الديني للمساواة بين الجنسين، حيث أن هنالك مصاعب كثيرة أمامي للعيش هنا دون محاولة تحقيق السلام.

Haviva Ner-David

Rabbi and activist for equal religious rights for women

Once defining herself as an Orthodox Jew, Rabbi Ner-David now describes herself as "more of a post-denominational Jew." She is the Founding Director of Reut-Center for modern Jewish marriage, which focuses on controversial issues such as inequality of divorce laws. Ner-David is on the boards of Rabbis for Human Rights and of Women on the Wall, a political action group promoting equal rights for women in prayer.

רבנית ופעילה לשוויון זכויות בדת לנשים

הרבנית בן-דוד הגדירה עצמה בעבר, "כיהודייה שומרת מצוות", וכעת היא מתארת את עצמה, "יותר יהודייה פוסט-כיתית". היא המנהלת והמייסדת של מרכז 'רעות' לנישואים יהודיים מודרניים; המרכז מתמקד בנושאים שנויים במחלוקת, כגון חוסר השוויון בחוקי הגירושין. רבה נר-דוד היא חברה במועצה של 'רבנים למען זכויות האדם' וב'נשות הכותל', קבוצת פעילות פוליטית המקדמת שוויון זכויות לנשים בכל הקשור בתפילה.

حاخام وناشطة في مجالات المساواة في الحقوق الدينية بين الرجل والمرأة

الحاخام هافيفا نير ديفيد يهودية أرثوذكسية. قامت السيدة هافيفا نير ديفيد بتأسيس مركز "ريوت" المتخصص بالزواج، والذي يركز على القضايا الإشكالية مثل عدم المساواة في قوانين الطلاق. كما أنها عضوة الهيئة الإدارية لمنظمة "حاخامات من أجل حقوق الإنسان" و "نساء على الجدار" وهي مجموعة ناشطين سياسيين تروج للحقوق المتساوية للنساء في الصلاة.

כשהילדים שלי רבים, לפעמים אני מאבדת את הסבלנות וצועקת, "למה אתם לא מסתדרים וזהו?" באותו אופן אני מרגישה שהיהודים והערבים הם כמו אחים ואני כמו אימא שמתבוננת בהם ואומרת, "זה מגוחך. קחו נשימה עמוקה ותסתדרו כבר אחד עם השני". אני מאושרת כשאני רואה שהילדים שלי מסתדרים ביניהם, ואני אהיה מאושרת מאוד לראות שהיהודים והערבים מסתדרים ביניהם.
החלום שלי הוא שהיהודים והערבים יתייחסו זה לזה כמו בני אדם. נבראנו בצלם אלוהים. אם במקום לראות קבוצות היינו יכולים לראות יחידים ובני אדם כשאנחנו מסתכלים זה בזה, המצב היה משתנה. מוכרחים לעצור את מעגל השנאה, את הפגיעה ההדדית. מוכרחים לפעול יחד כדי ליצור עולם טוב יותר במקום לכעוס על העבר.

השלום אפשרי לדעתך?

אני חושבת שהוא אפשרי. אילו לא הייתי חושבת כך, אני לא חושבת שהייתי נשארת כאן. אני יכולה לראות אותו בחלום אשר לא יתגשם בעתיד הקרוב. התחפרנו בבאר עמוק מאוד.
אני רוצה שהישראלים באמת יהיו אור לגויים. כרגע אני לא רואה את זה – לא רק במה שקשור בשלום, אלא גם בנושאי זכויות אדם. הייתי רוצה שהנכדות שלי יוכלו לקרוא בתורה בכותל המערבי ושנשים יכהנו בתפקיד רבנות, מכל השכבות בחברה היהודית, יזכו לכבוד שמגיע להן.

מה זה אומץ?

אומץ זה להגשים את האידאולוגיה שלך ולא להניח לאנשים לומר לך שמשהו שאת רוצה לעשות הוא מטופש, לא הגיוני או בלתי אפשרי. אומץ זה גם להודות כשאת טועה ולראות את החיים על המורכבות שלהם, לראות שיש הרבה אזורים אפורים.
אסור לנשים לפחד להרים את קולן. הגברים שניהלו את העולם לא עשו עבודה מוצלחת במיוחד. חשוב שקולותיהן של הנשים יביאו לעולם את האיזון שחסר. לא מדובר בשלטון הנשים בעולם, מדובר על איזון שפירושו שיתוף פעולה וסובלנות, ועל זה שהנשים ישנו את הגברים והגברים ישנו את הנשים כדי שבעולם יתחולל שינוי גדול יותר.

איך את עוזרת להביא איזון לעולם?

נולדתי בניו יורק בבית יהודי אורתודוקסי. התחלתי ללמוד לתואר ברבנות אף על פי שלא הייתה הסמכה ממוסדת של נשים לרבנות. המשכתי כאן בלימודים, ומצאתי רב אורתודוקסי שהסמיך אותי.
כעת אני פועלת להגביר את ההשתתפות של נשים בפולחן היהודי, בין השאר עם "נשות הכותל", נשים שמתפללות פעם בחודש או יותר בכותל המערבי. עצם התפילה בקול של נשים בכותל שנויה במחלוקת; יש אנשים שמאמינים שהכותל צריך להיות בית כנסת אורתודוקסי קיצוני, ובעולם האורתודוקסי קיצוני הנשים צריכות להיות דוממות.
אני חברה במועצה של "רבנים למען זכויות האדם" כחלק ממסגרת הפמיניזם הדתי, כי קשה לי לחיות בארץ בלי לנסות להגיע לשלום.

Chana Pasternak

Director of Kolech—Religious Women's Forum

Pasternak emigrated as a young child from Romania with her ultra-Orthodox parents, survivors of the Holocaust. She attended a conservative school but broke from social strictures at age 18 to attend Bar Ilan University. A feminist, Pasternak directs Kolech, founded in 1998 to combine egalitarian concepts with religious traditions. Kolech strengthens the voice of religious women, including in the rabbinical courts.

מנהלת 'קולך' – פורום לנשים דתיות

חנה פסטרנק עלתה לישראל מרומניה, עם הוריה החרדים, ניצולי השואה, בהיותה ילדה צעירה. היא למדה בבית ספר שמרני אך פרצה את המסגרת החברתית בגיל 18 כדי ללמוד באוניברסיטת בר אילן. היא פמיניסטית ומנהלת את פורום 'קולך'. הפורום נוסד ב-1998 כדי לשלב במסורות הדתיות מושגים של שוויון. פורום 'קולך' מחזק את קולן של נשים דתיות גם בבתי דין רבניים.

مديرة "كوليخ" – منتدى النساء المتدينات

هاجرت السيدة شانا باسترناك وهي طفلة من رومانيا مع والديها الأرثوذكسيين المتشددين اللذين نجيا من المحرقة النازية. تعلمت في مدرسة محافظة لليهود المتزمتين (هاريديم) ولكنها خرجت عن الأطر الاجتماعية في سن الثامنة عشر لتلتحق بجامعة بار- إيلان. السيدة باسترناك هي من العاملات في مجالات المساواة بين الرجل والمرأة وتدير منتدى «كوليخ» (صوتكِ) الذي تم تأسيسه سنة ١٩٩٨ من أجل الدمج ما بين مبادئ المساواة والتقاليد الدينية. ويسعى هذا المنتدى إلى تعزيز صوت النساء المتدينات، بما في ذلك في المحاكم الدينية اليهودية.

גברים תמיד מביעים את עצמם. הקולות, ספציפית של נשים דתיות, לא נשמעים. כל המחויבות הדתית נמסרה לגברים, מעט מאוד לנשים. הגיע הזמן שישמעו את הנשים.

מה פירוש הדבר להיות אישה דתייה?

בעיניי זה להיות מחויבת לאמונה שלך, לעצמך, לארץ שלך ולמסר הפמיניסטי. השילוב הזה קשה. יש סתירות בין הדת ובין האימהות, בין העבודה בחוץ ובין גידול משפחה, בין המחויבות שלך למשפחה שלך ובין המחויבות שלך לעצמך.

למדתי בבית ספר חרדי. הוריי היו חרדים. כשמלאו לי 18 החלטתי ללכת לאוניברסיטה למרות שהמשפחה שלי כעסה, והמורים בתיכון הפנו את מבטם כשראו אותי כאילו פשעתי נגד האנושות.

הוריי שרדו את השואה. אבא שלי איבד את אשתו הראשונה ואת שלושת ילדיו. לאנשים כאלה לא היה קל שהבת היחידה שלהם תלך לחיות חיים אחרים. אבל זה מה שהחלטתי, זה מה שעשיתי וזה מה שאני עושה. נפתחתי וגיליתי עולם נהדר, מעניין כל כך, ממלא כל כך. החברים שלי ואני שותפים לאמונה באפשרויות – לחיות יחד וליצור חברה טובה יותר, מפני שיותר מכול אנחנו בני אנוש שמוכרחים לחיות יחד.

למה את קוראת לעצמך פמיניסטית?

פמיניזם הינו הצורך של כל אישה, לתת מרחב לכל אישה לחיות לפי אמונתה ודרך המחשבה שלה. כל אישה מגיבה אחרת. אם אישה ערבייה או יהודייה רוצה ללדת עשרה ילדים, זה בסדר גמור. אני לא אוהבת את זה שפמיניסטיות קיצוניות אומרות, "את לא צריכה ללדת ילדים. את צריכה לחשוב על עצמך". הדרך הפמיניסטית האמיתית היא להניח לכל אישה למצוא את דרכה המיוחדת, את אושרה.

איך את שונה מנשים אחרות?

אני אישה, אז אני כמותן, אבל אני שונה בזה שאני לא פוחדת. אני צועקת ואני גאה בזה. אני צועקת ל"שוויון!"; נשים צריכות להיות בבית הדין הרבני, אבל אין נשים רבניות אורתודוקסיות. בכל בוקר אני אומרת, "וואו, אלוהים, עזור לי היום לעשות משהו לקדם את השוויון".

אנחנו מדברות עם רבנים ואומרות שהם חלק חשוב בקהילה הדתית, אבל למרבה הצער הם לא אמיצים כל כך. אנחנו מאמינות שיש "70 פנים לתורה". פירוש קיצוני לא מקובל עלינו. יש נשים חכמות שבקיאות בתורה ושיכולות ללמד דברים שונים ממה שהרבה רבנים אומרים. לא ייתכן שנשים יהיו אסירות של הסמכות. הנשים האלה אמיצות הרבה יותר מהרבנים.

יש לך מערכת יחסים אישית עם אלוהים?

אנחנו חברים טובים. לפחות מצדי! אני לא יודעת מה בקשר אליו. מזל שהוא סולח לי, כי יש לי שאלות רבות ואני מתרגזת מאוד. אני בטוחה שהוא עוזר לי להגשים את האידאולוגיה המנחה שלי ושל אחרים.

شانا باسترناك / חנה פסטרנק

The men always express themselves, and they are heard, but the voices, especially of religious women, aren't heard. And all religious responsibility has been for men, very little for women. It's time women should be heard.

What does it mean to be a religious woman?
For me it is to be obligated to your belief, to yourself, to your country, and to a feminist agenda. Together these things are hard. There are contradictions between religion and being a mother, between working outside and raising a family, between your obligation to your family and to yourself.
I was raised in a Cheredim school, my parents were ultra Orthodox. When I was 18, I decided to go to the university. My family was angry, and my high school teachers turned their heads when they saw me like I did something horrible against humanity.
My parents survived the Holocaust. My father lost his first wife and three kids. For such people, that their only child, a daughter, should go out to live another life wasn't easy. But that's what I decided, that's what I did, and that's what I do. I opened myself and found a terrific world, so interesting, so fulfilling. I share beliefs of possibility with my friends: to live together and make a better community because, most of all, we *are* human beings who must live together.

You call yourself a feminist.
To be a feminist is to see the need of every woman, to give space to every woman to live by her belief and her way of thinking. Every woman responds differently. If an Arabic woman or a Jewish woman is happy to have ten children, that's fine. I don't like the way extreme feminists say, "You shouldn't have children, you should think about yourself." The real feminist way is to let every woman feel happy with herself.

Are you different than other women?
I am a woman so I am the same, but I am different in that I'm not afraid. I scream out, and I'm proud of it. I shout, 'Equality!" Like a woman should be in the rabbinical court, but no women are Orthodox rabbis. Every morning I say, "Wow, God, help me today to do something to improve equality."
So we speak to rabbis and say they are an important part of the religious community, but unfortunately, they are not very brave. Our belief is, there are "seventy faces to the Torah," and to go to the extreme translation is not accepted by us. There are wise women who know their Torah, and who are able to teach different things than many rabbis say. It's impossible that women should be prisoners by authority. These women are much more brave than the rabbis.

You have a personal relationship with God?
We are good friends. At least, from my side! I don't know about His side.
I am thankful He forgives me, because I have many questions and I get so angry.
I'm sure He helps me to fulfill my agenda and the agenda of many women.

عادة ما يُعَبر الرجال عن آرائهم ويجدون من يستمع إليهم، أما صوت المرأة، خاصة المرأة المتدينَة، فلا يوجد من يستمع إليه. الرجل هو الذي يتحكم بالمسؤوليات الدينية، أما المرأة فلها القليل من هذه المسؤوليات. آن الأوان لسماع صوت المرأة.

ما معنى أن تكون المرأة متدينة؟
أن تكون المرأة متدينة، بالنسبة لي، يعني أن تكون ملتزمة بمعتقداتها الدينية وبنفسها وبدولتها، بالإضافة إلى التزامها بالأجنده النسوية. هذه أمور صعبة، حيث هنالك تناقضات بين الدين وبين أن تكون المرأة أما، وبين العمل خارج البيت وبين تأسيس أسرة، وبين التزامات المرأة المتعلقة بعائلتها والالتزامات الخاصة بها شخصياً.
نشأت في مدرسة متدينة حيث كان أهلي من المتدينين. وحين قررت أن التحق في الجامعة عندما بلغت سن الثامنة عشرة، أثار ذلك غضب عائلتي وغضب أساتذتي الذين أخذوا يتجاهلونني عندما يشاهدونني بسبب ذلك القرار، وكأنني قمت بارتكاب خطيئة كبرى ضد الإنسانية.
والدي نجا من المحرقة النازية، إلا أنه فقد زوجته الأولى وأطفاله الثلاثة. أنا الابنة الوحيدة للعائلة، لذلك فإن مسألة أن أحيا حياة مختلفة لم يكن سهلاً بالنسبة لهم. لكن كان ذلك قراري الذي قمت بتنفيذه. خرجت فوجدت عالماً رائعاً ومثيراً. أؤمن بإمكانية العيش معاً، لأننا جميعاً بشر وعلينا أن نحيا معاً.

هل تنظرين إلى نفسك على أنك نسوية (ناشطة في المجالات النسوية)؟
أن تكون المرأة نسوية يعني أن تكون على دراية باحتياجات المرأة، وأن تتيح المجال للنساء لممارسة أفكارهن ومعتقداتهن، حيث لكل امرأة استجابة تختلف عن غيرها من النساء. على سبيل المثال، إذا كانت المرأة العربية أو اليهودية تريد أن تنجب عشرة أطفال فلها ذلك. لا أحب التطرف الذي يحث المرأة على عدم الإنجاب، وعلى أن تفكر بنفسها. إن الأنشطة الحقيقية في هذا المجال هي التي تتيح للمرأة حق القيام بما ترى فيه سعادة لها.

هل أنت مختلفة عن باقي النساء؟
أنا امرأة كغيري من النساء، وأختلف من جهة أني لا أخاف، وأني اسمع صوتي، وأنا فخورة بذلك. أطالب بالمساواة في محاكم الحاخامين، فلا توجد نساء بين الحاخامين. أقول كل صباح، "ساعدني يا رب على أن أحقق شيئاً في مجال تحسين المساواة."
أتحدث مع الحاخامين عن أهميتهم في المجتمع المتدين إلا أنه تنقصهم الشجاعة. نحن نؤمن أن هنالك سبعين وجهاً للتوراة، وأننا لا نقبل بالتفسير المتطرف. هنالك نساء حكيمات يعرفن التوراة جيداً ويستطعن تعليم أشياء تختلف عن ما يعلمه الحاخامون. لا يجب أن تكون المرأة حبيسة السلطات، هؤلاء النساء هن أشجع من الحاخامين.

هل لديك علاقة شخصية مع الله؟
نحن برأيي أصدقاء، وأشكر الله على مسامحته لي لأن لدي الكثير من الأسئلة ولأني أغضب جداً. أنا متأكدة من أن الله يساعدني في القيام بأعمالي، كما يساعد الكثير من النساء على القيام بأعمالهن.

יהודית סידיקמן / يهوديت سيديكمان

I don't care where you come from. Female? You have the right to stand up for yourself and to know that if he gets upset and starts getting violent, you will be able to hurt him. You hope you don't have to but if you know you have the tools to fight back, you'll take the chance to say, "Don't talk to me like that." Self-defense martial arts are equalizing. And we work with women from all different populations, with no politics.

No politics?
One of our classes was for girls to learn what to do if someone tries to attack you with a knife. Well, one girl has to be taught how to use the knife, even though they are play knives. How would an attacker attack so the other girl can learn how to defend? Then they switch. Fine.
Some of the girls were from the right-wing settler community and others were Palestinians from Bethlehem. There was real anger. "How can you teach *them* how to use a knife?" A settler girl was ready to leave. We had to say, "This is not about political violence, this is about being attacked in your neighborhood, being mugged, raped at knifepoint. Every woman has the right to feel safe."
I want a world where just as a majority of women get their driver's license, every women has an education, learns the Heimlich maneuver, and takes a self-defense class.

You live next to the wall. Is the wall about safety?
I'm not going to answer that because that's politics. Do I like the wall? No. But I'm not going into that—it's not what I do. I know what I have energy for and what I don't have energy for.
I was with a Palestinian, and we were saying it's like they're playing darts. Where are they going to put the wall? Throw a few darts. "Let's put it here, here, and here." He said, "I want to be on your side." Is he the only one? No. Ask a hundred people about anything, you get two hundred opinions, and it's not just Jewish. It's the Middle East, you can't get anybody to agree on anything.
When I can't communicate with someone, I'm scared of them. I need to look at how they are saying what they are saying and how they are behaving, and say, "They're not trying to get away with something. We both want our kids to grow up safe, have a good education, and have opportunities. We have common goals." Let the politicians go screw up someplace else.

When did you come to Israel?
When I turned 20. I fell in love with Israel as a child. I always knew I wanted to be part of the Jewish experience in Israel.

Does today's Israel fulfill your dream?
Israel is a complex creation. It has its own challenges, but so does Brooklyn or any other place in the world.

لا يهمني من أي بلد تأتي المرأة، فمن حقها أن تدافع عن نفسها أمام الرجل الذي يلجأ إلى العنف عندما يغضب، وتستطيع أن نلحق به الأذى إذا اعتدى عليها- آمل أن لا تضطر إلى هذا - ولكن إذا اضطرت فإنه سيكون لديها السلاح اللازم للدفاع عن نفسها، وتوقف الرجل عند حده مستخدمة وسائل الدفاع عن النفس مثل الكاراتيه. نحن نعمل مع جميع النساء بغض النظر عن أصولهن، وبغض النظر عن الأوضاع السياسية.

بغض النظر عن الأوضاع السياسية؟
كنا قد خصصنا أحد الفصول لتدريب الفتيات الدفاع عن النفس إذا ما تعرضن لهجوم بسكين. وكان تدريب إحدى الفتيات كيفية استخدام السكين، - سكين غير حقيقية -.بحضور بعض الفتيات المشاركات من المستوطنين المتطرفين وأخريات من بيت لحم. فتساءلت إحدى الفتيات من المستوطنين غاضبة، «كيف تدربوهن (الفتيات من بيت لحم) على كيفية استخدام السكاكين؟» وأرادت مغادرة الصف. وكان علينا أن نبين لها أن هذا ليس عنفاً سياسياً وإنما يتعلق بالاعتداءات على النساء في الأحياء السكنية والسرقة والاغتصاب تحت تهديد السكين، فلكل امرأة حق الشعور بالأمن.
أريد أن أرى عالماً تتمتع فيه غالبية النساء بالتعليم والدراية بأساليب الدفاع عن النفس والإسعاف، كما تتمتع غالبية النساء في عالمنا المعاصر بالحصول على رخص سواقة.

هل تعتقدين أن الجدار الذي تسكنين بجانبه وسيلة لتوفير السلامة؟
لن أجيب على هذا السؤال لأنه سؤال سياسي، لكني لا أحب الجدار إلا أنني لن أخوض في التفاصيل حول ذلك لأن هذا ليس جزءا من عملي. أعرف حدود طاقتي وكيفية توجيه هذه الطاقة. التقيت بأحد الفلسطينيين ذات مرة، حيث قمنا بمناقشة موضوع الجدار. توصلنا إلى نتيجة مفادها أن بناء الجدار أشبه بلعبة رمي السهام، حيث يرمون سهاماً (على خارطة) ويقولون دعونا نضع الجدار هنا وهنا، فالسهام هي التي تحدد مكان بناء الجدار. أراد هذا الفلسطيني أن يكون في جانبنا (الإسرائيلي)، لا أدري إذا كان هو الشخص الوحيد الذي يريد ذلك. على أية حال، هذا هو الشرق الأوسط حيث يصعب أن نجد توافقا في آراء الأشخاص حول أي شيء.
أخاف من الأشخاص الذين لا أستطيع التواصل معهم، فالتواصل يمكننا من معرفة ما يقوله الآخرون ومعرفة سلوكهم، ويجعلنا ندرك أن ليس هنالك ما يخفونه. نحن جميعاً نريد السلامة لأطفالنا ونريد لهم التعليم الجيد والفرص الجيدة، كما أن لدينا أهدافا مشتركة. السياسيون هم وراء هذا الخراب.

متى أتيت إلى إسرائيل؟
عندما كنت في العشرين من عمري. أحببت إسرائيل في طفولتي، وأردت أن أصبح جزءاً من التجربة اليهودية في إسرائيل.

هل تحقق حلمك في إسرائيل؟
إسرائيل عبارة عن كيان معقد، وهي ذات تغييرات خاصة، كما هو الأمر بالنسبة لبروكلين ولأي مكان آخر في العالم.

Yehudit Sidikman

Founder and Senior Instructor at El HaLev martial arts center

Sidikman combines her respect of others and commitment to empowering women with her black belt to teach self-defense to Israeli and Palestinian women —including members of Peace X Peace. She is the founder and senior instructor of El HaLev-Israel Women's Martial Arts Federation, which, she says, leaves politics at the door. Sidikman emigrated from the United States as a young adult. She lives in Efrat.

מייסדת ומדריכה בכירה ב׳אל הלב׳ – מרכז לאמנויות לחימה

יהודית סידיקמן משלבת את הכבוד לזולת במחויבות לחזק נשים. בהיותה בעלת חגורה שחורה היא מלמדת נשים ישראליות ופלסטיניות להגן על עצמן, ובהן את חברות Peace X Peace. יהודית היא מייסדת ׳אל הלב׳, פדרציית הנשים הישראלית לאמנויות לחימה, והיא משמשת מדריכה בכירה בה. גוף זה משאיר לדבריה את הפוליטיקה מעבר לדלת. סידיקמן עלתה לישראל מארצות הברית בהיותה בחורה צעירה, והיא מתגוררת באפרת.

مؤسِسة ومدرِبة رفيعة في مركز "هاليف" للفنون الحربية

تدمج السيدة يهوديت سيديكمان ما بين احترامها والتزامها بتمكين النساء وبين حزامها الأسود، لكي تعلم النساء الإسرائيليات والفلسطينيات، ومن ضمنهن أعضاء حركة "السلام للسلام"، الدفاع عن النفس. مدربة رفيعة المستوى ومؤسِسة الفدرالية النسائية الإسرائيلية للفنون الحربية، التي، وكما تقول، تضعُ السياسة جانباً. هاجرت السيدة سيديكمان من الولايات المتحدة الأمريكية في صباها وتسكن في إيفرات.

לא אכפת לי מאין באת. את אישה? זכותך לעמוד על שלך ולדעת שאם הוא מתרגז ומתחיל להתנהג באלימות, תוכלי לפגוע בו בחזרה. את מקווה שלא תצטרכי לעשות את זה, אבל אם תדעי שיש לך הכלים להשיב מלחמה, תהיי מוכנה לומר, "אל תדבר אליי ככה". אמנויות לחימה להגנה עצמית יוצרות שוויון. אנחנו עובדות עם נשים מאוכלוסיות מגוונות, בלי פוליטיקה.

מה זאת אומרת ללא פוליטיקה?

באחד השיעורים לימדנו נשים מה לעשות אם מישהו מנסה לתקוף אותן בסכין. לימדנו את אחת הנשים להשתמש בסכין, אפילו שמדובר בסכיני צעצוע; איך התוקף יתקוף, כדי שהשנייה תלמד להתגונן. ואז הן מתחלפות. זה טוב. כמה נשים הגיעו מקהילה ימנית של מתנחלים ואחרות היו פלסטיניות מבית לחם. היה שם כעס אמיתי. "למה את מלמדת אותן להשתמש בסכין?", נערה מתנחלת רצתה לעזוב. היינו מוכרחות לומר, "לא מדובר באלימות פוליטית. מדובר על כך שאת מותקפת בשכונה שלך, ששודדים אותך, שאונסים אותך באיומי סכין. זכותה של כל אישה להרגיש בטוחה".

אני שואפת שלרוב הנשים יהיה רישיון נהיגה, לכל אישה תהיה השכלה, שהיא תלמד את "תמרון היימליך" ותשתתף בשיעורי הגנה עצמית.

את מתגוררת ליד החומה. החומה היא עניין ביטחוני?

אני לא מוכנה לענות על שאלות פוליטיות. אם אני אוהבת את החומה? לא. אבל לא אדבר על זה, אני לא מתעסקת בזה, אני יודעת למה יש לי אנרגיה ולמה לא. ביליתי עם פלסטיני והגענו למסקנה שהחומה נבנתה כמשחק חצים. איפה יבנו את החומה? זורקים כמה חִצים... "בואו נבנה אותה כאן, כאן וכאן". הוא אמר, "אני רוצה להיות בצד שלך". האם הוא היחיד שחושב כך? לא. את שואלת מאה אנשים על משהו, ואת מקבלת מאתיים דעות, לא מדובר רק ביהודים, זה המזרח התיכון. אין איזשהו קונצנזוס.

כשאני לא יכולה לתקשר עם מישהו, אני מפחדת ממנו. אני צריכה להתבונן בדרכיו, איך הוא מתנהג, ולהבין ש "הם לא מנסים לעשות משהו רע. שנינו רוצים שהילדים שלנו יגדלו בביטחון, יזכו להשכלה טובה ולהזדמנויות בחיים. יש לנו מטרות משותפות". שהפוליטיקאים ילכו לקלקל במקום אחר.

מתי הגעת לישראל?

כשמלאו לי עשרים. התאהבתי בישראל כילדה. תמיד ידעתי שאני רוצה להיות חלק מהחוויה היהודית בישראל.

האם ישראל של היום מגשימה את החלום שלך?

ישראל היא יצירה מורכבת עם אתגרים ייחודיים, אבל זה נכון גם בברוקלין או בכל מקום אחר בעולם.

Vivian Silver

Executive Director of Negev Institute for Strategies of Peace and Development

As Executive Director of the Negev Institute, Silver works with populations in transition—delegates from Africa, Asia, East Europe, and South America who come for training programs in the Negev. In Israel, their work focuses on Arab Bedouins and cooperation between the majority and minority populations. Silver came to Israel from Canada at age 25. She lives in the collective community of Kibbutz Beeri in the Negev.

מנכ"ל 'מכון הנגב לאסטרטגיות של שלום ופיתוח'

ויויאן סילבר היא מנכ"ל מכון הנגב, ומתוקף תפקידה היא עובדת עם אוכלוסיות במעבר – משלחות מאפריקה, אסיה, מזרח אירופה ודרום אמריקה הבאות לתכניות הכשרה בנגב. עבודת המכון בישראל מתמקדת בערבים בדווים ובשיתוף פעולה בין אוכלוסיות הרוב והמיעוטים. גברת סילבר עלתה לישראל מקנדה בגיל 25. היא מתגוררת בקהילה השיתופית של קיבוץ בארי שבנגב.

مديرة تنفيذية لمعهد النقب لاستراتيجيات السلام والتنمية

تعمل السيدة فيفيان سيلفر من خلال موقعها كمديرة تنفيذية لمعهد النقب مع مجموعات سكانية من دول في طور الانتقال حيث يشارك مندوبون من أفريقيا وآسيا وشرق أوروبا وجنوب أمريكا في برامج تدريب في المعهد. يركز المعهد في إسرائيل على السكان العرب البدو والتعاون بين الأغلبية والأقلية. قدمت السيدة فيفيان سيلفر إلى إسرائيل من كندا في عمر الخامسة والعشرين وتعيش ضمن جالية جماعية في كيبوتس بيئيري في النقب.

בשביל ישראל, הנושא הפנימי הקריטי הוא איך הרוב היהודי מתייחס למיעוט הערבי שבתוכו. מרגע שפוקחים עיניים אי-אפשר לעצום אותן שוב. זכיתי להיחשף לחיים בדומה לערבים והפלסטינים, אז אני כבר לא יכולה לחזור לאחור. בשבילי, בתור יהודייה, מדובר בשאלה מוסרית קיומית. צריך להתייחס לכל האזרחים ביחס שווה של כבוד והערכה.

האם ייתכן שינוי עם הפלסטינים?

מוכרחים לחפש את הפלסטינים שאמרו לכל אורך הדרך שאפשר להגיע לפתרון של שתי מדינות. אפשר להמשיך להאשים את הצד האחר שהוא מחבל בשלום, או לעשות צעד קדימה, באמונה.

החיים שלי בסכנה בגלל הרקטות מעזה, וכן החיים שלהם בסכנה מפעולות התגמול ומההתקפות שלנו. הם צודקים בתלונות שלהם על המחסומים, על החומה ועל התפיסה המרושעת שבגללה אנחנו בונים את גדר ההפרדה במיקומה הנוכחי.

כל צד צריך להבין ש"לכל צד יש זכות לגיטימית לפחד ולא לתת אמון, אבל אנחנו מוכרחים לשבור את המחזוריות הקשה." אני מאמינה שגם עכשיו יש די והותר אנשים משני הצדדים שמסוגלים לעשות זאת למרות הכאב הנורא.

לא מזמן נפגשנו, ישראלים ופלסטינים, עם אירופאים בוועידה באיטליה, בנושא תפקיד החברה האזרחית ואיך יוכלו האירופאים לתמוך במאמצי השלום. היה לנו ברור שכמה מהפלסטינים לא יוכלו לחזור לעזה, שהם ייהרגו. ראינו איך הם הופכים לפליטים. מה שכואב זה שהעולם לא רואה אותם. עצם השאלה, "איפה הפלסטינים שתומכים בשלום?" משקפת בורות וחוצפה, כאילו שהמצב מאוזן.

זה בסדר, את יכולה לבכות.

חושבים שמתרגלים, אבל זה לא קורה. יש כל כך הרבה כאב בצד שלנו ובצד שלהם. מתחשק לך לצרוח שאפשר לעצור את זה; לקבל אחריות על ההפסקה של זה. זה יקר מדי מכדי להשאיר את זה בידיים של המנהיגים. הם לא עומדים במשימה. חסרים להם הכישורים הנדרשים.

איך גורמים לממשלה לעשות צעד קדימה גם אם יש בו סיכון?

הלוואי שהייתי יודעת. אולי אולמרט באמת חושב להסיר מחסומים כצעד אמון ושהוא עשוי להפסיק זמנית את בניית החומה. אבל החייל לא יבין שפירושו של דבר שהגישה שלו אמורה להשתנות.

השיח הפוליטי-חברתי בביתי משקף את השיח המדיני: בן אחד מסרב לשרת בצה"ל; השני החליט להתגייס ולשנות את היחס במחסום; הצעיר אומר שאין דבר כזה כיבוש הומני, אז אל תשלה את עצמך.

איך עדיין יש בך תקווה?

ויתור הוא זכות שאין לנו. יש לנו צו מוסרי להמשיך. שיקראו לנו טיפשים ונאיביים, אבל אם קולנו לא יישמע, לא תהיה שום תקווה. בשני הצדדים צריכים להמשיך הלאה, לא משנה מה יקרה.

فيفيان سيلفر / ויויאן סילבר

For Israel, the critical issue internally is how the Jewish majority treats its Arab minority. We have a lot of answering to do. Once your eyes get opened, they can never be closed again. I have had the privilege of being exposed to life as Arabs and Palestinians live it, so I can never go back. For me as a Jew, it's an existential moral question. All citizens have to be treated equally, with dignity and respect.

Is change possible with the Palestinians?
It is critical to seek out those Palestinians who have said all along a solution of two states can be achieved. We can continue to accuse the other of sabotaging peace, or we can take a leap of faith.
My life is in danger from rockets launched from Gaza. Their lives are in danger from our retaliation and attacks. They are right to complain about treatment at the checkpoints, and about the wall and the evil conception of where we are building it.
We each have to say, "We each have the legitimate right to be frightened and distrustful, but we have to break out of the cycle." I believe enough people on both sides are able to do that and do it now, in spite of the terrible pain of what is going on in the Gaza Strip.
At a recent conference in Italy, we were Palestinians and Israelis meeting with Europeans on the role of civil society and how Europeans can support our peace efforts. It became clear some of the Palestinians would not be able to go back to Gaza, they would be killed. We witnessed them become refugees. What's painful is the world doesn't see them. The very question "Where are the Palestinians for peace?" reflects ignorance and chutzpah as though it's an equal situation.

It's okay, you get to cry.
You would think you would become inured but you don't. The pain is so enormous for our side and for their side. You want to scream that it can stop. Take responsibility for making it stop. It's too precious to leave in the hands of the leaders. They're incapable, they're incompetent.

How do you get a leap of faith from governments?
I wish I knew. It occurred to me Olmert may really think he's going to take down checkpoints as a sign of good faith, and he may stop construction of the wall temporarily. But the soldier is not going to understand this means his attitude is to change.
The discourse in my house reflects the discourse in this country. One son refuses to serve in the army, the other has decided to join and change the attitude at a checkpoint. The younger one says there's no such thing as a humanitarian occupation, so don't kid yourself.

How do you keep hope?
We don't have the luxury of giving up. We have a moral directive to continue. Let them call us fools and let them call us naïve, but without our voice, there is no hope. People on both sides have to keep on going, no matter what.

القضية الداخلية الحاسمة في إسرائيل هي كيف تُعامل الأغلبية اليهودية الأقلية العربية. هنالك الكثير من الأسئلة التي يجب علينا أن نجيب عليها. عندما يعرف الإنسان الحقيقة فإنه لا يستطيع تجاهلها. لقد أتيحت لي فرصة التعرف على الحياة التي يحياها العرب والفلسطينيون. لا أستطيع التراجع الآن. فالمسألة بالنسبة لي كيهودية هي مسألة وجودية أخلاقية. يجب معاملة جميع المواطنين بمساواة وبكرامة واحترام.

هل يمكن أن يحدث تغيير عند الفلسطينيين؟
تعتبر مسألة البحث عن الفلسطينيين الذين يؤمنون بإمكانية الوصول إلى حل الدولتين مسألة حيوية. يمكننا أن نتوقف عند اتهام الآخرين بتخريب العملية السلمية أو أن نستمر في العمل. حياتي عرضة للخطر بسبب الصواريخ التي تطلق من غزة. وحياتهم في خطر بسبب عملياتنا الانتقامية. إنهم على حق عندما يشكون من المعاملة على الحواجز والجدار والمكان الذي نبني الجدار فيه.
علينا أن نقول، "لنا جميعاً الحق الشرعي في أن نخاف وأن لا نثق، ولكن علينا أن نكسر هذه الدائرة." أعتقد أن هنالك عددا كافياً من الأشخاص على الجانبين، يستطيعون القيام بذلك والقيام به الآن بالرغم من الآلام التي تحدث في غزة.
التقينا كإسرائيليين وفلسطينيين في مؤتمر في إيطاليا مؤخراً مع أوروبيين لمناقشة دور المجتمع المدني وكيف يستطيع الأوروبيون دعم جهود السلام. كان من الواضح أن بعض الفلسطينيين لن يتمكنوا من العودة إلى غزة، لأن ذلك يعني أنهم سيقتلون. رأينا كيف أصبحوا لاجئين. من المؤلم أن العالم لا يراهم. السؤال "أين الفلسطينيون المؤيدون للسلام؟" هو سؤال يعكس الجهل وعدم الاحترام، فالأوضاع مختلفة هنا وهناك.

تستطيعين البكاء فهو لا يضر؟
يعتقد الشخص انه سيعتاد على الوضع إلا انه لا يستطيع ذلك. فالألم كبير جداً في الجانبين. يود الشخص أن يصرخ لكي يوقفه، وتحمل مسئولية إيقافه. وهذا أمر يجب أن لا يترك لمعالجة القادة لأنهم عاجزون وغير أكفاء.

كيف تؤمنين بالحكومات؟
لا أعرف، لقد توقعت أن يقوم أولمرت بإزالة الحواجز كبادرة حسن نية وأن يوقف بناء الجدار مؤقتاً. إلا أن الجنود لا يعرفون معنى هذا، ما يعني أنه يجب تغيير أفكارهم. الحديث في بيتي يعكس الحديث في البلد. أحد الأبناء يرفض الخدمة في الجيش، والآخر قرر الانضمام إلى الجيش وتغيير السلوك على الحواجز. الصغير يقول إنه لا يوجد ما يسمى بالاحتلال لأسباب إنسانية، لذلك يجب أن لا نسخر من أنفسنا.

كيف تحافظين على الأمل؟
الاستسلام ليس أحد الخيارات المتاحة لدينا، لأن لدينا التزاماً أخلاقياً يدفعنا نحو الاستمرار. دعيهم يقولون إننا حمقى أو ساذجين، فبدون صوتنا لن يكون هنالك أمل. على الشعبين أن يستمرا بالرغم من كل شيء.

Barbara Sofer

Journalist and Director of Public Relations for Hadassah

Sofer is a journalist, columnist with The Jerusalem Post, novelist, and author of several children's books. She specializes in stories about life in Israel. Sofer is public relations director for Hadassah, the Women's Zionist Organization of America, which supports Hadassah Medical Center-Mount Scopus and Hadassah Medical Center-Ein Kerem. Sofer grew up in Connecticut and moved to Israel in 1971.

עיתונאית ומנהלת יחסי הציבור – הדסה

ברברה סופר היא עיתונאית בג'רוזלם פוסט, סופרת ומחברת ספרי ילדים. היא מתמחה בסיפורים על החיים בישראל. ברברה היא מנהלת יחסי הציבור של 'הדסה, הארגון הציוני של נשות אמריקה'. הארגון תומך במרכז הרפואי הדסה הר הצופים ובמרכז הרפואי הדסה עין כרם. היא גדלה בקונטיקט, ארה"ב, ועלתה לישראל ב-1971.

صحفية ومديرة العلاقات العامة في "هداسا"

تعمل السيدة باربرا سوفر صحفية ولها زاوية في جريدة "جيروزاليم بوست"، وهي روائية وألفت عدة كتب للأطفال. كما أنها متخصصة في القصص التي تتناول الحياة في إسرائيل. مديرة العلاقات العامة في "هداسا" - منظمة النساء الصهيونيات في أمريكا - والتي تدعم مركز هداسا الطبي في مونت سكوبس وفي عين كرم. نشأت في ولاية كناتيكيت في الولايات المتحدة الأمريكية وانتقلت إلى إسرائيل سنة ١٩٧١.

הייתי בחדרים רפואיים שבהם קורבנות טרור וטרוריסטים בו זמנית, מוקפים באנשים הדואגים להם ולביטחונם האישי. כשאנשים נכנסים לבתי החולים האלה, הם עושים סוויץ' במוח ומוציאים מעצמם את הטוב ביותר. לעולם לא יהיה לנו עתיד אם לא נכבה את כל הכעס והעימותים ונתקדם לקראת שלום.

הן הישראלים הן הפלסטינים אומרים שבתי החולים הם מקום של שוויון.
גברים, נשים, ילדים, רופאים, אחיות, טכנאים, כולם בערבובייה עם יהודים ופלסטינים. העולם החיצוני צריך להיות כך גם כן, עולם צודק בו כולם מסתדרים. אנחנו יהודים, מצווה עלינו לא לעמוד מהצד ולראות את הדם ניגר ממישהו אחר. התנועה שהקימה את בריאות הציבור מבטאת את הערכים היהודיים. אין דבר גדול מהצלת חיים.

אנשים גם אומרים שקשה לפלסטינים להגיע לבתי חולים.
לעתים קרובות 75 אחוזים מהילדים הם פלסטינים – משכם, עזה, חברון. אני מאמינה שאם יש לך סיבה להגיע לבית חולים, את יכולה להגיע לשם. בשבוע שעבר שאלתי אם פלסטינית עד כמה היה לה קשה להגיע משכם. היא אמרה שזה לקח קצת יותר זמן, אבל היא חישבה את זה לפני שיצאה לדרכה. אני לא רוצה את החומות האלה, אבל מצד שני, הרגשת הביטחון מקלה עלי, כל מה שמרחיק את הטרור מהחפים מפשע חשוב לי מאוד.

איך את רואה את המצב?
האמת היא שהפלסטינים לא התעשתו בזמן כדי לדכא את השנאה. קל להאשים אחרים, וזה הפך לדרך חיים אצל הפלסטינים. בתור ישראלית אני מאוכזבת מאוד. כשראוה את הצעדים הראשונים שלהם, ארוץ לקראתם. אבל מנקודת מבטי, ראיתי רק תלונות ובזבוז פוטנציאל.
אנשים אומרים על ישראל, 'זו מדינה מתקדמת כל כך, עם היי-טק, שווקים מלאים, מכוניות יפות'. התחלנו מאפס, לפני נקודת ההתחלה, ממינוס שישה מיליון, ואנשים היו עניים כל כך שגוועו ברעב, אבל במקום לדבר כל הזמן על הדברים הרעים שנעשו לעם היהודי, בנינו והשתקמנו.
הממשל שלנו דמוקרטי, והוא מייצג אותנו לחלוטין, לטוב ולרע. הצבענו לממשלה שמחויבת לתהליך השלום, לא לעשות אותו בעיניים עצומות, וזו הממשלה שיש לנו. ואני חושבת שהממשלה הפלסטינית, ממשלת הטרור, מייצגת את הרצון האמיתי של הפלסטינים. הם הצביעו לחמאס. הם רוצים את החמאס.
את מקבלת את הממשלה שמגיעה לך; זו הממשלה שיש לנו, וזו הממשלה שלהם. אני מאמינה שיום אחד תהיה חברה אידאלית. מאז ימי התנ"ך שני העמים אמורים להיות כאן. זה חלק מהתכנית האלוהית ואנו על פני האדמה נגשים את זה.

باربرا سوفر / ברברה סופר

I've been in rooms where people are taking care of terror victims while everybody around the table had to worry that day about being blown up as well—and at the same time, a terrorist would be taken care of. When people come into these hospitals, they move a switch inside and elicit their best selves. We'll never have a future unless we switch off the static of all the anger and conflicts to move ahead to peace.

Israelis and Palestinians both say hospitals are places of equality.
Men, women, children, doctors, nurses, technicians, all mixed, with Jews and Palestinians together. This is the right world, where everybody gets along.
As Jews, we are commanded, we are not allowed to stand by and watch the blood spill of somebody else. The movement that created healthcare is an expression of Jewish values. There's nothing greater than saving a life.

People also say it is difficult for Palestinians to get to hospitals.
Often 75 percent of the children are Palestinian—from Nablus, Gaza, Hebron.
I believe if you have a reason to get to the hospital, you can get here. Last week I asked a mother how hard it was for her to come from Nablus. She said it did take a little bit longer, but she took that in consideration when she set out in the morning. I don't want these walls. On the other hand, I like feeling a little bit better protected. Whatever we can do to keep terror away from innocent people is very important to me.

How do you see the situation?
The truth is Palestinians have not pulled themselves up as they need to in order to squash hatred. It's easy to blame others, and that's become a way of life among Palestinians. As an Israeli, I have extreme disappointment.
When I see their first steps, I'm running towards them, but from my view, I've just seen complaints and a waste of human potential.
People say of Israel, "This is such an advanced country, with high-tech, full markets, nice cars." We started at square one—before square one, minus six million, and people were so poor they were starving. Instead of talking all the time about the evils done to the Jewish people, we put our energy into building.
Our government is a democracy and absolutely represents us, for better or worse. We voted for a government committed to the peace process, not doing it with eyes closed, and that's the government we have. And I think the Palestinian government, the terrorist government, represents the true will of the Palestinians. They voted for Hamas, they want Hamas.
You get the government you deserve, and that's the government we have, and that's the government they have. Still, I believe we will one day create an ideal society. From the beginning of the Bible, we are supposed to be here, two people. That's part of the Divine Plan. Our effort on earth is to make it happen.

كنت في غرف مخصصة للعناية بضحايا) الإرهاب(، في وقت كان فيه الجميع يجلسون حول الطاولة خائفين من أن يتم تفجيرهم، وكان في الوقت ذاته أشخاص يقومون بمعالجة (إرهابي). عندما يأتي هولاء الأشخاص إلى هذه المستشفيات تجدهم يحركون شيئاً بداخلهم يحولهم إلى أشخاص أفضل مما هم عليه. لن يكون لدينا مستقبل إلا إذا غيرنا حالة الغضب والصراع وسرنا إلى الأمام نحو السلام.

يقول الإسرائيليون والفلسطينيون أن المستشفيات هي أماكن المساواة.
يختلط الرجال والنساء والأطفال والأطباء والممرضون والممرضات باليهود والفلسطينيين.
هذا هو العالم الصحيح حيث يتعاون الجميع. نحن اليهود لا نستطيع الجلوس دون عمل شيء ومشاهدة سفك دماء الآخرين. كانت المنظمة التي أوجدت الرعاية الصحية تعبر عن قيم يهودية، فليس هنالك أعظم من إنقاذ حياة شخص ما.

يقول الناس أيضاً أنه يصعب على الفلسطينيين الوصول إلى المستشفيات؟
عادة ما تكون نسبة الأطفال الفلسطينيين ٧٥٪ ، يأتون من نابلس وغزة والخليل.
أعتقد أن الشخص الذي يحتاج إلى الذهاب إلى مستشفى سيجد طريقاً لها. سألت الأسبوع الماضي إحدى الأمهات عن مدى صعوبة مغادرة نابلس. أجابت أن الرحلة استغرقت وقتاً أطول ولكنها أخذت ذلك بعين الاعتبار عندما غادرت منزلها صباحا.
أنا لا أريد هذا الجدار، ولكني أريد أن أشعر بالحماية. من المهم بالنسبة لي أن نقوم بكل ما نستطيع القيام به لكي نحمي الأبرياء من الإرهاب.

كيف ترين الوضع؟
في الواقع أن الفلسطينيين لم يحسنوا من وضعهم كما يجب لكي يتخلصوا من الكراهية. من السهل أن نلوم الآخرين، وهذه هي طريقة الفلسطينيين التي اعتادوا عليها. أنا كإسرائيلية مستاءة جداً من هذا الوضع. فعندما يخطون خطوة إلى الأمام تجديني أركض نحوهم، إلا أنني لا أجد إلا الشكاوى وهدر الطاقات البشرية.
يقول الناس أن «إسرائيل دولة متقدمة تكنولوجياً، وان هناك أسواقا مزدحمة و سيارات جميلة.» لقد بدأنا بداية صعبة ينقصها ستة ملايين، وكان الناس فقراء جداً لدرجة الجوع. لقد كرسنا طاقاتنا من أجل البناء بدلاً من تضييع الوقت في الحديث عن الشر الذي لحق باليهود.
حكوماتنا ديمقراطية وهي تمثلنا في جميع الأحوال، لقد انتخبنا حكومة ملتزمة بالعملية السلمية، لكنها لن تقوم بذلك وهي مغلقة الأعين، وهذه هي الحكومة الموجودة لدينا الآن. أعتقد أن الحكومة الفلسطينية، الحكومة الإرهابية، تمثل الإرادة الحقيقية للفلسطينيين. لقد انتخبوا حماس لأنهم يريدون حماس.
تحصل الشعوب على الحكومات التي تستحقها، فنحن لدينا الحكومة التي نستحقها، ولديهم الحكومة التي يستحقونها. إلا أنني أؤمن أننا ذات يوم سنبني مجتمعاً مثالياً. حيث أن التوراة منذ البدء تبين أن علينا أن نكون هنا شعبين. هذا جزء من الخطة المقدسة، وجهودنا على الأرض تقتضي أن نحقق ذلك.

Faiha Abdulhadi

Writer, poet, consultant, and lecturer

Abdulhadi is a research consultant on literature, gender issues, politics, and oral history. She has published eight books, including of her poetry and women's interviews. She is chair of the Ogarit Cultural Center for Publishing and Translation, which encourages women writers. Raised in Nablus, Abdulhadi was deported to Jordan at age 15 with her mother, a women's organizer. She was not permitted to return for 27 years.

كاتبة، شاعرة، مستشارة، ومحاضرة

تعمل الدكتورة فيحاء عبد الهادي كمستشارة أبحاث في مجالات الآداب وقضايا النوع الاجتماعي والسياسة والتاريخ الشفهي، وقد أصدرت ثمانية كتب تشمل مجموعات شعرية ومقابلات مع النساء. كما أن الدكتورة فيحاء عبد الهادي رئيسة مركز أوغاريت الثقافي للنشر والترجمة، والذي يعمل على تشجيع المرأة المؤلفة. نشأت الدكتورة فيحاء عبد الهادي في نابلس التي نفيت منها إلى الأردن، مع والدتها، وهي في سن الخامسة عشرة. حيث كانت والدة الدكتورة فيحاء عبد الهادي ناشطة في مجالات تنظيم المرأة، ولم يُسمح لها بالعودة إلى نابلس إلا بعد ٢٧ عاماً.

סופרת, משוררת, יועצת ומרצה

ד"ר עבדולהאדי היא יועצת מחקר בתחומי הספרות, המגדר, הפוליטיקה וההיסטוריה שבעל-פה, וכן פעילה בארגוני נשים. היא פרסמה שמונה ספרים, ובהם שירה פרי עטה וראיונות עם נשים. היא יושבת ראש של מרכז התרבות להוצאה לאור ולתרגום 'אוגרית' המעודד כתיבת נשים. פייחה עבדולהאדי גדלה בשכם, ובגיל 15 גורשה לירדן עם אימה, במשך 27 שנים לא הותר לה לשוב לארצה.

كانوا قد رفعوا منع التجول أثناء الاجتياح عام ٢٠٠٢. حينها ذهبت إلى النادي الرياضي لأتمرن على آلة الجري فاخترقت رصاصة نافذة خلفي. قلت لنفسي: "سأتجاهل هذا الحدث، يجب على الحياة أن تستمر". إن الأعمال التي تجعل الإنسان يستمر في ممارسة حياته اليومية، بغض النظر عن الظروف المحيطة، التحدي. المرأة قادرة على ممارسة حياتها اليومية، ومواجهة أعباء القمع ضدها وضد أبنائها، أعتقد أن هذا يضاعف من قوتها.

ما هي العلاقة بين السياسة والحياة اليومية والشعر والدين؟

منذ نعومة أظافري أحببت الشعر. أنا شاعرة وكاتبة ومستشارة في الأدب والتاريخ الشفوي والسياسة. أشعر بالسعادة عندما أعبر عن نفسي بحرية، وعندما أتحادث مع امرأة أخرى عن مشاعرنا، وعندما أخفف من معاناة من أحبهم، ومن معاناة الغريبين عني. أشعر بالسعادة عندما أنجز شيئاً ما، كتأليف كتاب مثلاً.

تستهلك السياسة في هذا البلد حياة الإنسان اليومية، فهي ليست أمراً مجرداً، وإنما مرتبطة بجميع المجالات بما فيها المجالات الثقافية والسياسية. ولكنني لا أؤمن بالربط بين الدين والسياسة أو المجتمع المدني، فعندما نربط الدين بالسياسة لا يعود الدين ديناً. نريد أن نبني دولة حرة ديمقراطية علمانية حيث يكون للناس الحق في ممارسة معتقداتهم.

ماذا تقولين للسياسيين الإسرائيليين والفلسطينيين؟

توقفوا عن عقد اللقاءات حتى تتمكنوا من إنجاز شيء ما. تفاوضوا فقط عندما تستطيعون تحقيق شيئ يجلب الأمل للناس، فهذه الاجتماعات لا تحقق شيئاً ملموساً، فبناء المستوطنات مستمر والحواجز تزداد. والمعتقلون الذين يفرج عنهم هم ممن سيطلق سراحهم بعد فترات وجيزة على أية حال.

أمضيت أنا وأمي فترة قصيرة في المعتقل عندما كنت في الخامسة عشر من عمري. ثم أصبحت لاجئة لمدة ٢٧ عاماً، ولم يسمح لي بالعودة إلى بيتي. يكون الأمر صعباً عندما يُبعَد الإنسان عن مكان طفولته والناس الذين يحبهم، وعندما يعود يتساءل: «أين أهلي وأصدقائي؟»

هل تسامحين؟

القضية ليست قضية مسامحة. ففي أعماق نفسي، عندما أغلق عيني، أتذكر كيف كانوا يعذبونني. لقد ضربوني أمام أمي. أؤمن أن السلام هو الأمان و التخلص من جميع أشكال العنف. أقول: «عليكم أن توقفوا العنف واعتقال الأطفال. وإلا كيف نبني السلام فيما بيننا؟»

على الإسرائيليين أن يعترفوا بالجرائم التي اقترفوها، ومن ثم إصلاح الأمور. فعندما يقوم الناس باقتراف جرائم حرب سواء كانت موثقة أم لا، فإن عليهم الاعتراف بها. كما أن على الفلسطينيين أن يحكوا حكايتهم، وأن يعطي القادة السياسيون لمسة إنسانية لخطاباتهم السياسية بحيث تظهر هذه الخطابات واقع الإنسان الفلسطيني العادي أمام العالم. يستطيع الإنسان أحياناً أن ينتصر في المعركة دون استخدام السلاح. ربما يكون الناس وقصصهم أقوى من البنادق.

ד"ר פייחה עבדולהאדי / د. فيحاء عبد الهادي

They lifted the curfew one day during the invasion of 2002. I went to the gym and was on the treadmill when a bullet broke a window behind me. I said to myself "I will not notice this, life has to go on." Such actions are resistance—to continue your daily life regardless of the circumstances. Women are capable of this, they have the double burden of facing oppression for themselves and all members of the family. I think this gives them double strength.

What is the relationship between politics, daily life, poetry, religion?
I have loved poetry since my childhood. I am a poet, writer, and consultant in literature, oral history, and politics. I am happiest when I am free to express myself, when I sit with a woman talking of our feelings, and when I can shorten the suffering of someone I love, or even a stranger. I feel happy when I accomplish something, when I complete writing a book.
Politics here consume your life from the time you open your eyes until you go to bed. It's not only in the air, it's on the ground. It is not abstract, it is connected with all fields, including culture and economics.
However, I believe religion must not be connected to politics or civil society. When politics are connected to religion, it is no longer religion. We want to build a free, democratic, secular state where people have the right to their own beliefs.

What would you say to Palestinian and Israeli politicians?
Stop meeting unless you accomplish something. Negotiate only when you can bring something from your hearts that will give hope to the people. Nothing concrete comes of these meetings, settlements continue, checkpoints increase. Prisoners are freed, but only those who would soon be released anyway.
My mother and I were imprisoned when I was 15. It was a short time, but then I was a refugee for 27 years, never allowed to come home. When you are deported from the places of your childhood, your streets, the people you love, it is hard. And you return and ask, "Where are my friends and family?"

Have you forgiven?
No. It is not a matter of forgiveness. Deep in my mind, when I close my eyes, I remember how they tortured me. I was beaten in front of my mother. I believe peace is human security, to get rid of violence of all kinds. I would say, "You must stop the violence, stop imprisoning children. Otherwise, how can we build peace between us?"
The Israelis have to confess the crimes they committed and make reparations. When you commit war crimes, documented and undocumented, you have to admit them.
And we Palestinians need to tell our story as a people, give a human touch to the political speeches from the leaders, reveal the ordinary people of Palestine to the world. Sometimes you can win a battle without holding a gun. Barehanded people and their stories can be more powerful than guns.

בפלישה של 2002, באחד מן הימים, הסירו את העוצר. הלכתי למכון הכושר והתעמלתי לי על מסלול ההליכה, כשלפתע כדור ניפץ את החלון מאחוריי. חשבתי לעצמי, "לא אשים לב לזה. החיים מוכרחים להימשך". מדובר בפעולות התנגדות – ממשיכים בחיי היום-יום בלי להתחשב בנסיבות. נשים מסוגלות לעשות את זה, הרי יש להן עול כפול של התמודדות עם דיכוי עצמי ושל בני משפחתן, המעניק להן עוצמה כפולה.

מה הקשר בין פוליטיקה, חיי יום יום, שירה ודת?
מאז ילדותי אהבתי שירה. אני משוררת, סופרת ומרצה לספרות, היסטוריה שבעל-פה ופוליטיקה. אני הכי מאושרת כשאני בחופש ביטוי מלא, כשאני יושבת עם אישה ומדברת עמה על רגשות ללא מעצורים, וכשאני מסוגלת להפחית את הסבל של מישהו שאני אוהבת, או אפילו של אדם זר. אני מאושרת כשאני משיגה יעד כלשהו, כגון סיומו של ספר.
הפוליטיקה כאן משתלטת על החיים מהרגע שאת פוקחת עיניים ועד שאת שוכבת לישון. היא לא רק באוויר, היא גם על הקרקע. היא לא מופשטת, היא נוגעת בכל התחומים, בין אם זו תרבותינו, או הכלכלה.
למרות הכל, אני מאמינה שהדת לא צריכה להיות קשורה לפוליטיקה או לחברה האזרחית. אנחנו רוצים לבנות מדינה חילונית, דמוקרטית וחופשית, מדינה שמותר לאנשים בה לבחור את אמונתם, את דתם. הפוליטיקה בולעת את הדת ומשנה אותה ללא היכר.

מה היית אומרת לפוליטיקאים הפלסטינים והישראלים?
כדאי שתפסיקו להיפגש, אלא אם כן אתם משיגים משהו. תשאו ותתנו רק כאשר המפגש עצמו יבוא מהלב, משא ומתן צודק ומתון ייתן לעם תקווה. שום דבר מוחשי לא יוצא מהפגישות האלה: ההתנחלויות נמשכות, המחסומים מתגברים, האסירים שממילא עמדו להשתחרר משתחררים.
כשהייתי בת 15, אמא שלי ואני נכלאנו לזמן קצר, זמן קצר אשר הפך אותי בהרף עין לפליטה במשך 27 שנים. לא הרשו לי לחזור הביתה. קשה כשמגרשים אותך ממחוזות ילדותך, מהרחובות ומהאנשים שאת אוהבת; את שואלת את עצמך באופן תמידי "איפה החברים ובני המשפחה שלי?"

את סלחת?
לא. זו לא שאלה של סליחה. בתוך תוכי, כשאני עוצמת את עיניי, אני זוכרת איך עינו אותי. היכו אותי לעיני אמא שלי. אני מאמינה שהשלום הוא צורת ביטחון אנושי בכדי להיפטר מהאלימות על כל צורותיה. "אתם מוכרחים להפסיק את האלימות, להפסיק לכלוא ילדים. אחרת, איך נוכל לעשות שלום בינינו?"
הישראלים חייבים להודות בפשעים שבוצעו ולתקנם. כשמבצעים פשעי מלחמה, מתועדים או לא מתועדים, צריך להודות בהם. מנגד, אנו הפלסטינים צריכים לספר את הסיפור שלנו כעם, להעניק מגע אנושי לנאומים הפוליטיים של המנהיגים, לחשוף בפני העולם את האנשים הפשוטים של פלסטין. לפעמים אפשר לנצח בקרב בלי לאחוז ברובה. אנשים בידיים חשופות והסיפורים שלהם יכולים להיות חזקים מרובים.

Salwa Abu Lebdeh

Camerawoman and documentary filmmaker

For thirteen years Abu Lebdeh has filmed the Palestinian people, their life stories, causes, and events. A believer in nonviolence and women's strength, she was the spokeswoman for The Jerusalem Center for Women. Abu Lebdeh has documented the history of Palestinian towns and the suffering and opportunities of female detainees released from Israeli prisons. She works at the Palestinian Broadcasting Corporation in Ramallah.

منتجة ومخرجة أفلام وثائقية

قامت السيدة سلوى أبو لبدة، وعلى مدى ١٣ عاماً، بعمل أفلام وثائقية عن الشعب الفلسطيني وعن حياة هذا الشعب وعن قضاياه. تؤمن السيدة سلوى أبو لبدة باللاعنف وبقدرات المرأة. حيث وثّقت تاريخ المدن الفلسطينية ومعاناة المرأة الفلسطينية المعتقلة والتي تم الإفراج عنها من السجون الإسرائيلية والفرص المتاحة لتلك المرأة. قامت السيدة سلوى أبو لبدة بإخراج فيلم وثائقي بعنوان «الحوار المستحيل» بالتعاون مع مخرج إسرائيلي. تعمل السيدة سلوى أبو لبدة في هيئة الإذاعة و التلفزيون الفلسطينية في رام الله.

צלמת ויוצרת סרטים תיעודיים

במשך 13 שנה צילמה סלווה אבו לבדה את העם הפלסטיני – סיפורי חיים, נסיבות ואירועים שונים. אמונתה באי-אלימות ובכוח נשי הביאה אותה לכהן כדוברת 'המרכז הירושלמי לנשים' וכעובדת רשות השידור הפלסטינית ברמאללה. היא תיעדה את סיפורן של הערים הפלסטיניות – התלאות וההזדמנויות של העצורות ששוחררו מבתי כלא בישראל.

أنا مخرجة تحاول أن تعرض صورة تختلف عن ما نراه في وسائل الإعلام من قتل، وعن أننا أمة تفتقر إلى الحياة، وأنه لا يوجد هنالك سوى جنازات وأعلام. أعرض حياتنا وأننا أمة لها تاريخ وحضارة وتراث.

هل من الصعب أن تعمل المرأة الفلسطينية في مجالات الإخراج؟

العمل في وسائل الإعلام صعب لأنه يتطلب العمل حتى وقتٍ متأخر من الليل. أحياناً أعود إلى البيت في منتصف الليل أو الساعة الواحدة صباحاً. كانت عائلتي في البداية تتساءل: "أين ستنامين؟ هل تريدين أن نرسل لك ملابس نوم إلى التلفزيون؟" أما الآن فوالدتي تدعو الجيران لمشاهدة أعمالي في التلفزيون.
عملت في مجال صنع الأفلام الوثائقية منذ ١٣ عاماً. المرأة الفلسطينية قادرة على القيام بأعمال مختلفة، حتى أن هنالك فلسطينيات يعملن شرطيات. الاحتلال شيء سيئ، إلا أنه علّم المرأة كيف تكون مستقلة تقود الناس وتكون سيدة أعمال.
تتخذ المرأة دورها الحقيقي في النضال، وهي تحتل المقاعد الأولى في الثورة. وهي تقود الرجل. إلا أن السلطة الفلسطينية لم تعامل المرأة بعدل. هل تقوم السلطة على أكتاف النساء في المراكز العليا؟ لا.
المرأة الفلسطينية تعلّم في المدارس وتساهم في المنظمات النسائية وتدعم المجتمعات في مخيمات اللاجئين. أين هؤلاء النساء؟ لماذا لا تمنح المرأة الدور السياسي والثقافي والإعلامي؟ للمرأة طاقة هائلة، يجب أن تعطى المرأة المجال لكي تعطي.
هنالك مثل يقول «المرأة نصف الكون،» وأنا أقول «المرأة هي كل الكون،» لأنها مصدر كل شيء، فهي التي تربي الأطفال، لذلك يجب أن تمنح المرأة فرصة تغيير كل شيء.

ما هي مواضيع أفلامك الثقافية؟

هنالك الكثير من الأشياء التي تحزنني، إلا أنها تدفعني إلى الأمام بالرغم من الحزن في داخلي. الحزن يدفعني إلى الأمام للتخلص منه. تتناول أفلامي الثقافية الأمور التي تثير اهتمامي. يروي أحد أفلامي الوثائقية ويسمى «شواهد وعيون» التاريخ والأحداث التي عصفت بالقرى الفلسطينية. لهذه الأحداث وقع قوي لأنها تعكس ما شاهده الناس بأم أعينهم. الاسم «شواهد وعيون» جاء عندما وصفت فلسطينية تهجير الفلسطينيين عام ١٩٤٨ بقولها: «هذا ما شاهدت بعيني.» كما أنني قمت بعمل أفلام وثائقية حول معاناة المعتقلات الفلسطينيات في السجون الإسرائيلية، والفرص المتاحة لهن بعد إطلاق سراحهن.

ماذا تتوقعين من عملك؟

أنا سعيدة لأن عملي يمكّن النساء في مناطق بعيدة من معرفة ما يجري هنا. يجمع هذا العمل بين النساء ويساعدهن على تشاطر الأحزان، كما أنه يساعد على تغيير أوضاع المرأة في جميع أنحاء العالم.

סלווה אבו לבדה / سلوى أبو لبدة

I am a director. I try to show a picture that's different from the one you see on television that depicts a nation being killed, a nation that lacks life—with only funerals and flags. I show our life: a people with a history, civilization, and heritage.

Is it difficult being a Palestinian female director?

A media job is difficult because it requires working late. Sometimes I come home at midnight or one o'clock. At first, my family asked, "When are you going to get sleep? Shall we send you a nightgown to the television station?" Now, my mother invites her neighbors to see my works on television.

I've been making documentaries for thirteen years. Palestinian women do all kinds of jobs, even as women police officers. The occupation is bad. However, it has led to making women independent, able to lead people and be their own bosses.

The woman takes on the true role in the struggle. She occupied the front rows of the revolution. She leads the man. Yet the Palestinian Authority has not treated women fairly. Does the Palestinian Authority rise on the shoulders of the senior women in it? No.

Palestinian women teach in schools, work in the media, contribute to women's organizations, and support communities in refugee camps. Where do we see these women? Why are there are no political, cultural, or media roles for them? Women have huge energy. We should be allowed room to give.

A proverb says, "The woman is half the universe." I say, "The woman is the whole universe," because the woman is the source of everything, because she brings up the children. So, give the woman a chance to change everything.

What subjects do you document?

Many things make me sad. However, they push me to advance despite my sadness inside. Sadness makes me step forward to come out of sadness.

So, I do documentaries that touch my interests. "Eyewitnesses" documents Palestinian towns, their histories and events they have gone through. These are powerful because they are told by people themselves, by families' stories. The title for "Eyewitness" was inspired by an elderly woman who described her suffering during the 1948 displacement of Palestinians, saying, "This is what I witnessed with my own eyes."

And I made a documentary about the suffering of Palestinian female detainees in Israeli prisons, the opportunities that open for them when they are freed, and the directions each one of them takes.

What do you hope for your work?

I am grateful because my work enables women in distant places to think about us. This work brings women together and helps us share our agony. It can change women's situations worldwide.

אני במאית. אני מנסה להראות תמונה שונה מזו שרואים בטלוויזיה. בטלוויזיה רואים אומה שנהרגת, אומה ללא רוח חיים, מלווה בהלוויות ודגלים. אני מראה את החיים שלנו: עם מבורך בהיסטוריה מעניינת, תרבות ומורשת.

קשה להיות במאית פלסטינית?

העבודה בתקשורת קשה כי היא מחייבת שעות עבודה מאוחרות. לפעמים אני חוזרת הביתה בחצות או באחת לפנות בוקר. בהתחלה המשפחה שלי היתה שואלת אותי "מתי תלכי לישון? שנשלח לך כתונת לילה לאולפן הטלוויזיה?" עכשיו אימא שלי מזמינה את השכנים להסתכל בעבודות שלי בטלוויזיה.

אני עושה סרטים תיעודיים כבר 13 שנה. לדוגמא, אני מתעדת את עבודתן השונות של נשים פלסטיניות, בינהן אפילו שוטרות. למרות שהכיבוש רע, הוא הביא לעצמאותן, יכולתן להנהיג ולהיות הבוסיות של עצמן.

האישה מקבלת עליה את התפקיד האמתי במאבק. בחזית המהפכה היא מובילה את הגבר למרות שהרשות הפלסטינית לא מתייחסת לנשים בהגינות. האם הרשות הפלסטינית נישאת על כתפי הנשים הבכירות בה? לא.

נשים פלסטיניות מלמדות בבתי ספר, עובדות בתקשורת, פעילות בארגוני נשים ותומכות בקהילות במחנות הפליטים. איפה אנחנו רואים את הנשים האלה? למה אין להן תפקידים בפוליטיקה, בתרבות או בתקשורת? צריך לפנות לנו מקום כדי שנוכל להעניק את כוחינו המיוחדים, שחברתנו תנשא מעוף.

נאמר, "האישה היא חצי מהיקום". לדעתי, "האישה היא היקום כולו", כי האישה היא מקור הכול, היא מגדלת את הילדים. תנו לנשים הזדמנות לשנות.

אילו נושאים את מתעדת?

הרבה מעציב אותי. אבל כל העצב דוחף אותי להתקדם.

סרטי התיעודיים נוגעים בתחומי העניין שלי. התכנית "עדי ראייה" מתעדת את ההיסטוריה של ערים פלסטיניות שונות, ואירועים שהתרחשו בהן. זה חזק מאוד כי האנשים עצמם מספרים את סיפורי משפחותיהם. הכותרת "עדי ראייה" נבחרה עקב דברי אישה מבוגרת שתיארה את סבלה בזמן עקירת הפלסטינים ב-1948 במילים, "הייתי עדה לזה במו עיניי".

בנוסף, אחד מסרטי מתעד את סבלן של העצורות הפלסטיניות בבתי כלא ישראליים, על ההזדמנויות שנפתחות בפניהן כשהן משתחררות ועל הכיוון שכל אחת מהן בוחרת לאחר מכן.

למה את מקווה בקשר לעבודתך?

אני אסירת תודה, כי העבודה שלי מאפשרת לנשים במקומות מרוחקים לחשוב עלינו. עבודתי מפגישה נשים ועוזרת לנו ליצור בסיס נוח לשיתוף יגון וחוויות. היא יכולה לשנות את עמדת הנשים ברחבי העולם.

We are a nation that deserves to live, and to live in peace. What is happening to us now leaves us hopeless, and no one can live without hope. We have been neglected for a long time, and we are not going to be the only nation that will pay the price. The whole neighborhood of nations will pay because we have been left without hope.
Hope is tomorrow. Hope is my children. Hope is this country's future. That's what people live for.

Do you face problems in the male-dominated business world?
I don't face problems because I am a woman, I face problems living under the occupation. The problems I face are the same as those facing any Palestinian importer or businessman or woman. There are hundreds of checkpoints in the West Bank alone, and total separation between Gaza and the West Bank. I lost half of my market because of the closure in Gaza.
We are contractors, and contracting means you have to be fast to deliver the goods and transact payments. We cannot be fast in either respect. We cannot deliver our goods to our Palestinian clients in other cities. We don't have easy access to Nablus, Jenin, and Qalqelia, and no access to Gaza. And our work is very difficult regarding import procedures applied on Palestinians.
The other problems I face, as a businesswoman in Palestine, are shared by businesswomen in every corner of the world—how to balance work and family, and how to deal with the advantages men have, such as attending meetings late at night that I cannot go to due to my responsibilities to my family. When I attend businesswomen's meetings outside of Palestine, I find we share the same problems whether we are Europeans, Africans, or Americans.

If you could go back ten years, would you choose to do import business in Palestine?
You can't go back in time, you have to accept what you have now. What I have is that I am proud I am setting a role model for my children. My family is number one, I will never compromise regarding my family. The business is number two. I don't feel the guilt some women feel. I have tried my best.

Can Palestinian women achieve what they desire?
It's important to set high targets and work hard to achieve them. I see achievements by women in our society with women members on the Legislative Council, for example. As a board member of the Businesswomen's Forum, I can see more and more women participating in business.
Change is gradual. Life is made up of small achievements. Hopefully we will see something big at the end.

אנחנו אומה שראויה לחיים, לחיים בשלום. מה שקורה לנו עכשיו משאיר אותנו חסרי תקווה, מצב בלתי אפשרי. הוזנחנו זמן רב, ואנחנו לא נהיה האומה היחידה שתשלם על כך. כל קהילת האומות תשלם כי נשארנו בלי תקווה.
התקווה היא המחר, היא הילדים שלי, היא עתיד המדינה הזאת. בשביל זה אנשים חיים.

את נתקלת בבעיות בעולם העסקים שגברים שולטים בו?
אני לא נתקלת בבעיות בגלל שאני אישה, אלא בגלל החיים תחת הכיבוש. הבעיות שאני נתקלת בהן זהות לבעיות של כל יבואן, איש עסקים או אשת עסקים פלסטיניים נתקלים בהן. יש מאות מחסומים בגדה המערבית בלבד, והפרדה מוחלטת בין עזה לבין הגדה המערבית, המונעת מאתנו להגיע לחצי מהשוק.
אנחנו קבלנים, וקבלנות דורשת מהירות באספקת הסחורות ובביצוע התשלומים. אבל זה לא יתכן במצב שאפילו אי אפשר לספק את הסחורה שלנו ללקוחות הפלסטינים שלנו בערים אחרות. אין גישה קלה לשכם, ג'נין וקלקיליה, ולעזה אין גישה בכלל. והעבודה שלנו קשה מאוד בכל מה שקשור בתהליכי היבוא הפלסטיני.
הבעיות האחרות שאני ניצבת בפניהן כאשת עסקים בפלסטין דומות לאלה של נשות עסקים בכל העולם – איך לאזן בין עבודה ומשפחה ולהתמודד עם יתרונותם של הגברים, כמו השתתפות בישיבות בשעות לילה מאוחרות שאני לא יכולה ללכת אליהן בגלל המחויבויות שלי כלפי המשפחה. כשאני משתתפת במפגשים של נשות עסקים מחוץ לפלסטין, אני מגלה שיש לנו אותן בעיות, לא משנה אם אנחנו אירופאיות, אפריקניות או אמריקניות.

לו יכולת לחזור לאחור עשר שנים, האם היית בוחרת לעסוק ביבוא לפלסטין?
אי אפשר לחזור אחורה בזמן. צריך לקבל את מה שיש לך עכשיו. אני גאה בזה שאני משמשת דוגמה לילדים שלי. המשפחה שלי במקום הראשון והעסק נמצא במקום השני. אני לא שותפה לרגשי האשמה של חלק מהנשים, אני יודעת שעשיתי כמיטב יכולתי, אני לא מתפשרת.

האם נשים פלסטיניות יכולות להשיג את משאלות לבן?
חשוב להציב יעדים גבוהים ולעבוד קשה כדי להשיג אותם. אני רואה הישגים של נשים בחברה שלנו, למשל אצל נשים חברות במועצה המחוקקת. בתור מנהלת בפורום נשות עסקים, אני רואה יותר ויותר שנשים משתתפות בעסקים.
השינוי הדרגתי, אבל החיים מורכבים מהישגים קטנים. אני מקווה שבסוף נראה משהו גדול.

Maha Abu Shusheh

General Manager of Abu Shusheh Trading Company

Abu Shusheh, named by Forbes Arabia as one of the top fifty Arab businesswomen, began her career as co-manager of the family business in road construction contracting. She then established the sole agency of Peugeot automobiles in Palestine. Abu Shusheh is active in many cultural organizations and is chair of the Palestinian Shippers Council and board president of RIWAQ, a nonprofit promoting architectural conservation.

مديرة عامة لشركة أبو شوشة للتجارة العامة

بدأت السيدة مها أبو شوشة، التي وضعتها مجلة "فوربس أرابيا" في قائمة ضمت أهم ٥٠ سيدة أعمال في العالم العربي، حياتها المهنية كمديرة مساعدة في شركة أبو شوشة للتعهدات وتعبيد الطرقات. ثم قامت بعد ذلك بتأسيس الوكالة الوحيدة لسيارات بيجو في فلسطين. تنشط السيدة مها أبو شوشة في العديد من المنظمات الثقافية وتترأس كلا من مجلس الشاحنين الفلسطينيين ومجلس إدارة مركز المعمار الشعبي رواق، وهي مؤسسة أهلية غير ربحية مختصة في حماية الممتلكات الثقافية والمعمارية.

מנכ"ל חברת הסחר 'אבו שושה'

לפי המגזין 'פורבס', אבו שושה היא אחת מ-50 נשות העסקים הערביות הבכירות ביותר. בראשית הקריירה שלה היתה מנהלת עמיתה של עסק משפחתי לסלילת כבישים. לאחר מכן הקימה את הסוכנות היחידה בפלסטין למכוניות פז'ו. מאהה אבו שושה פעילה בארגוני תרבות רבים כיושבת ראש מועצת המשווקים הפלסטינית ונשיאת מועצת המנהלים של מוסד ללא כוונות רווח הפועל למען שימור ארכיטקטוני.

نحن شعب يستحق الحياة بسلام. إن ما يحدث لنا الآن يجعلنا نشعر باليأس، والإنسان لا يستطيع العيش بدون أمل. لقد تم تجاهلنا منذ زمن طويل ولن نكون الأمة الوحيدة التي تدفع الثمن. ستدفع جميع الدول المحيطة ثمن تركنا بلا أمل. الأمل هو الغد، هو أطفالي، وهو مستقبل البلد، وهذا ما يعيش لأجله الإنسان.

هل تواجهين المشاكل في عالم يسيطر فيه الرجل على قطاع الأعمال؟

لا أواجه المشاكل كوني امرأة بل لأنني أعيش تحت الاحتلال. إن مشاكلي هي نفسها التي تواجه المستوردين من رجال وسيدات الأعمال الفلسطينيين. هناك المئات من نقاط التفتيش في الضفة الغربية، وهنالك فصل تام بين الضفة الغربية وقطاع غزة. لقد خسرت نصف السوق بسبب إغلاق غزة.

نحن متعاقدون، وهذا يتطلب السرعة في تسليم البضاعة والسرعة في المعاملات المالية. نحن عاجزون عن تحقيق السرعة في كلا الاتجاهين، فنحن لا نستطيع توزيع بضاعتنا على زبائننا الفلسطينيين في المدن الأخرى، لا نستطيع الوصول بسهولة إلى قلقيلية ونابلس وجنين، ولا يوجد منفذ إلى غزة. كما أن العمل في مجال الاستيراد غاية في الصعوبة بسبب الإجراءات المفروضة على المستورد الفلسطيني.

أما المشاكل الأخرى التي أواجهها كسيدة أعمال فلسطينية فهي المشاكل ذاتها التي تواجه سيدات الأعمال في جميع أنحاء العالم، كإيجاد توازن بين مسؤوليات العمل والعائلة، وكيفية التعامل مع المزايا التي يتمتع بها الرجل مثل حضور الاجتماعات في أوقات متأخرة من الليل في وقت لا أستطيع حضور مثل هذه الاجتماعات بسبب مسؤولياتي تجاه عائلتي. أجد عندما أحضر اجتماعات عمل لسيدات الأعمال خارج فلسطين أننا نواجه نفس المشاكل بغض النظر عن كوننا أوروبيات أو أفريقيات أو أمريكيات.

لو رجعنا عشر سنوات إلى الوراء، فهل ستختارين العمل في قطاع الاستيراد في فلسطين؟

لا يستطيع الإنسان إرجاع الزمن إلى الوراء. علينا أن نقبل ما نحن عليه الآن. أنا فخورة بما أنا عليه الآن لأنني مثال يحتذي به أطفالي. عائلتي في المرتبة الأولى في حياتي، ولن أتنازل عن هذا أبداً، فيما العمل يقع في المرتبة الثانية. أنا لا أشعر بالذنب الذي تشعر به بعض النساء، لأنني بذلت قصارى جهدي.

هل تستطيع المرأة تحقيق ما تريد؟

من الأهمية بمكان أن نضع أهداف عليا وأن نعمل بجد من أجل تحقيقها. أرى انجازات المرأة في مجتمعنا وعلى سبيل المثال فهي الآن عضوة في المجلس التشريعي. بصفتي عضوة في منتدى سيدات الأعمال أتاح ذلك المجال لي رؤية المزيد من النساء اللاتي يدخلن مجالات الأعمال. التغيير يحدث بشكل تدريجي، والحياة مكونة من إنجازات صغيرة، آمل أن نحقق إنجازات عظيمة في النهاية.

Jihad Abu Zneid

Member of Palestinian Legislative Council (Fatah party), Jerusalem

Abu Zneid is a Fatah representative to the Palestinian governing body, where she sits on the Jerusalem, Prisoners, and Refugees Committees. She is president of the Women's Center of Shu'fat refugee camp in East Jerusalem, which tends the social, economic, and educational needs of women and children. The Center provides vocational and literary training, fitness education, leadership development, and operates a nursery school.

عضوة المجلس التشريعي الفلسطيني (عن حركة فتح)، القدس

السيدة جهاد أبو زنيد هي عضوة في المجلس التشريعي الفلسطيني عن حركة فتح، وهي عضوة في لجان القدس والأسرى واللاجئين. السيدة جهاد أبو زنيد هي رئيسة المركز النسوي في مخيم شعفاط في القدس الشرقية، والذي يوفر الخدمات الاجتماعية والاقتصادية والتعليمية للنساء والأطفال في المخيم. كما يقدم المركز دورات تدريبية مهنية وتعليمية وفي مجالات اللياقة البدنية وتنمية القدرات القيادية. كما تقوم السيدة جهاد أبو زنيد بإدارة حضانة للأطفال.

חברת המועצה המחוקקת הפלסטינית (מטעם מפלגת הפת"ח), ירושלים

אבו זנייד היא נציגת הפת"ח בגוף השלטוני הפלסטיני וחברה בוועדות לענייני ירושלים, האסירים והפליטים. היא נשיאת המרכז לנשים במחנה הפליטים שועפאת בירושלים המזרחית. המרכז משמש כגן חובה, ועוסק בצורכיהם החברתיים, הכלכליים והחינוכיים של נשים וילדים ומספק הכשרה מקצועית וחינוכית, חינוך גופני ופיתוח מנהיגות.

ولدتُ عام ١٩٦٧ بعد احتلال إسرائيل للضفة الغربية. فأسماني والدي جهاد، أي «النضال» لأنه اعتقد أنني سأكون مجاهدة. وأنا أعتبر نفسي مجاهدة من أجل قضايا السلام والمرأة والقدس.
السلام العادل هو الذي يمنحنا الأمن في بيوتنا، ويمنح الأمن لأطفالنا، ويمنع هدم بيوتنا، ويمنع اعتداءات الجنود علينا، ويمنحنا حرية الحركة. لن تشعر المرأة الفلسطينية بالأمن حتى يتحقق الأمن على المستوى الوطني، وحتى نتمكن من تعزيز أنفسنا ضد الممارسات القمعية مثل العنف المنزلي في المجتمع الفلسطيني.

هل تشعرين بالأمان على الصعيد الشخصي؟

لا، أبداً، لا يمكن للمرء أن يشعر بالأمان في ظل الاحتلال. فالمعاناة الناجمة عن العيش في مخيمات اللاجئين هي معاناة كبيرة، والاحتلال يعني العنف والمزيد من العنف.
إن رسالتي كإمرأة فلسطينية هي تمكين المرأة من مساعدة الآخرين من أجل ظروف اجتماعية واقتصادية أفضل، نحن ننظر إلى مستقبل تستطيع المرأة فيه أن تلعب دوراً حيوياً في تعليم أطفالها وشعبها سبل تحقيق السلام العادل.
تركيزي على النضال الوطني هو أحد أسباب معاناتي، لقد تمت خطبتي مؤخراً، لقد كان ذلك قراراً صعباً بالنسبة لي، لأن خطيبي من الأردن، وإذا لم يحصل على تأشيرة دخول فإن حياتي الزوجية ستكون عقدة في طريق التوفيق بين مسؤولياتي أمام نضال شعبي وحياتي الشخصية.
المرأة الفلسطينية قوية جداً، لقد عملت منذ سنوات مع حركة فتح على معالجة العديد من قضايا المرأة ولكني شعرت بالتواضع عندما افتتحت مركز المرأة، فمعاناة المرأة على المستوى الشعبي أكبر من معاناتها على المستوى القيادي.

ماذا تقولين للقيادات السياسية كونك امرأة وعضوة في المجلس التشريعي؟

أقول للقادة الإسرائيليين والفلسطينيين أن عليهم الاقتراب أكثر إلى الناس العاديين والاستماع إليهم، حيث يجدون المعاناة في الجانبين. إذا أراد الله لكم أن تكونوا في مواقع قيادية، فإن عليكم العمل على تحرير الجانبين من الاحتلال. الرسالة الهامة هي التسامح. إن العنف والأمن لا يتفقان. الحياة الآمنة تتحقق فقط من خلال الحوار والتواصل.

ماذا تقولين للأمهات الإسرائيليات والفلسطينيات؟

علمن أطفالكن المحبة لا الكراهية. أعطين أنفسكن فرصة الاستماع لبعضكن البعض. وافتحن أعينكن فالعالم لا يقتصر على اتجاه واحد فقط. نحن نتقاسم الأرض ذاتها، وعلينا أن نتقاسم آمال المستقبل، علينا أن نغير الوضع من خلال التسامح والحب واحترام الأديان والمجتمعات.
نحن نريد فلسطين حرة، ونريد أن نحيا بكرامة كغيرنا من النساء في العالم. حلمي هو أن أرى المرأة الفلسطينية والابتسامة ترتسم على شفتيها أمام أطفالها. أتمنى أن تصبح القدس مدينة لجميع الأديان. هذا هو شعاع الأمل في حياتي.

ג׳יהאד אבו זנייד / جهاد أبو زنيد

My name means "holy war" or "struggle." I was born in 1967 after Israel occupied the West Bank. My father named me Jihad because he felt I would be a *jihad*. To me, it means a struggle for a just peace, women's issues, for all Jerusalem issues.

A just peace is when you are safe in your home, your children are safe, your house will not be demolished, you will not face attacks by soldiers, and you have freedom of movement. As Palestinian women, we cannot feel secure until we have security at the national level, and until we have empowered ourselves from oppressive conditions like domestic violence within the Palestinian society.

Do you personally feel secure?

Never. You never feel safe under occupation. It is great suffering to live in a refugee camp. Occupation means violence and more violence.

My mission as a Parliament member is to empower women to help others in their own circles, help them to create a good life socially and economically. We look to a future where women play the vital role in educating our children and our people to bring a just peace.

One of my sufferings as a woman is I have focused on the national struggle, and my personal needs suffered. I recently became engaged, which was a hard decision. My fiancé is Palestinian but lives in Jordan. If my fiancé doesn't get a visa, my married life will be even more conflicted between my responsibilities to my people's struggle and my personal life.

Palestinian women are very strong. I worked on women's issues in Fatah for many years, but I felt humbled when I opened the Women's Center. The women suffering at the grassroots level are stronger and more powerful than the leaders.

As a Parliament member and a woman, what would you say to political leaders?

I would say to Israeli *and* Palestinian leaders, "Go down to the grassroots and listen to what the people want. You will hear how much both sides are suffering. If God has put you in the position of a leader, you must work hard to release both sides from the occupation." The important message is to forgive. Violence and security do not go together. A secure life can only be guaranteed by dialogue and connection.

What would you say to Israeli and Palestinian mothers?

Teach your child not to hate but to love. Give yourself the opportunity to listen to us. Open your eyes: the world is not one-sided but a circle. We share the same land, and we must share the same hopes for the future. We must change the situation by giving more resources to the people—resources of forgiveness, love, respect for religion, and community.

Our hope is a free Palestine—to live like all the women in the world, to live in dignity. My dream is to see all the women in Palestine give smiles to their children. I hope I can see Jerusalem as a city for all the religions. This is the light at the end of the tunnel for me.

פירושו של שמי הוא "מלחמת קודש" או "מאבק". נולדתי ב-1967 אחרי שישראל כבשה את הגדה המערבית. אבא שלי קרא לי ג׳יהאד כי הוא צפה שאני אהיה ג׳יהאד. מבחינתי, פירוש השם הוא מאבק למען שלום צודק, למען ענייני הנשים, למען כל הקשור בירושלים.

שלום צודק נעשה כשאת בטוחה בביתך, ילדייך בטוחים, חיילים לא יתקיפו אותך, ויש לך חופש תנועה. בתור נשים פלסטיניות לא נוכל להרגיש בטוחות עד שיהיה לנו ביטחון ברמה הלאומית ועד שנעצים את עצמנו מתוך התנאים המדכאים, כמו אלימות במשפחה בחברה הפלסטינית.

את באופן אישי מרגישה בטוחה?

אף פעם. לא ניתן להרגיש בטוחים תחת כיבוש. החיים במחנה פליטים הם סבל גדול. כיבוש אומר אלימות ועוד אלימות.

המשימה שלי בתור חברת פרלמנט היא לחזק נשים כדי שיעזרו לאחרות במעגלים שלהן, יסייעו להן ליצור לעצמן חיים טובים מבחינה חברתית וכלכלית. לנשים יש תפקיד חיוני בחינוך הילדים והעם כדי להביא לשלום צודק.

אחד מגורמי הסבל האישי שלי כאישה הוא שהתמקדתי במאבק הלאומי, והצרכים הפרטיים שלי סבלו. לא מזמן התארסתי, וזו הייתה החלטה קשה. הארוס שלי פלסטיני, אבל הוא חי בירדן. אם הוא לא יקבל ויזה, חיי הנישואים שלי ייקלעו לעימות בין המחויבויות שלי למאבק של העם שלי לבין חיי האישיים.

הנשים הפלסטיניות חזקות מאוד. פעלתי בענייני הנשים בפת״ח שנים רבות, אבל חשתי מושפלת כשפתחתי את המרכז לנשים. סבלן הנשים בציבור הרחב מעיק יותר מאשר של אלו בתפקידי הנהגה.

כחברת פרלמנט וכאישה, מה היית אומרת למנהיגים הפוליטיים?

הייתי אומרת למנהיגים הישראלים והפלסטינים, "רדו אל העם ותקשיבו למה שהוא רוצה. ככה תשמעו כמה שני הצדדים סובלים. אם אלוהים הציב אתכם בעמדת מנהיגות, אתם צריכים לעבוד קשה כדי לשחרר את שני הצדדים מהכיבוש. המסר החשוב הוא לסלוח. אלימות וביטחון לא הולכים יחד. אפשר להבטיח ביטחון בחיים רק על ידי דיאלוג וקשר".

מה היית אומרת לאימהות הישראליות והפלסטיניות?

למדו את ילדיכן לא לשנוא אלא לאהוב, תנו לעצמכן את ההזדמנות להקשיב לנו. פקחו את העיניים: העולם לא חד-צדדי אלא עגול. אנחנו שותפים לארץ אחת, ואנחנו צריכים להיות שותפים גם בתקוות לעתיד. חייבים לשנות את המצב על ידי הקצאה של יותר משאבים לעם – משאבים לסליחה, לאהבה, לכבוד כלפי הדת והקהילה.

אנחנו מייחלים לפלסטין חופשית; לחיות כמו כל הנשים בעולם, לחיות בכבוד. החלום שלי הוא לראות את כל הנשים בפלסטין מחייכות אל הילדים שלהן. אני מקווה שאני אוכל לראות את ירושלים בתור עיר לכל הדתות. זה מבחינתי האור בקצה המנהרה.

Above: Palestinian in Alwalajah village near Beit Jala in the West Bank with the key to the family home that they fled in 1948.

Opposite page: Commemorations of the 60th Naqbeh, the Palestinian "catastrophe." An elder points to the name of his former village, a giant key spans the entrance to Aida refugee camp near Bethlehem, and thousands march in Ramallah on May 15, 2008.

الإسم : دير أبان
القضاء : القدس
22734 دونم
2436 48 نسمه
التهجير : 48/10/19
الإسم : دير عمرو
القضاء : القدس

UN

the Right of Return is Not One of Us
Not One of Us

خوله داوود أحمد الأزرق / חאוולה דאוד אחמד אל עזראק

The occupation puts immense pressure on women. The men used to earn incomes by working in Israel, now they cannot go to Israel. They are frustrated, cannot feed their kids, and do not feel like real fathers who can support their families. This expresses itself in violence against women and children. And women become the fathers and mothers in their families. A woman is forced to work outside the home, in factories, cleaning. Then come home, do chores, help the kids, and be patient with a nervous husband who feels she is stronger than he is.

You help women help themselves and each other.
Women come here because of domestic violence, financial issues, psychological problems from sexual abuse or other abuse. We provide a safe place where women find trust, share experiences, and give each other support unconditionally. Women build bridges and find power in themselves. When I talk with men about positive change, they take the perspective of how it can help them. They tend to be selfish.
Our culture includes many positive things. However, it does not give the same status to women as to men. We work to change the community attitude but the occupation puts major roadblocks in our path. We must have our independent state to build a democratic society that gives equal value to women as to men.
If Palestinian and Israeli women working for peace have spirit and deep belief in themselves, they will bring change as a powerful movement. They are the ones because women suffer most from this conflict.

How did you become strong?
I've gone through situations not a lot of women could have lived through. Living in a camp, you care about justice and freedom. I had a lot of anger as a child, and was arrested when I threw stones at soldiers. At 15, I didn't know the complexities of the conflict, I just needed to change the life I was so unhappy with.
When I was 18 and active in political work in the university, the security forces came at night. They demolished our house, and took me to prison. My family had to live in a tent for ten months. I felt so guilty I didn't want them visit me. I was in prison in Ramla from 1982 to 1985.
Now I have a broader understanding of the Israeli society, and I accept people not based on if they are Israeli or Palestinian. Some Palestinians I can't live with. I can't live under the Hamas government, they don't give me my rights as a woman.

What if your children threw stones?
I wouldn't encourage them, even though the camp environment pushes people to do crazy things. My 19-year-old son studies law in Al-Quds University, and a few months ago soldiers came to the camp and took him. It made me crazy, I know what prison means. Thank God, he returned after three hours. The three years I was in prison and nine years my husband was in prison caused my heart less pain than my son's three hours.

הכיבוש יוצר לחץ עצום על הנשים. הגברים אשר עבדו פעם בישראל, ועכשיו לא יכולים להגיע לשם, מתוסכלים, הם לא יכולים להאכיל את הילדים שלהם, והם לא מרגישים כמו אבות אמִתיים שמסוגלים לתמוך במשפחותיהם. זה בא לידי ביטוי באלימות גם כלפי נשים וגם כלפי ילדים. האימהות נעשות גם האימהות וגם האבות במשפחות שלהן. אישה נאלצת לעבוד מחוץ לבית, בבתי חרושת, בניקיון, ואז היא צריכה לחזור הביתה, לעשות את המטלות בבית, לעזור לילדים ולגלות סבלנות כלפי בעל עצבני שמרגיש שהיא יותר חזקה ממנו.

את עוזרת לנשים לעזור לעצמן וזו לזו.
נשים באות לכאן בגלל אלימות במשפחה, בעיות כספיות, בעיות פסיכולוגיות עקב התעללות מינית או אחרת. אנחנו מעניקות לנשים מקום בטוח, מקום שבו מאמינים בהן, מקום שבו הן חולקות בחוויות ותומכות זו בזו. כשאני מדברת עם גברים על שינוי חיובי, הם נוקטים בספק, בגישה אנוכית.
בתרבות שלנו יש הרבה דברים חיוביים, אבל היא לא מעניקה מעמד שווה לנשים ולגברים. אנחנו פועלות לשנות את הגישה של הקהילה, אבל הכיבוש מציב מחסומים רציניים בדרכנו. אנחנו מוכרחים שתהיה לנו מדינה עצמאית ושנקים חברה דמוקרטית שמעניקה שוויון בין נשים וגברים.
אם לנשים פלסטיניות וישראליות שפועלות למען השלום יהיו אומץ ואמונה עמוקה בעצמן, הן יהיו תנועה רבת עוצמה ויביאו את השלום. הנשים הן אלה שהכי סובלות מהסכסוך הזה.

כיצד נעשית כה חזקה?
עברתי מצבים שלא הרבה נשים היו יכולות להתמודד אתם. כשאת חיה במחנה, את דואגת לצדק ולחירות. כשהייתי ילדה היה בי הרבה כעס. השלכתי אבנים על חיילים ונעצרתי. בגיל 15 לא הבנתי את מורכבות הסכסוך, רק רציתי לשנות את החיים שגרמו לי להיות אומללה כל כך.
כשהייתי בת 18 והייתי פעילה פוליטית באוניברסיטה, כוחות הביטחון הגיעו בלילה. הם הרסו את הבית שלנו ולקחו אותי לכלא. המשפחה שלי נאלצה לגור באוהל עשרה חודשים. הרגשתי אשמה כל כך שלא רציתי שיבואו לבקר אותי. הייתי בכלא ברמאללה מ-1982 עד 1985.
כיום אני מבינה יותר את החברה הישראלית, ואני מקבלת אנשים לא על סמך היותם ישראלים או פלסטינים. יש פלסטינים שאני לא יכולה לחיות אתם. אני לא יכולה לחיות תחת ממשלת החמאס. הם לא נותנים לי את הזכויות שלי בתור אישה.

ואם הילדים שלך ישליכו אבנים?
אני לא אעודד אותם, אף על פי שהסביבה של המחנה דוחפת אנשים לעשות מעשי טירוף. הבן שלי בן ה-19 לומד משפטים באוניברסיטת אל-קודס, ולפני כמה חודשים הגיעו חיילים למחנה ולקחו אותו. זה הטריף אותי; אני יודעת מה זה כלא. תודה לאל שהוא חזר אחרי שלוש שעות. שלושת השנים שביליתי בכלא ותשע השנים שבעלי היה כלוא עזרו לי להתמודד עם שלושת השעות של בני.

Khawla Dawoud Ahmad Alazraq

Director of Psycho-Social Counseling Women's Center

Al-Azraq has been a social activist since her student years at Bethlehem University as a member of Fatah Youth Movement. She coordinates training programs for the East Jerusalem YMCA and is Director-Supervisor of PSCCW, which is a member of the Association of Women's Committees for Social Work active through the West Bank and Gaza. Al-Azraq lives with her family where she was raised, Aida refugee camp, Bethlehem.

مديرة مركز المرأة للإرشاد النفسي الاجتماعي

بدأت السيدة الأزرق نشاطها الاجتماعي منذ فترة تعليمها الجامعي في جامعة بيت لحم، كعضو في حركة الشبيبة الطلابية التابعة لحركة فتح. تقوم السيدة خوله الأزرق بتنسيق البرامج التدريبية لجمعية الشبّان المسيحية في القدس الشرقية، كما تقوم بالإشراف على وإدارة مركز المرأة للإرشاد النفسي الاجتماعي. المركز عضو في اتحاد لجان المرأة للعمل الاجتماعي العامل في جميع أنحاء الضفة الغربية وقطاع غزة. نشأت السيدة خوله الأزرق في مخيم عايدة للاجئين بالقرب من بيت لحم، وهي لا تزال تعيش هناك مع عائلتها.

מנהלת מרכז לייעוץ נפשי וחברתי לנשים

חאוולה אל עזראק פעילה חברתית מאז שהייתה סטודנטית באוניברסיטת בית לחם וחברה בתנועת הנוער של הפת"ח. היא מתאמת תכניות הכשרה לימק"א בירושלים המזרחית ומנהלת את ארגון PSCCW – ארגון החבר בהתאחדות של ועדות הנשים לעבודה סוציאלית הפועלת בעזה ובגדה המערבית. חאוולה אל עזראק מתגוררת עם משפחתה במקום שבו גדלה, מחנה הפליטים עיידה בבית לחם.

وطأة الاحتلال ثقيلة على المرأة. اعتاد الرجال العمل في إسرائيل، أما الآن فهم لا يستطيعون دخولها. فهم يشعرون بالإحباط، لا يستطيعون توفير الغذاء لأطفالهم، ولا يشعرون بدورهم الأبوي في دعم عائلاتهم. كل ذلك ينعكس عنفا على المرأة والأطفال. تتحمل المرأة دور الأم والأب في العائلة، فتعمل خارج المنزل، في المصانع، أو في التنظيف. ثم تعود إلى البيت لتنجز الأعمال المنزلية ومساعدة الأطفال، وتحمّل عصبية زوجها الذي يشعر أنها أقوى منه.

تساعدين المرأة على مساعدة نفسها ومساعدة غيرها من النساء؟

تأتي النساء إلى هنا بسبب العنف المنزلي، والضائقة المالية والمشاكل النفسية، والعنف الجنسي وقضايا العنف الأخرى. نوفر مكانًا آمنًا تجد فيه المرأة الثقة، وتشارك فيه النساء الأخريات بخبراتهن، وتحصل فيه المرأة على الدعم غير المشروط. تقيم النساء جسورا بينهن ويعززن من قوتهن. ينظر الرجل إلى قضايا التغيير الإيجابي من منظور تحقيق مصالحه، فالرجل يميل إلى أن يكون أنانيا.

هنالك العديد من النقاط الإيجابية في ثقافتنا، إلا أنها لا تعطي الرجل والمرأة الوزن نفسه. نحن نعمل من أجل تغيير سلوكيات المجتمع إلا أن الاحتلال يضع المعيقات في طريقنا. يجب أن يكون لدينا دولتنا المستقلة لكي نتمكن من بناء مجتمع ديمقراطي يعطي نفس الوزن والقيمة للرجل والمرأة.

لو كان للمرأة الفلسطينية والإسرائيلية التي تعمل من أجل السلام روح وإيمان عميقان بنفسها، لأحدثت تغييرات هامة. فالمرأة وحدها قادرة على إحداث التغيير لأن المرأة تعاني من الصراع أكثر من غيرها.

كيف أصبحت امرأة قوية؟

لقد تعرضت إلى أوضاع لا تستطيع الكثير من النساء تحملها. لقد عشت في مخيم، كنت أشعر بغضب كبير عندما كنت طفلة، كما قام الجيش باعتقالي عندما ألقيت الحجارة عليهم. عندما بلغت سن الخامسة عشر لم أكن أعرف تعقيدات الصراع، أردت فقط أن أغير الحياة التي لم أكن سعيدة بها. عندما بلغت سن الثامنة عشر كنت نشيطة في الأعمال السياسية في الجامعة. جاءت قوات الأمن في الليل وهدموا منزلنا واعتقلوني. سكنت عائلتي بعدها في خيمة لمدة عشرة أشهر. شعرت بالذنب لدرجة أنني طلبت منهم عدم زيارتي. اعتقلت في سجن رام الله منذ عام ١٩٨٢ وحتى عام ١٩٨٥.

لدي الآن فهم أوسع للمجتمع الإسرائيلي، وأتقبل الناس بغض النظر عن كونهم إسرائيليين أو فلسطينيين، فهنالك فلسطينيون لا أستطيع العيش معهم. لا أستطيع مثلا العيش في ظل حكومة حماس، فهي لا تعطيني حقوقي كامرأة.

ماذا لو ألقى أولادك الحجارة؟

لن أشجعهم على ذلك، بالرغم من أن بيئة المخيم تشجع الناس على القيام بأعمال جنونية. يدرس ابني البالغ من العمر تسعة عشر عاما القانون في جامعة القدس. جاء الجنود إلى المخيم ذات يوم وذلك قبل عدة أشهر وقاموا بإلقاء القبض عليه. كنت على وشك أن أصاب بالجنون، فأنا أعرف ما هو السجن. الحمد لله أنه عاد بعد ثلاث ساعات. الألم الذي شعرت به عندما أمضيت ثلاثة أعوام في السجن، والألم الذي شعرت به عندما أمضى زوجي تسعة أعوام في السجن، كان دون الألم الذي شعرت به عندما أمضى ابني ثلاث ساعات في المعتقل.

ريم الشريف / ראם אל-שרף

I adore Hebron, my city, my people, my children, the school. I refuse to leave. Whatever the circumstances, I insist on staying. My roots are here even though we are now under Israeli control.

The settlers have come since the Oslo Accords?
Yes, the Palestinian leaders did not recognize very well that they signed papers that divided Hebron in half. Now, the settlers want to get rid of us. They make our life miserable, not only with the checkpoint. The past three months we rehabilitated the school. A week later, the settlers came. They watch everything and when the guard was not here, they destroyed our garden. See those big rocks on the walk? That was our stone wall.

Can children be taught to be strong?
Children watch, and if they find the leader is strong, capable, and good in English, they follow her example. I want my students to be able to speak English and Hebrew so they can speak to the settlers, protect their school, themselves, and their town.
If a child has a psychological problem, and many have, I send him to the social worker. If he has been beaten by the settlers or army, it is different from being beaten by his family. In each situation, I act with my brain and heart together.

Children beaten by settlers?
The settlers and Palestinians live a few meters apart. When the children come to school, sometimes settlers, even women, attack the children with sticks, sometimes stones, sometimes their hands. Children come to school beaten, and I send them to the hospital.
First I calm him down. I tell him this is our city, our destiny. By staying here we win. If we leave, we lose. Most understand because their parents repeat this at home. They don't have money to buy a home in a different place. This is their destiny, and they have to cope.
It doesn't happen too often recently. When I was first here last year, I got one case each morning. Sometimes I call the Israeli police. Sometimes we tell the media. If the Israelis cooperate and they stop these things, we stop also.

Does any situation justify violence?
We have to do peaceful resistance. Violence brings misery. The children know if they are attacked, they should not hit back. In the past when they tried to protect themselves, they were taken to prison. So, if somebody tries to attack you or your home, bring in neighbors or the Israeli police. Try to get the attack on tape or video camera and show it to the world.
There is no equality. Look at the protection the settlers have and contrast that with what the Arabs have. A camera in the hand of an Arab has to equal a gun.

If peace talks start again, do you have any faith in them?
No. After every peace talk, if they come to a conclusion, it is against Palestinians. We lose more land or more rights. After these talks, maybe they will consider the wall as the border and forget about the green line. And we lose more land.

אני אוהבת מאוד את חברון, העיר שלי, העם שלי, הילדים שלי. אני מסרבת לעזוב. יהיו הנסיבות אשר יהיו, אני מתעקשת להישאר. השורשים שלי כאן אפילו שעכשיו אנחנו תחת שליטה ישראלית.

המתנחלים הגיעו מאז הסכמי אוסלו?
כן, המנהיגים הפלסטינים לא הבינו לגמרי שהם חותמים על מסמכים שמחלקים את חברון לשניים. עכשיו המתנחלים רוצים להיפטר מאתנו. הם מאמללים אותנו, לא רק במחסום. בשלושת החודשים האחרונים שיקמנו את בית הספר, ושבוע אחר כך הגיעו המתנחלים. הם צופים בהכל וכשהשומר לא היה במקום, הם הרסו לנו את הגינה. את רואה את האבנים הגדולות האלה על המדרכה? זו הייתה גדר האבן שלנו.

אפשר ללמד ילדים להיות חזקים?
ילדים מסתכלים, ואם הם מגלים שהמנהיג חזק, בעל יכולות ושליטה באנגלית, הם מחקים אותו. אני רוצה שהתלמידים שלי ידברו אנגלית ועברית כדי שיוכלו לדבר עם המתנחלים ולהגן על בית הספר שלהם, על עצמם ועל העיר שלהם.
אם לילד יש בעיה פסיכולוגית, ולרבים מהם יש, אני שולחת אותו לעובד הסוציאלי. אם המתנחלים או הצבא הִכו אותו, זה שונה ממכות שהוא מקבל מהמשפחה. בכל מצב אני פועלת בשילוב של המוח והלב.

המתנחלים מכים ילדים?
המתנחלים והפלסטינים חיים כמה מטרים אלה מאלה. כשהילדים מגיעים לבית הספר, לפעמים המתנחלים, אפילו נשים, תוקפים אותם במקלות, לפעמים באבנים, לפעמים בידיים. ילדים מגיעים לבית הספר מוכים, ואני שולחת אותם לבית החולים.
קודם כל אני מרגיעה אותו. אני אומרת לו שזו העיר שלנו, הגורל שלנו. בכך שאנחנו נשארים כאן אנחנו מנצחים. אם נעזוב, נפסיד. רובם מבינים את זה, כי הוריהם חוזרים על כך בבית. אין להם כסף לקנות בית במקום אחר.
זה לא קורה הרבה בזמן האחרון. כשהייתי פה בשנה שעברה היה לי מקרה כזה בכל בוקר. לפעמים אני מזעיקה את המשטרה הישראלית, ולפעמים אנחנו מדווחים לתקשורת. אם הישראלים משתפים פעולה ומפסיקים לעשות את הדברים האלה, גם אנחנו מפסיקים.

האם מצב כלשהו מצדיק אלימות?
אלימות מובילה לאומללות. הילדים יודעים שאם מתקיפים אותם אסור להם להכות בחזרה. בעבר, כשהם ניסו להגן על עצמם, הם נלקחו לכלא. אז אם מישהו מנסה לתקוף אותך או את הבית שלך, קרא לשכנים או למשטרה הישראלית. נסה לתעד את ההתקפה בהקלטה או במצלמת וידאו, ותראה את זה לעולם.
אין שוויון. תסתכלי איזו אבטחה המתנחלים מקבלים ותשווי אותה למה שיש לערבים. המצלמה ביד של הערבי צריכה להשתוות לרובה.

אם שיחות שלום יתחדשו, תאמיני בהן?
לא. אחרי כל שיחת שלום, אם מגיעים למסקנה, היא נגד הפלסטינים. אנחנו מאבדים עוד אדמה או עוד זכויות. אחרי השיחות האלו, אולי הם יתייחסו לחומה כמו אל גבול וישכחו מהקו הירוק, ואנחנו נאבד עוד אדמה.

Reem Alshareef

Principal of Cordoba School in Hebron

Alshareef became principal of Cordoba School in 2006 and revitalized the school that, since the 1997 Hebron Protocol divided the city, has been inside an Israeli-administered zone. Alshareef built a coalition that includes aid from the International Committee of the Red Cross and international monitors from the Ecumenical Accompaniment Program who walk the children to and from school through the Israel settlement of Tel Rumeida.

مديرة مدرسة قرطبة في مدينة الخليل

تسلمت السيدة ريم الشريف إدارة مدرسة قرطبة سنة ٢٠٠٦. تقع المدرسة في منطقة نفوذ الإدارة الإسرائيلية وذلك منذ أن قسّم بروتوكول الخليل عام ١٩٩٧ المدينة. أنشأت السيدة ريم الشريف ائتلافا من خلال دعم من الصليب الأحمر الدولي ومراقبين دوليين من برنامج المرافَقة المسكوني لمرافقة الأطفال الفلسطينيين في طريقهم من وإلى المدرسة مروراً بمستوطنة تل- رميدا.

מנהלת בית הספר 'קורדובה' בחברון

גברת אל-שרף נתמנתה ב-2006 למנהלת בית הספר 'קורדובה'. בית הספר נמצא בשטח שבניהול ישראלי מאז הסכם חברון שחילק את העיר ב-1997. ראם אל-שרף הפיחה חיים בבית הספר. היא הקימה קואליציה הכוללת סיוע מהמשלחת הבין-לאומית של הצלב האדום ופקחים בין-לאומיים מתכניות אקומניות שתפקידם ללוות ילדים מבית הספר ואליו דרך ההתנחלות הישראלית בתל רומיידה.

أحب مدينتي، مدينة الخليل، وأحب الناس وأحب أطفالي وأحب المدرسة. لا أريد أن أترك هذه المدينة مهما كانت الظروف، فجذوري هنا وأنا باقية هنا حتى لو كنا تحت سيطرة إسرائيلية.

هل بدأ المستوطنون بالقدوم إلى الخليل منذ توقيع اتفاقية أوسلو؟

نعم، يبدو أن القادة الفلسطينيين لم يدركوا أن الاتفاقيات الموقعة تقسم المدينة إلى قسمين. المستوطنون يريدون أن يتخلصوا منّا، فهم ينغصون علينا عيشنا، أضف إلى ذلك وجود الحواجز. قمنا بإعادة تأهيل هذه المدرسة خلال الأشهر الثلاثة الماضية، ثم حضر المستوطنون ودمروا حديقتها وهم يدمرون جدرانها أثناء غياب الحارس، هذه الحجارة التي على الأرض كانت جدراناً قبل أن يخربها المستوطنون.

كيف نعلم الأطفال القوة والشجاعة؟

يراقب الأطفال ما يجري حولهم، وهم بحاجة إلى قائدة قوية وقادرة وتتقن اللغة الإنجليزية ليحذوا حذوها. أريد من طلابي أن يتعلموا الإنجليزية والعبرية لكي يستطيعوا الرد على المستوطنين، ويحموا مدرستهم وأنفسهم ومدينتهم.
أرسل الأطفال الذين يواجهون مشاكل نفسية -وهناك الكثير منهم- إلى الأخصائية الاجتماعية. الاعتداءات على الأطفال من قبل المستوطنين تختلف عن اعتداءات الأهالي على أطفالهم، وفي كلا الحالتين أفتح المجال لعقلي وقلبي للتعامل مع الأطفال.

هل يتعرض الأطفال إلى اعتداءات من المستوطنين؟

لا يبعد الفلسطينيون والمستوطنون عن بعضهم بعض سوى أمتار قليلة. وعندما يحضر الأطفال للمدرسة يهاجمهم المستوطنون، حتى نساء المستوطنين، بالعصي وأحياناً بالحجارة وبأيديهم. نرسل الأطفال الذين يتعرضون للضرب إلى المستشفيات بعد تهدئتهم. أقول للأطفال إن هذه مدينتنا وإن هذا قدرنا، وأن بقاءنا هنا يعني انتصارنا وأن الرحيل يعني الهزيمة. يسمع الأطفال الكلام نفسه من أهاليهم لذلك فهم يفهمون كلامي. الأهالي لا يملكون المال لشراء منزل في مكان آخر، فهذا قدرهم وعليهم التعايش مع هذا القدر.
تقلص عدد الاعتداءات مؤخراً مقارنة بالعام الماضي حيث كانت الاعتداءات تحدث بشكل يومي. أحياناً أتصل بالشرطة الإسرائيلية عند وقوع الاعتداءات، وأحياناً أتصل بوسائل الإعلام. آمل أن يتعاون الإسرائيليون معنا وتتوقف الاعتداءات من الجانبين.

هل تستدعي الظروف استخدام العنف؟

علينا أن نقاوم بشكل سلمي، فالعنف يعود علينا بالبؤس والشقاء. يعلم الأطفال أن عليهم أن لا يردوا على الاعتداءات بالمثل لأن ذلك سيؤدي إلى اعتقالهم ورميهم في السجون، كما كان يحدث في الماضي. الآن نرد على اعتداءات المستوطنين علينا وعلى بيوتنا من خلال دعوة الجيران لمساندتنا أو الاتصال بالشرطة الإسرائيلية، ونسجل الاعتداءات على أشرطة فيديو ونعرضها أمام العالم.
لا يوجد مساواة في الحماية بيننا وبين المستوطنين. فالمستوطنون يحصلون على الحماية الكاملة بينما تعتبر كاميرا الفيديو سلاحاً بيد الفلسطيني يعادل ذلك السلاح الذي يحمي المستوطنين.

هل هناك أمل في محادثات السلام في حال تجددها؟

أنا لا أؤمن بمحادثات السلام لأن نتائجها ستكون ضد الفلسطينيين حيث نخسر المزيد من الأرض والمزيد من الحقوق. وقد تؤدي المحادثات إلى اعتبار الجدار حدوداً وإلى نسيان الخط الأخضر، ما يعني أننا نخسر المزيد من الأرض.

د. سعاد العامري / ד"ר סועד אמירי

Nothing can change the reality that my father's house is in Jaffa. If Israelis want peace, they must apologize for what they did to the Palestinians in 1948. I think they don't want to acknowledge what happened because they are afraid it means there won't be an Israel. That is not true. There is a simple solution—divide the land into two states, Israel and Palestine. But the Israelis want their portion of the land *and* for us to share our portion with them. I cannot trust an Israeli who is always trying to confiscate my piece of land.
The other solution is one state, where Israelis and Palestinians live together. However, the Israelis don't want that either. So, I don't know what the Israelis want.

As a participant in the peace process, how do you view the Palestinian state?
At the end of the day, every problem has a solution. Morality is on our side, history is on our side. Our characteristics of being stubborn and loving life are a tremendous advantage. We are portrayed as loving death. On the contrary, we prevail because we are resilient. We celebrate daily life and build institutions because we want to live. Our stubbornness makes me feel no injustice can go on forever.

How did you write a best selling book?
I am an architect by training, a writer by pure accident. In 2003, when the Israelis reoccupied Palestine, my mother-in-law had to stay with us and drove me crazy. For 34 days, I had to deal with the Israeli army in the garden and my mother-in-law inside. I wrote emails to friends describing this insane situation. Little did I know this would be published as *Sharon and My Mother-in-Law*. It gives me a new way of talking about Palestine. Writing, cinema, theater are extremely powerful.

Can women bring peace?
Because of the army, men don't see the world through the eyes of justice. Women have strength because we think of the Other, we put ourselves in the place of the Other, and we can sympathize with the weak. We can see the tragedy and work to end the tragedy no matter the cost. A state like the United States or Israel has to see itself as the winner. That's where all tragedies in the world come from—wars come from people wanting to win.

What would you say to the leaders of the Arab nations and the United States?
The Middle East 30 years ago was a multi-cultural, multi-religious place of tolerance. We had Jews, Armenians, Arabs, Christians, and Muslims. I am an Arab, Palestinian, Mediterranean, a woman, and an architect. The problem with today's leaders is they only deal with one layer of our identity, the layer of being Palestinian. The word "Palestinian" was dehumanized for so many years that we had to struggle just to show the world we are ordinary human beings. Our identity is interesting because it is complex and multi-layered. Help us keep that complexity.

שום דבר לא ישנה את העובדה שבית אבי נמצא ביפו. אם הישראלים רוצים שלום, הם צריכים להתנצל על מה שהם עשו לפלסטינים ב-1948. אני חושבת שהם לא רוצים להכיר במה שקרה מפני שהם פוחדים שפירוש הדבר שישראל לא תתקיים. זה לא נכון. יש פתרון פשוט – לחלק את הארץ לשתי מדינות, ישראל ופלסטין. אבל הישראלים רוצים את הנתח שלהם בארץ ושאנחנו נתחלק אִתם בנתח שלנו. אני לא יכולה לבטוח בישראלי שמנסה כל הזמן להפקיע את פיסת האדמה שלי. הפתרון האחר הוא מדינה אחת שבה ישראלים ופלסטינים יחיו יחד. אבל הישראלים לא רוצים גם את זה. אז אני לא יודעת מה הישראלים רוצים.

כשותפה לתהליך השלום, איך את רואה את המדינה הפלסטינית?
לכל בעיה יש פתרון. המוסר עומד לצדנו, ההיסטוריה עומדת לצדנו. התכונות שלנו של עקשנות ואהבת חיים הן יתרון עצום. מתארים אותנו כאוהבי מוות, אך להפך, אנחנו מתגברים כי אנחנו עמידים. אנחנו מתענגים על חיי היום-יום ומקימים מוסדות כי אנחנו רוצים לחיות. העקשנות שלנו לא תתן לששום עוול להמשך לנצח.

איך כתבת ספר רב מכר?
אני אדריכלית בהכשרה וסופרת במקרה. ב-2003, כשהישראלים כבשו מחדש את פלסטין, חמותי נאלצה לגור אתנו, והיא שיגעה אותי. במשך 34 ימים נאלצתי להתמודד עם הצבא הישראלי בגינה שלי ועם חמותי בתוך הבית. כתבתי אי-מיילים לחברים ותיארתי את המצב המטורף הזה. לא שיערתי שהם יתפרסמו בתור 'שרון וחמותי'. זה מאפשר לי לדבר על פלסטין בצורה חדשה. הכתיבה, הקולנוע, התאטרון חזקים מאוד.

לדעתך נשים יכולות להביא שלום?
בגלל הצבא גברים לא מסוגלים לראות את הצדק. לנשים יש יתרון כי אנחנו חושבות על האחר. אנחנו מציבות את עצמנו במקומו של האחר ומזדהות עם החלש. אנחנו יכולות לראות את הטרגדיה ולפעול כדי לסיים אותה, בכל מחיר. מדינה כמו ארצות הברית או ישראל מוכרחה לראות את עצמה מנצחת. זה המקור לכל הטרגדיות בעולם. מלחמות נגרמות בגלל שאנשים רוצים לנצח.

מה היית אומרת למנהיגים של מדינות ערב ושל ארצות הברית?
לפני 30 שנה המזרח התיכון היה מקום סובלני, רב-תרבותי ורב-דתי. היו יהודים, ארמנים, ערבים, נוצרים ומוסלמים. אני ערבייה, פלסטינית, בת המזרח התיכון, אישה ואדריכלית. הבעיה עם המנהיגים של ימינו היא שהם עסוקים רק בשכבה אחת של זהות – זה שאנחנו פלסטינים. המילה 'פלסטיני' נהפכה ללא-אנושית במשך כל כך הרבה שנים, עד שהיינו צריכים להיאבק רק כדי להראות לעולם שאנחנו בני אדם רגילים. הזהות שלנו מעניינת כי היא מורכבת ורב-שכבתית. עִזרו לנו לשמור על המורכבות הזאת.

Suad Amiry

Author, architect, and architectural conservator

Suad Amiry uses humor in her international best-seller *Sharon and My Mother-in-law* to describe living under occupation. Raised in Jordan after her parents left Ramallah, Amiry earned her architectural degree in Beirut, Lebanon. Returning to Ramallah as a tourist, she fell in love, married, and stayed. Amiry founded the RIWAQ Center for Architectural Conservation. She has been active in initiatives with Palestinian and Israeli women.

مؤلفة ومهندسة معمارية وناشطة في الحماية المعمارية

يغلب طابع السخرية على «شارون وحماتي،» أحد مؤلفات الدكتورة سعاد العامري الذي أصبح من الكتب الأكثر مبيعاً في العالم، والذي يصف الحياة تحت الاحتلال. نشأت الدكتورة سعاد العامري في الأردن بعد أن غادر والداها رام الله. حصلت على شهادة الهندسة المعمارية من بيروت، لبنان. عادت الدكتورة سعاد العامري إلى رام الله كزائرة حيث وقعت في حب المدينة، وتزوجت وعاشت فيها. تنشط الدكتورة العامري في مبادرات النساء الفلسطينيات والإسرائيليات.

סופרת, אדריכלית ומשמרת ארכיטקטונית

רב המכר העולמי של ד"ר סועד אמירי, 'שרון וחמותי', מתאר את החיים תחת הכיבוש בהומור. אמירי גדלה בירדן לאחר שהוריה עזבו את רמאללה. את תוארה באדריכלות קיבלה בבירות שבלבנון. לאחר ששבה בתור תיירת לרמאללה, התאהבה, נישאה ונשארה במקום. ד"ר אמירי ייסדה את מרכז RIWAQ לשימור ארכיטקטוני, והיא פעילה ביזמות לנשים פלסטיניות וישראליות.

لا شيء يغير حقيقة وجود منزل لجدي في يافا. إذا كان الإسرائيليون يريدون السلام، فعليهم أن يعتذروا عما فعلوا بالفلسطينيين عام ١٩٤٨. أعتقد أنهم لا يريدون الاعتراف بما حصل لأنهم يخافون أن يعني ذلك عدم وجود إسرائيل. وهذا ليس صحيحاً، فهنالك حلٌ بسيط وهو تقسيم الأرض إلى دولتين، إسرائيل وفلسطين. إلا أن الإسرائيليين يريدون حصتهم من الأرض وأن نتقاسم حصتنا معهم، لا أثق بالإسرائيلي الذي يحاول دائماً مصادرة أرضي.

الحل الآخر هو وجود دولة واحدة يعيش فيها الإسرائيليون والفلسطينيون معاً، إلا أن الإسرائيليين لا يريدون هذا الحل أيضاً، أنا لا أعرف ما الذي يريده الإسرائيليون.

كيف ترين الدولة الفلسطينية كونك أحد المشاركين في العملية السياسية؟

لكل مشكلة حل في نهاية الأمر. يميل الجانبان الأخلاقي والتاريخي لصالحنا. من ميزاتنا الهامة إصرارنا وحبنا للحياة. يُنظر إلينا وكأننا نحب الموت، إلا أننا سننتصر بسبب إصرارنا، فنحن نحب الحياة ونبني مؤسساتنا لأننا نريد الحياة. إن عنادنا يجعلني أشعر أن الظلم لن يستمر إلى الأبد.

كيف تمكنت من تأليف كتاب مشهور جداً؟

درست لكي أكون مهندسة معمارية، أما الكتابة فهي محض صدفة. في عام ٢٠٠٣، عندما أعاد الإسرائيليون احتلال فلسطين، كان على حماتي الإقامة في منزلنا، وكاد ذلك أن يصيبني بالجنون. كان علي أن أتعامل مع الجيش الإسرائيلي في الحديقة وحماتي في المنزل لمدة ٣٤ يوماً. أرسلت رسائل الكترونية لأصدقائي أصف لهم ذلك الوضع الجنوني. لم أكن أعلم أن هذه الرسائل ستنشر تحت عنوان «شارون وحماتي.» لقد أتاح ذلك المجال أمامي للتحدث بطريقة جديدة عن فلسطين، فالكتابة والسينما والمسرح هي أمور فعالة جداً.

هل تستطيع المرأة أن تحقق السلام؟

العمل العسكري يحجب أعين الرجال عن رؤية العالم بمنظار العدل. أما المرأة فلديها قوة التفكير بالآخرين، حيث تضع نفسها مكان الآخرين، وتتعاطف مع الضعفاء. نحن النساء نرى المآسي ونعمل على تغييرها بغض النظر عن الثمن. كل ما تريده الولايات المتحدة وإسرائيل هو الفوز، هذا هو مصدر المآسي في العالم، فالحروب هي نتيجة أن هنالك أناس يريدون الفوز.

ماذا تقولين لقادة الدول العربية والولايات المتحدة؟

كان الشرق الأوسط قبل ثلاثين عاماً مكاناً متعدد الثقافات والديانات يمتاز بالتسامح. كان هنالك يهود وأرمن وعرب، مسيحيون ومسلمون. أنا عربية فلسطينية من حوض البحر الأبيض المتوسط، كما أنني مهندسة معمارية وامرأة. المشكلة في القيادات السياسية في هذا الزمن الحاضر هو أنها تتعامل مع طبقة واحدة من الطبقات التي تشكل هويتنا، ألا وهي الطبقة الفلسطينية. لقد تم تجريد كلمة «فلسطيني» من معناها الإنساني لسنوات عديدة، وكان علينا أن نناضل فقط لكي ينظر العالم إلينا كبشر. هويتنا متعددة الطبقات ومعقدة، ساعدونا على أن نحافظ على هذا التعقيد.

Aisheh Awajneh

Director of Department of Labor for Jericho and Jordan Valley

Awajneh, the first woman to head a regional department in the Palestinian Ministry of Labor, brings a strong personality and a belief in equal rights for women to her work. Awajneh, handicapped by poliomyelitis as a young child, is unmarried and considers all Palestinian youth as her daughters and sons. Awajneh has an MA in psychology and works daily to help the unemployed in the economically depressed municipality.

مديرة مديرية العمل في محافظة أريحا والأغوار

عائشة عواجنة أول إمرأة تتقلد منصب إدارة مديرية محافظة في وزارة العمل الفلسطينية حيث تؤدي وظيفتها بشخصية قوية وإيمان بالحقوق المتساوية للنساء. أصيبت عائشة عواجنة في طفولتها بمرض شلل الأطفال مما تسبب في إعاقتها. عائشة عواجنة غير متزوجة، إلا أنها تَعتبر جميع الشباب الفلسطينيين بمثابة أبنائها وبناتها. تحمل لقب ماجستير في علم النفس وتعمل يومياً لمساعدة العاطلين عن العمل في بلديتها التي تعاني من ضائقة اقتصادية.

מנהלת מחלקת העבודה של יריחו ובקעת הירדן

עיישה אוואג'נה, האישה הראשונה המנהלת מחלקה אזורית במשרד העבודה הפלסטיני, היא בעלת אישיות חזקה ואמונה בשוויון זכויות לנשים. בילדותה לקתה במחלת הפוליו, ונעשתה למוגבלת. היא אינה נשואה ורואה בכל בני הנוער הפלסטינים כבניה ובנותיה. עיישה היא בוגרת תואר שני בפסיכולוגיה ופועלת מדי יום ביומו כדי לסייע למובטלים במחוזה להתגבר על המצוקה הכלכלית.

قطاع العمال يشكل أكبر فئة بالمجتمع بنسبة تتعدى ٨٠٪ وقد وصلت نسبة البطالة فيه أيضا إلى أكثر من ٨٠٪، مما يوجب قرع ناقوس الخطر لوضع المجتمع الفلسطيني فيما يتعلق بفئة العمال وحجم البطالة المتفشية التي باتت تفرز الكثير من الأمراض الاجتماعية الاقتصادية والنفسية والصحية، علاوة على الفقر الذي أصبح شبحا يهددنا كفلسطينيين. البطالة من أصعب المواضيع التي تواجه وزارة العمل الآن. الاحتلال والإغلاقات المتكررة والحصار يوما إثر يوم، تزيد من هذه النسبة، نحن في وزارة العمل نستقبل يوميا العديد من العمال من أجل تسجيلهم على برامج البطالة، هذا الأمر مؤلم بالنسبة لي ويجعلني أقوم بدور الأخصائية النفسية والاجتماعية.

هل هناك برامج للحد من البطالة ؟

لقد حاولنا جاهدين البحث عن الوسائل والبدائل التي من الممكن من خلالها مساعدة أبنائنا العاملين. لكن وبكل ألم كان بلا جدوى، سواءا من خلال المانحين أو من خلال المؤسسات المحلية الداعمة، فالبنسبة للمانحين، بعد نتائج الانتخابات عشنا جميعنا الحصار الاقتصادي ولا زلنا نعاني من أثاره، نحن كموظفين كنا بصعوبة نستلم بعض رواتبنا، فما بالكم بالعمال الذين يعتمدون بشكل رئيسي على البرامج التي تأتي من الدول المانحة؟ فقد تم تجميد هذه البرامج، وغاب التمويل ولم يعد أمامنا أي طريق ولغاية الآن لم نحصل على الموازنات اللازمة التي تمكننا من إقامة بعض المشاريع التنموية لخفض حجم البطالة، أو تشغيل بعض الأيدي العاملة، أو لمساعدة بعض الأسر التي أصبحت تعاني من بعض الأمراض الاجتماعية والفقر والبطالة وقضايا نفسية مختلفة.

هل يصعب على امرأة أن تكون مديراً عاماً في وزارة؟

بالواقع بالنسبة لعملي، الجميع كان مستغربا بالبداية، كيف تستطيع امرأة أن تقود مؤسسة بهذا الزخم. فالفرص المتاحة للمرأة لكي تثبت نفسها في سوق العمل هي فرص قليلة ولكنني أريد أن اطمئن النساء أخواتي في كل مكان أننا نحن النساء قادرات أن نعطي ونثبت ذاتنا وجدارتنا في كل المواضيع والمجالات، وقادرات أن يكون لدينا عقل مفتوح بحيث نتعامل بشكل علمي وأداء مهني جيد وكفاءة.
أنا امرأة فتحت عينيها على مهنتها. على المرأة أن تتمتع بالشجاعة والإرادة لمواجهة التحدي كامرأة وإنسانة وتؤدي دورا مفيدا لذاتها ومجتمعها وعائلتها ووطنها.
أتصور المرأة الفلسطينية دائما وبسبب مجمل الظروف الصعبة التي مرت بها، صنعت منها شخصية عفوية قيادية بدون أدنى عناء، يعني مجموعة الظروف الصعبة التي مرت بها تصنع رغما عنها هذه الشخصية، شخصية عايشه هي شخصية طبيعية جدا لواقع ومعاناة المرأة الفلسطينية بكل مكان على أرض الوطن. أتمنى أن لا يقف أمامها أي عائق لتهميشها لأي سبب من الأسباب بعد نضالها السياسي والاجتماعي.
أقول لنساء العالم: «يا نساء العالم اتحدن وركزن على أولويات النساء». وأقول لرجال العالم: «يا رجال العالم تعاونوا مع النساء لأنه بالتعاون فقط نكمل بعضنا البعض ويكون هناك حياة أفضل لنا جميعا». وأقول لزعماء العالم: «أن حل أي مشكلة هو التعاون والمحبة» فأنا سأقول لهم في هذه اللحظة شيئا واحدا أتمنى أن يطبقوه بدون أي سؤال وهو سيادة قانون المحبة، فإذا كانت المحبة بين الإنسان وأخيه الإنسان تكون الفضيلة، ويكون السلام ويعم الخير.»

هل يستطيع الفلسطينيون أن يعيشوا بسلام مع الإسرائيليين؟

المشكلة بيننا وبين الإسرائيليين الآن أنهم محتلون لأرضنا، فبزوال احتلالهم لنا ومنحنا حقنا في إقامة دولتنا، لن تكون هناك مشكلة في التعامل معهم على صعيد المؤسسة والأفراد. الهم الرئيسي هو زوال الاحتلال، بزوال الاحتلال وإقامة الدولة فقط نستطيع التحدث عن مؤسسات وحقوق الإنسان وعن كل القضايا والمشاريع المختلفة التي ممكن أن تساهم في بناء وتطور وتنمية الإنسان.

עיישה אוואג'נה / عائشة عواجنة

Laborers constitute 80 percent of the Palestinian adult society and unemployment is also at 80 percent. This is dangerous. It produces social, economic, health, and psychological diseases as well as poverty. It is like a ghost that threatens us.
Unemployment is the most difficult issue facing the Ministry of Labor, and the occupation, roadblocks, and closures increase unemployment. I receive cases each day that make me feel pain when I hear them. I try to play the role of a social and psychological therapist.

Do you have programs to reduce poverty?
Unfortunately, we still suffer from the consequences of the embargo on funds to Palestine. It was difficult to receive our salaries, and laborers who depended totally on donors' programs were in an even more difficult situation. Our programs to help the poorest, in cooperation with the Ministry of Social Affairs, were all frozen. We still do not have the necessary funds to set up developmental projects.

Is it difficult as a woman to be Director of a regional ministry?
Everyone was surprised and wondered how a woman could run an institution like this. The number of women allowed to prove themselves in the labor market is very small, but I want to reassure women we can prove ourselves in all areas. Nothing makes us less than men. We have open minds and we administer programs professionally and efficiently.
I am a woman who opened her eyes and found her profession. A woman must have will and courage and belief in herself to face all pressures and challenges in order to prove herself as a woman and a human being. Then she can play a beneficial role for her family, society, country, and herself.
The difficult conditions transform Palestinian women into leaders. They force the personality of a leader to emerge. My personality is a reflection of the suffering of women in Palestine. We are instinctual fighters for better lives. I pray women will not be marginalized after the political and social struggle.
To all women in the world, I say, "Unite, and focus on women's priorities." To all men, I say, "Cooperate with women. We can support each other and enjoy a better life." To world leaders, I say, "Cooperation and love can solve problems." I ask leaders to apply the law of love to end all conflicts. If there is love between people, they will build social virtues and peace.

Is it possible for Palestinians and Israelis to live in peace?
The problem is they occupy us. When the occupation ends, and our state is established, we can create institutions and improve human rights that develop Palestinians and our society. Then we will undoubtedly work with Israelis on personal and institutional levels. Stability, along with other positive social conditions, will make it possible to live together in peace, respect, and love.

הפועלים מהווים 80% מהחברה הפלסטינית הבוגרת, וגם האבטלה מגיעה ל-80%. זה מסוכן. נוצרים תחלואים חברתיים, כלכליים, בריאותיים ופסיכולוגיים, מעבר לעוני; כמו רוח רפאים שמאיימת עלינו.
האבטלה היא העניין הקשה ביותר שמשרד העבודה מטפל בו; והכיבוש, המחסומים וההסגרים מחמירים את האבטלה. בכל יום מגיעים אליי מקרים שכואב לי לשמוע אותם. אני מנסה למלא תפקיד של עובדת סוציאלית ושל פסיכולוגית.

יש לכם תכניות לצמצם את העוני?
למרבה הצער עדיין אנחנו סובלים מהשלכות האמברגו על הכספים לפלסטין. היה לנו קשה לקבל משכורות, ועובדים שהיו תלויים לגמרי בתרומות היו אפילו במצב עוד יותר קשה. התכניות שלנו לעזור לעניים ביותר, בשיתוף משרד הרווחה, הוקפאו כולן. עדיין אין לנו את המשאבים הנחוצים ליצור פרויקטים לפיתוח.

לך בתור אישה, קשה לנהל משרד אזורי?
כולם היו מופתעים ותהו איך אישה תוכל לנהל גוף כזה. מספר הנשים היכולות להוכיח את עצמן בשוק העבודה קטן מאוד. בתפקידי אני רוצה לעודד נשים להתנסות ולהוכיח את עצמן בכל התחומים בראש פתוח. במאמץ זה אנחנו מנהלות תכניות ביעילות ובמקצועיות.
הרחבתי את אופקי וכך מצאתי את מקצועי. אישה חייבת שיהיו לה רצון, אומץ ואמונה בעצמה כדי להתמודד עם כל הלחצים והאתגרים. אז היא יכולה למלא תפקיד מועיל למען משפחתה, החברה, המדינה ולמען עצמה.
התנאים הקשים הופכים את הנשים הפלסטיניות למנהיגות. הם כופים על האישיות של מנהיגות לפרוץ החוצה. אנחנו לוחמות אינסטינקטיבית למען חיים טובים יותר, אנחנו משקפות את סבל נשות פלסטין. אני מתפללת שהנשים לא יידחקו הצדה כשיסתיים המאבק הפוליטי והחברתי.
לנשות העולם אני אומרת, "צריך להתאחד ולהתמקד בסדרי העדיפויות של הנשים". לגברים, "שתפו פעולה עם הנשים. נוכל לתמוך אלה באלה וליהנות מחיים טובים יותר". למנהיגי העולם אני אומרת, "שיתוף פעולה ואהבה יכולים לפתור בעיות". אני מבקשת מהמנהיגים שיישמו את חוק האהבה כדי לסיים את כל העימותים. אם יש אהבה, אנשים ייצרו סגולות חברתיות ושלום.

לדעתך פלסטינים וישראלים יכולים לחיות בשלום?
הבעיה היא שהם כובשים אותנו. בסוף הכיבוש, כשהמדינה שלנו תוקם, נוכל להקים מוסדות ולשפר את זכויות האדם וגם לפתח את החברה הפלסטינית. אז בטח נפעל עם הישראלים ברמה האישית והממסדית. יציבות, לצד תנאים חברתיים חיוביים אחרים, תאפשר לחיות יחד בשלום, בכבוד הדדי ובאהבה.

ديمة عويضة نشاشيبي / דימה עווידה-נשאשיבי

Women suffer. There's an increase in domestic violence because of the political violence and poverty. And women cannot come to our Centers because of checkpoints. The Jerusalem area is completely closed off by the Wall, and the villages around are isolated so women cannot move easily from one place to another.

How many women's shelters are in Palestine?
Three. Because of what's happening between Hamas and Fatah, we plan to have a fourth in Gaza. Our shelter at the Center is for emergencies. A woman can stay there for one month, then we refer her to other shelters. We prefer for her to go back home because it's safer for her. If she's in a shelter, a stigma is placed on her. This is a threat. She may be killed in the future.
In Islam, there is no marital rape. Any time a man wants to have sex with his wife, it's his right. She cannot go to the court and say she was raped by her husband. The problem is not only the law, but the attitude of the judges—and sometimes the male lawyers.

How does a woman get a divorce?
There is no civil law for divorce. As Palestinian women, as Muslims under Shari'a law, we are guests in our homes. Anytime, any husband can say "Go back to your family, you are divorced." For him it's easy, for her it's not easy. She has no power to divorce unless there's a very critical issue and she gives him her children, custody, everything. Sometimes it takes years and years to get her freedom.

Don't you need female lawyers and judges?
We train female lawyers. We also train female judges. There are eight of them. We did a workshop in Jordan for both female and male judges and they recommended that they will help us with the law because we showed how difficult it is to judge these cases.
We have a draft of a law built on civil law and civil rights shared between husband and wife—not one belonging to the other, a kind of equality between them. But it's not easy in these circumstances to talk about it. What we've done are amendments in the Shari'a law court.

Some women aren't physically hit but there is psychological violence.
This can be worse than physical violence. Sometimes it's economical violence where he takes her salary. Sometimes in the street there's sexual harassment. Every day we have a new story about a different kind of violence. At the Center we define "femicide" as not only death—it can be still health but certain to be death.

Do you have contact with Israeli women who do the work you do?
There are three shelters in Nazareth and we refer cases to them, but only Palestinians holding Jerusalem ID can make use of the shelters in Israel. With the Jewish people, no, we don't have any contact.
I want to say to all women, we face the same problems so let's go hand in hand to change the world.

נשים סובלות. יש עלייה באלימות המשפחתית בגלל האלימות הפוליטית והעוני, ונשים לא יכולות להגיע למרכזים שלנו בגלל המחסומים. אזור ירושלים סגור לגמרי בחומה, הכפרים מסביב מבודדים, והנשים לא יכולות לנוע בקלות ממקום למקום.

כמה מקלטים לנשים יש בפלסטין?
שלושה. בגלל מה שקורה בין החמאס לפת"ח אנחנו מתכננות מקלט רביעי בעזה. המקלט שלנו במרכז הוא למקרי חירום. אישה יכולה לשהות בו חודש אחד, ואז אנחנו מפנות אותה למקלטים אחרים, אבל אנחנו מעדיפות שהיא תחזור הביתה. זה בטוח יותר מבחינתה. אם היא במקלט, מוצמדת לה סטיגמה נוראית. היא עלולה להירצח בעתיד.
לפי האסלאם אין אונס במסגרת הנישואים. בכל פעם שגבר רוצה סקס עם אשתו, זו זכותו. היא לא יכולה ללכת לבית המשפט ולומר שבעלה אנס אותה. הבעיה היא לא רק החוק, אלא הגישה של השופטים, ולפעמים גם של עורכי הדין הגברים.

איך אישה מקבלת גט?
אין חוק אזרחי לגירושין. אנחנו נשים פלסטיניות, מוסלמיות, ולכן לפי חוקי השריעאה, אנחנו אורחות בבתינו. הבעל יכול לומר בכל רגע, "תחזרי למשפחה שלך, את מגורשת". לו קל, לה – לא. היא לא יכולה להתגרש אלא אם הנושא קריטי מאוד והיא נותנת לו את הילדים שלה – אחזקה והכול. לפעמים עוברות הרבה שנים עד שהיא מקבלת את החירות שלה.

אתן לא זקוקות לעורכות דין ולשופטות?
אנחנו מכשירות נשים להיות עורכות דין ושופטות. עד כה הכשרנו שמונה נשים. עשינו סדנה בירדן לשופטים – גברים ונשים, והם הציעו שיעזרו לנו עם החוק כי הראינו כמה קשה לדון במקרים האלה.
יש לנו טיוטת חוק שנוסחה לפי החוק האזרחי וזכויות האזרח המשותפות לבעל ולאישה – לא כשאחד שייך לאחר, אלא מעין שוויון ביניהם. אבל לא קל בנסיבות האלה לדבר על זה. עשינו תיקונים לדינים של חוקי השריעאה.

יש נשים שאינן מוכות פיזית אבל חיות באלימות פסיכולוגית.
זה יכול להיות גרוע יותר מכל אלימות פיזית. לפעמים זו אלימות כלכלית: הוא לוקח את המשכורת שלה. לפעמים ברחוב יש הטרדה מינית. בכל יום יש סיפור חדש על אלימות מסוג אחר. במרכז אנחנו מגדירות 'רצח נשים' לא רק כמוות. האישה יכולה עדיין להיות בריאה אבל זה מוות בטוח.

יש לך קשרים עם נשים ישראליות שעושות את העבודה שלך?
יש שלושה מקלטים בנצרת, שאליהם אנו מפנות מקרים, אבל רק פלסטיניות שמחזיקות בתעודת זהות של ירושלים יכולות להשתמש במקלטים בישראל. עם היהודים, לא, אין לנו שום קשר.
אני רוצה לומר לכל הנשים, אנחנו מתמודדות עם אותן בעיות – בואו נשלב ידיים ונשנה את העולם.

العنف الأسري في ازدياد بسبب تفاقم العنف السياسي وارتفاع نسب الفقر، مما يزيد من معاناة المرأة. عندما تحاول النساء الوصول إلى مراكزنا يجدن الحواجز أمامهن، كما أن منطقة القدس محاطة بالجدار، مما يعزل القرى والبلدات المجاورة، و بالتالي لا يستطيع الناس التنقل بسهولة من مكان إلى آخر.

ما هو عدد مراكز حماية المرأة في فلسطين؟

هناك ثلاثة مراكز لحماية المرأة في فلسطين، كما نعمل على إنشاء مركز رابع في غزة بسبب الخلافات بين حركتي فتح وحماس. يتمحور عمل المركز في التعامل مع الحالات الطارئة. تستطيع المرأة المعنفة المكوث في المركز لمدة شهر ثم نحولها إلى أحد مراكز حماية المرأة. نحن نفضل عودة المرأة إلى منزلها لأن ذلك أفضل لها من حيث الأمان ومن حيث السمعة الطيبة، فالمكوث في مركز حماية المرأة هو بمثابة وصمة عار تلحق بالمرأة مما قد يؤدي إلى مقتلها في المستقبل.

في الاسلام ،لا يوجد ما يسمى بالاغتصاب أثناء الزواج في ثقافتنا، فالرجل يستطيع ممارسة الجنس مع زوجته متى شاء، ولا تستطيع المرأة أن تشتكي من اغتصاب زوجها لها. في الواقع نجد أن المشكلة ليست فقط في القانون وإنما في ثقافة القضاة وبعض المحامين الذكور.

كيف تحصل المرأة على الطلاق؟

لا يوجد قانون مدني للطلاق. يستطيع الرجل وفقاً للشريعة الإسلامية أن يطلق زوجته ويرسلها إلى بيت أهلها فالنساء ضيوف في بيوتهن. الطلاق سهل بالنسبة للرجل ولكنه ليس كذلك بالنسبة للمرأة.لا تملك المرأة حق الطلاق الا في الحالات الحرجة جداً، حيث تتنازل لطليقها عن أولادها وكافة حقوقها. قد تستغرق مسألة الحصول على الطلاق العديد من السنوات.

هل هناك حاجة إلى وجود قاضيات ومحاميات؟

نقوم بتدريب المحاميات، كما نقوم بتدريب القاضيات. هنالك ثمانية من القضاة والمحامين الإناث. قمنا بتنفيذ ورشة عمل في الأردن شارك فيها قضاة من الجنسين، حيث وعدونا بمساعدتنا في مسائل تتعلق بالقانون لأننا بيَّنا لهم صعوبة التعامل مع القضايا التي تتعلق بالطلاق.

لدينا مسودة قانون تقوم على القانون المدني والحقوق المدنية التي يتشارك فيها الزوج والزوجة على أساس المساواة لا أن تكون تبعية بينهما. إلا أنه يصعب الحديث عن هذه المسائل بسبب الظروف التي نمر بها الآن. ما قمنا به هو تعديل لقانون المحكمة الشرعية.

هنالك العنف النفسي كما أن هنالك العنف الجسدي

يكون العنف النفسي أسوء من العنف الجسدي أحياناً. وقد يكون العنف اقتصادياً أحياناً حيث يستولي الزوج على راتب زوجته. كما أن هنالك مضايقات جنسية في الشوارع، حيث نواجه قصصا جديدة كل يوم عن أنواع مختلفة من العنف.

هل هناك اتصال مع نساء إسرائيليات يقمن بنفس العمل الذي تقومين به؟

هنالك ثلاثة مراكز لحماية المرأة في الناصرة حيث نحوِّل بعض النساء الفلسطينيات المعنَّفات ممن يحملن هويات القدس فقط إليها. أما مع اليهود فلا يوجد لنا أيٍ اتصال. أريد أن أقول لجميع النساء أننا نواجه نفس المشاكل مما يجدر بنا أن نقف معاً لنغير العالم.

Dima Aweidah-Nashashibi

Deputy Director of Women's Center for Legal Aid and Counseling

Nashashibi brings years of experience in women's issues and a degree in administration to the Center, with offices in Hebron, Ramallah, and Jerusalem. Established in 1991, the Center counsels women facing domestic violence, supports women in civil and Shari'a courts, and advocates for laws creating social equality for Palestinian women. It has regional and international relationships, including with Israeli organizations.

نائبة مدير مركز المرأة للإرشاد القانوني والاجتماعي

تتمتع السيدة ديمة عويضة-نشاشيبي بتجربة عريقة في قضايا النساء وتحمل درجة جامعية في الإدارة، حيث تقدم خبراتها لخدمة مركز المرأة الذي يملك فروعا في كل من الخليل ورام الله والقدس. تأسس المركز سنة ١٩٩١ حيث يقدم الاستشارة للنساء اللواتي يتعرضن للعنف المنزلي، ويقدم الدعم للنساء في المحاكم المدنية والشرعية ويناضل من أجل سن قوانين تضمن التكافؤ الاجتماعي للنساء الفلسطينيات. للمركز علاقات إقليمية ودولية متشعبة، تشمل علاقات مع منظمات إسرائيلية.

סגנית מנהלת במרכז לסיוע משפטי וייעוץ לנשים

דימה נאששיבי מביאה עמה למרכז שנות ניסיון רבות בענייני נשים ותואר במינהל. המרכז נוסד ב-1991 ויש לו משרדים בחברון, רמאללה וירושלים. הוא מייעץ לנשים המתמודדות עם אלימות במשפחה ותומך בנשים בבתי משפט אזרחיים ובבתי דין של השריעאה. המרכז גם מקדם חוקים לשוויון חברתי לנשים הפלסטיניות ומקיים קשרים אזוריים ובין-לאומיים, ובהם קשרים עם ארגונים ישראליים.

CTRL + ALT + DELETE

ONLY ANSWER
PALESTINE FREE
THIS IS A WALL OF SHAME. BUT WHAT COMES AROUND GOES! AROUND.
My Israeli sisters, this is not the answer.
16.04.2007
PLANTONS DES ARBRES
ET NON DES MURS
PEACE

Above: Ramallah, as seen from the Israeli side.

Opposite page: The Wall, as seen from inside Ramallah at Qalandia checkpoint.
The Wall at Al Quds University at Abu Dis.
Howwarah checkpoint at Nablus.

In the construction of the Wall most of the fertile land on the border between Israel and Palestine was confiscated to the Israeli side. These are the most fertile areas, the main food basket for the Palestinian Territory.
And the Wall has sealed off water flow into the Occupied Territories. The water tanks are on the Israeli side and they have the keys to the tanks. They can choose to give water to the Palestinians or not. It comes down to things like strawberries, flowers, land, olive trees, and freedom to move—captured by human greed, lack of will, and selfishness.

Do your documentaries advocate for Palestinians?
Even if the occupation ended, I would continue—there is always injustice in the world. If you are an advocate for human rights, it does not matter who is acting against human rights. At the moment it is the Israelis, but if there were violations by the Palestinian Authority or Palestinians, I would advocate against it.
Morality is being responsible for your actions for yourself *and* the people in front of you. We live not just to enjoy life. We are responsible to develop the world educationally and culturally.

And you say the Israelis are acting against human rights.
As a state, you are responsible for the safety of the people you are occupying. When Israel sent helicopters to assassinate a guerilla leader, they destroyed a whole building, killing 25 people in order to kill one wanted man. That is state terror. A state is bound by international regulations. When a state takes an action, it has to be considered at a higher level than individual terror—although people always claim that terror is terror.
And I see the American government becoming more tyrannical, trying to impose their political and economic wishes on the world. You can't come in with guns and tanks, and claim you are bringing democracy. A joke we have is "Don't be impolite to an American. He will bring democracy to your country."

How can you resist a larger power?
Nonviolent resistance would make a difference and embarrass the Israelis. Women need to think of nonviolent resistance. The Israeli army inspects all parcels at the checkpoints, so I would put dirty diapers in them. Then the Israeli would see what a silly position he is in.
The majority of actions in the first *intifada* were nonviolent, and the Palestinians put themselves on the world map as a nation. My generation, in our twenties and thirties, translated our anger into resistance. This generation has the same anger but it developed into despair.
We women create life and we need to protect life—and without hope there is no life. No matter how frustrated or tired you are, you have to wake up with a smile and send your children off with their sandwiches. You have to give children a sense of security no matter how insecure the environment.

כשהקימו את גדר ההפרדה, רוב האדמה הפורייה על הגבול בין ישראל לפלסטין הוחרמה לטובת הצד הישראלי. אלה האזורים הפוריים ביותר, סל המזון העיקרי של השטח הפלסטיני.
גדר ההפרדה עצרה את זרימת המים לשטחים הכבושים. מכלי המים נמצאים בצד הישראלי, והמפתחות למכלים נמצאים בידי הישראלים. הם יכולים לבחור לתת או לא לתת מים לפלסטינים – לדברים כמו תותים, פרחים, אדמה, עצי זית וחופש תנועה – שנשלטים בידי חמדנות של בני אדם, חוסר רצון ואנוכיות.

התיעוד שלך פועל למען הפלסטינים?
אפילו אם הכיבוש יסתיים, אני אמשיך. תמיד יש אי-צדק בעולם. אם את פועלת למען זכויות האדם, זה לא משנה מי מפירם. כרגע מדובר בישראלים, אבל אילו היו הפרות על ידי הרשות הפלסטינית או הפלסטינים, הייתי פועלת נגד זה.
המוסריות מכתיבה את הפעולות שלך למען עצמך ולמען האנשים מולך. אנחנו לא חיים רק כדי ליהנות מהחיים. אנחנו אחראים לפתח את העולם מבחינה חינוכית ותרבותית.

ואת אומרת שהישראלים מפרים את זכויות האדם.
כמדינה, את אחראית לביטחון של העם שאת כובשת. כשישראל שלחה מסוקים להתנקש בחיי מנהיג גרילה, הם הרסו בניין שלם והרגו 25 איש כדי להרוג מבוקש אחד. זה טרור של מדינה. מדינה מחויבת לתקנות בין-לאומיות. כשמדינה נוקטת פעולה, צריך לראות את זה ברמה גבוהה יותר מטרור אישי, למרות שאנשים תמיד טוענים שטרור זה טרור.
ואני רואה שהממשל האמריקני נעשה יותר טיראני ומנסה לאכוף את המשאלות הפוליטיות והכלכליות שלו על העולם. את לא יכולה לבוא עם רובים וטנקים ולטעון שאת מביאה דמוקרטיה. יש לנו בדיחה שאומרת, "אל תהיה לא מנומס כלפי אמריקאי, הוא יביא דמוקרטיה למדינה שלך".

איך את יכולה להתנגד לכוח חזק יותר?
התנגדות לא אלימה תגרום לשינוי ותביך את הישראלים. נשים צריכות לחשוב על התנגדות לא אלימה. הצבא הישראלי בודק את כל החבילות במחסומים, אז אני הייתי שמה בהן חיתולים מלוכלכים. כך הישראלי יראה באיזה מצב מטופש הוא נמצא.
רוב הפעולות באנתיפאדה היו לא אלימות, והפלסטינים הציבו את עצמם על מפת העולם בתור אומה. הדור שלי, בני ה-20 וה-30, תרגם את הכעס שלו להתנגדות. לדור הזה יש אותו כעס, אבל הוא הפך לייאוש.
אנחנו הנשים יוצרות חיים, ואנחנו צריכות להגן על החיים, ובלי תקווה אין חיים. לא משנה כמה את מתוסכלת או עייפה, את צריכה להתעורר עם חיוך ולשלוח את הילדים מהבית עם הכריכים שלהם. את צריכה לטעת בילדים תחושה של ביטחון, לא משנה עד כמה הסביבה לא בטוחה.

صادرت إسرائيل أثناء بناء الجدار معظم الأراضي الفلسطينية الخصبة الواقعة على الحدود بين إسرائيل وفلسطين، وهذه الأراضي هي الأكثر خصوبة، وهي التي تشكل السلة الغذائية بالنسبة للأراضي الفلسطينية. كما يمنع الجدار تدفق المياه إلى الأراضي المحتلة، فخزانات المياه على الجانب الإسرائيلي، وإسرائيل تملك مفاتيحها، وهي التي تقرر أن تقبل أو ترفض إعطاء المياه للفلسطينيين. إن الجشع والطمع وضعف الإرادة والأنانية هي التي تسلب الآخرين حرية الحركة وتسلبهم أشجار الزيتون والتوت والزهور والأرض.

هل تميل أفلامك الوثائقية لصالح الفلسطينيين؟
سوف أستمر (في الدفاع عن حقوق الإنسان) حتى لو زال الاحتلال، لان الظلم لا ينتهي. إن الدفاع عن حقوق الإنسان لا يتوقف عند من يقوم بانتهاكها، فالإسرائيليون هم الذين ينتهكون حقوق الإنسان في هذه اللحظة، ولو كانت السلطة الفلسطينية أو الفلسطينيون هم الذين ينتهكون حقوق الإنسان لوقفت ضدهم.
تقتضي الأخلاق تحمل مسؤولية ما نقوم به من أعمال أمام أنفسنا وأمام الآخرين الذين يقفون أمامنا. نحن هنا ليس فقط للاستمتاع بحياتنا وإنما نحن مسؤولون عن تطوير العالم وعن تقدّمه في المجالات التعليمية والثقافية.

هل تنتهك إسرائيل حقوق الإنسان؟
تعتبر الدولة مسؤولة عن سلامة وأمن الشعوب التي تحتلها. أرسلت إسرائيل طائرات مروحية لتغتال أحد قيادات التنظيمات، إلا أنها دمرت بناء كاملاً، وقتلت ٢٥ شخصاً فقط لتغتال مطلوباً واحداً. هذا إرهاب دولة، لأن الدولة يجب أن تلتزم بالإجراءات الدولية. فإرهاب الدولة أكبر من إرهاب الأفراد بالرغم من أن الناس تقول أن الإرهاب هو الإرهاب.
كما تتحول الحكومة الأمريكية إلى حكومة أكثر ظلماً لأنها تعمل على فرض أمانيها الاقتصادية والسياسية على العالم. الأسلحة والدبابات لا تجلب الديمقراطية، لدينا نكتة تقول، "لا تكن وقحاً مع الأمريكان وإلا فإنهم سيجلبون الديمقراطية إلى بلدك."

كيف يمكن أن نقاوم قوة أكبر من قوتنا؟
المقاومة اللاعنفية تصنع الفرق، كما أنها تحرج إسرائيل. على المرأة أن تفكر ملياً بالمقاومة اللاعنفية. الجنود الإسرائيليون يفتشون كل الأمتعة على الحواجز، لو كنت هناك لوضعت فوط أطفال قذرة بين الأمتعة، عندها سيدرك الإسرائيلي مدى سخافة عمله.
كانت معظم الأعمال في الانتفاضة الأولى لاعنفية، ووضع الفلسطينيون أنفسهم كأمة على خارطة العالم. لقد ترجم جيلي ونحن في العشرينات والثلاثينات غضبهم إلى مقاومة، لا يزال هذا الغضب موجودا حتى الآن إلا أنه تحول إلى يأس. نحن النساء نصنع الحياة وعلينا أن نحميها، غياب الأمل يعني غياب الحياة. ومهما كانت درجة الإحباط والتعب، إلا أن علينا أن نفيق من النوم والابتسامة على شفاهنا لنرسل أطفالنا إلى المدارس ومعهم غذاؤهم. علينا أن نجعل الطفل يشعر بالأمان بغض النظر عن غياب الأمن في البيئة التي تحيط بنا.

Terry Boullata

Documentary producer

Boullata produces documentaries of the lives of Palestinians under occupation and she is National Program Officer for Swiss Development and Cooperation in Jerusalem. An activist since the first intifada, Boullata was raised in a liberal Christian family and has worked with many social organizations. She is Director of the New Generation School and Kindergarten in Abu Dis, and produced *Jerusalem*: East Side Story.

منتجة أفلام وثائقية

تُنتج السيدة بلاطة أفلام تسجيلية حول حياة الفلسطينيين تحت الاحتلال وهي مسؤولة عن البرنامج الوطني لوكالة التنمية والتعاون السويسرية في القدس. ترعرعت في عائلة مسيحية ليبرالية وبدأت نشاطها منذ الانتفاضة الأولى، كما عملت مع عدة منظمات اجتماعية. السيدة بلاطة هي مديرة مدرسة وروضة «الجيل الجديد» في قرية أبو-ديس وأنتجت فيلم «القدس: قصة الجانب الشرقي».

מפיקה תיעודית

טרי בולטה מפיקה סרטי תעודה על חיי הפלסטינים תחת הכיבוש ועובדת במסגרת התכניות הלאומיות של הארגון השוויצרי 'פיתוח ושיתוף פעולה' בירושלים. היא גדלה במשפחה נוצרית ליברלית, ומאז האנתיפאדה הראשונה עבדה בארגונים חברתיים רבים. היא מנהלת את בית הספר וגן הילדים 'הדור החדש' באבו-דיס והפיקה את 'ירושלים: סיפור הפרברים המזרחי'.

Khuloud J. Khayyat Dajani

Professor and Chair of Al Quds Child Institute

Recipient of the Arab Woman of 2004 Excellence in Management Performance award, Dajani was a co-founder of Al Quds University in East Jerusalem, where she is a professor and chair of the Child Institute for Health, Development, and Learning. Before earning her PhD in health policy, Dajani worked as a medical doctor in pediatrics and mother-child health. A peace activist, she focuses on public diplomacy and social health.

أستاذة جامعية، رئيسة معهد الطفل الفلسطيني في جامعة القدس

حازت الدكتورة خلود الخيّاط الدجّاني في العام ٢٠٠٤ على جائزة المرأة العربية للامتياز في الأداء الإداري، وقد شاركت في تأسيس جامعة القدس في القدس الشرقية حيث تعمل كأستاذة جامعية ورئيسة لمعهد الطفل الفلسطيني للصحة والتنمية والتعلم. ، عملت الدكتورة خلود الخيّاط الدجّاني كطبيبة أطفال وفي مجال صحة الأم والطفل قبل حصولها على لقب الدكتوراه في السياسات الصحية. وهي ناشطة سلام تُركز جهودها في مجال الدبلوماسية العامة والصحة الاجتماعية.

פרופסור ויושבת ראש מכון הילדים אל-קודס

ב-2004, ד"ר דג'ני קיבלה את פרס הנשים הערביות למצוינות בניהול. היא הייתה שותפה לייסוד אוניברסיטת אל-קודס בירושלים המזרחית ומשמשת פרופסור ויושבת ראש במכון לבריאותם, התפתחותם והשכלתם של ילדים. טרם קבלת הדוקטורט במדיניות בריאות שימשה ד"ר דג'אני הן רופאת ילדים הן רופאה לבריאות האם והילד. היא פעילת שלום ומתמקדת בדיפלומטיה ציבורית ובבריאות הציבור.

معدلات الخصوبة لدى الشعب الفلسطيني هي من أعلى المعدلات، كذلك الأمر لمتوسط العمر (ثمانية عشر عاماً). أعداد كبيرة من الأطفال بحاجة إلى عناية خاصة، ولا يوجد من يرعاهم، مما يؤدي إلى النتائج التي نشاهدها اليوم في شوارع غزة ومخيمات بيروت والضفة الغربية. لا أحد من القادة الفلسطينيين أو الإسرائيليين يريد أن يستثمر في أطفال اللاجئين، ما يحرمهم من معرفة المواطنة الصحيحة في هذا العالم. هنالك بيئة سامة، فعندما يشعر الإنسان أن البلد تسير نحو حرب أهلية فهذا يشير إلى نوع البيئة التي يعيش فيها الأطفال.

ما هي نتائج البيئة السامة؟

العنف والجهل والمشاكل الاجتماعية، الأطفال هم أبناء بشر. لا يكفي أن نقدم لهم الطعام ونسقيهم الماء، ثم نضعهم في غرف صفية فيها ٤٠ أو ٥٠ طالباً، ويمارس العنف ضدهم، ويعاملون بطريقة سيئة، ويحصلون على تعليم غير ملائم. الأطفال بحاجة إلى تعليم أفضل ليستطيعوا مواجهة تحديات الحياة.

لا يوجد أطفال معتقلون في العالم لأسباب أمنية إلا الأطفال الفلسطينيين، ولا يوجد أطفال في العالم يستخدمون كدروع بشرية غيرهم ، والأطفال الفلسطينيون هم الوحيدون في العالم الذين يَعبرون نقاط التفتيش ويلتقون الجنود في طريقهم إلى المدرسة.

نسمع الأطفال يقولون، «يا رب، هل خلقتني فلسطينياً كي أعاني؟» ثم يضحكون لكي يستطيعوا التكيف مع الوضع. أن يولد الطفل فلسطينياً يعني أن عليه أن يكون خاضعاً وأن لا يعرف ماذا يخبأ له غداً أو حتى المساء.

هل أنت منزعجة بسبب الأطفال؟

كوني متخصصة في الشؤون الاجتماعية يجعلني أتساءل لماذا تتخذ إسرائيل هذه الإجراءات؟. الشعب الإسرائيلي شعب ذكي يخطط ويستخدم الطرق العلمية للقيام بالأمور المختلفة، إلا أنه بالمقابل يعمل على طرد شعب آخر من وطنه. هذا تناقض، أعتقد أن القادة في الجانبين يحاولون استغلال شعوبهم من أجل تحقيق رغبات كبيرة. لا يوجد إنسان صادق في هذا الجزء من العالم، لو كان هناك ثقة وصدق لكانت النتائج أفضل. فالكلمات لا تصف الإجراءات الإسرائيلية العسكرية ضد المواطنين في الضفة الغربية وقطاع غزة. لماذا التظاهر بالديمقراطية ومن ثم عدم تطبيقها في الممارسات ضد شعب آخر؟ لماذا التظاهر بالإنسانية ومن ثم عدم الالتزام بها؟ لماذا التظاهر بالتدين ومن ثم عدم احترام الله؟ يجب إتاحة المجال أمام الأراضي المحتلة لكي يكون مستقبلها أفضل.

على الحكومة الفلسطينية أن تلتزم بالشفافية، الحرية، العدالة الاجتماعية، الازدهار والعلاقات الجيدة مع الدول المجاورة، مما يخلق بيئة أفضل لنمو الأطفال. إلا أن السؤال الذي يطرح نفسه هو كيف نستطيع تشكيل حكومة مناسبة تحت الاحتلال؟ هذا أشبه بالأحجية أو اللغز.

ד"ר חולוד ג' חייאת דג'ני / الدكتورة خلود الخيّاط الدجّاني

The Palestinian nation has one of the highest fertility rates and a median age of 18. Large numbers of children need special care. It is obvious nobody looks out for them by the results in the streets of Gaza and the camps of Beirut and the West Bank. There's little investment in refugee children by Palestinian leaders or Israelis, so they don't know how to be proper citizens of the world. They suffer from a toxic environment—if you feel your country move towards civil war, it tells what kind of atmosphere the children live in.

What are the results of a "toxic environment?"

Violence, ignorance, social problems. All children are children of Adam and Eve. It's not adequate to feed them, give them water, and put them in schools with 40 or 50 students in a class, with violence, substance abuse, and inadequate education. They need the best education to help cope with the struggles of daily life. Only Palestinian children are security prisoners, are in jails, are used as human shields when soldiers infiltrate a camp. Only Palestinian children are forced to pass through checkpoints and encounter soldiers on their way to school.

You hear from children, "God, did you create me as Palestinian to make me suffer?" They laugh to survive it, but to be born a Pal child means submission, means you don't know what is waiting for you tomorrow. Let alone tomorrow, you can't plan for the afternoon.

You sound angry for the children.

Being in social medicine, I want to understand why the Israelis do what they do. On one hand, you have an intelligent nation—they plan, they do things in a scientific and systematic way—and on the other hand, they try to kick a people out of their homeland. This is a paradox. I did learn that leaders, especially those with big passions for big things, manipulate nations, on both sides.

Nobody is truthful in this part of the world. Read any paper, they shift on borders, militaries, Jerusalem, security, everything. If truth and trust were there, then people could work with a little plus or minus on issues.

Words will not describe what the Israeli military apparatus is doing to the people of the West Bank and Gaza. I ask, "Why do you pretend to have democracy when you don't have it equally for both people? Why do you pretend humanity when you don't implement it? Why do you pretend religion when you don't respect God? If you bring water and green to this occupied territory, the more chance you give to people to create a better future together."

And the Palestinian government needs to implement transparency, freedom, social justice, prosperity, and have good relations with all neighboring countries. This way children can live in a good environment. But how can you form a proper government under occupation? It is like a puzzle; you don't know where the pieces are or how to bring it all together.

הגיל הממוצע באומה הפלסטינית הוא 18, עם אחד משיעורי הפוריות הגבוהים ביותר. מספר גדול של ילדים זקוקים להשגחה מיוחדת. מהרחובות של עזה והמחנות בביירות ובגדה המערבית ברור שאף אחד לא משגיח עליהם. המנהיגים הפלסטינים או הישראלים משקיעים רק מעט בילדים הפליטים, כך שהם לא יודעים איך להיות אזרחי עולם טובים, ולכן סובלים מבעיות סביבתם. סביבה בה מלחמת אזרחים מאיימת לפרוץ בין רגע אינה משרה תחושת בטחון המסייעת לטיפוח ילדי החברה.

מה הן התוצאות של 'הסביבה המורעלת'?

אלימות, בורות, בעיות חברתיות. כולם ילדי אדם וחווה. זה לא מספיק להאכיל אותם, להשקות אותם מים ולשלוח אותם לבתי ספר שיש בהם 40 או 50 תלמידים בכיתה; מעבר לכך, אלימות, שימוש בסמים וחינוך לא מתאים מחמירים את המצב הנוכחי. הם זקוקים לחינוך הטוב ביותר, כדי שיוכלו להתמודד עם חיי היום-יום. רק ילדים פלסטינים הם אסירים ביטחוניים, נמצאים בבתי כלא, משמשים מגנים אנושיים כשחיילים פולשים למחנה. רק ילדים פלסטינים נאלצים לעבור במחסומים ולהתעמת עם חיילים בדרך לבית הספר.

את שומעת מהילדים, "אלוהים, בראת אותי פלסטיני כדי שאסבול?" הם צוחקים כדי לשרוד, אבל להיוולד ילד פלסטיני פירושו הכנעה; אינך יודע מה מצפה לך מחר. ונעזוב את מחר, אתה לא יכול לתכנן שום דבר לאחר הצהריים הקרוב.

את נשמעת כועסת בגלל הילדים.

אני עובדת ברפואה ציבורית, ובהחלט רוצה להבין למה הישראלים מתנהגים כך. מצד אחד, מדובר באומה אינטליגנטית – הם מתכננים, הם עושים דברים בדרך מדעית ושיטתית; ומצד שני, הם מנסים לסלק אנשים ממולדתם. זה פרדוקס. למדתי שמנהיגים, ובייחוד המנהיגים שיש להם תשוקה לדברים גדולים, מנצלים אומות שלמות, בשני הצדדים.

איש אינו דובר אמת בחלק הזה של העולם. תקראי כל עיתון שתרצי. הם חורגים בנושא הגבולות, הצבאות, ירושלים, הביטחון, בכל דבר. אילו היה שם אמת ואמון, אנשים היו יכולים לגבש עמדה.

מילים לא יכולות לתאר מה המנגנון הצבאי הישראלי מעולל לתושבי הגדה המערבית ועזה. אני שואלת, "למה אתם מעמידים פנים שיש לכם דמוקרטיה, אם היא לא קיימת באופן שווה לשני העמים? למה אתם מציגים חזות של אנושיות אבל לא מיישמים אותה? למה אתם מזייפים דת כשאינכם מכבדים את אלוהים? אם תביאו מים וירק לשטח הכבוש הזה, תתנו לאנשים יותר סיכוי ליצור עתיד טוב יותר יחד".

הממשלה הפלסטינית צריכה ליישם שקיפות, חירות, צדק חברתי ושגשוג ולקיים קשרים טובים עם כל המדינות השכנות למען העתיד. אבל איך אפשר להקים ממשלה ראויה תחת כיבוש? זה כמו פאזל, את לא יודעת איפה החלקים נמצאים או איך להרכיבם.

Buthaina Doqmaq

Chair of Mandela Institute for Human Rights

Since co-founding the Mandela Institute in 1989, Doqmaq has been fighting for the release of political prisoners through legal arguments. Currently more than 11,000 Palestinians are held in Israeli prisons. Doqmaq is on the board of Jerusalem Pharmaceuticals Company and has founded several investment companies. She has been the liaison between Arab prisoners and their families in Jordan, Syria, and Lebanon.

رئيسة مؤسسة مانديلا لحقوق الإنسان ورعاية شؤون الأسرى والمعتقلين

تناضل السيدة بثينة دُقماق، منذ مشاركتها في تأسيس مؤسسة مانديلا سنة ١٩٨٩، عبر الوسائل القانونية من أجل الإفراج عن السجناء السياسيين ومن أجل الحصول على حقوق السجناء. حيث يقبع حالياً أكثر من ١١,٠٠٠ فلسطيني في السجون الإسرائيلية. السيدة بثينة دُقماق عضوة في مجلس إدارة «شركة القدس للمستحضرات الطبية» وقد أسّست عدة شركات استثمارية. كما أنها شكّلت حلقة وصل بين السجناء العرب وعائلاتهم في الأردن وسوريا ولبنان.

יושבת ראש 'מכון מנדלה לזכויות אדם'

מאז שהייתה שותפה לייסודו של 'מכון מנדלה' ב-1989, בותיינה דוקמק נאבקת מאבק משפטי לשחרורם של אסירים פוליטיים. יותר מ-11,000 פלסטינים מוחזקים כיום בבתי כלא בישראל. היא חברה במועצת המנהלים של 'חברת התרופות הירושלמית' וייסדה כמה חברות השקעה. בותיינה דוקמק היא אשת הקשר בין אסירים ערביים למשפחותיהם בירדן, סוריה ולבנון.

هنالك أطفال فلسطينيون داخل السجون الإسرائيلية، يزيد عددهم عن ٣٨٠ طفلاً تحت سن ثمانية عشر عاماً. هؤلاء الأطفال بحاجة إلى التعليم، لا التعذيب، ولا الاعتداء عليهم داخل السجون. وهم محرومون من زيارة آبائهم وأمهاتهم. يذهب الإسرائيليون إلى كل مكان في العالم مطالبين بالإفراج عن أحد جنودهم المختطفين، لذا فإنني أطالب المجتمع الدولي أن يتدخل للإفراج عن الأسرى المتواجدين في السجون، لأنهم طلاب حرية وسلام، فنحن أيضاً نريد لأبنائنا العودة إلى بيوتهم مع عائلاتهم.
هنالك أكثر من ١١ ألف أسير فلسطيني في السجون الإسرائيلية، من ضمنهم أسيرات فلسطينيات، وهم موزعون على ٢٨ سجناً ومركز تحقيق ومركز اعتقال. بداية التحقيق هي الأصعب خاصة للذين يتعرضون إلى التحقيق مباشرة. فالتحقيق يستمر لساعات وليالي طويلة يكون فيها الأسير في شكل متواصل مقيد الأيدي والأرجل جالساً على كرسي، مع سبعة أو ثمانية محققين. غالباً ما يتعرض الأسير للابتزاز من خلال اعتقال أحد أفراد عائلته، خاصة زوجته، حيث يقولون للأسير «زوجتك معنا الآن، يجب عليك أن تتكلم.» تتم ممارسة التعذيب من خلال استخدام آلة الكشف عن الكذب. يكرر استخدام هذه الآلة لفترة تزيد عن الثلاث أو أربع ساعات كل مرة دون أن يدرك الأسير الذي يخضع للتحقيق ذلك. إلا أن الأسوأ هو الزنازين الانفرادية المليئة بالحشرات والفئران والصراصير، وتفتقر إلى أسس الحياة الإنسانية. سألت إحدى الأسيرات اللواتي كن في زنزانة انفرادية منذ أيلول ٢٠٠٦ ذات مرة، «ماذا تفعلين؟» فأجابت، «أقرأ الكتاب أربع أو خمس مرات، ثم أقوم بغسل الجدران.»

كيف تصفين وضع الأسيرات؟

يبلغ معدل عدد الأسيرات في الزنزانة الواحدة ست أسيرات. هنالك زنازين تحتوي على أسيرتين. وهنالك زنازين تحتوي على ١٢ أسيرة. تنام الأسيرات بجانب بعضهن على الأرض بالقرب من المرحاض. هنالك بعض الأسيرات اللواتي أزواجهن في المعتقل أيضاً، وعلى أطفالهم أن يختاروا بين زيارة الأم أو الأب.
بعض الأسيرات يلدن وهن مكبلات الأيادي، حيث تمضي الأسيرة يومين في المستشفى بعد الولادة ثم تنقل مع طفلها إلى المعتقل. تخيلي دخول الطفل إلى المعتقل بعد خروجه من المستشفى.
لا تستطيع الأسيرات احتضان أطفالهن الذين يأتون لزيارتهن إذا كان هؤلاء الأطفال في سن تزيد عن ست سنوات، حتى لو كانوا يزيدون عن السادسة بشهر واحد. أشعر بالحزن عندما أرى أطفالاً يمضون رحلة طويلة تزيد عن ست ساعات ولا يسمح لهم معانقة أمهاتهم.

ماذا أيضاً يجعلك تشعرين بالحزن؟

أشعر بالحزن عندما أذهب إلى مستشفى سجن الرملة لزيارة الأسرى المصابين. البعض يكون قد فقد رجله أو يده أو يكون مصاباً بالشلل، هنالك بعض الشباب الذين يحتاجون إلى كيس للتبول أو الإخراج وتأخروا عليه بالأكياس. وتجد الشاب الذي كان ذات يوم يمشي متفاخراً بنفسه وحريته مقيدة. حتى الإنسان الذي يعيش في فندق خمس نجوم يريد حريته.

متى تشعرين بالسعادة في عملك؟

أشعر بالسعادة عندما يتم إطلاق سراح أحد الأسرى الذي يلتقي بأمه بعد غياب طويل. وأشعر بالسعادة عندما أقول لأم أحد الأسرى أن ابنها يسلم عليها وأنه بخير. تكون الأم بغاية السعادة. لقد جعلت العديد من الأمهات يشعرن بارتياح.

בותיינה דוקמק / بثينة دُقماق

More than 380 Palestinian children under 18 years of age are in Israeli prisons. They need to be educated—not tortured, abused inside prisons, deprived of their parents' visits. The Israelis tour the world demanding the release of one abducted soldier. I demand the international community intervene to free prisoners who are seekers of freedom and peace. We want our detained children home with their families.

There are more than 11,000 detainees at Israeli jails, including female prisoners—with no less than 28 prisons, detention centers, and interrogation centers.

I'd say the start of detention is the most difficult for those who undergo immediate interrogation. It goes on for long hours and long nights with the detainee on a chair with his or her hands and feet tied and seven or eight interrogators. The detainee is often blackmailed by arresting one of their family members, especially the wife: "We arrested your wife. She is with us now, and you must talk."

They use the polygraph as a torture, repeating it for three to four hours at a time without the detainees knowing what it is. But worst are the solitary confinement cells, with cockroaches, insects, mice—and lacking all basics of human life.

I asked a woman who had been in solitary confinement since September 2006, "What do you do?" She said, "I read a book four or five times. Then I wash the walls."

What is the situation for women detainees?

On average there are six female detainees to a cell. Some cells have two female detainees, some as high as 12 female detainees. They sleep on the floor next to each other with the latrine next to them. Some of the females have husbands who are also detained. Their children must choose between visiting their mothers or fathers.

We have women who gave birth to babies while handcuffed. A woman would deliver and spend two days at hospital, and then be taken back with the baby to jail. Imagine when the baby enters prison after the hospital!

And mothers in prison who want to hold a visiting child cannot if the child is more than six years old, even one month more. I feel sad when I see a child who spent a long trip of five or six hours but is not allowed to hug her mother.

What else makes you sad?

When I go to Al Ramla prison hospital to visit the wounded people. Some have lost a limb or are paralyzed, or a young man needs a bag for urination or defecation, and the bag is delayed. Or a man who used to be proud and free now has his freedom restricted. Even if a person lived in a five-star hotel, he would want his freedom.

Is there any happiness in your work?

I am happy when a prisoner is released and a mother sees her imprisoned child after a long time. I am happy when I tell a mother that her son says "hello" and he is all right. The mother will be happy in an indescribable way. I have comforted many mothers.

יותר מ-380 ילדים פלסטיניים מתחת לגיל 18 נמצאים בבתי כלא בישראל. הם זקוקים לחינוך, לא לעינויים ולהתעללות בכלא ללא ביקורי משפחה. ישראלים מסתובבים בעולם ודורשים לשחרר חייל אחד שנחטף. אני דורשת שהקהילה הבין-לאומית תתערב בכדי לשחרר את האסירים אשר רוצים חירות ושלום. אנחנו רוצים שהילדים העצורים שלנו יחזרו הביתה.

יש יותר מ-11,000 עצורים בישראל, כולל אסירות, ב-28 בתי כלא, בתי מעצר ומתקני חקירה! תחילת המעצר היא החלק הכי קשה לאלו שנכנסים לחקירה שנמשכת שעות ולילות ארוכים, ובה העצור יושב על כיסא בידיים ורגליים כבולות, מול שבעה או שמונה חוקרים. לעתים קרובות מאיימים על האסור שיעצרו מישהו מהמשפחה שלו, בייחוד את אשתו; "עצרנו את אשתך. היא אצלנו עכשיו, ואתה חייב לדבר", כעמדת סחיטה.

הם משתמשים בפוליגרף כמכשיר עינוי במשך שלוש–ארבע שעות בכל פעם, בלי ליידע את העצור.

הכי גרוע זה הבידוד: תאים שורצי מקקים, חרקים, עכברים, ללא דברים בסיסיים למחיה. שאלתי אישה שהייתה בבידוד מאז ספטמבר 2006, "מה את עושה?" היא ענתה, "אני קוראת ספר ארבע או חמש פעמים. אחר כך אני שוטפת את הקירות".

מה מצבן של הנשים העצורות?

יש בממוצע שש עצורות בתא. יש תאים עם שתי עצורות, ויש כאלה עם 12 עצורות. הן ישנות על הרצפה אחת ליד השנייה, והמחראה נמצאת לצדן. לחלק מהנשים יש בעלים עצורים. הילדים שלהן צריכים לבחור את מי לבקר – את אבא או את אמא.

יש לנו נשים שילדו אזוקות. אישה יולדת ונמצאת יומיים בבית החולים, ואז לוקחים אותה עם התינוק לכלא. תארי לעצמך איך זה כשהתינוק נכנס לכלא אחרי בית החולים!

נשים בכלא שרוצות לחבק ילד שמבקר אותן לא יכולות לעשות זאת אם הילד בן יותר משש, אפילו חודש יותר. מעציב אותי כשאני רואה ילד שנסע דרך ארוכה, חמש או שש שעות, אבל לא מרשים לו לחבק את אמא שלו.

מה עוד מעציב אותך?

כשאני הולכת לבית החולים של כלא רמלה לבקר את הפצועים. יש כאלו שאיבדו יד או רגל או שהם משותקים; או למשל אם איש צעיר זקוק לשקית שתן או לצואה, והשקית מתעכבת; או כשגבר שהיה גאה וחופשי ועכשיו הוא כלוא ומוגבל. אפילו אדם שגר במלון חמישה כוכבים, רוצה את החופש שלו.

יש שמחה כלשהי בעבודה שלך?

אני שמחה כשאסיר משתחרר וכשאמא רואה את בנה הכלוא לאחר שלא ראתה אותו זמן רב. אני שמחה כשאני מוסרת לאמא דרישת שלום מהבן שלה ושהוא בסדר, והיא שמחה בצורה שלא ניתנת לתיאור. ניחמתי הרבה אימהות.

غادة عيسى-غبون / גאדה עיסא ז'אבון

My father worked ten years before he managed a room for us outside the refugee camp. Even the walls and windows weren't complete, but it was a palace because it was outside the camp. Father used to say, "We are the victims of the victims." He meant the Holocaust victims, but my Israeli friends try to build bridges. We have a painful history, and it has to stop. We can't keep killing each other.

Would you tell all Israelis that you can't keep killing each other?
I would say we all deserve good lives, and there are things on this earth that deserve to be lived for. I would say the same to the Palestinians, and I would tell Palestinians we must stop fighting each other. It is shameful to kill each other.

Bethlehem. Birthplace of Jesus. Where is God now?
I've seen masked men with guns in Bethlehem, and the Israelis just built the wall only 200 meters from our school. Sniper towers will be built, the military roads will expand, and we will be threatened with demolition because we're in the buffer zone. When such terrible things happen, you ask where is the wisdom in that, but I believe in God. We must keep this faith. Even in the most difficult times God is there to give mercy to people. My belief gives me some hope.

Hope?
If everybody lost hope, they would stop working or going to school. I can't be desperate before my children, and I have so many things to do that I can't take time out. If I had time, I would sit down and think about these terrible things.

What is compassion?
Compassion is to see the human being inside each person.

The human being in someone who builds a wall or wears a mask?
It's difficult to see the human being in the soldier at the checkpoint who makes decisions about me without knowing me. But it's important to understand why this person is doing this. I have many arguments with soldiers when I try to cross a checkpoint, but I try to dig inside for the human being.
When I was nine months pregnant with my daughter, I had a terrible argument with a soldier at Qalandia checkpoint. He didn't want me to return home to Bethlehem from Ramallah. He was older, not a young soldier, so I asked if he has children. I asked if he has someone to worry about, and he said "yes." I wanted to see him without a gun. We spoke for ten minutes and he let me in.

For peace, do people have to forgive each other?
There must be a time, if we want to make peace with other people—even on the personal level if I want to make peace with someone who hurt me—that we overcome and forgive. It doesn't mean forget, but to forgive because I will be killing myself thinking this person did that and this person did this. I must forgive for myself, for the sake of my inner self.

אבא שלי עבד עשר שנים עד שמצא בית בשבילנו מחוץ למחנה הפליטים. הקירות והחלונות אפילו לא היו גמורים, אבל הבית היה לנו לארמון, כי הוא היה מחוץ למחנה. אבא היה אומר, "אנחנו הקרבנות של הקרבנות". הוא התכוון לקרבנות השואה. אבל החברים הישראלים שלי מנסים לבנות גשרים. ההיסטוריה שלנו מלאת כאב, ומוכרחים לעצור את זה. אנחנו לא יכולים להמשיך להרוג אחד את השני.

היית אומרת לכל הישראלים שאי-אפשר להמשיך להרוג?
הייתי אומרת שמגיע לכולנו חיים טובים, יש בעולם דברים ששווה למענם לחיות. הייתי אומרת אותו דבר לפלסטינים. והייתי אומרת לפלסטינים שאנחנו חייבים להפסיק להילחם, זה נורא להרוג אחד את השני.

בית לחם הוא מקום הולדתו של ישו. איפה אלוהים עכשיו לדעתך?
ראיתי בבית לחם רעולי פנים עם רובים, והישראלים בנו עכשיו את החומה מאתיים מטר מבית הספר שלנו. יבנו צריחים לצלפים, ירחיבו את הדרכים של הצבא, ואנחנו נהיה נתונים לאיום של חיסול, כי אנחנו באזור המפורז. כשדברים נוראיים כאלה קורים, את שואלת מה ההיגיון. אבל אני מאמינה באלוהים. מוכרחים לשמור על האמונה הזאת. אפילו בזמנים הקשים ביותר אלוהים נמצא כדי להעניק לאנשים חמלה. האמונה שלי נותנת לי מעט תקווה.

התקווה עוד קיימת?
אם כולם יאבדו תקווה, הם יפסיקו לעבוד או ללמוד. אני לא יכולה להתייאש בנוכחות הילדים שלי, ואני עסוקה כל כך שאני לא יכולה לעצור לרגע. אילו היה לי זמן, הייתי יושבת וחושבת על הדברים האיומים האלה.

מה זו חמלה?
חמלה זה לראות את האנושי בכל אדם.

יצור אנושי זה מישהו שבונה חומה או חובש מסכה?
קשה לראות את האנושי בחייל במחסום שמחליט במקומי למרות שהוא לא מכיר אותי. אבל חשוב להבין למה הוא עושה את זה. יש לי הרבה ויכוחים עם חיילים כשאני מנסה לעבור במחסומים, אבל אני משתדלת לחפש בם אנושיות.
כשהייתי בחודש התשיעי בהריון עם בתי היה לי ויכוח נוראי עם חייל במחסום קלנדיה. הוא לא הרשה לי לחזור הביתה מרמאללה לבית לחם. הוא היה מבוגר, לא חייל צעיר, אז שאלתי אותו אם יש לו ילדים. שאלתי אותו אם הוא דואג למישהו והוא אמר, "כן". רציתי לדמיין אותו בלי רובה. שוחחנו במשך עשר דקות, והוא נתן לי לעבור.

אנשים מוכרחים לסלוח זה לזה למען השלום?
חייבים לפנות זמן אם אנחנו רוצים שלום עִם עַם אחר, אפילו ברמה האישית, אם אני רוצה להשלים עם מישהו שפגע בי. זה לא אומר שנשכח, אבל נסלח משום שאני אהרוס את עצמי אם אחשוב על כל הנעשה. אני מוכרחה לסלוח למען עצמי.

كانت الغرفة التي بناها أبي خارج المخيم ثمرة عشر سنوات من العمل، كانت بمثابة قصر لنا حتى قبل اكتمال جدرانها ونوافذها لأنها كانت خارج المخيم. كان أبي يقول دائماً » «إحنا ضحايا الضحايا » أي أننا ضحايا لضحايا المحرقة النازية، ولكن لدي أصدقاء اسرائيليين يحاولون أن يبنوا جسوراً بيننا وبينهم لإنهاء هذا التاريخ المؤلم وحتى نتوقف عن قتل بعضنا البعض.

هل أنت مستعدة أن تقولي للإسرائيليين علينا أن نتوقف عن قتل بعضنا البعض؟
أقول لهم إننا جميعاً نستحق حياة أفضل لأن على هذه الأرض ما يستحق أن نعيش من أجله. وأقول الشيء ذاته للفلسطينيين، كما أقول لهم إن علينا أن نتوقف عن محاربة بعضنا البعض، فمن العار أن نقتل بعضنا البعض.

مدينة بيت لحم، مهد المسيح، أين رحمة الله ؟
رأيت رجالاً مسلحين مقنعين في بيت لحم، مهد المسيح، والإسرائيليون يبنون الجدار على بعد مائتي متر من مدرستي، كما سيضعون أبراجاً للقناصة، كما أنهم سيوسعون الشوارع المخصصة للدوريات العسكرية. ستكون المدرسة عرضة للهدم لكونها في منطقة المواجهة. أنا أؤمن بالله وأعلم أن هنالك حكمة فيما نرى من أمور رهيبة. يجب أن نحافظ على إيماننا بالله لأن رحمة الله تسع جميع الناس. إيماني بالله يمنحني بعض الأمل.

الأمل؟
الحياة تتوقف إذا ذهب الأمل، وسنتوقف عن الذهاب لأعمالنا ولمدارسنا. أملي يبقى من أجل أطفالي، وأشغل نفسي بالعمل لكي لا يشتغل تفكيري بالأمور الرهيبة التي تجري حولنا.

ما هو الشعور بالعطف؟
الشعور بالعطف هو أن نرى الإنسان الكامن في داخلنا.

هل هذا يشمل الإنسان الذي يبني الجدار أو الإنسان الذي يلبس القناع؟
من الصعب مشاهدة الإنسان الذي يكمن في أعماق الجنود على الحواجز الذين يقررون بشأننا دون أن يعرفونا. ولكن يجب أن ندرك السبب الذي يكمن وراء تصرفات هؤلاء الجنود. عادة ما أجادل الجنود على الحواجز عند عبورها باحثة عن الإنسان الذي يكمن في أعماقهم.
كان هناك جدال قوي بيني وبين أحد الجنود على حاجز قلنديا عندما كنت حاملا بابنتي في الشهر التاسع. كان يريد أن يمنعني من العودة من رام الله إلى بيتي في بيت لحم. كان كبيراً في السن، فسألته إن كان له أطفال أو من يهتم بأمرهم، قال لي "نعم." كنت أريد أن أرى ذلك الشخص الذي يكمن خلف السلاح. تحدثنا لمدة عشر دقائق ثم سمح لي بالعبور.

هل نسامح بعضنا البعض من أجل السلام؟
يجب أن نسامح بعضنا البعض إذا أردنا تحقيق السلام مع الآخرين، حتى لو كان ذلك على المستوى الشخصي. هذا لا يعني أننا ننسى، ولكننا نسامح، لأننا سنقتل أنفسنا إذا بقينا على حقدنا ضد الآخرين.أنا أسامح من أجل تلك النفس التي تكمن في داخلي.

Ghada Issa Ghabboun

Co-Director of Hope Flowers School in Bethlehem

Ghabboun co-directs Hope Flowers School with her brother Ibrahim Issa. The school was established in 1984 by their father, Hussein Issa, who, after years of struggle, brought his family out of Aida refugee camp. Before the intifada, Wall, and checkpoints, the school had 550 students from Bethlehem, Hebron, and Jerusalem. With enrollment at 250 students, Ghabboun is focusing on women's empowerment programs.

مديرة مساعدة في مدرسة "زهور الأمل" في بيت لحم

تدير السيدة غادة عيسى-غبون مع أخيها إبراهيم عيسى مدرسة "زهور الأمل" التي أسّسها والدهما حسين عيسى سنة ١٩٨٤ والذي نجح بعد جهد ومعاناة في إخراج عائلته من مخيم عايدة للاجئين. ضمّت المدرسة قبل قيام الانتفاضة وبناء الجدار ووضع الحواجز ٥٥٠ طالباً من بيت لحم والخليل والقدس. أما الآن فيبلغ عدد طلاب مدرسة زهور الأمل ٢٥٠ طالباً. تُركز السيدة غادة عيسى-غبون على برامج تمكين المرأة.

מנהלת עמיתה של בית הספר 'פרחי תקווה' בבית לחם

גאדה ז'אבון מנהלת את בית הספר 'פרחי תקווה' לצד אחיה, אברהים עיסא. ב-1984 ייסד אביהם, חוסיין עיסא, את בית הספר. לאחר שנים של מאבק הוציא את משפחתו ממחנה הפליטים עיידה. בטרם האנתיפאדה, החומה והמחסומים, למדו בבית הספר 550 תלמידים מבית לחם, חברון וירושלים. כיום מספר התלמידים עומד על 250, וגאדה ז'אבון מתמקדת בתכניות להעצמת נשים.

Aysha Ibrahim Hudali

Mother of political prisoners

Hudali has been the primary caretaker of her three-year-old granddaughter, also named Aysha, since her son Walid was sentenced to six months in Israeli prison. His wife, Itaf Ilaian, was already in prison, where she had raised Aysha from six months old until she turned two. Walid will have spent more than 12 years total in prison. Another son, a prisoner for 19 years, did not see his child from birth until he was 19 years old.

أم لسجناء سياسيين

قامت السيدة عائشة إبراهيم الهودلي برعاية حفيدتها، المسماة عائشة أيضاً، البالغة من العمر ثلاث سنوات منذ تم الحكم على ابنها وليد بالسجن لمدة ستة أشهر في سجن إسرائيلي، إذ أن أم الطفلة كانت في السجن أيضا حيث ربّت عائشة منذ ولادتها حتى بلوغها عامها الثاني داخل السجن. أمضى وليد أكثر من ١٢ عاما في السجن. أمّا أبنها الآخر السجين منذ ١٩ عاما فلم يرَ ابنه منذ ولادته وحتى بلوغه سن التاسعة عشر.

אם לאסירים פוליטיים

בעקבות מאסר בן שישה חודשים של בנה וליד בכלא ישראלי, עיישה מטפלת לבד בנכדתה בת השלוש, הנקראת גם עיישה. אשתו של וליד, עיטף אילאיין, הייתה בבית הסוהר וגידלה בו את עיישה עוד כשהייתה בת שישה חודשים ועד שמלאו לה שנתיים. וליד יישא נמצא במאסר של יותר מ-12 שנים בכלא. בן אחר, אסיר מזה 19 שנה, לא ראה את בנו עד שמלאו לו 19 שנה.

دائماً تقول حفيدتي «أريد أمي، أريد أبي،» وهي دائماً في انتظارهما، وعندما تسمع صوت جرس الباب فإنها تتوقع أن يكون أبوها هو الذي على الباب ولكن عندما يتبين أن الشخص الذي على الباب هو شخص آخر، كعمها مثلا، فإنها تبدأ بالبكاء، وتقول «أين أبي؟ قلتم إن أبي في العمل، لماذا لم يعد إلى البيت؟»

كم بقيت حفيدتك في المعتقل مع أمها؟
بقيت عائشة في المعتقل حتى بلغت سنتين من العمر، ثم جاءت إلينا، الآن هي ابنة ثلاث سنوات. لا أحب أن يأتي الناس ليسألوا عنا وعن عائشة، لأن أولئك الذين خارج المعتقل لا يعانون مثل الذين داخله. كنت على باب المعتقل عندما أطلق سراح عائشه، وكانت تبكي هي وأمها. بكيت معهم، كان علينا أن نكون فرحين ولكننا كنا نبكي. كانت عائشة سمينة لأنها كانت تنام كثيراً، حيث كانت تأكل وتنام. والدها، الذي هو ابني، كان يحملها ويضع حاجياتها على عربة أطفال، كانت كالسجين البالغ الذي عاد إلى بيته.

كيف تعتنين بها؟
كان والدها معها آنذاك. كان يأخذها إلى كل مكان، حتى أنها ركبت جملاً وهي صغيرة، وكان يأخذها إلى مركز التسوق، بالتالي اعتادت على الذهاب إلى العديد من الأماكن. كان يقول "أستطيع أن أساعدها على الاستحمام، ولكن أرجو أن تساعديها على ارتداء الملابس."

كم سيبقى أبوها في المعتقل؟
صدر حكم بحبسه لمدة ستة أشهر. كان كل ما يريده هو العمل ودعم عائلته. وهو غير مذنب بأي شيء. لقد ذهب إلى القدس مساء يوم العيد، فألقوا القبض عليه وحبسوه لمدة ساعتين في زنزانة، ثم أعطوه هويته وقالوا له، «اذهب إلى البيت.» وان لا يعود إلى القدس ثانية، لقد حرموه من الصلاة في المسجد الأقصى. ثم ذهب إلى القدس لطلب تصريح لزيارة أهلة في عمان. فقالوا له، «لماذا لا تذهب ولا تعود أبداً؟» فقال، «أريد أن أرى أطفالي كغيري من الناس.» ثم استلم إخطار مقابلة للحصول على تصريح للذهاب إلى عمان، ولكن عندما ذهب للمقابلة قاموا باعتقاله.

لماذا أم عائشة في المعتقل؟
عطاف عليان متهمة بإدارة نادي صيفي. هل هذا ممنوع عند اليهود؟ طبعاً لا. قال وليد للقاضي في المحكمة: «ألا يوجد عند الإسرائيليين مخيمات صيفية؟ نحن أيضاً لدينا مخيمات صيفية.» حتى أن المحامي سأل القاضي، «بماذا هي مذنبة؟» لقد كانت تعلّم الأطفال. كانت تعلمهم التمارين والقيام بالأنشطة الخاصة بالمخيمات الصيفية، كما كانت تدير جمعية خيرية وتدرس الدين. قاموا بالحكم عليها شهرين أو ثلاثة أشهر بعد مرور أكثر من عامين، قد يطلق سراحها في شهر شباط، الله أعلم.

هل الاعتقال، مثل اعتقال وليد وعطاف، يساعد الفلسطينيين؟
لا، سيكون وليد قد أمضى اثني عشر عاماً ونصف في المعتقل مقابل لا شيء.

هل تعتقدين كامرأة مسلمة أن هذا قدرهما؟
طبعاً هذا قدرهما. الحمد لله، الأمر خارج عن سيطرتهما، ماذا كان ذنب وليد عندما طلب الحصول على تصريح للذهاب إلى عمان لرؤية أبنائه؟ لم تكن تلك جريمة. أنا متعبة من كل هذه الأمور.

עיישה אברהים חודאלי / عائشة إبراهيم الهودلي

My granddaughter keeps saying, "I want my Mommy, I want Daddy." She waits. When she hears the doorbell she expects her dad, but when it turns out to be someone else, like her uncle, she cries, "Where is Daddy? You said Daddy was at work, why didn't he come home?"

How long was your granddaughter with her mother in prison?
Aysha stayed in the prison until she became two years, then she came to us. Now she is three years old. I do not like when people come to ask about Aysha or us. Those outside do not suffer like those inside prison. I was at the gates of the prison when Aysha was released. She was crying with her mother. I cried with them. We should have been happy but we started crying.
Aysha was fat because she slept a lot. She ate and slept. Her father, my son, carried her and used a pushchair for her things. She was like an adult prisoner coming home.

How did you look after her?
Then her father was with her. He took her everywhere. She even rode a camel when she was very little. He took her to the mall. She got used to being taken everywhere. He used to say, "I can bathe my daughter, but can you dress her up?"

And now, how long will her father be in prison?
He has been sentenced to six months. All he wants is to work to support his family. He is not guilty of anything. He went to Jerusalem on the eve of the feast. They caught him and detained him for two hours in a cell. Then they gave him his identity card and said, "Go home, Waleed." Then he said he wouldn't go to Jerusalem again. They deprived him of praying at al Aqsa.
Then he went to Jerusalem to request to visit his family in Amman, and they said, "Why don't you go and never come back?" He answered, "I want to see my children like everyone else." He received a notification to be interviewed to receive the permit for Amman, but when he went, they detained him.

Why is Aysha's mother in prison?
Itaf is guilty of running a summer camp. Is that forbidden for the Jews? Of course not. Waleed said to the judge in the court, "Don't you Israelis have summer camps? We have summer camps, too." Even the lawyer asked the judge, "What is she guilty of?" She taught children. She let them exercise, played with them, and did summer camp activities. She ran a charity. She taught religion.
After more than two years, they just sentenced her for two or three months more. She may be free in February. God knows.

Does going to prison, like Waleed and Itaf, help the Palestinian people?
No. Waleed will have spent twelve and a half years total in prison for nothing.

Do you think, as a Muslim woman, that this is their destiny?
Of course it is their destiny. May God be praised. It is not up to them. What was Waleed guilty of when he asked for a permit to go to Amman to see his children? That is not a crime. I am tired of all this.

הנכדה שלי כל הזמן אומרת, "אני רוצה את אימא. אני רוצה את אבא". היא מחכה. כשהיא שומעת את הפעמון בדלת, היא מחכה לאבא שלה, כשמתברר לה שזה מישהו אחר, למשל הדוד שלה, היא בוכה, "איפה אבא? אמרת שאבא בעבודה. למה הוא לא חוזר?"

כמה זמן הייתה הנכדה שלך בכלא עם אימא שלה?
עיישה הייתה בכלא עד שמלאו לה שנתיים, ואז הביאו אותה אלינו. עכשיו היא בת שלוש. אני לא אוהבת ששואלים על עיישה או עלינו. האנשים בחוץ לא סובלים כמו אלה שבכלא. עמדתי בשערי הכלא כשעיישה שוחררה. היא בכתה עם אימא שלה. במקום לשמוח התחלנו לבכות.
עיישה הייתה שמנה כי היא רק אכלה וישנה. אבא שלה, בני, נשא אותה על הידיים והשתמש בכיסא גלגלים בשביל חפציה. היא נראתה כמו אסיר מבוגר שחוזר הביתה.

איך טיפלת בה?
אבא שלה היה אִתה אז. הוא לקח אותה לכל מקום. היא אפילו רכבה על גמל כשהייתה קטנטנה. הוא לקח אותה לקניון. היא התרגלה שלוקחים אותה לכל מקום. הוא היה אומר, "אני יכול לרחוץ את הבת שלי, אבל את מוכנה להלביש אותה?"

ועכשיו, כמה זמן יהיה אבא שלה בכלא?
הוא נדון לשישה חודשים. כל מה שהוא רוצה זה לעבוד כדי לפרנס את המשפחה שלו. הוא לא אשם בשום דבר. הוא הלך לירושלים בערב החג. תפסו אותו וכלאו אותו לשעתיים. החזירו לו את תעודת הזהות ואמרו לו, "לך הביתה, וליד". ואז הוא אמר שלא יחזור עוד לירושלים. הם מנעו ממנו את הזכות להתפלל באל-אקצה.
ואז הוא הלך לירושלים לבקש לבקר את משפחתו בעמאן, והם אמרו, "אולי תלך ולא תחזור יותר?" הוא ענה, "אני רוצה לראות את הילדים שלי כמו כל אחד אחר". הוא קיבל הזמנה לריאיון לקבלת אישור יציאה לעמאן, אבל כשהוא הלך לשם, עצרו אותו.

למה אמה של עיישה כלואה?
עיטף הואשמה בניהול מחנה קיץ. גם ליהודים זה אסור? ברור שלא. וליד אמר לשופט בבית המשפט, "לכם הישראלים יש מחנות קיץ? גם לנו". אפילו עורך הדין שאל את השופט, "במה היא מואשמת?", היא לימדה ילדים. הילדים התעמלו, והיא שיחקה אתם ועשתה פעילויות מחנה קיץ. היא ניהלה קרן צדקה, ולימדה לימודי דת.
אחרי יותר משנתיים דנו אותה לעוד חודשיים או שלושה בלבד. אולי היא תשתחרר בפברואר. אלוהים יודע.

הליכה לכלא, כמו במקרה של וליד ועיטף, עוזרת לעם הפלסטיני?
לא. וליד יהיה בכלא 12 שנים וחצי על שום דבר.

כמוסלמית את חושבת שזה הגורל שלהם?
מובן שזה גורלם, השבח לאל, זה לא תלוי בהם. מה היה החטא של וליד כשהוא ביקש אישור יציאה לעמאן לבקר את הילדים שלו? זה לא פשע. נמאס לי מכל זה.

Above: Israeli Bedouin in display tent at women's embroidery enterprise in Lakia
in the central Negev desert.

Opposite page: Girl in daycare center in Sderot in southern Israel.
Girl in Al-Amari refugee camp at Ramallah in the West Bank.
Palestinian family in Deheisha refugee camp near Bethlehem in the West Bank.

Jericho is one of the oldest cities in the world. Most people read about it in the Bible. We showcase the way the people live, the natural beauty of Jericho, the charm of the city, the magnificent, hospitable people.

Who are the people who live in Jericho?
There are Muslims and Christians. We have many churches—Romanian, Russian, Greek, Coptic, others. We also have Bedouin, native citizens of the city, as well as people from Hebron, Bethlehem, and Jerusalem. There are people from Jordan who came before the war of 1967. Because of the political situation, we don't have Jewish people living with the citizens of Jericho.
We have had one million visitors to Jericho. Now, because of the great difficulties, the number of tourists is very limited. Sometimes we don't have any. All the people feel the economic repercussions. How to bring tourism to an area full of conflicts and clashes?
Israelis have conflict but they mostly hear about it, they don't live it. In Palestine we live it in our lives, in all our movements. In Israel they live like Europeans. It's a piece of Europe, Israel. But Palestine is a piece of hell. We don't have an economy, we don't have borders, we don't have control of the land, we don't have freedom to move.

If you could go anywhere, where would you go?
It may be a common dream—all the people here dream the same—to see the President of the U.S. because he controls everything. I'd like to tell him about the normal people and what we need.
Maybe he'll listen to me but he'll not give us more—politics are not about sympathy. Politics is a game of power and interest, and his interest is to support Israel. We think the U.S. wants to have a place here to move into and control, like it's a game.

A miracle happened and walls came tumbling down. Can that miracle happen again?
The Wall can come down, the apartheid wall and the walls of prejudice. We can find a solution. In the past, we lived like that—Jericho was open for the Israelis. They could come, could buy fruits from the market. That can happen again.
People can forgive if they have a stable economic situation, freedom to move, their own ID—a Palestinian ID respected around the world.

How do the Wall and checkpoints affect your life?
They affect all the people's lives. We don't have the Wall here but we have trenches around the city and two checkpoints. When they're closed, no one can move between cities. If they're open, we thank God.
The citizens of Jericho come from different places, so people hold different IDs. In my family, when we want to go on a family trip, we have to choose different checkpoints. Sometimes my mother and I can go out and not in and it'll be the opposite for my father and sister. You cannot imagine how difficult it is to manage.

יריחו היא אחת הערים העתיקות בעולם. אנשים בדרך כלל קוראים עליה בתנ"ך. אנחנו מציגים את אורח החיים של האנשים, את היופי הטבעי של יריחו, את הקסם של העיר, את האנשים הנהדרים ומסבירי הפנים.

מיהם האנשים שגרים ביריחו?
יש מוסלמים ונוצרים. יש לנו הרבה כנסיות – רומניות, רוסיות, יווניות, קופטיות ואחרות. יש גם בדווים, תושבים ילידים של העיר, וגם אנשים מחברון, בית לחם וירושלים. יש אנשים מירדן שהגיעו לפני מלחמת ששת הימים. בגלל המצב הפוליטי אין יהודים שחיים עם תושבי יריחו.
היו לנו מיליון מבקרים ביריחו. עכשיו, בגלל הקשיים הרבים, מספר התיירים מוגבל מאוד, ולפעמים אין תיירים בכלל. כולם מרגישים את ההשלכות הכלכליות.
איך אפשר להביא תיירות לאזור של עימותים ותקריות?
לישראלים יש סכסוך, אבל הם בעיקר שומעים עליו, הם לא חיים בתוכו. בפלסטין אנחנו חיים אותו. ישראל היא חלק מאירופה, אבל פלסטין היא חלק מהגיהנום.
אין לנו כלכלה, אין לנו גבולות, אין לנו שליטה באדמה, אין לנו חופש תנועה.

לו יכולת ללכת למקום כלשהו, לאן היית הולכת?
זה אולי חלום משותף – כולם כאן חולמים אותו הדבר – לראות את נשיא ארה"ב, כי הוא שולט בכול. הייתי רוצה לספר לו על האנשים האמיתיים של פלסטין ולמה הם זקוקים. אולי הוא יקשיב לי, אבל הוא לא ייתן לנו יותר – פוליטיקה שונה מסימפתיה. פוליטיקה היא משחק של כוח ואינטרסים, והאינטרס שלו הוא לתמוך בישראל. אנחנו חושבים שארה"ב רוצה שיהיה לה כאן מקום להגיע אליו ולשלוט בו, בשבילה זה משחק.

קרה נס והחומות התמוטטו. יכול להתרחש נס שוב?
החומה יכולה ליפול, חומת האפרטהייד והחומות של הדעות הקדומות. אנחנו יכולים למצוא פתרון. בעבר חיינו כך – יריחו הייתה פתוחה לישראלים. הם יכלו להגיע, יכלו לקנות פירות בשוק. זה יכול לקרות שוב.
אנשים יכולים לסלוח אם מצבם הכלכלי יהיה יציב, אם יהיו להם חופש תנועה ותעודת זהות משלהם – תעודת זהות פלסטינית שיהיו מוכרת בכל העולם.

איך החומה והמחסומים משפיעים על חייך?
הם משפיעים על החיים של כולם. כאן אין חומה, אבל יש מחפורות סביב העיר ושני מחסומים. כשהם סגורים, אי-אפשר לעבור מעיר לעיר. אם הם פתוחים, אנחנו מודים לאל.
תושבי יריחו מגיעים מכל מיני מקומות, אז לאנשים יש תעודות זהות שונות. במשפחה שלי, כשאנחנו רוצים לצאת לטיול משפחתי, אנחנו צריכים לבחור מחסומים שונים. לפעמים אמא שלי ואני יכולות לצאת אבל לא להיכנס, והמצב אצל אבא שלי ואחותי הפוך. אי אפשר לתאר כמה קשה להסתדר עם זה.

Weaam Dawoud Ali Iriqat

Director of Public Relations and Culture for Jericho Municipality

Iriqat gained her degree in tourism in Syria and returned in 1995 to live with her family in Jericho, where she became Director of the Public Relations and Culture Department for the municipality. With the building of the Wall and encircling of checkpoints, Iriqat saw the economy decline and tourism dry up. The region is financially dependent upon tourists and outside markets for its agricultural products.

مديرة العلاقات العامة والثقافة في بلدية أريحا

حصلت السيدة وئام عريقات على شهادتها الجامعية في السياحة من سوريا وعادت سنة ١٩٩٥ للعيش مع عائلتها في أريحا حيث أصبحت مديرة قسم العلاقات العامة والثقافة في بلدية أريحا. واكبت السيدة عريقات مع بناء الجدار وتطويق أريحا بالحواجز تدهور الأوضاع الاقتصادية وتوقف السياحة، إذ تعتمد المنطقة اقتصادياً على السياحة والأسواق الخارجية لتسويق منتجاتها الزراعية.

מנהלת יחסי ציבור ותרבות בעיריית יריחו

ויאם איריקאת קיבלה את תוארה בתיירות בסוריה, שבה ב-1995 לחיות עם משפחתה ביריחו ונעשתה מנהלת מחלקת התרבות ויחסי הציבור בעירייה. היא הייתה עדה לשקיעה הכלכלית ולדעיכת התיירות בעקבות הקמת הגדר והמחסומים. כלכלת האזור מסתמכת על תיירים ועל השווקים החיצוניים למוצרי החקלאות שלו.

أريحا أقدم مدينة في العالم، وهي معروفة لدى الكثير من الناس لأن اسمها مذكور في الكتاب المقدس. المدينة معروفة بجمالها الطبيعي وسحرها وعظمتها وكرم أهلها.

من هم سكان أريحا؟

سكان أريحا هم من المسلمين والمسيحيين، حيث يوجد الكثير من الكنائس الرومانية والروسية واليونانية والقبطية والكنائس الأخرى في المدينة. كما يقطن المدينة عدد من البدو، بالإضافة إلى سكان أريحا الأصليين وأناس قدموا من الخليل وبيت لحم والقدس. هنالك مواطنون من الأردن قدموا إلى المدينة قبل عام ١٩٦٧. ولا يوجد سكان يهود في المدينة بسبب الأوضاع السياسية.

كانت مدينة أريحا تستقبل مليونٍ زائر في العام، ولكن الآن وبسببٍ الصعوبات الهائلة فإن عدد الزوار قد أصبح محدوداً للغاية، قد يصل إلى صفر أحياناً. الجميع يعاني من الأوضاع الاقتصادية الصعبة، كما أن الأزمات السياسية التي لا تنتهي لا تشجع السياح على زيارة أريحا.

الإسرائيليون لا يعيشون الأزمات السياسية التي نعيشها نحن الفلسطينيون كل يوم. فالإسرائيليون يعيشون مثل الأوروبيين. والفلسطينيون يعيشون في جحيم يومي. نحن نفتقر إلى الاقتصاد ونفتقر إلى الحدود ونفتقر إلى حرية الحركة.

أين تتمنين الذهاب؟

أتمنى الذهاب لمقابلة الرئيس الأمريكي لأشرح له عن احتياجاتنا اليومية، قد أجد أذناً صاغية، إلا أننا لن نحصل على المزيد من المكاسب السياسية أو حتى العطف. فمصلحة الرئيس الأمريكي تقتضي دعم إسرائيل، مما يتيح له المجال للحصول على المزيد من السيطرة، وكأن الأمر مجرد لعبة يلعبها الرئيس.

حدثت معجزة أدت إلى إزالة الجدران. هل ستحدث المعجزة مرة أخرى؟

يمكنٍ للجدران أن تنهار، كما يمكن لجدار الفصل العنصري أن يزول. يمكننا أن نجد حلاً. كنا في الماضي نعيش تحت ظروف كانت فيها مدينة أريحا مفتوحة أمام الإسرائيليين حيث كانوا يأتون إلى المدينة ويشترون الفاكهة من السوق، يمكن لهذا الأمر أن يحدث من جديد. الناس ينسون ويغفرون عندما يصبح وضعهم الاقتصادي مستقرا، ويمتلكون حرية الحركة وتكون لديهم هويتهم الفلسطينية الخاصة التي يعترف بها العالم.

كيف يؤثر الجدار والحواجز على حياتك؟

الجدار والحواجز تؤثر على حياة جميع الناس. لا يوجد جدار هنا ولكن يوجد خنادق ونقطتا تفتيش، مما يقيد حركة المواطنين بين المدن خاصة عند إغلاق نقاط التفتيش. تتنوع أصول أهالي مدينة أريحا مما يعني أنهم يحملون بطاقات هوية مختلفة، مما يضطرهم إلى الذهاب إلى نقاط تفتيش مختلفة. عندما تريد عائلتي الذهاب في رحلة عائلية فإننا نتنقل عبر أكثر من نقطة تفتيش في مناطق مختلفة. يسمح لي ولأمي أحياناً اجتياز الحواجز ولا يسمح لأبي وأختي اجتيازها، مما يجعل تدبر هذا الأمر غايةً في الصعوبة.

Wejdan Jaber

Board member of Filastiniyat and advocate for the disabled

Jaber, with degrees in management and entrepreneurship, recently moved from Gaza to help her family, which is suffering financially due to the sanctions. On the board of Filastiniyat, Jaber promotes women in public discourse and policy. Born with hip dislocations, Jaber works for the rights of people with disabilities. She was the Muslim Palestinian voice of the 2007 Jerusalem Women Speak Tour organized by Partners for Peace.

عضوة الهيئة الإدارية لمؤسسة "فلسطينيات" ومدافعة عن حقوق المعاقين

انتقلت السيدة وجدان جبر التي تحمل ألقابا جامعية في الإدارة والمبادرات الاقتصادية، مؤخراً من غزة من أجل مساعدة عائلتها التي تقاسي مادياً من جراء العقوبات المفروضة على قطاع غزة. تشجع السيدة وجدان جبر من خلال عضويتها في الهيئة الإدارية لمؤسسة «فلسطينيات» مشاركة النساء في الخطاب والسياسة العامة. تعاني منذ ولادتها من الورك المخلوع وهي تعمل من أجل حقوق المعاقين. تحدثت بصوت الفلسطينية المسلمة في جولة «نساء القدس يتحدثن» للعام ٢٠٠٧ التي تم تنظيمها في إطار برنامج «شركاء من أجل السلام».

חברת הנהלה ב'פיליסטיניאת' ולוחמת למען אנשים עם מוגבלות

לווידאן ג'אבאר יש תארים בניהול וביזמות. לאחרונה עקרה מעזה כדי לסייע למשפחתה שבשל העיצומים נקלעה לקשיים כלכליים. במועצת המנהלים של 'פיליסטיניאת' ג'אבאר מקדמת את מעמד הנשים בשיח הציבורי ובמדיניות. היא נולדה עם נקע בירכיים ופועלת למען זכויותיהם של אנשים עם מגבלות. ב-2007, בסיור 'נשות ירושלים מדברות' שארגן 'שותפים לשלום', הייתה הקול המוסלמי-פלסטיני.

للشعب الفلسطيني تاريخه الخاص وثقافته وتقاليده، فنحن كغيرنا من الشعوب لا نُعِدّ قنابل في مطابخنا.
فلسطين بلد جميل فيه البرتقال والشواطئ والأطعمة الشهية مثل الحمص والتبولة.
أتمنى أن يزور الناس فلسطين ليتعرفوا على الثقافة الفلسطينية الجميلة وعلى لغتنا وعلى موسيقانا، بالإضافة إلى الاستمتاع بزيارة الأماكن المقدسة.

ما هو مستقبل تلك الثقافة الفلسطينية الجميلة؟

حلم الدولة الواحدة هو حلم غير واقعي، فنحن بحاجة إلى حل الدولتين المستقلتين.
نريد كرامتنا وحقوقنا، ويمكننا تحقيق ذلك عندما نحصل على دولتنا المستقلة. الخلل في موازين القوى يعني أن حل الدولة الواحدة فيه ظلم للفلسطينيين، لأن كفة الأقوى ترجح لصالح إسرائيل.
أنا مجرد امرأة فلسطينية عادية من غزة أجبرتني الظروف على الاهتمام بالسياسة، إلا أنني أهتم أكثر بالحقوق الاقتصادية والاجتماعية.
أعاني منذ ولادتي من خلع في مفصل الورك، مما أدى إلى إعاقة، والإعاقة هي جزء من الطبيعة الإنسانية حيث هنالك العيوب الكثيرة لدى الناس، خاصة العيوب في طريقة التفكير لدى السياسيين.
كوني امرأة عربية فلسطينية معاقة يجعلني في أسفل سلم التمييز في هذا المجتمع، إلا أن هذا يمنحني القوة. صحيح أنني أعاني من الآلام الجسدية، إلا أنني قوية روحياً وعاطفياً. تشكل بعض الأنشطة التي يعتبرها الناس سهلة، مثل طلوع الدرج وكنس الأرض، تحدياً بالنسبة لي، كما أن الألم فيه تحد لي، وهذا التحدي يدفعني نحو الأفضل.
تشكل الحواجز كابوساً في حياتي علي أن أعبره كل يوم. فقد حصلت على مفصل ورك صناعي عندما كنت في الثلاثين من عمري، وكان حلمي الحصول على مفاصل أوراك جديدة دون أن أدرك أن حصولي عليها يعني بدء معاناتي. فالأوراك الصناعية وأبواب الفحص المنتشرة على نقاط التفتيش لا يتفقان، حيث أن الأوراك الصناعية تشغل أجهزة الإنذار في هذه الأبواب، عندها يقوم الجنود بتفتيشي بشكل مهين، ثم علي أن أشرح لهم أنني لست إرهابية ولا أحمل قنابل.

ما هي أسباب التطرف؟

الظروف الصعبة تجعل حياة الإنسان أمراً لا يطاق، فالتضييق على أهالي قطاع غزة هو بمثابة خطأ كبير يرتكبه المجتمع الدولي. لقد انتخب الناس حماس، لكن هذا لا يعني أن هنالك دافعا فكريا وراء هذا الانتخاب، وإنما كان الدافع هو الشعور بالإحباط من عدم تقدم العملية السياسية بالإضافة إلى الفساد المستشري بين قادة حركة فتح.
الآن نجد المعاناة بين هؤلاء الذي لا يربطهم رابط فكري مع حركة حماس، وهم يفقدون مصادر رزقهم، مما يعني أنه بالنتيجة لن يكون لديهم ما يخسرونه.
أعتقد أن المرأة هي التي تستطيع تحقيق السلام في العالم. فالمرأة تختلف عن الرجل من الناحية النفسية. حيث نجد أن نفس الرجل هي التي تدفعه ليعتقد أن القوة هي في المزيد من السيطرة. أما المرأة فتشعر بأن القوة هي في العطاء، مما يجعلها قادرة على التعامل مع الضغوط الهائلة وإعطاء المزيد.

וויידאן ג'אבאר / وجدان جبر

The Palestinian people have their own history, culture, and traditions. We are normal people; we don't cook bombs in our kitchens. Palestine is beautiful. We have wonderful oranges, a beautiful beach, great food like hummus and tabbouleh. I want people to dream of visiting Palestine not only as a holy place but to enjoy the beautiful culture, language, and music.

What is the future of your "beautiful culture"?

The one-state solution is my utopian dream. For now, though, divorce should come before marriage—we need two independent states. We want our rights and dignity back, and we can achieve that through a state equal to the Israeli state. There is an imbalance of power—if we go directly to the one-state solution, the Palestinian people will feel they didn't get this choice from a strong position and they are on a lower footing than the Israelis.

I am a normal Palestinian woman from Gaza. Events put me in a situation where I have to talk politics, but I focus on economic and social rights. I was born with severe hip dislocations. Being disabled is part of being human—like all products, we come with defects. Many people in the world have defects in their ways of thinking—politicians.

Being disabled, a woman, Arab, Muslim, in the hierarchy of discrimination in this society I am placed at the bottom of the ladder; but it gives strength. Physically I am in pain, but spiritually and emotionally, I am strong. It's a challenge to do things people take for granted, climb stairs, sweep the floor. The effort and pain challenge me to be a better human being.

The checkpoint is my nightmare, and I have to go through it daily. I have had artificial hips since I was 30 years old. It was my biggest dream to have new hips, but when I got them, my suffering actually started. Artificial hips, metal detectors, and checkpoints are not friends. After I set off the detectors, I am pulled aside. It humiliates me when a solider checks me physically. I have to explain I am not a terrorist, I am not carrying a bomb.

What creates extremism?

Extreme conditions push people into corners. This is the big mistake the international community is making in Gaza. The people elected Hamas not so much because of ideological belief but because they are extremely frustrated with a peace process that doesn't get anywhere and with the corruption of Fatah leaders. Now, we are pushing the people who were not ideologically with Hamas by taking away their resources and livelihood. They have nothing more to lose.

If I count on someone to make peace in the world, I count on women. Men and women are psychologically different. A man's ego drives him to think the more he controls, the more powerful he is. A woman feels the more she gives, the stronger she is. This is why women can deal with incredible pressure and still give and give more.

לפלסטינים יש היסטוריה, תרבות ומסורות משלהם. אנחנו אנשים רגילים. אנחנו לא מבשלים פצצות במטבח. פלסטין יפהפייה. יש לנו תפוזים נהדרים, חוף מקסים, אוכל נפלא כמו חומוס וטבולה. אני רוצה שאנשים יחלמו לבקר בפלסטין לא רק כמקום קדוש, אלא כדי ליהנות מהתרבות העשירה, מהשפה ומהמוזיקה.

מהו עתידה של "התרבות העשירה" שלכם?

הפתרון של מדינה אחת הוא החלום האידאלי שלי. אבל בינתיים, לפני הנישואים צריכים להיות גירושים, אנחנו זקוקים לשתי מדינות עצמאיות. אנחנו דורשים בחזרה את הזכויות ואת הכבוד שלנו, באמצעות מדינה שתהיה שווה למדינת ישראל. אין איזון בכוחות. אם נלך ישירות לפתרון של מדינה אחת, העם הפלסטיני ירגיש שלא בחר באפשרות הזאת מעמדה של כוח ושהוא בעמדה נחותה לעומת הישראלים.

אני אישה פלסטינית רגילה מעזה. בגלל אירועים אני חייבת לדבר על פוליטיקה, אבל אני מתמקדת בזכויות כלכליות וחברתיות. נולדתי עם נקע חמור בירכיים. נכות היא חלק מהקיום האנושי. כמו כל המוצרים, גם אנחנו מגיעים פגומים. להרבה אנשים בעולם יש פגמים בדרכי החשיבה שלהם – פוליטיקאים למשל. מאחר שאני נכה, אישה, ערבייה מוסלמית – בהירכיה של האפליה בחברה אני בתחתית הסולם, אבל זה מעניק לי כוח. מבחינה פיזית, אני סובלת מכאבים, אבל מבחינה רוחנית ורגשית אני חזקה. דברים שלאחרים הם מובנים מאליהם, מאתגרים אותי – לעלות במדרגות, לטאטא את הרצפה. המאמץ והכאב מאתגרים אותי להיות אדם טוב יותר.

המחסום הוא הסיוט שלי, ואני צריכה לעבור בו כל יום. יש לי ירכיים מלאכותיות מאז גיל 30. החלום הגדול ביותר שלי היה ירכיים חדשות, אבל כשקיבלתי אותן התחיל הסבל שלי. ירכיים מלאכותיות, מגלי מתכות ומחסומים לא מסתדרים יחד. אחרי שאני מזעיקה את מגלי המתכות, שמים אותי בצד. בדיקה פיזית על ידי חיילת משפילה אותי. אני צריכה להסביר שאני לא מחבלת, שאין עלי פצצה.

מה יוצר קיצוניות?

תנאים קיצוניים דוחקים אנשים לפינות. זו הטעות הגדולה של הקהילה הבין-לאומית בעזה. אנשים בחרו בחמאס לא כל כך מאמונה אידאולוגית, אלא מפני שהם מתוסכלים מאוד מתהליך השלום שלא מתקדם לשום מקום ומהשחיתות של מנהיגי הפת"ח. אנחנו לוקחים מאנשים את המשאבים ואת אמצעי המחייה ודוחקים אותם לכיוון החמאס מבחינה אידאולוגית. אין להם עוד מה לאבד. אם יש מישהו שישכין שלום בעולם, אלה הנשים. גברים ונשים שונים מבחינה פסיכולוגית. האגו של הגברים דוחף אותם לחשוב שככל שהם ישלטו יותר, הם יהיו חזקים יותר. נשים מרגישות שככל שהן יתנו יותר, הן יהיו חזקות יותר. לכן נשים מסוגלות להתמודד עם לחצים שלא ייאמנו ובכל זאת לתת עוד ועוד.

Fatima Ja'fari

Political activist, women's organizer, and former political detainee

Ja'fari, a refugee at Al-Deheisha camp near Bethlehem, has been politically active since age 20. She was imprisoned twice. One brother died in a hunger strike at Nafha prison, and three others were killed. Her husband and oldest son have been imprisoned. Ja'fari co-founded the Association of Women Committees for Social Work in 1981, for gender equality in a democratic Palestine. She distributes products made by women in Al-Deheisha camp.

ناشطة سياسية وسجينة سياسية سابقة

بدأت السيدة فاطمة شحادة الجعفري، وهي لاجئة فلسطينية من مخيم الدهيشة الواقع قرب بيت لحم، نشاطها السياسي منذ عشرين عاما وقد تم سجنها مرتين. مات أحد أخوتها في إضراب عن الطعام في سجن نفحة وقُتِل ثلاثة آخرون. كذلك تم سجن زوجها وابنها البكر. أسست جمعية لجان المرأة للعمل الاجتماعي سنة ١٩٨١ من أجل المساواة بين الرجل والمرأة في فلسطين الديمقراطية. تقوم السيدة الجعفري بتسويق السلع التي تنتجها نساء مخيم الدهيشة للاجئين.

פעילה פוליטית, מארגנת נשים ולשעבר עצירה פוליטית

פטימה ג'פרי, פליטה ממחנה אל-דהיישה ליד בית לחם, היא פעילה פוליטית מאז גיל 20. היא נאסרה פעמיים, אחד מאחיה מת בשביתת רעב בכלא נפחא, ושלושה אחים אחרים נהרגו. בעלה ובנה הבכור נכלאו. ב-1981 הייתה גברת ג'פרי שותפה לייסוד 'התאחדות ועדות הנשים לעבודה סוציאלית' למען שוויון בין המינים בפלסטין הדמוקרטית. היא מחלקת מוצרים שהכינו נשים במחנה אל-דהיישה.

لم تقدم المؤسسات الفلسطينية أي شيء للمرأة. وعلى المرأة أن تأخذ حقها بالقوة من الرجل. استلمت دعوة لحضور حفل انطلاقة حركة فتح، حيث كنت المرأة الوحيدة في الحفل. سألت الرجال في الحفل، «هل الرجال وحدهم الذين انطلقت بهم الثورة؟ لا، لقد انطلقت الثورة بالرجال والنساء. لقد ناضلت المرأة باستمرار. لماذا لم يحضر أحدكم زوجته أو أخته أو أمه إلى الحفل؟ تدعوننا للانخراط عندما تريدون ذلك فقط ثم تضعونا جانباً. أنتم تصوتون للمرأة رغماً عنكم، ليس باختياركم.»

على المرأة والفتاة الفلسطينية أن تعتمد على نفسها وأن تحترم الثقة التي منحت لها وأن تحافظ على شرفها. فإمكان المرأة أن تقدم الكثير للمجتمع إذا منحها المجتمع ثقته. أقول للنساء، «لا تيأسن أبداً لأن اليأس يقتل، عليكن أخذ الحقوق بالقوة، لا تستسلمن أبداً».

لماذا كنت رهن الاعتقال، وكذلك أخوتك وزوجك وابنك؟

تعرضت للانتقاد من الناس. قالت لي امرأة عندما أطلق سراحي من المعتقل عام ١٩٨١، «ماذا حققت؟ قُتل أخوك، وتم اعتقالك. لماذا؟» قلت لها، «لا تستحقين أن أرد عليك لأنك لن تفهمي الجواب. لم أرد أن أكون رهن الاعتقال من أجل فوائد معينة. لقد اعتقلت لأنه كان هنالك شيء بداخلي، بدمي، كان علي أن أناضل من أجل وطني.»

بدأت عملي الوطني بعد إطلاق سراحي. شاركت في مسيرات وزيارات ومظاهرات وأنشطة أخرى كثيرة. شكلت لجانا للمرأة في غزة والضفة الغربية بالتعاون مع صديقتين لي، كما أنني قمت بتأسيس حضانة.

الناس من الخليل وحتى نابلس يعرفون نضالي ويعرفونني. لم أخذل أي إنسان طلب المساعدة مني لأنني أعرف معنى العيش القاسي، ومعنى أن يكون في العائلة شهيد أو معتقلٌ أو جريح.

هل السلام مع الإسرائيليين ممكن؟

يسألني الناس، «هل تريدين الانتقام بعد أن فقدت ثلاثة أخوة؟» أقول، «لا، لا أريد الانتقام. أريد السلام. أريد لأطفالي وأحفادي أن يعيشوا بسلام.» قالت لي أم يهودية ذات مرة، «لقد قتل ابني وأنا الآن مع نشطاء السلام.» قلت لها، «أنت فقدت واحدا وأنا فقدت ثلاثة. أنت تبكين على واحد وأنا أبكي على ثلاثة.» ثم سألتها، «هل تستطيعين التأثير على حكومتك؟ بعضكم يريد السلام، ولكن لو أرادت حكومتكم السلام لما نشرت المستوطنات ولما بنت الجدار.»

تريد إسرائيل أخذ المزيد من الأرض. تستمر إسرائيل في التأجيل من أجل استغلال الوقت لصالح بناء المزيد من المستوطنات. لو كانت إسرائيل تريد السلام فعليها أن تزيل الجدار وأن تنسحبٍ إلى حدود عام ١٩٦٧. إن استمرار إسرائيل في سياستها هذه يجعل السلام مستحيلاً بالرغم من المفاوضات.

ماذا تقولين للأمهات الإسرائيليات اللواتي فقدن أبنائهن؟

أقول للأمهات الفلسطينيات والإسرائيليات، «الله يساعدنا.» على المرأة الفلسطينية والإسرائيلية أن تعمل على الضغط على الحكومة من أجل قبول السلام. أبكي على النساء الإسرائيليات اللواتي يفقدن أبناءهن في الهجمات الانتحارية. فأنا أم وأشعر بالأمهات الأخريات.

פטימה שחאדה ג'פרי / فاطمة شحادة الجعفري

No institution has given Palestinian women anything. Women have to grab their rights from men. I was the only woman invited to the anniversary celebration of the Fatah movement. I asked the men, "Was the revolution launched by men only? No, it was launched by men and women. Women have always struggled. Have any of you brought your wives, sisters, or mothers to the struggle? You only get us involved when you want us involved. Then you put us aside. You vote for women because you have to, not because you choose to."
Palestinian mothers and girls must rely on themselves, must respect the trust given to them, and, most importantly, must preserve their honor. Women can give to their communities if they earn people's trust. I tell women, "Never despair because despair kills. Take your rights by force and never surrender."

You were in an Israeli prison, as were your brothers, husband, and son. Why?
People criticized me. A woman said to me when I was released in 1981, "What have you achieved? Your brother was killed and you were detained. What for?" I said, "You do not deserve an answer because you would not understand. I did not want to be detained to gain benefits. I was detained because I have something inside of me, in my blood. I have to struggle for my homeland."
I started patriotic activities after I was released. I took part in marches, visits, demonstrations, everything. With two friends, I formed women committees through Gaza and the West Bank. I also founded a kindergarten.
People from Nablus to Hebron know my struggle and me. I have never let down a person asking for help because I know what it means to undergo hardships in life, including having family who were martyred, detained, or wounded.

Is peace possible with the Israelis?
People say, "You lost three brothers. Do you seek revenge?" I say, "I do not want revenge, I want peace. I want my children and grandchildren to have peace."
A Jewish mother said, "My son was killed. Now I am a peace activist." I said, "You lost one, I lost three. You cry for one, I cry for three." I asked, "Can you influence your state? Some of you want peace but if your government wanted peace, it wouldn't have spread settlements and wouldn't have built the Wall."
Israel wants to grab more land. Israel keeps delaying in order to buy time to build more settlements. If Israel wants peace, it should remove the Wall and go back to the 1967 borders. We can talk, but if they continue as they have, peace will be impossible.

What would you say to Israeli mothers who lost their children?
I say to both Israeli and Palestinian mothers, "May God help you." They must both influence their governments, exert pressure on them to accept peace. I cry for Israeli women who lost children in suicide attacks. I am a mother, I feel for other mothers.

שום מוסד לא עוזר לנשים הפלסטיניות. נשים צריכות לקחת בכוח את הזכויות שלהן מידי הגברים. אני הייתי האישה היחידה שהוזמנה לחגיגות יום השנה של תנועת הפת"ח. שאלתי את הגברים, "רק גברים יצאו למהפכה? לא, למהפכה יצאו גברים ונשים. נשים תמיד נאבקו. מישהו מכם הביא את אשתו, אחותו או אמא שלו למאבק? אתם משתפים אותנו רק כשאתם רוצים. ואז אתם שמים אותנו בצד. אתם מצביעים בשביל נשים כי אתם חייבים, לא מתוך בחירה".
האימהות והבנות הפלסטיניות צריכות לסמוך על עצמן. הן צריכות לכבד את האמון שניתן להן, והכי חשוב, הן צריכות לשמור על כבודן. נשים יכולות לתרום לקהילה אם הן זוכות באמונו של העם. אני אומרת לנשים, "אף פעם אל תתייאשו, כי הייאוש הורג". קחו את הזכויות שלכן בכוח ואף פעם אל תיכנעו".

מדוע היית בכלא ישראלי, כמו אחייך, בעלך ובנך הבכור?
אנשים מבקרים אותי באופן תמידי, לדוגמא אישה אחת אמרה לי כשהשתחררתי ב-1981, "מה השגת? אחיך נהרג ואת נעצרת. בשביל מה?" עניתי לה, "לא מגיע לך לקבל תשובה, כי לא תביני. לא רציתי להיעצר כדי לקבל טובות. נעצרתי כי יש בתוכי משהו, בדמי. אני חייבת להיאבק למען המולדת שלי".
התחלתי בפעילות פטריוטית אחרי שהשתחררתי. השתתפתי במצעדים, ביקורים, הפגנות, ועוד. בנוסף, הקמתי ועדות נשים בעזה ובגדה המערבית עם עוד שתי חברות, וייסדתי גן ילדים.
אנשים משכם ועד חברון מכירים אותי ואת המאבק שלי. אף פעם לא אכזבתי אדם שביקש עזרה, כי אני יודעת מה פירוש הדבר לעבור מכשולים, גם כשבני המשפחה שלך מתים מוות קדושים, נעצרים או נפצעים.

השלום עם הישראלים אפשרי לדעתך?
אנשים אומרים, "איבדת שלושה אחים. את מחפשת נקמה?" אני עונה, "אני לא רוצה נקמה. אני רוצה שלום. אני רוצה שלילדים ולנכדים שלי יהיה שלום".
אימא יהודייה אחת אמרה, "הבן שלי נהרג. עכשיו אני פעילת שלום". עניתי, "את איבדת אחד, אני איבדתי שלושה. את בוכה על אחד, אני בוכה על שלושה". שאלתי אותה, "את מסוגלת להשפיע על המדינה שלך? יש אצלכם שרוצים שלום, אבל אם הממשלה שלכם הייתה רוצה שלום, היא לא הייתה מפזרת את ההתנחלויות ולא הייתה בונה את החומה".
ישראל רוצה עוד אדמה. ישראל ממשיכה לעקב כדי להרוויח זמן ולבנות עוד התנחלויות. אם ישראל רוצה שלום, היא צריכה להסיר את החומה ולחזור לגבולות 67'. נוכל לדבר, אבל אם הם ימשיכו בדרך שלהם, השלום לא יהיה אפשרי.

מה תאמרי לנשים ישראליות שאיבדו את הילדים שלהן?
אני אומרת גם לאימהות הישראליות וגם לאימהות הפלסטיניות, "שאלוהים יעזור לכן". שתי הקבוצות צריכות להשפיע על הממשלות שלהן, ללחוץ עליהן להגיע להסכם שלום. אני בוכה עם נשים ישראליות שאיבדו את הילדים שלהן בהתאבדויות. אני אימא, אני מזדהה עם אימהות אחרות.

نادية كنعان / נדיה חנן

I try to raise my children apart from the situation. I don't allow them to see the news. When they hear something at school about deaths, I say, "Go to your room and I will read you a new story." I don't allow them to talk about politics. Even my oldest is just a child, nine years old. It's so hard for him to feel there is no peace. I try my best to let him live his childhood peacefully.

Nadia, you're crying.
I'm afraid it isn't possible for my children to live in peace, to live normally, as other kids in the world.
Israelis are like us. They have people who want peace, and they have people who are not interested in peace. I believe that in everyone you can bring out the good person from the bad. We all have a bad side and good side. When you are good to me, the good side will appear in me.

You are a policewoman. Are you strong?
I love this work. It's challenging as a woman to work in an area traditionally restricted to men. But strength is in your mind. When you feel God is with you, you feel strong.
And after you face death, anything is bearable. When I was going to be shot, it was very hard to feel I would be gone in the snap of a finger. And when the person responsible is Palestinian, it's so hard. It hurts so much. You didn't do anything, but he is going to kill you. When they put the gun to my head, the last thing I remember is seeing my two children and thinking I might not see them again.

Because the kidnapper would kill you?
We were going to our work one morning in Gaza. My husband worked in the President's office, and I worked in the police department. Suddenly, three cars stopped us, and twelve people with ski masks began to shoot at our car. Nine bullets riddled our car. They took us out and put guns to our brains to kill us. My husband said, "Please spare her, she is pregnant," but they took us both. After ten minutes, they threw me out of the car and threatened, "If you move, we will shoot you in the head." They took my husband for four hours. I thought he had been shot. Gaza is no longer a good place to live in.

Can you forgive that person?
I forgive him.

Where do you find hope?
In the smile of my little baby. She is my hope, and hope is the reason to live. Women, you must be proud you are born a woman, that your wombs are the beds of your children. You are the roots of this world. You can do more than you think, and you are stronger than you think.

אני מנסה להפריד בין הילדים שלי לבין המצב. אני לא מרשה להם לראות חדשות. כשהם שומעים בבית הספר משהו על מוות, אני אומרת להם, "לכו לחדר שלכם ואני אקריא לכם סיפור חדש". אני לא מרשה להם לדבר על פוליטיקה. אפילו הבן הבכור שלי עדיין ילד, בן 9. קשה לו מאוד להרגיש שאין שלום. אני מנסה כמיטב יכולתי לאפשר לו לחיות את הילדות שלו בשלום.

נדיה, למה את בוכה?
אני חוששת שלא ייתכן שהילדים שלי יחיו בשלום, יחיו חיים נורמליים, כמו ילדים אחרים בעולם.
הישראלים כמונו. יש אצלם אנשים שרוצים שלום ויש כאלו שלא. אני מאמינה שמכל אחד אפשר להוציא את הטוב מתוך הרע. כשאת טובה אליי, הצד הטוב יופיע גם בי.

כשוטרת, את חזקה?
אני אוהבת את תפקידי. בתור אישה מאתגר אותי לעבוד בשטח שלפי המסורת החברתית היה של גברים בלבד. אבל חוזק הוא עניין נפשי: אם את מרגישה שאלוהים אתך, את מרגישה חזקה.
ואחרי שעומדים מול המוות, אפשר לשאת הכול. כשעמדו לירות בי, היה קשה מאוד להרגיש שבתוך שנייה לא אהיה פה. וכשהאדם האחראי לזה הוא פלסטיני, זה קשה מאוד. זה כואב מאוד. לא עשית שום דבר, אבל הוא מתכוון להרוג אותך. כשהצמידו לי אקדח לרקה, הדבר האחרון שאני זוכרת הוא שראיתי את שני הילדים שלי וחשבתי שאולי לא אראה אותם שוב.

כי החוטף יהרוג אותך?
בוקר אחד הלכנו לעבודה בעזה. בעלי עבד במשרד של הנשיא, ואני עבדתי במשטרה. פתאום עצרו אותנו שלוש מכוניות, ו-12 אנשים במסכות סקי התחילו לירות על המכונית. תשעה קליעים פגעו בה. הם הוציאו אותנו והצמידו לנו אקדחים לרקה כדי להרוג אותנו. בעלי אמר, "תעזבו אותה. היא בהיריון", אבל הם לקחו את שנינו. אחרי עשר דקות השליכו אותי מהמכונית ואיימו עליי, "אם תזוזי, נירה לך בראש". את בעלי לקחו לארבע שעות. חשבתי שירו בו. עזה היא כבר לא מקום שטוב לחיות בו.

את מסוגלת לסלוח לאדם ההוא?
אני סולחת לו.

איפה את מוצאת תקווה?
בחיוך של התינוקת שלי. היא התקווה שלי, ותקווה היא סיבה לחיות.
נשים, אתן חייבות להתגאות שנולדתן נשים, שהרחם שלכן משכן את הילדים שלכן. אתן השורשים של העולם הזה. אתן מסוגלות לעשות יותר ממה שנדמה לכן, ואתן חזקות יותר משנדמה לכן.

Nadia Kanan

Policewoman and Head of Public Relations for Ramallah Police District

As a captain in the police force, Kanan is in a select group of around 500 women recently joining more than 18,000 men in the Palestinian civil police force. She directs public relations for the district offices. Kanan, who was born in Lebanon, is Muslim with a Lebanese mother and Palestinian father. She lived for nine years with her husband in Gaza. They moved to Ramallah shortly after the trauma of being held by kidnappers.

ضابط شرطة، رئيسة دائرة العلاقات العامة في شرطة محافظة رام الله

انضمت السيدة نادية كنعان إلى قوات الشرطة المدنية الفلسطينية، وتعدادها أكثر من ١٨,٠٠٠ رجل، برتبة نقيب من ضمن مجموعة مختارة تشمل ٥٠٠ امرأة، حيث تدير العلاقات العامة في مقر شرطة المحافظة. وُلدت لأم لبنانية وأب فلسطيني وهي مسلمة عاشت لمدة ٩ سنوات مع زوجها في غزة ثم انتقلا إلى رام الله بعد مدة وجيزة من مرورهما بصدمة اختطافهما.

שוטרת וממונה על יחסי הציבור במחוז המשטרה ברמאללה

נדיה חנן היא חלק מקבוצה נבחרת של כ-500 נשים שהצטרפו בעת האחרונה ליותר מ-18,000 גברים בכוח המשטרה האזרחי הפלסטיני. היא ממונה על יחסי הציבור של לשכות המחוז. נדיה נולדה בלבנון. היא מוסלמית שאמה לבנונית ואביה פלסטיני. במשך תשע שנים התגוררה עם בעלה בעזה. הם עקרו לרמאללה זמן קצר לאחר הטראומה של חטיפתם.

أحاول أن أربي أولادي بعيداً عن الوضع الحالي، فلا أسمح لهم بمشاهدة الأخبار. وعندما يسمعون في المدرسة أخبارا تتعلق بمقتل أشخاص فإنني أقرأ لهم قصة جديدة في غرفة نومهم ، ولا أسمح لهم بالتحدث عن السياسة بما فيهم ابني البالغ من العمر تسع سنوات. يصعب عليه الشعور بعدم وجود سلام، أحاول كل جهدي من أجل أن أجعله يعيش طفولته بسلام.

لماذا تبكين؟

أخاف أن لا يجد أطفالي السلام، والحياة الطبيعية، كما هو الحال بالنسبة لباقي أطفال العالم. الإسرائيليون مثلنا لديهم من يريد السلام ومن هو مهتم به. أعتقد أننا نستطيع أن نستخرج عنصر الخير من كل إنسان، حيث أننا جميعاً فينا عنصر خير وعنصر شر، حيث يظهر عنصر الخير عندما نُعامل بإحسان.

هل أنت قوية حيث أنك شرطية؟

أحب عملي، فهو بمثابة تحد حيث كان يقتصر عمل الشرطة تقليدياً على الرجال. إلا أن القوة تبقى في عقل الإنسان، ويكون الإنسان قوياً عندما يشعر أن الله معه. القدرة على مواجهة الموت تجعل كل شيء قابلا للاحتمال. يصعب علي تخيل موتي عندما يطلق علي الرصاص، ويكون الأمر أصعب إذا كان الفاعل فلسطينيا، حيث يكون الأمر مؤلما للغاية. سيقتلك بالرغم من أنك لم تفعل أي شيء. كان آخر شيء تذكرته أطفالي عندما وضعوا السلاح في رأسي، اعتقدت أنني لن أراهم مرة أخرى.

هل تصورت أنهم سيقتلونك ؟

كنت ذاهبة في أحد الأيام إلى عملي في غزة. يعمل زوجي في مكتب الرئيس وأنا في مديرية الشرطة. أوقفتنا ثلاث سيارات فجأة وبدأ اثنا عشر رجلا مقنعين يطلقون النار علينا. أصابت تسع رصاصات السيارة. أخرجونا من السيارة وصوبوا أسلحتهم على رؤوسنا، فطلب منهم زوجي أن يتركوني لأنني حامل، إلا أنهم لم يأبهوا لذلك، وألقوني خارج السيارة. وهددوني قائلين، "إذا تحركت سنطلق النار على رأسك." قبضوا على زوجي لمدة أربع ساعات. اعتقدت أنهم قتلوه. لم تعد غزة مكاناً صالحاً للعيش.

هل تسامحين ذلك الشخص؟

سامحته.

أين تجدين الأمل؟

في ابتسامة طفلتي الصغيرة، فهي أملي. والأمل هو سبب من أسباب الحياة. على المرأة أن تفتخر بنفسها، وأن يكون رحمها هو المكان الذي ينام فيه أطفالها. النساء هن جذور العالم، والمرأة قادرة على أن تعمل أكثر مما تتخيل، كما أنها أقوى مما تتخيل.

Badia Khalaf

Chair of Annahda Women's Association

Khalaf has worked on a volunteer basis for 45 years for Annahda Women's Association, a Christian-based institution founded in 1925 for Arab women's needs—now serving adults and children with mental disabilities and children with hearing and speech impairments. Khalaf, raised in Jordan and widowed at age 24, returned with her children to her ancestral home of Ramallah, which before 1948 had been predominantly Christian.

رئيسة جمعية النهضة النسائية

عملت السيدة بديعة خلف كمتطوعة لمدة ٤٥ سنة في جمعية النهضة النسائية وهي مؤسسة مسيحية تم تأسيسها سنة ١٩٢٥ لسد احتياجات النساء العربيات، وتقدم حالياً خدمات للبالغين والأطفال الذين يعانون من إعاقات عقلية ولأطفال يعانون من ضعف في السمع والنطق. ترعرعت في الأردن وفقدت زوجها وهي في الرابعة والعشرين من عمرها، ثم عادت مع أبنائها إلى بيت أجدادها في مدينة رام الله والتي كان معظم سكانها قبل العام ١٩٤٨ من المسيحيين.

יושבת ראש התאחדות הנשים 'אנאהדה'

בדיה כאלאף עבדה על בסיס התנדבותי במשך 45 שנה בהתאחדות הנשים 'אנאהדה', מוסד נוצרי בעיקרו שהוקם ב-1925 למען צורכי הנשים הערביות, וכיום משרת מבוגרים וילדים עם מגבלויות נפשיות וילדים עם לקויות שמיעה ודיבור. בדיה כאלאף גדלה בירדן והתאלמנה בגיל 24. היא שבה עם ילדיה לבית אבותיה ברמאללה, עיר שלפני 1948 היה בה רוב נוצרי.

الحب هو أفضل شيء في الدنيا، فبدونه لا نستطيع أنٍ نحيا. نحن كمسيحيين نريد السلام فقط، وأن نحب بعضنا البعض، وأن نعيش معاً، حيث لا يصعب علينا العيش مع اليهود في إسرائيل.

العيش باحترام متبادل؟
أتمنى أن نحيا معاً، وأن يكون لنا دولتنا المستقلة إلى جانب إسرائيل، وأن ينعم أبناؤنا وأحفادنا بالسلام.

ماذا نفعل بدون محبة؟ نذبل ونموت؟
لا أريد أن أحيى من غير محبة، من غير أن نحب الآخرين ونحب أبناءنا وبلادنا والناس وفلسطين. أحب مدينة رام الله. لقد زرت أماكن كثيرة الا أن فلسطين وطني. آمل أن يتحقق السلام وأن نحصل على دولتنا وعاصمتها القدس، فهذا هدفنا في الحياة ولا نريد أكثر من ذلك. لقد عشنا أوقات عصيبة إبان الحكم الأردني والاحتلال الإسرائيلي، كانت حياتي كلها أوقاتا عصيبة، كما أن حياة أبنائي وأبناء الإسرائيليين كذلك.

لكنك لم تفقدين الأمل أبداً؟
لا لم أفقد الأمل أبداً، أنا أؤمن أن كل شيء ممكن.

أخبريني عن عائلتك
نحن من سكان رام الله الأصليين. لقد جئنا إلى رام الله من الأردن قبل أكثر من خمسمائة عام. تأسست هذه الجمعية على يدي عمتي من أجل خدمة الأطفال ذوي الاحتياجات الخاصة والذين يعانون من إعاقات سمعية وبصرية عام ١٩٢٥. كان ابن عمي كريم خلف رئيس بلدية رام الله، لقد فجروا سيارته وفقد قدميه.

من فجَّر سيارته؟
الاحتلال الإسرائيلي هو الذي فجر سيارته لأنه كان ناشطاً سياسياً، كانت تلك الأوقات صعبة جداً.

هل تستطيعين المسامحة؟
الله يطلب منا أن نسامح، الدين المسيحي يطلب منا أن نسامح. إلا أن هذا حرب واحتلال، وهذا يحدث بين الحين والآخر.

هل تشعرين بالحزن أحياناً؟
شعرت بالحزن عندما توفي زوجي، كنت عندها في الرابعة والعشرين، كان هذا منذ وقت طويل، والآن أنا في السبعين من عمري ولدي ثلاثة أبناء. وُلِدَت ابنتي بعد وفاة أبيها. لقد عملت بجد واجتهاد لأوفر أفضل تعليم لأولادي الذين تعلموا الهندسة في الولايات المتحدة الأمريكية. ابني أسامة يملك مطاعم في رام الله وأريحا. أنا الآن مرتاحة وسعيدة وأشكر الله على كل شيء
المرأة تستطيع أن تنجز أكثر من الرجل. لقد عملت في المؤسسة منذ عام ١٩٦٢ حيث كان مقر الجمعية مجرد غرفتين مستأجرتين. الآن نملك المقر والأرض المحيطة به، كما أن لنا مركزا لمعالجة المتخلفين عقلياً. وقمنا أيضاً بتشييد بناية مخصصة للإيجار حتى تدر علينا الدخل. لقد أنجزنا كل هذا بالرغم من الأوقات العصيبة التي تمر بها فلسطين.

בדיה כאלאף / بديعة خلف

The best thing in life is love. Without love we cannot live. As Christians, we want only peace. This is our Christianity. We can love each other, we can live with each other. It's not hard for us to live with Jewish people, Israeli people.

You want to live the Golden Rule?
I hope to live with each other, and that we have our independent state beside the Israelis with peace for our sons and grandchildren.

What happens without love? Do you shrivel up and die?
No, but I don't want to live without love. Love each other, our sons, our country, the people, Palestine. I love Ramallah. I've been many places but Palestine is my country, and everyone loves their country. We hope peace comes and an independent state with Jerusalem as our capital. That's our aim in life, nothing more.
I lived in bandit times in Jordan and, now with the occupation, I have lived hard times all my life. For my sons, for the Israelis' sons, and for the people of Palestine, it's hard.

You've never lost hope?
Never. I always have hope in everything.

Tell me about your family.
We're from the original people of Ramallah. We moved from Jordan over 500 years ago to this area. My aunt established this association for children with special needs and hearing difficulties in 1925. My cousin, Kareem Khalaf, was the mayor of Ramallah. They bombed his car and his feet were cut off.

Who bombed his car?
It is the occupation. The Israelis, because he was politic, the mayor. At that time, we were very angry because of the situation. Daily.

Can you forgive?
God tells us to forgive, Christianity tells us to forgive. It is war, it is an occupation so from time to time this happens.

Do you ever get sad?
When my husband died, but it passed. I was 24, now I'm 70 with three children. My daughter was born after her father's death so I worked hard to help my children get a good education. They are in engineering in the United States. Osama has restaurants in Ramallah and Jericho. Because I had very hard times, I can now feel happy, and thank God for everything.
Everything is possible. Women can do more than men. I've been with the association since 1962 when we rented two rooms only. Now we own this center and the land around it, and a center for mentally retarded children, and we built another building that we rent so we can gain money from renting this house. We women did all this in the hard times of Palestine.

אהבה היא הדבר הטוב ביותר בחיים. בלי אהבה אנחנו לא יכולים לחיות. אנחנו נוצרים ורוצים רק שלום. זו הנצרות שלנו. אנחנו יכולים לאהוב זה את זה. אנחנו יכולים לחיות יחד. לא קשה לנו לחיות עם העם היהודי, עם העם הישראלי.

את רוצה להגשים את הפתגם "ואהבת לרעך כמוך"?
אני מקווה שנחיה יחד ושתהיה לנו מדינה עצמאית לצד הישראלים, עם שלום לבנים ולנכדים שלנו.

מה קורה בלי אהבה? קמלים ומתים?
לא, אבל אני לא רוצה לחיות בלי אהבה, בלי שנאהב זה את זה, את הבנים שלנו, את הארץ שלנו, את העם, את פלסטין. אני אוהבת את רמאללה. הייתי במקומות רבים, אבל פלסטין היא המדינה שלי, וכל אחד אוהב את המדינה שלו. אנחנו מקווים שהשלום יגיע ותהיה לנו מדינה עצמאית ושירושלים תהיה בירתה. זו המטרה שלנו בחיים, שום דבר מעבר לזה.
חייתי בתקופה פרועה בירדן, ועכשיו תחת הכיבוש; הזמנים היו קשים כל חיי. קשה לבנים שלי, לבנים של הישראלים ולעם בפלסטין.

אף פעם לא איבדת תקווה?
אף פעם. תמיד יש לי תקווה בכל דבר.

ספרי לי על המשפחה שלך.
אנחנו מהמשפחות המקוריות של רמאללה. הגענו מירדן לאזור לפני יותר מ-500 שנה. סבתי הקימה ב-1925 אגודה למען ילדים עם צרכים מיוחדים וקשיי שמיעה. בן דודי, כארים כאלאף, היה ראש העיר של רמאללה. פוצצו את המכונית שלו, והרגליים שלו נקטעו.

מי פוצץ לו את המכונית?
הכיבוש. הישראלים. כי הוא היה פוליטיקאי, ראש העיר. באותה תקופה כעסנו יום ביומו בגלל המצב.

את מסוגלת לסלוח?
אלוהים אומר לנו לסלוח, הנצרות אומרת לנו לסלוח. זו מלחמה, זה כיבוש, אז מדי פעם זה קורה.

את עצובה לפעמים?
כשבעלי נפטר. אבל זה עבר. הייתי בת 24. עכשיו אני בת 70, ויש לי שלושה ילדים. בתי נולדה אחרי שאבא שלה מת. עבדתי קשה כדי לעזור לילדים לקבל חינוך טוב. הם מהנדסים בארצות הברית. לאוסמה יש מסעדות ברמאללה וביריחו. עברתי תקופות קשות, ולכן אני יכולה עכשיו להיות מאושרת ולהודות לאל על הכול.
הכול אפשרי, נשים יכולות לעשות יותר מגברים. הייתי באגודה מאז 1962, כששכרנו שני חדרים בלבד. עכשיו המרכז והאדמה סביבו שייכים לנו, ויש לנו מרכז לילדים בעלי פיגור שכלי. בנינו עוד בניין, ואנחנו משכירים אותו כדי לגייס כסף מהשכירות. אנחנו הנשים עשינו את כל זה בתקופות הקשות של פלסטין.

Bedouins tending sheep on the road to Jericho in the West Bank.

View of Jordan across the Dead Sea from Israel.

صفاء ماضي / סאפה מאדי

Aid is important to certain segments of Palestinian society, but other segments don't need aid, they need a chance. They need access to grow their businesses. It's easy for the U.S. to put on pressure to open a commercial corridor for raw materials to Gaza. We don't want food packages or aid money. We need to generate money from business and economics.

What is money?
Money is a tool, but Palestine is underdeveloped and under occupation, and relies on external aid, so for us money is also a stick that can be used to punish. We have a huge unemployment rate, but steps can be taken towards a flourishing economy if you let people move about and work. At InTajuna we maximize Palestinians' awareness of locally-made products from both the commercial and development perspectives.

What makes you most angry?
Not having mobility. We conducted 24 workshops for women, but to go even to Nablus, you have to sneak around the checkpoint because you don't have a permit. My family lives in Gaza, I haven't seen them for eight years. My parents were not able to attend my wedding. They've never seen my daughter.
The worst thing that can be said of Palestinian mothers is that they send their kids to be suicide bombers, send their kids to die. I don't want my child to die. I want her to have the best life, the best education, to fulfill her dreams. They are slapping me on my face when they say that.

I see tears.
My daughter goes to daycare. If there is an invasion, will the daycare know what to do? If there's tear gas, or shooting, can they protect her? We can't just think about the best quality daycare but what daycare can handle an emergency situation.

Why do you stay?
To do the best I can. Plus, wherever you go, even if you have a nice house and plenty of choices of where to send your children to school, your mind will be in Ramallah. It will be captured by the situation in Palestine. So you better die with those you love if things come to worst, or try to have a good life with the people you love.

Can Palestinians forgive, or forget?
Without giving me back my rights or minimum requirements to live a normal life and have my dignity respected, I shouldn't forget or forgive. As someone denied the right to see her mother and father, it would be foolish and stupid of me to forgive and forget. It's like putting someone in prison and asking him to forgive after spending 20 years in prison. First, we have to go through a healing process. Let us live a normal life, let us live in an independent state.

What would you say to the top Palestinian and Israeli politicians?
Get a brain. The daily suffering on both sides is terrible. It shouldn't take another 60 years to come to a solution. I would lock the door and not let them out.

העזרה חשובה למגזרים מסוימים בחברה הפלסטינית, אבל מגזרים אחרים לא צריכים עזרה, הם צריכים הזדמנות. הם צריכים אפשרות לפתח את העסקים שלהם. קל לארצות הברית להפעיל לחץ לפתוח מעבר מסחרי לחומרי גלם לעזה. אנחנו לא רוצים חבילות מזון או כספי סיוע. אנחנו צריכים לייצר כסף מעסקים ומכלכלה.

מה זה כסף?
כסף הוא כלי, אבל פלסטין אינה מפותחת מספיק. היא נתונה לכיבוש ומסתמכת על סיוע חיצוני, אז בשבילנו כסף הוא גם כלי מעניש. שיעור האבטלה אצלנו עצום, אבל אפשר לנקוט צעדים לקראת כלכלה משגשגת אם יתנו לאנשים לנוע ממקום למקום ולעבוד. ב'אינטג'אנה' אנחנו מגבירים את המודעות של אנשים למוצרים מקומיים, הן בממד המסחרי הן בממד ההתפתחותי.

מה הכי מכעיס אותך?
חוסר הניידות. הנחינו 24 סדנאות לנשים, אבל אפילו כדי להגיע לשכם צריך להתגנב מסביב למחסום כי אין לך רישיון. המשפחה שלי גרה בעזה. לא ראיתי אותם 8 שנים. הורי לא יכלו להשתתף בחתונה שלי ואף פעם לא ראו את בתי. הדבר הגרוע ביותר שאפשר לומר על אימהות פלסטיניות הוא שהן שולחות את הילדים שלהן להיות מפגעים מתאבדים, שהן שולחות את הבנים שלהן למות. אני לא רוצה שהבת שלי תמות. אני רוצה שיהיו לה חיים טובים ביותר, החינוך הטוב ביותר, שתגשים את כל חלומותיה. הם סוטרים לי כשהם אומרים את זה.

אני רואה דמעות.
בתי הולכת למעון יום. אם תהיה פלישה, יֵדעו במעון מה לעשות? אם יהיה גז מדמיע או ירי, יוכלו להגן עליה? אנחנו לא יכולות לחשוב רק על המעון האיכותי ביותר אלא גם על איזה מעון יוכל להתמודד עם מצבי חירום.

למה את נשארת?
כדי לעשות כמיטב יכולתי. חוץ מזה, לא חשוב לאן אלך, אפילו אם יהיו לי בית יפה והמון אפשרויות בחירה לאן לשלוח את הילדים ללמוד, לבי יהיה ברמאללה. המחשבה תישאר שבויה במצב בפלסטין. אז עדיף למות עם האנשים שאני אוהבת, במקרה הגרוע, או לנסות לחיות חיים טובים עם האנשים שאני אוהבת.

הפלסטינים יכולים לסלוח או לשכוח?
אם לא יחזירו לי את הזכויות שלי או תנאים מינימליים לחיים נורמליים ולכבוד, אסור לי לשכוח או לסלוח. מאחר ששוללים ממני את הזכות לראות את אבי ואמי, יהיה טפשי מצדי לסלוח ולשכוח; כאילו כולאים מישהו ומבקשים ממנו סליחה אחרי שישב 20 שנה בכלא. קודם כול אנחנו צריכים לעבור תהליך של החלמה. תנו לנו לחיות חיים נורמליים. תנו לנו לחיות במדינה עצמאית.

מה היית אומרת לפוליטיקאים הפלסטינים והישראלים הבכירים?
תתחילו לחשוב. הסבל היום יומי בשני הצדדים נוראי. אי אפשר שעוד 60 שנה יחלפו עד שיגיעו לפתרון. הייתי נועלת את הדלת ולא נותנת להם לצאת.

تعتبر المساعدات مسألة هامة بالنسبة لبعض فئات المجتمع الفلسطيني، وهناك فئات أخرى لا تحتاج إلى المساعدات وإنما إلى أن تعطى الفرصة. هي بحاجة إلى إيجاد المدخل اللازم لتطوير وتنمية أعمالها. لذلك، يسهل على الولايات المتحدة الأمريكية، مثلاً، أن تضغط بهذا الاتجاه من أجل فتح ممر تجاري لإيصال المواد الخام إلى غزة وتنمية وتطوير الأعمال في هذا المجال. ما يبين أننا لسنا بحاجة إلى مساعدات غذائية أو مساعدات نقدية، وإنما إلى تنمية الأموال من خلال الأعمال والتنمية الاقتصادية.

ما هو المال في نظرك؟
المال عبارة عن أداة. وفلسطين لا تزال بلدا ناميا، كما أنها لا تزال تخضع للاحتلال والاعتماد على المعونات الخارجية، ولا تزال هذه المعونات تستخدم كعصاً لمعاقبة الفلسطينيين. هنالك نسبة بطالة عالية في فلسطين، إلا أننا نستطيع اتخاذ إجراءات لتحقيق الازدهار الاقتصادي إذا أتيح لنا المجال للتحرك والعمل. فمثلا، هنالك حملة «إنتاجنا» التي تعمل على زيادة الوعي الفلسطيني بالمنتجات المحلية.

ما الذي يجعلك تغضبين؟
عدم القدرة على التحرك والتنقل. لقد عقدنا ٢٤ ورشة عمل للنساء الفلسطينيات، إلا أنه كان هنالك مشاكل في الحركة والتنقل حيث أننا كنا نضطر إلى أن نسلك طرقا لتجنب الحواجز للوصول إلى المدن الفلسطينية كنابلس مثلاً. كما أن والديّ يسكنان في غزة، لم أرهما منذ ثماني سنوات، لم يتمكن والديّ من حضور زفافي، كما أنهما لم يريا ابنتي أبداً. أسوأ ما يقال عن الأمهات الفلسطينيات هو أنهن يرسلن أولادهن لتنفيذ عمليات انتحارية، أي للموت. هذا الحديث بمثابة صفعة قوية على وجهي. لا أريد لطفلتي أن تموت، أريد لها أفضل حياة وأفضل تعليم وأن تحقق أحلامها.

أراك تجهشين بالبكاء؟
تذهب ابنتي إلى الحضانة كل يوم. ولكن هل تستطيع الحضانة أن تقوم باللازم لو حدث اجتياح لمدينة رام الله وبدأوا بإطلاق النار والغاز المسيل للدموع؟ علينا أن نبحث عن حضانة تستطيع التعامل مع حالات الطوارئ بدلاً من أفضلها جودة ونوعية.

لماذا البقاء في رام الله إذاً؟
إن قلوبنا معلقة برام الله، وأنا أبذل قصارى جهدي للتكيف مع الوضع. إن السكن في أحسن البيوت والأماكن التي تتوفر فيها خيارات كثيرة حول اختيار مدرسة لطفلتي لا تعني أنني سأنسى رام الله. إن المدينة تتأثر بالوضع العام في فلسطين. من الأفضل للإنسان أن يعمل جاهداً للحصول على أفضل مستوى حياة أو أن يموت بين الأشخاص الذين يحبهم.

هل يستطيع الفلسطينيون أن ينسوا ويسامحوا؟
كيف أنسى وأسامح إذا لم أحصل على حقوقي وعلى المتطلبات الدنيا لأحيا حياة طبيعية وكريمة؟ لقد حرمت من حقي في رؤية والديّ. من الغباء أن يُطلب مني أن أنسى وأسامح. أنا مثل إنسان يوضع في سجن لمدة عشرين عاماً ثم يُطلب منه أن ينسى ويسامح. إن علينا أن نمر في مرحلة التئام للجروح أولاً، وأن نحيا حياة طبيعية في دولة مستقلة، قبل أن نفكر في النسيان والمسامحة.

ماذا تقولين للقيادات السياسة الفلسطينية والإسرائيلية؟
أقول لهم أين نسيتم عقولكم؟ هناك معاناة لا تطاق في كلا الجانبين. لا تنتظروا ستين عاماً أخرى باحثين عن الحل. سأقفل الباب عليهم ولا أدعهم يخرجون حتى يتوصّلوا إلى حل. لقد طفح الكيل لدى الجميع.

Safa Madi

Project Manager with InTajuna

As a Project Manager with InTajuna, Solutions for Development Consulting, Madi raises awareness of Palestinian-made products to increase revenue sources. She was the first female to lead a private sector association as Director of the Palestinian Informational Technology Association. Madi was raised in Gaza where her father, a well-known photographer, defied tradition to provide his eight daughters with good educations.

مديرة مشروع مع مؤسسة "إنتاجنا"

تعمل السيدة صفاء ماضي، من خلال وظيفتها كمديرة مشروع مع مؤسسة "إنتاجنا – حلول للاستشارة التنموية"، على الترويج للمنتجات الفلسطينية لزيادة مصادر الإيرادات. السيدة صفاء ماضي أول سيدة فلسطينية تترأس مؤسسة في القطاع الخاص، فهي مديرة "اتحاد شركات تكنولوجيا المعلومات الفلسطينية." نشأت في غزة حيث تحدى أبوها، وهو مصور معروف، التقاليد من أجل توفير مستوى تعليم لائق لبناته الثمانية.

מנהלת פרויקט ב'אינטג'אנה'

ספאה מאדי היא מנהלת פרויקט ב'אינטג'אנה - פתרונות לייעוץ פיתוח', ובמסגרת תפקידה היא מגבירה את המודעות למוצרים שיוצרו בפלסטין כדי להגדיל את מקורות ההכנסה. בתור מנהלת האגודה הפלסטינית לטכנולוגיית המידע הייתה לאישה הראשונה שהובילה התאגדות במגזר הפרטי. ספאה גדלה בעזה. אביה, צלם ידוע, התנגד למסורת כדי להעניק לשמונה בנותיו חינוך נאות.

Muna Saleem Mansour

Member of Palestinian Legislative Council (Hamas party), Nablus

Mansour is the widow of Jamal Mansour, a political leader of the Hamas party killed by a missile from an Israeli Apache helicopter mid-2001 in his office in Nablus. A former physics teacher, she ran for office to continue her husband's policy of reconciliation between Hamas and Fatah. She says her husband, viewed as a hero and martyr, was in Israeli prisons 14 times and held by the Palestinian Authority for three years.

عضوة المجلس التشريعي الفلسطيني (حركة حماس)، نابلس

السيدة منى منصور هي أرملة جمال منصور، أحد القياديين السياسيين في حركة حماس الذي قتل بصاروخ إسرائيلي تم إطلاقه من طائرة أباتشي في منتصف عام ٢٠٠١ وهو في مكتبه في نابلس. عملت السيدة منى منصور في الماضي كمدّرسة فيزياء ثم ترشحت للانتخابات من أجل متابعة سياسة زوجها للمصالحة بين حماس وفتح. تقول إنه قد تم سجن زوجها، الذي يُعتبر بطلا وشهيدا، في السجون الإسرائيلية ١٤ مرة كما أن السلطة الفلسطينية احتجزته لمدة ثلاث سنوات.

חברת המועצה המחוקקת הפלסטינית (מפלגת החמאס), שכם

מונה מנצור היא אלמנתו של ג'מל מנצור, מנהיג פוליטי ממפלגת החמאס. טיל ממסוק אפצ'י ישראלי הרג אותו באמצע שנת 2001 במשרדו בשכם. מנצור, בעבר מורה לפיזיקה, התמודדה לתפקיד כדי להמשיך במדיניותו של בעלה לפשר בין החמאס לפת"ח. לדבריה, בעלה, אדם שנחשב גיבור ושאהיד, נכלא בישראל 14 פעמים. הרשות הפלסטינית עצרה אותו למשך שלוש שנים.

قال زوجي مازحاً ذات مرة، "ماذا ستفعلين لو قتلني أحد ما؟" أجبت، "سأبكي." قال، "البكاء لا يضر." قلت، "البيت صغير لا يتسع للمعزين." جاءت أعداد كبيرة من المعزين. المسيرة التي جرت يوم وفاته كانت من أكبر المسيرات في فلسطين. شارك المواطنون من القرى المجاورة في الجنازة بالرغم من الحواجز الإسرائيلية.

كيف قتل زوجك؟

غادر جمال البيت في ٣١ تموز الساعة ١١ ذاهباً إلى المكتب. أطلقت طائرات الأباتشي الإسرائيلية الصواريخ على مكتبه الساعة ١١:٣٠. أصابته الصواريخ في رأسه، حيث كان هو الهدف الرئيسي. قتل في الهجوم إضافة إلى جمال سليم القائد السياسي، صحافيون، ومدير مكتبه وابن عمه وطفلان من المارة.
كان رجلاً صالحاً، حيث اعتاد حل الإشكاليات بين فتح وحماس بسرعة. كان فكره وحدوياً وإصلاحياً. لو كان بيننا الآن لكان قد حل المشاكل، الحمد لله. كاد فقدانه أن يقتلني، كان كل شيء في حياتي. ابني بدر يجعلني أشعر بالحزن فهو يبكي ولا يريد أن يقتنع بأن أباه لن يعود أبداً.

كيف أصبحت عضوة في المجلس التشريعي الفلسطيني؟

لم يخطر أبداً على بالي أن أكون عضوة في المجلس التشريعي. كنت معلمة فيزياء ممتازة، إلا أنني أعتقد أن الانضمام إلى المجلس التشريعي هو بمثابة فرصة لإسماع العالم صوت المرأة الفلسطينية المسلمة. فالإسلام يشجع المرأة على الانخراط في العمل السياسي. أضف إلى ذلك أن الحركة الإسلامية طلبت مني أن أنضم إلى قائمتها الانتخابية.
لم تكن وفاة زوجي هي النهاية. فالمرأة تستطيع الاستمرار حتى لو فقدت أحد أعزائها، وتستطيع أن تستمر في العطاء والازدهار. يجب أن لا تتوقف حياتها عندما تفقد أحد أعزائها.

ما هي الصعوبات التي واجهتك بعد الفوز في الانتخابات؟

لقد توقعنا فوز حماس، حيث يثق الناس بحماس، فهي توفر الدعم الإنساني. حماس هي حركة اجتماعية ومؤسساتية لها جذورها العميقة في المجتمع. فالمال القليل في يد حماس يصنع المعجزات، بينما تعجز الملايين في أيدي الآخرين على إنجاز القليل من التغيير على أرض الواقع. قادة حماس يعيشون بين الناس لا في أبراج عاجية.
المشكلة أن الانتخابات لم تلب رغبات العالم خاصة إسرائيل وأمريكا وبعض الدول العربية بالإضافة إلى بعض المنظمات الفلسطينية. لقد اعترفوا أن الانتخابات كانت نظيفة وديمقراطية وتاريخية، إلا أن حماس واجهت المعيقات منذ اليوم الأول من استلامها للسلطة، حيث تمثلت هذه المعيقات بالحصار والتجويع ومحاولة قلب نتائج الانتخابات.
اسأل الشعب الفلسطيني والسلطة الفلسطينية بالله أن يتذكروا أننا نعيش تحت احتلال، وأن الاحتلال لا يميز بين فتح وحماس عندما يطلق صواريخه. يريد الاحتلال الإسرائيلي أن يمزقنا ويقضي على وحدتنا. دعونا نتحد بالرغم من جروحنا لنحقق الحلم الفلسطيني، ففلسطين تحتاجنا موحدين لا متفرقين.
السلام ممكن، السلام هو أحد أسماء الله الحسنى، الحمد لله.

מונה סלים מנצור / منى سليم صالح منصور

My husband joked, "What would you do if I were killed?" I said, "I would cry." He said, "It is okay to cry." I said, "The house is too small to accommodate mourners." Mourners arrived in busloads. The march on the day of his death was the largest ever in Palestine. People from surrounding towns and villages joined the funeral even though the Israeli occupation placed roadblocks.

How was your husband killed?

It was July 31, 2001. Jamal left home at 11 o'clock to go to the office. Israel Apaches fired missiles at his office around 1:30. The missiles hit him in the head. He was the main target. He was killed with Jamal Saleem, a political leader, and two reporters, his office manager, a cousin, and two children who were passersby.

He was a good man. Jamal Mansour used to solve Fatah-Hamas problems quickly. His ideology was reconciliatory and unitary. If he were with us now, he would solve problems, may God be praised. Losing him almost killed me. He was everything in my life. My little son Badir plants sadness in me. He weeps and does not want to believe his daddy will never come back.

How did you become a member of the Palestinian Legislative Council?

The idea of being a PLC member had never crossed my mind. I used to be an excellent physics teacher. However, I thought this would be an opportunity to make the world hear the voice of the Muslim Palestinian woman. And Islam encourages women to be in politics. The Islamic movement asked me to join their list.

The death of my husband was not the end; a woman can go on even if she loses a dear one. She can continue to give, to progress. Her life should not stop when she loses the dear one.

What were the difficulties after winning?

We expected Hamas to win; people trust Hamas. It provides humanitarian support. Hamas is a social and institutional movement that penetrates deep into the society. A little money in Hamas' hands would do miracles, whereas millions in the hands of non-Hamas would do little to change the situation on the ground. The leaders live with the people, not in ivory towers.

The problem was the elections did not meet the world's desires, especially Israel, America, some Arab countries, and some organizations in Palestine. They admitted the elections were clean, democratic, and historic, but Hamas was met from day one with restrictions, embargo, starving, and attempts to overthrow the results.

I ask the Palestinian people, especially the Palestinian Authority, in the name of God, to remember we live under occupation. The occupation does not distinguish between Fatah and Hamas when it fires missiles. The Israeli occupation wants to tear us apart and annihilate our unity. Let us unite despite our wounds and achieve the Palestinian dream. Palestine needs us as one, not divided.

Peace is possible. Peace is one of God's names, may God be praised.

בעלי היה מתבדח, "מה היית עושה אם הייתי נהרג?" ואני היתי עונה, "הייתי בוכה". הוא אמר, "זה בסדר לבכות." אמרתי, "הבית שלנו קטן מדי לקבל אבלים". האבלים מילאו אוטובוסים שלמים. הצעדה ביום מותו הייתה הגדולה ביותר שהייתה אי-פעם בפלסטין. אנשים מהערים ומהכפרים הסמוכים הצטרפו ללוויה אף על פי שהכיבוש הישראלי הציב מחסומים.

איך בעלך נהרג?

זה היה ב-31 ביולי 2001. ג'מל יצא מהבית ב-11 בבוקר בדרך למשרד, כאשר מסוקי אפצ'י ישראליים ירו טילים למשרד שלו בערך ב-13:30. בעלי היה המטרה העיקרית, יחד עם ג'מל סלים, מנהיג פוליטי, ושני כתבים, מנהל המשרד שלו, בן דוד ושני ילדים שעברו בסביבה.

הוא היה איש טוב. ג'מל מנצור היה פותר במהירות בעיות בין פת"ח לחמאס. האידאולוגיה שלו הייתה מפשרת ומאחדת. אילו הוא היה אתנו עכשיו, הוא היה פותר בעיות, השבח לאל. כשאיבדתי אותו כמעט מתתי. הוא היה הכול בחיי. הבן הקטן שלי, באדיר, מעורר בי עצבות. הוא בוכה ולא רוצה להאמין שאבא שלו לא יחזור לעולם.

איך נעשית חברה במועצה המחוקקת הפלסטינית?

הרעיון להיות חברה במועצה המחוקקת הפלסטינית לא עלה בכלל בדעתי. הייתי מורה מצוינת לפיזיקה. אבל חשבתי שזו תהיה הזדמנות לתת לעולם לשמוע את קולה של האישה הפלסטינית המוסלמית. האסלאם מעודד נשים להיכנס לפוליטיקה. התנועה האסלאמית ביקשה שאצטרף לרשימה שלהם.

מות בעלי לא היה הסוף. אישה יכולה להמשיך אפילו אם היא מאבדת אדם יקר לה. היא יכולה להמשיך לתת, להתקדם. אסור שהחיים שלה ייגמרו כשהיא מאבדת אדם יקר.

אילו קשיים התעוררו אחרי הזכייה?

ציפינו שהחמאס ינצח, אנשים בוטחים בחמאס. הוא מספק סיוע הומניטרי. חמאס הוא תנועה חברתית ממוסדת שחודרת לעמקי לחברה. מעט כסף בידיי חמאס מחולל פלאים, ולעומת זאת מיליונים בידיי אחרים לא מחולל שינוי במצב בשטח. המנהיגים יושבים בתוך עמם, לא במגדלי שן.

הבעיה הייתה שהבחירות לא ענו על ציפיות העולם, בייחוד הציפיות של ישראל, אמריקה וכמה ממדינות ערב וארגונים בפלסטין. הם הודו שהבחירות היו נקיות, דמוקרטיות והיסטוריות, אבל חמאס נתקל בהגבלות מהיום הראשון, באמברגו, בהרעבה ובניסיונות לבטל את התוצאות.

אני מבקשת מהעם הפלסטיני, בשם האל, ובייחוד מהרשות הפלסטינית, לזכור שאנחנו חיים תחת כיבוש. הכיבוש לא מבחין בין פת"ח לבין חמאס כשהוא יורה טילים. הכיבוש הישראלי רוצה ליצור קרע בתוכנו ולהרוס את האחדות שלנו. בואו נתאחד למרות הפצעים שלנו ונגשים את החלום הפלסטיני. פלסטין זקוקה שנהיה מאוחדים, לא מפולגים.

השלום אפשרי. שלום הוא אחד משמות האל, השבח לאל.

بشرى مُقبل / בושרה מוקביל

I was having lunch with a friend and her young son in Ramallah when Israeli soldiers attacked a café across the street. They had guns, shattered windows, threw gas bombs and sound bombs. The kid asked his mom, "What's happening?" She told him, "It's a Hollywood movie." I said, "You have to tell him the reality." She said, "No, I don't want my kid to live in fear. At one point he will know it himself." What do you tell the children? I would be grateful if someone told me how to explain it.
I've been active since I was 13, at conferences, interviewed on television. My goal is to show that people my age—educated, strong, independent, and who believe in a just solution—are the true image of Palestine.

How do women who wear the hijab, *or men, perceive you?*
It's sad that people associate the *hijab* with the opposite of modernity. It's a matter of choice, of religious belief, not your level of civilization. I have cousins who are veiled and are extremely modern and open-minded. My mother is veiled. It's not an impediment preventing you from working or being educated—more women are educated than men, and our labor market has a high percentage of women.

You are a modern young women who returns to a refugee camp on weekends.
You always long for the warmth of homemade food and the company of your family. I like the simplicity of the camp—people are united. It made me who I am. There is not a lot of money so people focus on education and the refugee issue. I have ambitious parents who helped us to look up and believe the sky is the limit.
My mother's uncle was on his way home and was shot in the head by a settler. He died on the spot. My mother's brother, the Israelis hit him on the head for no reason. He was 40 or 45 years old, a simple man coming back to his family after work. He's been blind since then.

Do you feel angry?
What do you expect? I am amazed at how we as Palestinians can just accept it and just go through it. People have resisted, but they are at a stage where they have given up. It's a matter of survival now. I hate it when people give up and leave. Courage is having faith we will have a just solution, staying and resisting in every nonviolent way possible.
It's time for concrete action with the help of the international community—an end to the occupation, dismantling the settlements and checkpoints. They talk as if these are hard issues. It's easy to remove a checkpoint. They are added every day, they can be removed every day.

Can there be peace with Israelis?
If it's left to the people, we will be fine—politics divide us. How to maintain friendship when you are separated by barriers, walls, checkpoints? Older soldiers at checkpoints see Palestinians daily. They understand we are not monsters, and become better in how they treat us. When they see you every day, they change.

אכלתי צהריים עם חברה ובנה הצעיר שלה ברמאללה, כשלפתע חיילים ישראלים תקפו את בית הקפה מעבר לרחוב. היו להם רובים, הם ניפצו חלונות, השליכו פצצות גז ופצצות רעש. הילד שאל את אמא שלו, "מה קורה?" היא ענתה, "מצלמים סרט". הבהרתי לה שלדעתי "את צריכה לספר לו את המציאות". היא ענתה, "לא, אני לא רוצה שהילד שלי יחיה בפחד. מתישהו הוא ידע את זה בעצמו". מה מספרים לילדים? הייתי אסירת תודה אם מישהו היה אומר לי איך מסבירים את זה.
אני פעילה מאז גיל 13, בועידות, התראיינתי בטלוויזיה. המטרה שלי היא להראות שאנשים בגילי – משכילים, חזקים, עצמאיים שמאמינים בפתרון צודק – הם דמותה האמִתית של פלסטין.

איך נשים שלובשות חיג'אב, או גברים, רואים אותך?
עצוב שאנשים מקשרים את החיג'אב לשומרניות. זה עניין של בחירה, של אמונה דתית, לא רמת המודרניות. יש לי בנות דוד שעוטות רעלה, והן מודרניות ופתוחות ביותר. אימא שלי עוטה רעלה. זה לא מונע ממך לעבוד או ללמוד. יש יותר נשים משכילות מגברים, ובשוק העבודה שלנו יש אחוז גבוה של נשים.

איז זה להיות אישה מודרנית צעירה שחוזרת למחנה פליטים בחברון בסופי שבוע?
את תמיד מתגעגעת לחום של האוכל הביתי ולחברה המשפחתית. אני אוהבת את הפשטות של המחנה, את האנשים המאוחדים. המחנה עשה אותי למי שאני. אין הרבה כסף, אז אנשים מתמקדים בחינוך ובענייני המחנה. יש לי הורים שאפתנים שעזרו לי להסתכל קדימה ולהאמין שהשמים הם הגבול.
הדוד של אמי היה בדרך הביתה, ומתנחל ירה לו בראש. הוא מת במקום. אחיה של אמא, הישראלים היכו אותו בראש ללא שום סיבה. הוא היה בן 40 או 45, איש פשוט שחזר למשפחתו אחרי העבודה. מאז הוא עיוור.

את כועסת?
למה את מצפה? אני נדהמת איך אנחנו הפלסטינים יכולים פשוט לקבל את הדברים ולהמשיך הלאה. אנשים התנגדו, אבל הם בשלב שהם מרימים ידיים. עכשיו זו שאלה של הישרדות. אני שונאת שאנשים מרימים ידיים ועוזבים. האומץ הוא לשמור על האמונה שיהיה לנו פתרון צודק, להישאר ולהתנגד בכל דרך לא-אלימה אפשרית.
הגיע הזמן שהקהילה הבין-לאומית תעזור להביא סוף לכיבוש, פירוק ההתנחלויות והמחסומים. מדברים על המחסומים כעניין קריטי ומאתגר, אבל בעצם קל לסלק מחסום. אם מוסיפים מחסומים יום יום, אפשר לסלק אותם כל יום.

יכול להיות שלום עם הישראלים?
אם רק שני העמים יתמודדו עם זה, אנחנו נסתדר. הפוליטיקה מפרידה בינינו. איך אפשר לשמור על חברות אם יש גדרות, חומות ומחסומים המפרידים בינינו? חיילים מבוגרים במחסומים רואים את הפלסטינים כל יום. הם מבינים שאנחנו לא מפלצות, ויחסם משתפר. כשהם רואים אותך מדי יום ביומו, הם משתנים.

كنت أتناول وجبة الغذاء ذات يوم مع أحد الأصدقاء في رام الله وكان برفقتنا ولدها الصغير، عندما اقتحم الجنود الإسرائيليون المدينة واعتدوا على أحد المقاهي المجاورة، حيث حطموا النوافذ برصاصهم وبنادقهم وألقوا قنابل الغاز والصوت. سأل الطفل أمه «ما الذي يجري؟» قالت «إنهم يصورون فيلماً أمريكياً» قلت لها «أخبريه بالحقيقة» فقالت» لا، لا أريد لطفلي أن يعيش حياة مليئة بالخوف. كما أنه سيعرف الحقيقة يوماً ما.» ماذا تقولون للأطفال؟ هل يستطيع أحد تقديم المساعدة في كيفية شرح مثل هذه الأمور للأطفال؟
لقد شاركت في العديد من المؤتمرات واللقاءات التلفزيونية والأنشطة الأخرى منذ كنت في الثالثة عشرة من العمر. هدفي أن أبين للناس أن جيلي هو الجيل الذي يعكس الوجه الحقيقي لفلسطين وهو الوجه المستقل المتعلم القوي والذي يؤمن بالحلول العادلة.

كيف تنظر المتحجبات إليك؟ وكيف ينظر إليك الرجال؟

من المحزن أن هنالك ربطا بين الحجاب ومعاداة الحداثة. مسألة ارتداء الحجاب هي مسألة اختيار، كما أنها مسألة دينية، لا تمت بصلة إلى مستويات التحضر. هنالك بين أقربائي من يرتدين الحجاب، وهن غاية في التحضر والعقول المتفتحة. كما أن والدتي ترتدي الحجاب. لا يشكل الحجاب عائقاً أمام تعليم وعمل المرأة. الجدير بالذكر أن عدد النساء المتعلمات يفوق عدد الرجال، كما أن هنالك نسبة عالية من النساء المنخرطات في سوق العمل.

امرأة عصرية تمضي عطلة نهاية الأسبوع في أحد مخيمات الخليل

يشتاق الإنسان إلى الدفء الذي تمنحه العائلة، كما يشتاق إلى طعامها. أحب بساطة أهالي المخيم. الناس هنا وحدة واحدة. المخيم هو الذي صنعني. يهتم أهالي المخيم كثيراً بالتعليم بسبب الفقر، كما يهتمون أيضاً بقضيتهم. كما أن لأمي وأبي دورا كبيرا فيما حققناه من نجاح.
أطلق أحد المستوطنين النار على عم والدتي أثناء عودته إلى المنزل فأصابه في رأسه إصابة قاتلة. كما قام الإسرائيليون بضرب خالي على رأسه دون سبب عندما كان في الأربعينات من عمره مما أدى إلى فقدانه لبصره.

هل يجعلك ذلك تشعرين بالغضب؟

ماذا تتوقعين؟ أستغرب كيف يتقبل الفلسطينيون ما يجري حولهم وكأن شيئاً لم يكن. يبدو أن الناس قد تنازلوا عن المقاومة، وأصبحت المسألة مجرد مسألة بقاء. أكره الاستسلام والهروب. الشجاعة هي الإيمان بوجود حل عادل والبقاء والمقاومة باستخدام الأساليب اللاعنفية.
حان وقت اتخاذ خطوات ملموسة بمساعدة المجتمع الدولي وإنهاء الاحتلال وإزالة المستوطنات والحواجز. من السهل إزالة الحواجز إلا أنها تزداد كل يوم.

هل يمكن التوصل إلى سلام مع الإسرائيليين؟

لو كان الأمر بين الشعبين لما كان هنالك مشكلة. السياسة هي التي تفرقنا. كيف يمكن عمل علاقات صداقة مع أناس يفصلك عنهم جدار وحواجز وعوائق؟ يرى الجنود كبار السن الفلسطينيين على الحواجز كل يوم. إن اختلاطهم بنا يجعلهم يدركون أننا لسنا وحوشا، مما يجعلهم يعاملوننا بشكل أفضل، فهم يتغيرون عندما يروننا كل يوم.

Bushra Mukbil

Consultant with Office of the United Nations Special Coordinator

Mukbil, raised in Al-Arroub refugee camp near Hebron, received her BA and MA degrees in the United States, where she became a consultant for the World Bank. In 2006 she returned to work with UNSCO, monitoring Palestinian institutions and the impact on them of reduced funds. Mukbil is a coordinator for Seeds of Peace, which brings together Palestinian and Israeli youth, including herself and Noa Epstein, who is also interviewed.

مستشارة في مكتب المنسق الخاص للأمم المتحدة

نشأت السيدة بشرى مُقبل في مخيم العروب للاجئين الواقع قرب مدينة الخليل، وحصلت على شهادة البكالوريوس والماجستير من الولايات المتحدة الأمريكية حيث أصبحت مستشارة في البنك الدولي. عادت في العام ٢٠٠٦ لتعمل مع مكتب المنسق الخاص للأمم المتحدة لعملية السلام في الشرق الأوسط، حيث ترصد المؤسسات الفلسطينية ووقع تقليص التمويل عليها. تعمل كمنسقة لمنظمة «بذور السلام» التي تعمل على التقريب بين شباب فلسطينيين وإسرائيليين، من ضمنهم هي والسيدة نوا إبستاين التي تم إجراء مقابلة معها أيضاً.

יועצת בלשכת התיאום המיוחד של האומות המאוחדות

בושרה מוקביל גדלה במחנה הפליטים אל-ערוב שליד חברון. היא סיימה את התואר הראשון שלה בארצות הברית, שם היתה ליועצת בבנק העולמי. ב-2006 חזרה לעבוד עם אונסקו ופיקחה על מוסדות פלסטיניים ועל השפעת קיצוץ המשאבים על פעילותם. בושרה מוקביל היא המתאמת של 'זרעים של שלום', ארגון המפגיש בני נוער פלסטינים וישראלים. אתה פעילה בארגון גם נועה אפשטיין, שמתראיינת כאן גם כן.

Huda Naim Naim

Member of Palestinian Legislative Council (Hamas party), Gaza

Naim, an activist in the Hamas movement, was elected as a PLC representative in 2006. Naim advocates for women's rights and human rights. She holds a BA degree in social service and is chair of the *al Thuraya* Media Institution, a women's media organization and publisher of a home magazine. Naim lives with her husband and children in Al-Bureij refugee camp in central Gaza.

عضوة المجلس التشريعي الفلسطيني عن حركة حماس، غزة

انتُخبت هدى نعيم، الناشطة في حركة حماس، كعضوة في المجلس التشريعي الفلسطيني عام ٢٠٠٦، وهيَ تنشط في مجالات حقوق المرأة وحقوق الإنسان. تحمل السيدة هدى نعيم شهادة البكالوريوس في الخدمة الاجتماعية وهي رئيسة مجلس إدارة الثريا، وهي مؤسسة إعلامية نسوية تصدر عنها مجلة تختص بشؤون الأسرة. وتسكن السيدة هدى مع زوجها وأولادها في مخيم البريج وسط قطاع غزة.

חברת המועצה המחוקקת הפלסטינית מעזה (מפלגת החמאס)

גברת נעים, פעילה בתנועת החמאס מאז אמצע שנות השמונים, נבחרה לשמש חברה במועצה המחוקקת הפלסטינית ב-2006. היא פועלת למען זכויות נשים, ובהן להפסקתם של נישואין בכפייה ושל מעשי רצח על רקע כבוד המשפחה. יש לה תואר בוגר בעבודה סוציאלית, והיא משמשת יושבת ראש המוסד לתקשורת 'אל תוריה', ארגון תקשורת והוצאה לאור של כתב עת לנשים. גברת נעים מתגוררת עם בעלה וילדיה במחנה הפליטים אל-בורג' שבמרכז עזה.

حياتي كحياة مليون ونصف فلسطيني سجين في قطاع غزة. هي خليط من فقر جوع وقتل وتدمير وظلام ونقص الدواء والوقود. نستيقظ على صوت المدافع وقصف الطائرات. أطفالنا يقتلون ويحرمون من الاحتياجات والمقومات الأساسية. آباء الأطفال لا يجدون قوت أبنائهم، وأمهاتهم تموت لعدم وجود الدواء. لقد دمر الاحتلال مقومات حياتنا.

ما هو أصعب شيء يواجهك؟
أصعب شيء يواجهني هو أن يطلب مني صاحب حاجة مساعدة ما وأعجز عن تقديمها. وكعضوة مجلس تشريعي تزداد المسؤولية تجاه الناس لمساعدتهم والتخفيف من معاناتهم. كما يدفعني للبكاء بشدة مشاهد الأطفال المقطعة أجسادهم ولحظات توديع أمهاتهم لجثامينهم. كثيرا ما شعرت بالقلق تجاه أبنائي والأشخاص الذين أحبهم. فتصعيد الاحتلال الإسرائيلي وعدوانه قد زاد. لقد تعرض بيتي أكثر من مرة لأضرار بسبب قصف الأحياء السكنية. كيف أستطيع إزالة الآثار السلبية لمشاهد القتل والتدمير التي شاهدها أطفالي بأعينهم؟

هل تشعرين بأنك مستهدفة بسبب كونك ممثلة عن حركة حماس في المجلس التشريعي؟
إن كل فلسطيني هو هدف للاحتلال وآلته العسكرية، فمن قتلهم الاحتلال خلال الثماني سنوات الأخيرة نسبة كبيرة منهم أطفال ونساء ومدنيون ليس لهم أي علاقة بالمقاومة.

ما الذي جذبك إلى حماس؟
حركة حماس حركة مقاومة نبيلة تدافع عن حقوق شعبها. وتحاول بالقليل الذي تملك أن ترد عدوان الاحتلال عنه. حركة حماس في فكرها تؤمن بالحوار وتقبل الآخر، وتؤمن بالديمقراطية طريقا للحكم وتداول السلطة. حركة حماس تحب السلام وتحب الحياة، ولكن الاحتلال فرض الموت على الفلسطينيين. الإسرائيليون هم من احتلّ أرضنا وشردنا في العالم. نشأت في بيت متدين ومحافظ، بدأ انتمائي لحماس في منتصف الثمانينات عندما انتميت إلى الكتلة الإسلامية التابعة لحركة الإخوان المسلمين التي تجمع بين الوطنية والالتزام والتمسك بالقيم والدين واحترام وتقدير المرأة.

تقول امرأة إسرائيلية من سديروت أنها قلقة بشأن ما يحدث لكم؟
هل تعلم هذه المرأة أن المدينة التي تعيش فيها قامت على أنقاض قرية نجد الفلسطينية؟ كما أقول لها "أنتم المعتدون، وانتم من تقتلون أبناءنا وانتم من اغتصب حق غيركم". إذا أرادت لنا فعلا حياة طيبة فلتمارس ضغطا على دولتها باتجاه الاعتراف بحقوقنا ووقف عدوانها علينا، فهي تستطيع رفع الظلم. أريد من كل امرأة إسرائيلية أن تسأل عن تاريخ اليهود الذين عاشوا في فلسطين قبل ٤٨. لقد عاش اليهود والمسيحيين والمسلمين كأخوة في وطن واحد. كانوا يحبون بعضهم، كان اليهود قلة، لكن لم يؤذهم أحد. عداؤنا هو بسبب احتلالكم لأرضنا واستمراركم بالاعتداء علينا.

ما الذي يغضبك؟ وما الذي يعطيك الأمل؟
أكثر شيء يغضبني هو الانحياز الدولي لدولة الاحتلال وعدم رؤيته لمعاناتنا وحجم آلامنا والظلم الذي يقع علينا. وأكثر شيء يعطيني الأمل هو رؤية إصرار هذه الأجيال الشابة من أبنائنا، وهي تتمتع بوعي وإدراك لقضيتهم وعدالتها، مؤمنون ومتمسكون بحقهم ومصممون على استعادته مهما كلفهم ذلك.

הודה נעים / هدى نعيم نعيم

אני חיה כמו מיליון וחצי פלסטינים הכלואים ברצועת עזה. אנחנו סובלים מעוני, רעב, הרג, חורבן, חושך וממחסור בתרופות ובדלק. אנחנו מתעוררים מהפגזות ומהפצצות של מטוסי קרב. הילדים שלנו נהרגים ולא מקבלים צרכים בסיסיים. אבותיהם לא יכולים לספק להם מזון, והאימהות מתות בגלל מחסור בתרופות. צעירים לא יכולים להרשות לעצמם ללמוד או לא יכולים לנהוג ללימודים בגלל מחסור בדלק.

מה הדבר הקשה לך ביותר?
הכי קשה לי כשאנשים מבקשים עזרה ואני לא יכולה לספק את מבוקשם. בתור חברה במועצה הפלסטינית יש לי אחריות להקל על סבלם של אנשים. אני רואה גופות שסועות של ילדים ואימהות נפרדות מהם בנשיקה, ובוכה.
אני דואגת לילדיי ולאנשים שאני אוהבת. התוקפנות הישראלית החמירה. ביתי ניזוק כבר כמה פעמים בהפצצות מגורים. אני לא יודעת איך למחוק את ההשפעה השלילית של ההרג והחורבן על הילדים שלי.

האם את מרגישה שבתור נציגה של החמאס את מהווה מטרה?
כל הפלסטינים הם מטרות מכונת המלחמה והכיבוש. בשמונה השנים האחרונות אחוז גבוה מההרוגים היו ילדים, נשים ואזרחים שלא היה להם שום קשר להתנגדות.

מה משך אותך לחמאס?
חמאס היא תנועת התנגדות אצילית שמגנה על זכויות העם שלה. במעט שיש לה היא מנסה להילחם בתוקפנות הכיבוש. האידאולוגיה של חמאס תומכת בדיאלוג ומקבלת את האחר. היא מאמינה שדמוקרטיה היא הדרך לשלטון וסמכות. תנועת החמאס אוהבת את השלום והחיים, אבל הכיבוש כופה את המוות על הפלסטינים. הישראלים כבשו לנו את הארץ, התיישבו בבתים שלנו ונישלו אותנו ממקומנו בעולם. גדלתי בבית דתי שמרני ונעשיתי תומכת של החמאס באמצע שנות השמונים. הצטרפתי אז לגוש האסלאמי של האחים המוסלמים, שמשלב פטריוטיות, דבקות בערכי הדת וכבוד לנשים.

אישה ישראלית בשדרות אומרת שהיא דואגת לשלומך.
היא יודעת שהעיר שהיא גרה בה נמצאת על שרידי הכפר הפלסטיני נאג'ד? הייתי עונה, "אתם התוקפן. אתם הורגים את בנינו. לקחתם את זכויותינו בכוח". אם היא רוצה שיהיו לי חיים טובים, היא צריכה ללחוץ על מדינתה להכיר בזכויות שלנו ולהפסיק בתוקפניות. לה יש את הכוח לשים סוף לעריצות זאת.
אני רוצה שכל אישה ישראלית תחשוב על היהודים שחיו בפלסטינה לפני 1948. יהודים, נוצרים ומוסלמים חיו יחד כמו אחים במולדת אחת. הם חיבבו זה את זה. היהודים היו מיעוט, אבל איש לא פגע בהם. אנחנו עוינים כי כבשתם לנו את הארץ שלנו ובגלל מה שעשיתם לעם שלנו, לעצים ולארץ.

מה נותן לך תקווה?
הדור הצעיר משרה בי תקווה. כוחם, דעותיהן כבדות הדעת, ופעילותיהן למען זכויות האדם נותנת לי תקווה.

I live like one and a half million Palestinians imprisoned in Gaza Strip. We suffer poverty, hunger, killing, destruction, darkness, and a lack of medicine and fuel. We wake to the sounds of artillery and bombing from fighter jets. Our children are killed and deprived of their basic needs. Their fathers cannot provide food, their mothers die from lack of medicine. The occupation has destroyed the basis of our life.

What is the most difficult for you?
Most difficult is when someone asks for help and I cannot provide what they need. As a member of the PLC, I have a responsibility to ease people's suffering. I cry when I see the torn bodies of children and their mothers kissing them goodbye.
I worry for my children and the people I love. Israeli aggression has escalated. Shelling of residential areas has damaged my home several times. How can I erase the negative effect of the killing and destruction my children experience?

Do you feel targeted as a Hamas legislator?
All Palestinians are targets for the occupation's military machine. High percentages of those killed in the past eight years were children, women, and civilians who had nothing to do with resistance.

What attracted you to Hamas?
Hamas is a noble resistance movement defending the rights of its people. It tries with the little it has to fight the aggression of the occupation. Hamas ideology supports dialogue and accepts the Other. It believes in democracy as the way for governance and authority. The Hamas movement loves peace and life, but the occupation imposes a death on Palestinians. The Israelis occupied our land, colonized our homes, and displaced us in the world.
I grew up in a conservative religious home and became a Hamas supporter in the mid-80s when I joined the Islamic bloc of the Muslim Brotherhood, which combines patriotism, adherence to the values of religion, and respect for women.

An Israeli woman in Sderot says she worries about what happens to you.
Does she know the town she lives in is built on the remains of the Palestinian village of Najd? I would say to her, "You are the aggressor. You kill our sons. You have forcefully taken our rights." If she wants a good life for me, she must pressure her state to recognize our rights and end its aggression. She can end this tyranny.
I want each Israeli woman to think about the Jews who lived in Palestine before 1948. Jews, Christians, and Muslims lived as brothers in one homeland. They liked each other. The Jews were a minority, but no one hurt them. Our animosity is because you occupied our land and have continual aggression against us.

What angers you? What gives you hope?
I am angered by the international community's bias for the occupying state. They do not see our suffering. What gives me hope is the resilience of the young people, their awareness of their just cause, and they are adamant to regain their rights.

Hekmat Bessiso Naji

Project Assistant with Medico International for health services

Naji lives at Al-Amari refugee camp where she is a freelance consultant for programs for women and children. With Medico International, she works to increase services of health clinics through the Ramallah district. Formerly a resident of Gaza, Naji has worked with many organizations, including American Friends Service Committee, founded by Quakers. Naji teaches communication, leadership, strategic planning, and nonviolence.

مساعدة مشروع مؤسسة "ميديكو إنترناشونال" للخدمات الصحية

تسكن السيدة حكمت بسيسو- ناجي في مخيم الأمعري للاْجئين حيث تعمل مستشارة مستقلة لبرامج المرأة والطفولة. تعمل مع "ميديكو إنترناشونال" من أجل زيادة الخدمات الصحية التي تقدمها العيادات الطبية في محافظة رام الله. عملت السيدة حكمت بسيسو- ناجي في الماضي عندما كانت تسكن في غزة، مع عدة منظمات منها لجنة خدمات الأصدقاء الأمريكيين التي أسّسها الكويكرز. تُدرّس الاتصالات والقيادة والتخطيط الإستراتيجي واللاعنف.

עוזרת פרויקט שירותי בריאות – 'מדיקו אינטרנשיונל'

חכמת נאז'י מתגוררת במחנה הפליטים אל-עמארי, שם היא יועצת עצמאית לתכניות לנשים וילדים. היא עובדת ב'מדיקו אינטרנשיונל' להגדלת היקף השירותים של מרפאות הבריאות במחוז רמאללה. בעבר התגוררה בעזה ועבדה עם ארגונים רבים, בינהם 'ועדת השירותים של הידידים האמריקנים' מיסודם של הקווקרים. חכמת מלמדת תקשורת, מנהיגות, תכנון אסטרטגי ואי-אלימות.

يخفي العالم سمعه وبصره عن حياة البؤس التي يحياها لاجئوا مخيمات قطاع غزة والضفة الغربية. فالقضية ليست مجرد العيش هناك، وإنما من المسؤول عن تلك الحياة، ومتى ستتغير. فحياتنا كلاجئين هي دائماً موضع تساؤل.

رأيت الشباب يلقون الحجارة على سيارة عسكرية بالقرب من حاجز قلنديا، ورأيت الإسرائيليين يردون عليهم بإطلاق الغاز المسيل للدموع؟

غالباً ما يأتي الشباب من المخيمات لأن الحياة والموت بالنسبة لهمُ سيان، فهم لا يستطيعون بناء أحلام المستقبل، ولديهم مشاكل اجتماعية وفقر مدقع ويعيشون في مساحة صغيرة، مثل مخيم الأمعري حيث يعيش أكثر من ٨ آلاف شخص. فهم يريدون أن تتاح لهم الفرصة، والعمل والدراسة الجامعية ومكان للسكن. وهم يعانون من وطأة الاحتلال أكثر من سكان المدن الذي يعيشون حياة أفضل.

هل صحيح أن هنالك أمهات تعد أطفالها للقتال والموت؟

تصعب الإجابة على هذا السؤال، لأن هنالك امرأة أجابت على هذا السؤال أمام وسائل الإعلام، لكي تظهر نفسها كفلسطينية، وليس كأم أو كإنسانة. لقد كانت تخفي ألمها في داخلها عندما قالت إنها مسرورة لأن ابنها قَتَل إسرائيليين ثم قُتل. هذا غير صحيح، ستمضي حياتها تبكي ابنها الذي فقدته. عندما أتحدث مع أمهَات فقدن أولادهن بهذه الطريقة أجدهن يتحدثن عن آلامهن التي تسبب بها فقدانهن لأبنائهن. عند حماتي عشرة أبناء، قتل الجيش الإسرائيلي أحدهم عام ١٩٩٤. سبعة أشقاء لزوجي في المعتقلات الإسرائيلية. تم إطلاق سراحه هو وأحد أخوته مؤخراً. لقد أمضيا وقتاً طويلاً في المعتقل، و هو الآن مدير عام الخدمات الاجتماعية في محافظة رام الله حيث يعمل مع عائلات المعتقلين.

لماذا هذا العدد الكبير من المعتقلين من نفس العائلة؟

لقد قاوموا الاحتلال وهم من الناشطين.
الخطر الذي يحيط بالإسرائيليين هو ليس خطر الحجارة أو السلاح وإنما الأفكار.
فالأشقاء هم من القادة الذين يعلمون الشباب ثقافتهم، وهذه هي القضية الرئيسية.
أستيقظ كل يوم وأنا أفكر أن هناك طريقا وحيدا للخروج مما نحن فيه وهو العمل من أجل أطفالي ومجتمعي، وأن أعمل مع الشباب فأمنحهم الثقة بأنفسهم خاصة عندما يقولوا إنهم يكرهون أنفسهم وحياتهم. أحاول أن أعطيهم أمثلة وأبين لهم أنني لست من عالم آخر وأنني أعاني من المشاكل ذاتها التي يواجهونها.
الحب يساعد الإنسان على تقبل الأشياء. لو لم أكن أحب أطفالي لما كان باستطاعتي تقبل مسؤولياتهم الكبيرة، لو لم أكن أحب وطني لما استطعت تقبل هذه التحديات، لو لم أكن أحب زوجي لما استطعت تقبل الفروق بيننا كرجل وامرأة.و لو لم أكن أحب عملي لما استطعت مواجهة المشاكل كل نهار.

ماذا تقولين للقادة في الحكومتين؟

«ستغادرون هذه الحياة، دون أن تمتدحكم الأجيال القادمة.» القادة حمقى فهم ينظرون إلى مكاسب قريبة الأمد ولا ينظرون للمستقبل. ماذا عن الأجيال القادمة؟ ماذا سيتبقى لهم؟

חכמת בסיסו נאג'י / حكمت بسيسو-ناجي

The world hides its ears and eyes from the miserable life of the refugees in the camps in Gaza and the West Bank. The issue is not just living here, but who's responsible for this and when will this change. For refugees, all our lives have been under a question mark.

At the Qalandia checkpoint near Al-Amari camp, I saw young men throw stones at a military Humvee, and Israelis shoot tear gas back.
These youth mostly come from camps because to them death and life are similar, they are not able to build dreams for their future. They live with social problems and devastating poverty in a tiny space in Al-Amari with 8000 people or more. They want a chance, work, university, a place to live. They feel the brunt of the occupation more than city people who have more comfortable lives.

We hear of mothers who prepare their sons to fight and maybe to die. Is it true?
This is hard to answer because a woman answers this question for the media to show herself as a Palestinian, not as a mother or a human. She keeps her pain inside, and says, "I'm happy my son killed Israelis and has been killed." But it's not true. She spends her life crying and feeling she lost her precious child. When I talk to such a woman, she tells me her pain that he went from life this way.
My mother-in-law has ten children, one killed by Israeli military in 1994. My husband has seven brothers in Israeli prisons. He and one brother were just freed. They had the most family imprisoned at the same time. Now he is the General Director for Social Services of Ramallah District for the families of prisoners.

Why so many members of one family in prison?
They fight the occupation and are active in the resistance. The danger to the Israelis is not stones or guns, but ideas and examples. The brothers are leaders and educate youth about their culture. This is the main issue.
Every day I wake up thinking there is only one way out—to work hard for my children and community, to work with the youth to give them faith to believe in themselves when they say they hate their lives and themselves. I try to provide an example while highlighting I'm not from the moon—I face a lot of the same troubles they face.
Love helps you accept things. If I didn't love my children, I would not be able to accept these terrible responsibilities. If I didn't love my homeland, I would not be able to accept these challenges. If I didn't love my husband, I would not be able to accept our changes as a man and woman. If I didn't love my work, I could not face every day solving problems with the people.

What would you say to leaders of the two governments?
"You will pass from this life and the new generation will not speak well of you." The leaders are foolish, they think of short-term gains, not the future. What about the next generation? What will be left to them?

העולם מתעלם מסבל הפליטים במחנות בעזה ובגדה המערבית. העניין איננו רק החיים שם, אלא מי אחראי על זה ומתי ישתנו הדברים. אנחנו פליטים, וכל החיים שלנו עברו בסימן שאלה.

במחסום קלנדיה, ליד מחנה אל-אמארי, ראיתי צעירים זורקים אבנים על רכב צבאי וישראלים יורים לעברם גז מדמיע.
הצעירים האלה באים בעיקר מהמחנות, כי בשבילם החיים והמוות שווים. הם לא יכולים להתרכז בעתיד. יש להם בעיות סוציאליות קשות, והם חיים בעוני מחפיר בשטח הזעיר של אל-אמארי, המכיל 8,000 איש ויותר. הם רוצים הזדמנות, עבודה, אוניברסיטה, מקום מגורים. הם מרגישים את נטל הכיבוש יותר מאנשי העיר. אצל אנשי העיר החיים נוחים יותר.

אנחנו שומעים על אימהות שמכינות את הבנים שלהן להילחם ואולי למות. זו אמת?
קשה לענות על זה, כי אישה עונה על שאלה כזו לתקשורת כדי להראות שהיא פלסטינית, לא בתור אמא או כיצור אנושי. היא שומרת את הכאב בתוכה ומחצינה שהיא "שמחה שהבן שלי הרג ישראלים ונהרג". האמת מלאה בבכי ובהרגשה שאיבדה את הבן היקר לה. כשאני מדברת עם אישה כזאת, היא מספרת לי על הכאב על כך שהוא יצא מחייה בצורה כזאת.
לחמותי יש עשרה ילדים. הישראלים הרגו אחד מהם ב-1994, לבעלי יש שבעה אחים בבתי כלא ישראליים. הוא ואח אחד שוחררו לא מזמן. רוב המשפחה כלואה בו זמנית. עכשיו הוא מנכ"ל השירותים הסוציאליים למשפחות האסירים במחוז רמאללה.

למה כל כך הרבה בני משפחה בכלא?
הם נלחמים בכיבוש ופעילים בהתנגדות. הסכנה לישראלים היא לא מאבנים או מרובים, אלא מאידאולוגיות. האחים הם מנהיגים שמחנכים את בני הנוער על התרבות שלהם. זה הנושא המרכזי.
בכל בוקר אני מתעוררת וחושבת שיש רק מוצא אחד – לעבוד קשה למען הילדים שלי ולמען הקהילה, לעבוד עם בני הנוער כדי לנסוך בהם אמונה עצמית כשהם אומרים שהם שונאים את החיים שלהם ואת עצמם. אני מנסה לשמש דוגמה, ובו בזמן אני מדגישה שלא הגעתי מהירח. אני מתמודדת עם הרבה בעיות זהות לשלהן. אהבה עוזרת לך לקבל דברים. לולא אהבתי את ילדיי, לא הייתי יכולה לקבל עליי את האחריות הנוראה הזאת. לולא אהבתי את מולדתי, לא הייתי יכולה לקבל את האתגרים. לולא אהבתי את בעלי, לא הייתי יכולה לקבל את השינויים שלנו כגבר וכאישה. לולא אהבתי את העבודה שלי, לא הייתי יכולה להתמודד בכל יום עם פתרון בעיות של אנשים.

מה היית אומרת למנהיגים משתי הממשלות?
"אתם תחלפו מהחיים, והדור הבא לא ידבר עליכם טובות". המנהיגים טיפשים, הם חושבים על רווחים קצרי מועד, לא על העתיד. מה עם הדור הבא? מה יישאר להם?

I argue with Israeli soldiers at the checkpoints. I say "I am human," but they don't want to see me as human. They are in denial. They are there to defend and protect their country. When they pass by hundreds of Palestinians, they don't want to see the suffering children.
You may be able to play such a role in a movie, but you can't play it every day. It is too much if it becomes how you live your life. I feel many Israeli soldiers suffer psychologically. I blame the politicians mainly.

Is peace up to the citizens?
When my daughter was four years old, we flew from Britain in a small plane. Dana and I were the only Palestinians, and something happened to the engine. We all felt we were to die. When we landed in Athens, everyone rushed to protect Dana and Daniela, a little Israeli girl. Later, when we arrived at Tel Aviv, everybody was so happy because we survived, but the security guard did something stupid. Dana and Daniela were walking together holding hands, but he wanted to separate us when he saw my passport. Dana asked, "Why did you stop my mommy? Is it because we are Palestinian?" Daniela echoed, "Is it because we are Palestinian?" The kids insisted until the guard gave me my passport and said "Go." Two little girls forced him to be quiet. Children are simple and honest. Politicians are not.

You care for children of special needs.
I dream all children will live in peace, dignity, and with protection. Once on television, I saw Israeli kids killed in a suicide attack. I was asked, "Why are you crying? They are not ours." I said, "These tears are for any child, Israeli, Palestinian, Iraqi, or Zimbabwean." An Israeli once said, "The tears of any mother are equally salty."

Many Israelis believe the Palestinian society supports and even celebrates suicide bombers.
Whoever supports killing others has a sick mentality. Suicide bombing is beyond my mind and heart to accept. It kills innocent people. I have not heard of any political leader who sent his son or daughter to be a suicide bomber. Both are sick, the bombers and those who give them the bombs. Even if the bombers believed in the cause, somebody worked hard to brainwash them.
We have a generation of young people raised in conditions very difficult for wholeness, health, and strength. Palestinians who are now 30 were children during the first *intifada*. They didn't go to school during that time, and now they are fighters. This is the generation created by the occupation.
It will take a long time to heal our young people, but we must stop the damage and deterioration our children are experiencing in this ongoing psychological trauma. Kids don't differentiate between trauma from Israelis or from Palestinians.
I don't believe Israelis are faring any better. Both are raising a pathological society. This is a shame for both of us. We professionals, politicians, and leaders must prevent more damage to the minds and hearts of our children.

אני מתווכחת עם החיילים הישראלים במחסומים, אני רוצה שהם ידעו ש"אני בן אדם". אבל הם לא רוצים לראות בי כבן אדם, הם בהכחשה. הם נמצאים שם כדי להגן ולשמור על המדינה שלהם. כשחולפים על פניהם מאות פלסטינים, הם לא רוצים לראות את הילדים שסובלים.
אפשר לגלם תפקיד כזה בסרט, אבל אי-אפשר לגלם אותו יום יום, זה קשה מדי, אם זה הופך לדרך חיים. אני בטוחה שהרבה חיילים ישראלים סובלים מבחינה פסיכולוגית. אני מאשימה בעיקר את הפוליטיקאים.

האם השלום תלוי באזרחים?
כשבתי הייתה בת ארבע, הגענו בטיסה מבריטניה, במטוס קטן. דנה ואני היינו הפלסטיניות היחידות, וקרה משהו למנוע. כולנו חשבנו שנמות. כשנחתנו באתונה, כולם מיהרו להגן על דנה ועל דניאלה, ילדה ישראלית קטנה. אחר כך, כשהגענו לתל אביב, כולם שמחו כל כך שניצלנו, אבל איש הביטחון עשה משהו מטומטם. דנה ודניאלה היו יחד והחזיקו ידיים, אבל כשהוא ראה את הדרכון שלי, הוא רצה להפריד בינינו. דנה שאלה, "למה עיכבת את אימא שלי? בגלל שאנחנו פלסטיניות?" ודניאלה חזרה אחריה, "בגלל שאנחנו פלסטיניות?" הילדות התעקשו, עד שאיש הביטחון החזיר לי את הדרכון ואמר, "לכו". שתי ילדות קטנות השתיקו אותו. ילדים הם פשוטים וכנים, להבדיל מהפוליטיקאים.

את מטפלת בילדים בעלי צרכים מיוחדים.
חלומי הוא שכל הילדים יחיו בשלום, בכבוד ובביטחון. פעם ראיתי בטלוויזיה ילדים ישראלים שנהרגו בפיגוע התאבדות. שאלו אותי, "למה את בוכה? הם לא שלנו". עניתי, "אלו דמעות לכל הילדים – ישראלים, פלסטינים, עיראקים או מזימבבווה". ישראלי אמר פעם, "הדמעות של כל אם מלוחות באותה מידה".

ישראלים רבים מאמינים שהחברה הפלסטינית תומכת במתאבדים ואפילו מהללת אותם.
למי שתומך בהרג של אחרים יש מנטליות חולנית. המוח והלב שלי לא מסוגלים לקבל פיגוע התאבדות. פיגוע כזה הורג אנשים חפים מפשע. לא שמעתי על אף מנהיג פוליטי ששלח את הבן או הבת שלו להתאבד. שני הצדדים חולים, המתאבדים והאנשים שנותנים להם את הפצצות. אפילו אם המתאבדים האמינו במטרה, מישהו שטף את מוחם בייעילות.
יש לנו דור של צעירים שגדלו בתנאים קשים מאוד מבחינת בריאות וכוח. פלסטינים בני שלושים כיום היו ילדים באינתיפאדה הראשונה. אז לא הלכו לבית ספר, ועכשיו הם לוחמים. זה דור שהכיבוש יצר.
יש עוד זמן עד שנצליח להבריא את הדור הצעיר, אבל אנחנו חייבים לעצור את ההרס וההידרדרות שהילדים שלנו חווים בטראומה הפסיכולוגית המתמשכת הזאת. ילדים לא מבחינים בין טראומה שיצרו הישראלים לבין טראומה שיצרו הפלסטינים.
אני לא חושבת שמצבם של הישראלים טוב יותר. שני הצדדים יוצרים חברה פתולוגית. חבל על שני הצדדים. אנחנו, אנשי המקצוע, הפוליטיקאים והמנהיגים, חייבים למנוע נזק נוסף למוחם ולבם של ילדינו.

Jumana Odeh

Founder-Director of Happy Child Center

Odeh is the founder, director, and guiding force of Happy Child Center, located in Ramallah and tending children with psychological and physical needs throughout the West Bank and, as possible, Gaza. She is a pediatrician, medical lecturer, and academic, who has written numerous articles. A peace activist, Odeh supports citizen-level dialogue and is a writer-commentator on life for Palestinians.

مُؤسسة ومديرة مركز الطفل السعيد

أسّست الدكتورة جمانة عودة مركز الطفل السعيد في مدينة رام الله، وهو مركز لرعاية الأطفال ذوي الاحتياجات النفسية والجسدية في الضفة الغربية وقطاع غزة. السيدة جمانة عودة هي طبيبة أطفال ومحاضِرة في الطب وباحثة أكاديمية نشرت العديد من المقالات. كما أنها ناشطة سلام وتدعم الحوار على مستوى المواطنين، وهي كاتبة ومحللة للشؤون الفلسطينية.

מייסדת-מנהלת של מרכז 'הילד המאושר'

ג'ומנה אודה היא המייסדת, המנהלת והכוח המניע מאחורי מרכז 'הילד המאושר'. משכנו של המרכז הוא ברמאללה, והוא מטפל בילדים בעלי צרכים פסיכולוגיים וגופניים בכל רחבי הגדה המערבית, ובמידת האפשר גם בעזה. היא רופאת ילדים, מרצה בתחום הרפואה ואשת אקדמיה אשר כתבה מאמרים רבים. ג'ומנה אודה היא פעילת שלום התומכת בשיח אזרחי ואף כותבת ומבקרת סוגיות בחייהם של הפלסטינים.

عندما أجادل الجنود الإسرائيليين على الحواجز أقول لهم "أنا إنسان،" إلا أنهم لا يريدون أن ينظروا إليّ كإنسان. فهم ينكرون هذه الحقيقة. هم يقفون على هذه الحواجز لحماية دولتهم، وعندما يعبر المئات من الفلسطينيين هذه الحواجز ترى الجنود الإسرائيليين في نكران لمعاناة الأطفال.
قد يستطيع المرء أن يمثل دور الجندي الذي يحمي دولته في فيلم ما، أما على أرض الواقع، وعندما يصبح هذا الدور عملاً يومياً، فإن في ذلك معاناة نفسية، وهذا ما يعاني منه الجنود الإسرائيليون، والسبب في ذلك يعود الى السياسيين.

هل تتوقف مسألة تحقيق السلام على المواطنين؟

عندما كانت ابنتي دانا في الرابعة من عمرها سافرنا إلى بريطانيا في طائرة صغيرة. كنت أنا وابنتي الوحيدتين الفلسطينيتين على متن الطائرة. أصاب المحرك عطل ما أثناء الطيران، وشعر جميع المسافرين في الطائرة بأن النهاية قد اقتربت. وعندما هبطت الطائرة في أثينا أسرع الجميع لحماية دانا وفتاة إسرائيلية أخرى تدعى دانييلا. كانت الفرحة عارمة عندما وصلنا إلى تل أبيب وشعرنا بأننا قد نجونا، ولكن غباء وتصرفات رجال الأمن في المطار أفسدت علينا فرحتنا. كانت دانا ودانييلا تسيران معاً يداً بيد. وعندما رأى رجل الأمن جواز سفري أصَّر على أن يفرق بين دانا ودانييلا.
"لماذا أوقفت ماما؟" سألت دانا رجل الأمن، "لأننا فلسطينيون؟"
ثم رددت دانييلا السؤال «لأننا فلسطينيون؟»
أصرت دانا ودانييلا على البقاء معاً حتى أعاد رجل الأمن جواز سفري وقال لي «اذهبي.» لقد أجبرته الطفلتان على التراجع والصمت، فالأطفال أبرياء وصادقون أما السياسيون فلا.

يتطلب عملك رعاية الأطفال من ذوي الاحتياجات الخاصة؟

أحلم أن أرى الأطفال جميعاً يعيشون في سلام وأمن وعيش كريم. رأيت ذات يوم أطفالا إسرائيليين على التلفزيون، كانوا ضحايا لعملية انتحارية، فبكيت عليهم. سألني الجميع «لماذا تبكي؟ هؤلاء ليسوا أطفالنا.» فأجبت «هذه الدموع من أجل جميع الأطفال سواء كانوا فلسطينيين، عراقيين، أو زيمبابويين.» قال أحد الإسرائيليين ذات مرّة «تتشابه دموع جميع الأمهات في ملوحتها.»

العديد من الإسرائيليين يعتقدون أن المجتمع الفلسطيني يُمَجِد الأشخاص الذين ينفذون العمليات الانتحارية؟

كل من يدعم قتل الآخرين يعاني من نفسية مريضة. لا يقبل قلبي وعقلي العمليات الانتحارية، فهي تؤدي إلى قتل الأبرياء. وأنا لم أسمع أبداً عن أي شخصية سياسية قد أرسلت ابنها أو ابنتها لتنفيذ عملية انتحارية. إن الأشخاص الذين ينفذون العمليات الانتحارية ومن يعطيهم المتفجرات يعانون من أمراض نفسية، حتى لو كان الشخص الذي ينفذ العملية الانتحارية يؤمن بقضية ما فإن خلفه شخصا عمل جاهداً على غسل دماغه.
هناك جيل كامل من الشباب الذين نشأوا في ظروف صعبة. فالفلسطينيون الذي يبلغون الثلاثين من عمرهم الآن هم أطفال الانتفاضة الأولى، وهم لم يتعلموا في المدارس، وهم الآن يقاتلون. هذا هو الجيل الذي أوجده الاحتلال.
إن شفاء جروح والآم شبابنا سيتطلب الكثير من الوقت، إلا أن علينا أن نوقف هذه الجروح والآلام التي تسببت بها الظروف الراهنة، فالأطفال لا يميزون بين آلام تسبب بها الإسرائيليون والآم تسبب بها الفلسطينيون.
لا أعتقد أن الإسرائيليين يتمتعون بوضع أفضل بكثير. فالمجتمعان الفلسطيني والإسرائيلي يعانيان حالات مرضية. وهذا عار علينا نحن المهنيين والسياسيين والقادة لأن علينا أن نعمل على وقف الخراب الذي يلحق بعقول وقلوب أطفالنا.

Right: Palestinian boy slipping through gap in the Wall to deliver a package to friends in the West Bank.

Opposite page: Palestinian girl in Shu'fat refugee camp in East Jerusalem. Palestinian boys wearing Naqbeh tee-shirts in Aida refugee camp near Bethlehem. Children in the Old City of Nablus in the West Bank.

د. هديل رزق-قزّاز / ד״ר חדיל ריזק-קזאז

The people in Gaza are human beings with families. They love, they hate, they want to get married, they want to go to hospitals, and they want food. You can't ignore them, they are humans.
The international community thinks it's boycotting Hamas—they're boycotting 1.5 million human beings, more than 60 percent of them children below 18 years of age. It's collective punishment in all senses, by all definitions.
Through the Women Affairs Center in Gaza, we looked at the conditions for women from the time of Israel's unilateral disengagement to the Hamas takeover in June 2007. In three years, we could see all hopes of the people shattered, and women take this burden on their shoulders—poverty, violence in their community and homes, lack of access to public spaces.

You have family in Gaza now?
Yes. After my husband completed his studies in England, he became a professor at Bir Zeit University. For my mother, it was the worst news, because we also had a job offer in Canada. She cried for days, saying "I wish you'd go to Canada." Ramallah is 80 kilometers from Gaza but for my mother, it's easier to visit me in Canada. I haven't seen her for more than one and a half years. I'm lucky I work for a foreign developmental agency, sometimes I get permits.
My brother works for the security forces and was asked to accompany trucks entering Gaza as a guard. He was attacked by Hamas and shot. I came home from work, turned on the TV, and saw my brother, injured, being carried to an ambulance. I kept calling family, everyone, but the mobile network was busy. I couldn't go see him, it was impossible—and easier to get news from Al-Jazeera TV than by phone.

Some Israelis say they built a modern nation and the Palestinians should just pick themselves up. What do you say?
I say Palestinians built this state. Cheap labor from the Gaza Strip helped build Israel. It's not a linear situation. Their prosperity was built on the despair of people who lived in camps, who left schools and went as early as 16 years to live as unskilled labor in Israel. The annexation of the Palestinian economy is a major problem. There was systematic de-development for our communities. This is very hard to restructure and reconstruct.
With so much damage to the economy and the society it's not possible to just pick up the pieces and go. A healing process needs to take place, and we are not given this chance with the closure of borders, control of exports and imports, control of every movement between Palestinian cities. We're not free.
Yet, the Palestinian people always surprise the world, and show their worth. In the first *intifada* there was almost no hope and a popular movement started. This will come. I have no doubt whatsoever.

האנשים בעזה הם בני אדם עם משפחות. הם אוהבים, שונאים, רוצים להתחתן, הם רוצים את האופציה ללכת לבתי חולים והם רוצים מזון. אי-אפשר להתעלם מהם, הם בני אדם.
הקהילה הבין-לאומית חושבת שהיא מחרימה את החמאס. הם מחרימים 1.5 מיליון בני אדם, יותר מ-60% מהם ילדים מתחת לגיל 18. זה עונש קולקטיבי בכל המובנים, לפי כל ההגדרות.
באמצעות המרכז לענייני נשים בעזה בחנו את התנאים של הנשים מאז ההתנתקות החד-צדדית של ישראל ועד להשתלטות חמאס ביוני 2007. במשך שלוש שנים ראינו את כל התקוות מתנפצות ואיך הנשים נוטלות על עצמן עוני, אלימות בקהילה ובבתים שלהן, והיעדר גישה למרחבים ציבוריים.

כרגע יש לך משפחה בעזה?
כן. אחרי שבעלי סיים את הלימודים באנגליה, הוא עבד כפרופסור באוניברסיטת ביר זית. בשביל אמי אלה היו החדשות הרעות ביותר, כי הייתה לנו גם הצעת עבודה בקנדה. היא בכתה ימים שלמים ואמרה, "הלוואי שהייתם נוסעים לקנדה". רמאללה נמצאת 80 ק"מ מעזה, אבל לאמי קל יותר לבקר אותי בקנדה. לא ראיתי אותה יותר משנה וחצי. יש לי מזל שאני עובדת בסוכנות פיתוח בין-לאומית, לפעמים אני מקבלת אישורים.
אחי עובד בשירותי הביטחון וביקשו ממנו ללוות ולשמור על משאיות שנכנסות לעזה. החמאס התקיף אותו וירו בו. חזרתי מהעבודה, הדלקתי את הטלוויזיה וראיתי את אחי פצוע ומוכנס לאמבולנס. התקשרתי שוב ושוב למשפחה שלי, לכולם, אבל הרשת הסלולרית הייתה עמוסה. לא יכולתי ללכת לראות אותו. זה היה בלתי-אפשרי. קל יותר לקבל חדשות מהטלוויזיה של אל-ג'זירה מאשר בטלפון.

יש ישראלים שאומרים שהם הקימו אומה מודרנית ושהפלסטינים פשוט צריכים לקחת את עצמם בידיים. מה את אומרת?
אני אומרת שהפלסטינים בנו את המדינה הזאת. כוח עבודה זול מרצועת עזה עזר לבנות את ישראל. השגשוג שלהם נבנה על גבי הייאוש של האנשים שחיים במחנות, אלה שעזבו את בתי הספר בגיל צעיר, לטובת חיים כפועלים פשוטים בישראל. הסיפוח של הכלכלה הפלסטינית הוא בעיה גדולה. יש אי-פיתוח שיטתי של הקהילות שלנו. קשה מאוד לפרק ולהרכיב את זה מחדש.
כשיש כל כך הרבה נזק לכלכלה ולחברה, אי-אפשר סתם כך לאסוף את השברים ולצעוד. צריך להתחולל תהליך של ריפוי, ולא נותנים לנו את ההזדמנות לכך עם סגירת הגבולות, הפיקוח על היצוא והיבוא, השליטה על כל תנועה בין הערים הפלסטיניות. אנחנו לא חופשיים.
אבל העם הפלסטיני תמיד מפתיע את העולם ומראה מה הוא שווה. באנתיפאדה הראשונה לא הייתה כמעט תקווה, ובכל זאת הייתה התחלה של תנועה עממית. זה יגיע. אין לי שום ספק.

Hadeel Rizq-Qazzaz

في غزة الناس هم بشر، لهم عائلات، يحبون ويكرهون ، يتزوجون، ويذهبون إلى المستشفيات، كما أنهم يحتاجون إلى الطعام. لا يمكن تجاهلهم فهم بشر.

يعتقد المجتمع الدولي أنه يقاطع حماس، أما في الواقع فهو يحاصر مليونا ونصف مليون إنسان، أكثر من ٦٠٪ منهم أطفال دون سن الثامنة عشر، هذا عقاب جماعي بكل معنى الكلمة.

في مركز شؤون المرأة في غزة نقوم بدراسة أوضاع النساء منذ الانسحاب الإسرائيلي أحادي الجانب وحتى استلام حماس السلطة في حزيران ٢٠٠٧. لمسنا خلال ثلاث سنوات تمزق آمال الناس وإلقاء عبء هذا التمزق على المرأة، فهي تعاني الفقر والعنف المجتمعي والمنزلي، بالإضافة إلى عدم القدرة على الخروج إلى الأماكن العامة.

هل عائلتك في غزة الآن؟

نعم،، عُين زوجي أستاذاً في جامعة بيرزيت بعد أن أكمل دراسته في إنجلترا، وكان لهذا الخبر وقعه السيئ جدا على والدتي ، بعد أن كان هنالك وظيفة معروضة علينا في كندا. لقد بكت لأيام طويلة وقالت «لو أنكم تذهبون إلى كندا.» بالرغم من أن رام الله تبعد عن غزة مسافة ٨٠ كيلومترا، إلا أن الذهاب إلى كندا هو أسهل بالنسبة لوالدتي من ذهابنا إلى رام الله. لم أرها منذ عام ونصف. لحسن حظي أنني أعمل مع مؤسسة تنموية أجنبية لأن ذلك يمكنني من الحصول على تصاريح.

أخي يعمل مع قوات الأمن حيث يقتضي عمله مرافقة الشاحنات التي تدخل غزة كحارس. لقد تعرض لاعتداءات حماس التي أطلقت عليه النار ، لقد شاهدته على شاشة التلفزيون يُنقل في سيارة الإسعاف وهو مصاب. أخذت أتصل بعائلتي إلا أن خطوط الاتصال كانت مشغولة. لم أتمكن من الذهاب لرؤيته، فهذا أمر مستحيل، وكان الأسهل أن أحصل على الأخبار من قناة الجزيرة الفضائية.

يقول بعض الإسرائيليين أنهم استطاعوا بناء دولة حديثة وأن على الفلسطينيين أن يحذوا حذوهم. ما رأيك في هذا؟

أقول أن الفلسطينيون هم الذين بنوا هذه الدولة، لقد ساعدت العمالة الرخيصة من قطاع غزة في بناء إسرائيل. لقد أقاموا ازدهارهم على يأس أناس يعيشون في مخيمات للاجئين، أناس تركوا مدارسهم وهم في السادسة عشرة من عمرهم للعمل كعمال غير مهرة في إسرائيل. إن ضم الاقتصاد الفلسطيني مشكلة كبيرة، مما يصعب من إعادة هيكلته وبنائه.

يصعب إعادة بناء اقتصاد ومجتمع مدمرين. نحن بحاجة إلى عملية إنعاش، إلا أننا محرومون من هذه الفرصة بسبب إغلاق الحدود والسيطرة (الإسرائيلية) على الصادرات والواردات، والسيطرة (الإسرائيلية) على الحركة بين المدن الفلسطينية، نحن نفتقر إلى الحرية.

إلا أن الشعب الفلسطيني دائماً يفاجئ العالم، ففي الانتفاضة الأولى ظهرت حركة شعبية في اللحظة التي بدا فيها الأمل معدوماً. أعتقد أننا سنفاجئ العالم من جديد بدون أدنى شك.

Program Coordinator for Heinrich Böll Foundation

Rizq-Qazzaz, a researcher and specialist in education, gender, and development, now lives in Ramallah. She was born in Al Shati refugee camp and her extended family still lives in Gaza. Rizq-Qazzaz received her PhD from the University of Leeds. She is program coordinator with the Heinrich Böll Foundation–Arab Middle East Office, which is associated with Germany's Green Party and has projects in Palestine, Jordan, and Egypt.

منسقة البرامج في مؤسسة هينريش بول

تعيش الدكتورة هديل رزق– قزّاز حالياً في مدينة رام الله وهي باحثة ومتخصصة في التعليم، النوع الاجتماعي والتنمية. وُلدت في مخيم الشاطئ للّاجئين ولا تزال عائلتها الممتدة تعيش في قطاع غزة. حصلت على لقب الدكتوراه من جامعة ليدز. تعمل كمنسقة البرامج في مكتب الشرق الأوسط لمؤسسة هينريش بول، المرتبطة بحزب الخُضر في ألمانيا والتي تدير عدة برامج في فلسطين والأردن ومصر.

מתאמת תכניות – קרן היינריך בל

ד"ר ריזק-קזאז היא חוקרת ומומחית לחינוך, מגדר והתפתחות המתגוררת ברמאללה. ד"ר ריזק-קזאז נולדה במחנה הפליטים אל-שאטי, ומשפחתה המורחבת עדיין מתגוררת בעזה. היא קיבלה את הדוקטורט שלה באוניברסיטת לידס, והיא מתאמת תכניות בעבור קרן היינריך בל – המשרד הערבי המזרח תיכוני הקשור למפלגת הירוקים הגרמנית המבצעת פרויקטים בפלסטין, ירדן ומצרים.

Maha Saca

Founder-Director of Palestinian Heritage Center

Saca founded the Palestinian Heritage Center in Bethlehem to continue the work of her political father, who was forced to live outside of Palestine. She gathered and displays artifacts, especially the traditional and wedding dresses of the Palestinian local cultures on the land pre-1948. Her exhibitions have been shown in more then 40 exhibitions around the world, where the garments evidence a rich cultural life.

مؤسسة ومديرة مركز التراث الفلسطيني

أسّست السيدة مها السقّا مركز التراث الفلسطيني في مدينة بيت لحم من أجل متابعة نشاط أبيها السياسي والذي أرغِم على العيش خارج فلسطين. قامت بجمع وعرض تحف فلسطينية وبخاصة أثواب عرائس تراثية من الثقافة الفلسطينية المحلية ما قبل ١٩٤٨. جالت مجموعتها أكثر من ٤٠ معرضاً في أنحاء العالم حيث تشهد الأثواب المعروضة على ثراء الحياة الثقافية في فلسطين.

מייסדת ומנהלת של המרכז למורשת הפלסטינית

מאהה סאקה ייסדה את המרכז למורשה הפלסטינית בבית לחם. בכך היא ממשיכה את עבודת אביה, פוליטיקאי שאולץ לחיות מחוץ לפלסטין. היא אוספת ומציגה מוצגים, בייחוד שמלות מסורתיות ושמלות חתונה מהתרבויות הפלסטיניות המקומיות בארץ מלפני שנת 1948. מוצגי הלבוש שלה הוצגו ביותר מ-40 תערוכות ברחבי העולם, והם מעידים על חיי תרבות עשירים.

كنت أرتدي الملابس السوداء خلال السنوات الثمانية عشر الماضية وأنا أمضي وقتي مع أهالي الشهداء ومع اللاجئين. كما أنني شاركت في المظاهرات، وزرت المستشفيات. كان ثوبي الأسود هو الثوب الملائم لمشاركة أهالي الشهداء واللاجئين، ولكني كنت أرتدي ألواني المفضلة، الأحمر والأصفر، عندما كنت أعود إلى البيت. لم يكن ثوبي الأسود معبراً عن الانحياز إلى جانب معين. وقد أقسمت أن أعود إلى ارتداء الثياب الملونة عندما تصبح القدس عاصمة لنا. أما الآن فأنا أرتدي الثياب المطرزة التي تربط بين الزّي المعاصر والتراث.

كيف يرتبط التراث بالزّي المعاصر؟

تراثنا هو جذورنا التي تربطنا بهذه الأرض، وهو الذي يثبت أن هنالك شعبا يعيش على هذه الأرض. يبين الثوب التراثي أصل المرأة، كالقرية التي تنتمي إليها والتاريخ المرتبط بتلك القرية. لقد قمت بتصوير الأماكن التاريخية والأثرية والدينية التي ترتبط بكل ثوب من الثياب التراثية، وقمت بربط هذه الأماكن مستخدمة الثياب التي ترمز لها في خارطة لفلسطين التي تضم المناطق المحتلة عام ١٩٤٨. فمثلاً وضعت الثوب الذي يمثل بيت لحم إلى جانب كنيسة المهد، ووضعت الثوب النابلسي إلى جانب المواقع التاريخية في سبسطية.
التعبير عن جمال فلسطين وعن ثقافتها هو بمثابة تكريس رأي سياسي سلمي. نقوم بعروض أزياء تراثية تترك انطباعات قوية على المشاركين الذين يبكي بعضهم عند معرفة الحكايات التي تحملها الثياب التراثية التي تميز القرى الفلسطينية المختلفة. لقد مثلت فلسطين في عرض للأزياء التقليدية نظمته الأمم المتحدة، ولاحظت التقدير الكبير الذي يكنُّه العالم لجمال ثقافتنا.

هل عرضت الثياب التراثية في إسرائيل؟

لقد شاركت في عروض للثياب التراثية الفلسطينية في إسرائيل عدة مرات، حيث كان هدفي أن أبين أننا اناس طيبون لنا قلب طيب وأننا نريد حقوقنا لنعيش سويا في دولتين. يصعب التصديق أننا لازلنا تحت الاحتلال في هذا الزمن المعاصر.
السلام يأتي من القلب، ولا يأتي من خلال بناء جدار للفصل. لقد وافقنا على أن نبني دولتنا في ٢٢٪ من فلسطين التاريخية، إلا أنهم غير مكتفين بما تبقى. لماذا يبنون المزيد من المستوطنات؟ ولماذا هذا الجدار الذي لا يفصل بين القرى والمدن فحسب وإنما بين الإنسان والإنسان؟

لو كان المسيح بيننا اليوم في بيت لحم فماذا كان سيقول؟

لو عرف المسيح عن الأزمات التي تعصف بهذا البلد لما جاء إلى هنا أبداً. لم يأت محمد (صلى الله عليه وسلم) ولا عيسى عليه السلام ولا موسى عليه السلام لخلق المشاكل والنزاعات بين الناس، إنما أرسلوا من أجل السلام. نريد أن تكون القدس وبيت لحم مفتوحتين أمام المسلمين والمسيحيين واليهود. أنا أؤمن بالديانات الثلاث، ولكني لا أؤمن بالاحتلال.

لك ابتسامه كبيرة . ما الذي يحزنك ؟

الفم يبتسم والقلب حزين. لقد رفضوا أن يعطوني تصريحا لزيارة أبي في الولايات المتحدة الأمريكية وهو على فراش الموت. قالوا إن هنالك من يرعاه. أمي وأولادي يسكنون في الخارج، لذلك أنا في المركز أرى الشعب الفلسطيني كله عائلة لي.

מאהה סאכה / مها السقّا

The past 18 years I've worn black. I've been with martyrs and refugees. I've attended demonstrations and visited people in hospitals. I used to wear black to these occasions and when I returned, I'd change into the colors I love—red and yellow. But I wasn't taking a stand if I dressed in black for a martyr and then changed. I vowed that after Jerusalem is our capital, I'll wear color again. For now, I add embroidery to connect to my heritage through fashion.

How are heritage and fashion related?

Our heritage is our roots and this land. We have to show that this land belongs to a people through our culture and heritage. The dress is the most important because a women's dress identified her village and told its story. I took photographs of all the historical, archeological, and religious areas from which the dresses originate, and I joined them with the dresses together in a map of Palestine in 1948. I put the Bethlehem dress with the Nativity church, the Nablus dress with the historical area of Sabastia.

It's a peaceful political statement when I exhibit the culture and beauty of Palestine. I manage fashion shows, and people cry when they learn about the villages and their histories through the dresses. I placed first in a world competition sponsored by the United Nations where I represented Palestine with my pictures of our traditional garments. The beauty of our culture can be appreciated worldwide.

Have you exhibited the dresses in Israel?

Many times. My aim is to show we are a good people, we have a good heart, and we need our right to live together as two states. It's hard to believe in this century that we're under occupation. Peace comes from the heart, not a wall. We have accepted to live on 22 percent of historic Palestine but they are not satisfied. Why do they build more settlements and this wall? It separates not just towns from other towns, it separates us as human beings from one another.

We're in Bethlehem. What would Jesus think if he were here today?

I think if Jesus heard of these big problems between people, he would not come to this land. Did Muhammad, Jesus, and Moses come to create problems? I don't think so. They came for peace. We want Bethlehem and Jerusalem to be open for Christians, Muslims, and Jews. I believe in the three religions, but I don't believe in occupation.

You have a big smile. What makes you sad?

Just my mouth is smiling, not my heart… . They refused me permission to see my father in the United States when he was dying, they said other people were there to take care of him. I'm the only family still here. My mother and children live outside. So, at the Center, I say, now the Palestinians are all my family.

ב-18 השנים האחרונות לבשתי שחור. הייתי עם השאהידים ועם הפליטים. השתתפתי בהפגנות וביקרתי אנשים בבתי חולים. הייתי לובשת שחור במקרים האלה; וכשחזרתי, הייתי מחליפה לצבעים האהובים עליי – אדום וצהוב. אבל אם לבשתי שחור לכבוד שאהיד ואחר כך החלפתי בגדים, זו לא היתה נקיטת עמדה. נשבעתי שכשירושלים תהיה הבירה שלנו אלבש שוב בגדים צבעוניים. בינתיים אני מוסיפה רקמה כדי להרגיש קשורה למורשת שלנו באמצעות האפנה.

איך מורשתך והאפנה מתקשרות?

מורשתנו היא השורשים שלנו, הארץ הזאת. אנחנו צריכים להראות שהארץ שייכת לעם שלנו באמצעות התרבות והמורשת. השמלה הכי חשובה, כי שמלה של אישה הייתה סימן היכר של הכפר שלה, וכן סיפרה את סיפורו של הכפר. צילמתי את כל האזורים ההיסטוריים, הארכיאולוגיים והדתיים שמהם הגיעו השמלות, וצירפתי אותם ואת השמלות כדי ליצור את מפת פלסטין ב-1948. שמתי את השמלה של בית לחם ליד כנסיית המולד ואת השמלה של שכם ליד האזור ההיסטורי בסבסטיה.

אני מציגה את התרבות והיופי של פלסטין, וזו הצהרה פוליטית שלווה. בתצוגות האפנה שאני מנהלת אנשים בוכים כשהם מגלים את ההסטוריה של הכפר דרך השמלות. הגעתי למקום ראשון בתחרות עולמית במימון האו"ם. ייצגתי את פלסטין בתצלומים של הבגדים המסורתיים שלנו. היופי של התרבות שלנו זוכה להערכה ברחבי העולם.

הצגת את השמלות בישראל?

הרבה פעמים. המטרה שלי היא להראות שאנחנו עם טוב, שיש לנו לב טוב ושאנחנו זקוקים לזכות שלנו לחיות יחד בשתי מדינות. קשה להאמין במאה הזאת שאנחנו תחת כיבוש. בשביל השלום צריך לב, לא חומה. הסכמנו לחיות ב-22 אחוזים מפלסטין ההיסטורית, אבל הם לא מרוצים. למה הם מקימים עוד התנחלויות ואת החומה הזאת? היא מפרידה לא רק בין ערים אלא בין בני אדם.

אנחנו בבית לחם. מה היה ישו חושב לו היה כאן כיום?

אני חושבת שאם ישו היה שומע על הבעיות העצומות האלו בין אנשים, הוא לא היה בא לארץ הזאת. האם מוחמד, ישו ומשה באו כדי ליצור בעיות? אני לא חושבת. הם באו למען השלום. אנחנו רוצים שבית לחם וירושלים יהיו פתוחות לנוצרים, מוסלמים ויהודים. אני מאמינה בשלוש הדתות, לא בכיבוש.

יש לך חיוך רחב. מה מעציב אותך?

רק הפה שלי מחייך, לא הלב... אבא שלי גסס בארצות הברית וסירבו לתת לי אישור לבקר אותו בטענה שיש שם אנשים אחרים שיטפלו בו. אני בת המשפחה היחידה שעדיין כאן. אמא שלי והילדים שלי גרים בחו"ל, אז עכשיו כל הפלסטינים הם המשפחה שלי.

سوسن شاهين / סווסאן שאהין

All of my family, we are active in the Fatah party. We are under occupation. There are settlements on our land. We must have our land, and a special situation with Jerusalem. It belongs to the Palestinians, to Muslims, because of Al-Aqsa Mosque. We cannot see our families inside Jerusalem.

Are you willing to share Jerusalem?
Of course. East Jerusalem must be for the Arab people and West Jerusalem must be for the Israeli people for the peace of the two nations.

Reema, you've had two brothers in prison for years.
Hassam, the eldest, he's chairman of the Fatah Youth Organization in Jerusalem. Many people believe in his ideas, but Israelis think he is dangerous. He made peace camps with Israelis and invited Jewish people to our home. He just asked for our rights and freedom. He did peace demonstrations when the Israelis took land from people in Sawah, Bethlehem, and Nablus. You should not deal with peace demonstrators violently, like they are terrorists.
We cannot visit our brothers. We cannot know how they feel, if they take medicine, when they are ill. We cannot celebrate with them our special days.

Sawsan, you too were in prison.
(Translated by Reema) For one month, Al-Maskobiya in Jerusalem. They put me in a room alone. No one can live in this room, not even an animal. It was very bad, without water, food, anything. The Israelis used many things against me. They treated me like an animal, didn't respect me, hit me with their hands. They used an electric chair eight times. The chair has wires to my hands, my ankles, my heart. They said it tells if I am lying. I answered I didn't do anything against Israel, but they didn't believe me. After a month I was taken to court and the judge believed I tell the truth. He made the investigation stop.

I see a scar on your wrist.
They put handcuffs on me to try to force me to say something. They said my father died and was in another room, and I must tell them what I did against Israel or I would not see my father before they took him away.

What do you think of Israelis now?
Many Israelis have a good heart, many Israelis have a bad heart. One soldier, his name was Maximus, he treated me in a good way. I saw his tears when the Shabak took me to the investigation. When they arrested me, I was afraid, and had bad feelings, but when I saw his tears, I started to forgive and feel better. The big side of forgiveness started after I was free, especially when I watch Oprah Winfrey programs.

What is love?
The problem is not how to give love but how to help other people love you, how to help them feel the same love you have for them. I hope all people in the world share the day when my brothers are free. When I was in the prison room, I wrote on the wall, "This is a small space, we cannot feel free now, but I will meet you outside the prison."

כל המשפחה שלנו פעילה במפלגת הפת"ח. אנחנו תחת כיבוש. יש התנחלויות על האדמה שלנו. אנחנו מוכרחים לקבל את אדמתנו וסטטוס מיוחד לירושלים השייכת לפלסטינים, למוסלמים, בגלל מסגד אל-אקצה. אנחנו לא יכולים אפילו לפגוש את המשפחות שלנו בירושלים.

אתן מוכנות להתחלק בירושלים?
כמובן. ירושלים המזרחית צריכה להיות של העם הערבי וירושלים המערבית של העם הישראלי, כדי שיהיה שלום לשתי האומות.

יש לך שני אחים בכלא זה שנים.
חסאם, הבכור, הוא יו"ר ארגון הנוער של הפת"ח בירושלים. יש הרבה אנשים שמאמינים ברעיונותיו, אך הישראלים חושבים שהוא מסוכן. הוא הקים מחנות שלום עם ישראלים, הזמין יהודים לביתנו, וקיים הפגנות שקטות כאשר הישראלים לקחו אדמה מאנשים בסאוו, בבית לחם ובשכם. הוא רק ביקש זכויות וחירות, לא צריך להגיב באלימות, כאילו מפגיני שלום הם טרוריסטים. אנחנו לא יכולות לבקר את האחים שלנו. אנחנו לא יודעות איך הם, אם הם לוקחים תרופות כשהם חולים. אנחנו לא יכולות לחגוג אִתם את הימים המיוחדים שלנו.

סווסאן, גם את היית בכלא.
חודש אחד, באל-מסקוביה בירושלים, שמו אותי בבידוד. היה נורא בלי מים, אוכל, שום דבר. הישראלים השתמשו בהרבה נגדי, התייחסו אליי כמו חיה, לא כיבדו אותי, הִכו בידיי, והשתמשו בכיסא חשמלי שמונה פעמים. בכיסא היו כבלים שחיברו לידיי, לקרסוליי, וללב שלי. הם אמרו שהוא מגלה אם אני משקרת. עניתי שלא עשיתי דבר נגד ישראל, אבל לא האמינו לי. אחרי חודש נלקחתי לבית המשפט, והשופט האמין שאני דוברת אמת והפסיק את החקירות.

אני רואה צלקת במפרק כף היד שלך.
הם אזקו אותי כדי לנסות לאלץ אותי להגיד משהו. הם אמרו שאבא שלי מת ושהוא בחדר אחר ושאני צריכה להגיד להם מה עשיתי נגד ישראל או שלא אראה את אבי לפני שייקחו אותו.

מה את חושבת על הישראלים עכשיו?
לישראלים רבים יש לב טוב, ולרבים יש לב רשע. חייל אחד שקראו לו מקסימוס התייחס אליי יפה. ראיתי את הדמעות שלו כשהשב"כ לקח אותי לחקירה. כשעצרו אותי, פחדתי והרגשתי רע. אבל כשראיתי את הדמעות שלו, סלחתי והרגשתי טוב יותר. רוב היכולת שלי לסלוח בא אחרי שהשתחררתי, בייחוד כשאני צופה בתכניות של אופרה וינפרי.

מה זו אהבה?
הבעיה היא לא איך לאהוב אלא איך לעזור לאחרים לאהוב אותך, איך לעזור להם להרגיש את אותה אהבה שאת חשה כלפיהם. אני מקווה שכל האנשים בעולם יהיו שותפים ליום שבו האחים שלי יהיו חופשיים. כשהייתי בתא בכלא כתבתי על הקיר, "זה מקום קטן, אנחנו לא יכולים להרגיש חופשיים עכשיו, אבל ניפגש מחוץ לכלא".

Sawsan Shaheen

Law student and former political detainee

Arrested in July 2006, Shaheen was held without charges for one month, including time in isolation at Al-Maskobiya prison. A law student at Al Quds University, Shaheen has two brothers among the more than 11,000 political detainees. Hussam, the oldest, was president of the Fatah Youth Organization. Shaheen's sister Reema formerly worked with drug addicts in Jerusalem, but was denied a permit for the checkpoint.

طالبة حقوق ومعتقلة سياسية سابقة

اعتُقلت السيدة شاهين في شهر تموز/يوليو ٢٠٠٦ وتم احتجازها لمدة شهر دون محاكمة حيث قضت جزءا من مدة الاعتقال في سجن انفرادي في معتقل المسكوبية في القدس. طالبة حقوق في جامعة القدس ولها أخوان سجينان من بين أكثر من ١١,٠٠٠ سجين فلسطيني سياسي: كان الأخ الأكبر حسام رئيس منظمة شبيبة فتح. عملت أختها ريما في السابق مع مدمني المخدرات في القدس ولكنها مُنعت من نيل التصريح لعبور الحاجز.

סטודנטית למשפטים ועצירה פוליטית לשעבר

סווסאן שאהין נעצרה ביולי 2006 והוחזקה בלי שהוגש נגדה כתב אישום במשך חודש ימים בכלא אל-משקובייה. בתקופה זו הייתה לפרק זמן מסוים בבידוד. היא סטודנטית למשפטים באוניברסיטת אל-קודס, ושני אחיה נמנים עם יותר מ-11,000 אסירים פוליטיים. חסאם, הבכור, היה נשיא ארגון הנוער של פת"ח. רימה, אחותה של שאהין, עבדה בעבר עם אנשים המכורים לסמים בירושלים, אך לא קיבלה רישיון מעבר במחסומים.

نحن من نشطاء حركة فتح، نقبع تحت الاحتلال، والاستيطان يبتلع أراضينا. يجب أن تعاد أرضنا إلينا وأن يكون لمدينة القدس وضع خاص، فالقدس للفلسطينيين والمسلمين لأن فيها المسجد الأقصى. القدس الآن مغلقة أمامنا ولا نستطيع زيارة أقربائنا في المدينة.

هل أنتن على استعداد لمشاطرة مدينة القدس؟
طبعاً، بحيث تكون القدس الشرقية للعرب والقدس الغربية للإسرائيليين لكي يتحقق السلام بين الشعبين.

أخوة ربما أمضوا سنينا طويلة في المعتقل؟
حسام، أخي الاكبر، هو رئيس منظمة الشبيبة الفتحاوية في القدس. وهناك الكثير من الناس الذين يؤمنون بأفكاره ومبادئه، إلا أن الإسرائيليين يعتبرونه خطراً عليهم. أقام حسام مخيمات سلام مع إسرائيليين ودعا اليهود إلى بيتنا. حسام يطالب بحقوقنا وحريتنا، وقد شارك في مظاهرات سلمية عندما صادرت إسرائيل أراض في السواحرة وبيت لحم ونابلس، فلا يجب الرد باستخدام العنف على المظاهرات السلمية والتعامل مع المتظاهرين كإرهابيين. لا نستطيع زيارة أخوتنا، ولا نعلم كيف هم، ولا نستطيع مشاركتهم الأعياد والمناسبات الخاصة.

سوسن تعرضت للاعتقال أيضاً؟
تعرضت للاعتقال لمدة شهر واحد أمضته في معتقل المسكوبية في القدس، في زنزانة منفردة، لا تستطع الحيوانات العيش فيها. كانت الزنزانة سيئة للغاية. مكثت هناك بلا ماء ولا طعام، وبدون أشياء أخرى. لقد تعرضت للضرب ولاعتداءات أخرى على أيدي إسرائيلية، ولم يعاملوها باحترام.
استخدموا كرسياً كهربائياً ثماني مرات لتعذيب سوسن. كانت أسلاك الكرسي موصولة بيديها وكعبيها وقلبها. قالوا إذا كذبت فإن الكرسي سيكشف ذلك. أجابت سوسن: «إني لم أقم بأي عمل ضد إسرائيل إلا أنهم لم يصدقوني. ثم أرسلوني إلى المحكمة بعد شهر حيث اقتنع القاضي بأني أقول الحقيقة وأوقف التحقيق».

أرى علامات على الرسغ؟
سوسن: لقد ربطوا يدي عند الرسغين لكي يرغموني على التحدث. قالوا لي إن أبي قد توفي وهو في الغرفة المجاورة وإن علي الاعتراف بالأعمال التي قمت بها ضد إسرائيل ليسمحوا لي بإلقاء نظرة أخيرة عليه.

كيف تنظرين إلى الإسرائيليين الآن؟
لدى الكثير من الإسرائيليين قلوب طيبة، كما أن للكثير منهم قلوبا سيئة. كان أحد الجنود ويدعى ماكسيموس يعاملني باحترام، رأيته يبكي عندما أخذني (الشاباك) للتحقيق. كنت خائفة عندما اعتقلوني، وكان لدي شعور سيء، ولكن شعوري بدأ يتحسن عندما رأيت دموعه، وشعرت برغبة في التسامح. ولكن شعوري بالتسامح أخذ يكبر عندما أطلق سراحي، خاصة عندما بدأت مشاهدة برنامج أوبرا وينفري.

ما هو الحب في رأيك؟
لا تكمن المشكلة في أن نحب الآخرين وإنما في العمل على كسب محبة الآخرين، ثم تبادل الشعور بالمحبة معهم. أتمنى أن يشاركنا العالم فرحتنا عندما يطلق سراح أخوتي. كتبت على جدار الزنزانة وأنا رهن الاعتقال العبارة التالية «هذا مكان ضيق بلا حرية، ولكننا سنلتقي خارج السجن.»

أمّون سليم / אמון סלים

You don't see gypsies fighting around the world. They look for the simple life and they look with beautiful eyes. Our flag means green for the land, blue for the sky, and wheels for traveling. People should learn from the gypsies: be open, make your hearts green for everybody.

People have images of gypsies—painted wagons, horses, always moving.
People make up stories: gypsies make magic, gypsies read palms, gypsies are dirty. I think the people who make jokes about gypsies are the stupid ones. We like to be happy in the moment God has given us. Because we are simple, we never feel like envying others. We love our families and our neighbors. Gypsies are a people of freedom who love the land and animals, but these things are missing now. Gypsies concerns are forbidden in this holy land. So much existed 100 years ago with our tribes and traditions that doesn't exist now because of the pressure. Freedom will be when gypsies are an accepted community with rights. Even though gypsies don't like too much contact with outsiders, now they want to mix with any society that will give them a chance and treat them as citizens in this land.

Who are the gypsies?
The Domari society, the gypsy people, came out of India 3,000 years ago. We've lived here for 500 years. I can say I am an international woman. I have Palestinian roots because we have lived in this holy land for hundreds of years, and we support the Jewish society as neighbors and friends. We open our hearts and homes to any people on earth who can be welcomed as the friend of gypsies. Six to seven thousand gypsies live in the country—Palestine and Jerusalem— though it is hard to contact people in the West Bank, and I've not had contact with my tribe in Gaza for ten years.

Why do people fight?
I would say they are stupid. If people are fighting for something, what good is that? If you are fighting for money, well, money is something you can use, but it is not everything. The same with land. When you die, you do not take land with you. God created this earth for all people to live on without fighting.

What were you like as a little girl?
I sold postcards, I ran after tourists. Those were my golden years. I learned a lot from the street, from tourists. I learned to be a businesswoman. I knew very few words of English: "Just one dollar, one dollar." Now I have a diploma in business administration and hospitality management.
But I am doing things for my people, I know what it means to be discriminated against. God has given me a kind of brains that cause me to think differently. Good work takes time, no one can reach her dream in a short time. But peace is not a dream, it can happen. Each person can start to make peace inside his heart, to love his neighbor. If we want to make it happen, it can happen. Nobody is weak.

לא רואים ברחבי העולם צוענים נלחמים. בהשקפת חיים אופטימית, הם מחפשים את החיים הפשוטים. הדגל שלנו מסמל את הירוק של האדמה, את הכחול של השמים ואת גלגלי המסע. אנשים צריכים ללמוד מהצוענים, להיות פתוחים, להפוך את הלב לירוק למען כל בני האדם.

דימוי הצוענים הוא של כרכרות צבועות, של סוסים, של תנועה מתמדת.
אנשים ממציאים הבלים כגון: הצוענים הם מכשפים, קוראים בכף היד, הם מלוכלכים. אני חושבת שהאנשים שמתבדחים על חשבון הצוענים הם בורים. אנחנו אוהבים להיות מאושרים על הרגע שהאל נתן לנו. אנחנו פשוטים, ולכן אף פעם לא מתעוררת אצלנו קנאה באחרים. אנחנו אוהבים את המשפחה שלנו ואת השכנים שלנו.

הצוענים הם עם חופשי שאוהב אדמה ובעלי חיים. אבל הדברים האלה לא קיימים עכשיו. הדברים היקרים לצוענים אסורים בארץ הקדושה הזאת. לפני 100 שנה היו כל כך הרבה דברים שהיו קשורים בשבטים ובמסורות שלנו, והיום הם אינם, בגלל הדיכוי. החירות תגיע כשהצוענים ייחשבו לקהילה בעלת זכויות. אמנם הצוענים לא אוהבים יותר מדי קשר עם זרים, אבל כעת הם רוצים להשתלב בכל חברה שתיתן להם הזדמנות ותראה בהם אזרחים בארץ הזאת.

מי הם הצוענים?
חברת הדומארי, העם הצועני, הגיעה מהודו לפני 3,000 שנה. כאן אנחנו חיים 500 שנה. אני יכולה לומר שאני אישה בין-לאומית. יש לי שורשים פלסטיניים, כי חיינו בארץ הקדושה הזאת מאות שנים. ואנחנו שכנים וידידים של החברה היהודית ותומכים בה. את הלבבות והבתים שלנו אנחנו פותחים לכל עם על פני האדמה, כדי שיהיה ידיד של הצוענים.

בפלסטין ובירושלים חיים בין ששת אלפים לשבעת אלפים צוענים אף על פי שקשה ליצור קשר עם אנשים בגדה המערבית ולא היה לי קשר עם השבט שלי בעזה עשר שנים.

למה אנשים נלחמים?
הייתי אומרת שהם טיפשים. אם אנשים נלחמים על משהו, מה התועלת בזה? אם את נלחמת על כסף, בסדר, כסף זה דבר שאת יכולה להשתמש בו, אבל כסף הוא לא הכול. אותו הדבר נכון בעניין אדמה. כשתמותי, לא תקחי את האדמה אתך. אלוהים ברא את האדמה הזאת בשביל שיגורו בה בלי מלחמות.

איזו מין ילדה היית?
מכרתי גלויות, רדפתי אחרי תיירים. אלה היו השנים הטובות שלי. למדתי הרבה ברחוב, מהתיירים. למדתי להיות אשת עסקים. ידעתי רק כמה מילים באנגלית: "דולר אחד, רק דולר אחד". עכשיו יש לי תואר במינהל עסקים וניהול אירוח. אבל אני עושה דברים למען העם שלי. יש לי נסיון עם הפלייה. אלוהים נתן לי מוח מיוחד, אני חושבת אחרת. עבודה טובה לוקחת זמן, אף אחת לא יכולה להגשים את החלום שלה בזמן קצר. אבל שלום הוא לא חלום, הוא יכול לקרות. כל אדם יכול להשכין שלום בלבו, ולאהוב את שכניו. אם אנחנו רוצים שזה יקרה, זה יכול לקרות. אף אחד אינו חלש.

Amoun Sleem

Founder-Director of Domari Society of Gypsies

Sleem co-founded the Domari Society of Gypsies ten years ago and launched the Domari Center in East Jerusalem in 2004. The center, the first for gypsies in the Middle East, provides education for women and children and sells handicrafts. The Dom, of North Indian origin, came to the area 500 years ago. Sleem, raised selling postcards to tourists, holds diplomas in business administration and hospitality management.

مؤسِسة ومديرة جمعية دومري الغجرية

أسّست السيدة أمون سليم منذ عشر سنوات جمعية دومري للغجر وأطلقت سنة ٢٠٠٤ مركز دومري في القدس الشرقية. يوفر المركز، وهو أول مركز للغجر في الشرق الأوسط، التعليم للنساء والأطفال ويبيع منتجات الحرف اليدوية. قدم الدوم وأصلهم من شمال الهند إلى المنطقة منذ ٥٠٠ سنة. عملت في طفولتها في بيع البطاقات السياحية للسياح وحصلت على لقب جامعي في إدارتي الأعمال والضيافة.

מייסדת ומנהלת של אגודת דומארי של הצוענים

אמון סלים הייתה שותפה לייסוד אגודת דומארי של הצוענים לפני עשר שנים והקימה ב-2004 את מרכז דומארי בירושלים המזרחית. המרכז הראשון מסוגו לצוענים במזרח התיכון מעניק חינוך לנשים ולילדים ומוכר עבודות יד. שבט הדום החל בצפון הודו, והגיע לאזור לפני 500 שנה. בהיותה ילדה מכרה אמון גלויות לתיירים, ועתה היא בעלת תארים במינהל עסקים ובניהול אירוח.

لا توجد حروب بين الغجر، فهم يبحثون عن الحياة السهلة وينظرون إليها بعيون جميلة. اللون الأخضر في علمنا يرمز إلى الأرض واللون الأزرق يرمز إلى السماء، وترمز الدواليب إلى السفر. على الناس أن يتعلموا من الغجر كيف يكونون منفتحين وتكون قلوبهم خضراء من أجل الجميع.

الصور الموجودة في مخيلة الناس حول الغجر تتمثل في العربات المطلية والخيول والتنقل باستمرار؟

يؤلف الناس حكايات عن الغجر مثل صناعة السحر وقراءة الكف، ويقولون عن الغجر أنهم قذرون. أعتقد أن الذين يؤلفون النكات عن الغجر هم أغبى الناس. نحن نحب أن نستمتع باللحظات التي وهبها الله لنا، ولأننا بسطاء فنحن لا نحسد أحدا، ونحب عائلاتنا وجيراننا.

الغجر هم من عشاق الحرية والأرض والحيوانات، إلا أنهم يفتقدون هذه الأشياء الآن. كما أن الاهتمامات الغجرية محرمة في هذه الأرض المقدسة. أفقدتنا الضغوط في هذه الأيام أشياء كانت متوفرة بين قبائلنا وعاداتنا وتقاليدنا قبل مائة عام. الحرية تكون عندما يصبح الغجر مجتمعاً مقبولاً ولديه حقوق. بالرغم من أن الغجر لا يفضلون الكثير من التواصل مع الغرباء إلا أنهم يرغبون الاختلاط بأي مجتمع يمنحهم الفرصة ويعاملهم كمواطنين على هذه الأرض.

من هم الغجر؟

يعود أصل المجتمع الدومري (الغجر) إلى الهند التي خرجوا منها قبل ٣ آلاف عام. نحن نعيش هنا منذ ٥٠٠ عام. أستطيع أن أقول أنني امرأة دولية فلي جذور فلسطينية لأننا أقمنا على هذه الأرض المقدسة منذ مئات السنين، كما أننا نعتبر المجتمع اليهودي جارا وصديقا. نحن نفتح قلوبنا ومنازلنا لأي شخص كان ونعتبره صديقاً للغجر.

هنالك ما يقارب الستة أو سبعة آلاف غجري يعيشون في البلاد- فلسطين والقدس- غير أنه من الصعب الاتصال بهم في الضفة الغربية وكذلك في غزة التي لم نستطع الالتقاء فيها بهم منذ عشر سنوات.

لماذا يتقاتل الناس؟

لأنهم برأيي أغبياء. إذا كان الناس يتقاتلون من أجل شيء ما فما فائدة ذلك؟ إذا كان القتال حول المال، فالمال شيء مفيد ولكنه ليس كل شيء، وهذا ينطبق على القتال من أجل الأرض أيضاً. فالإنسان لا يأخذ الأرض معه عندما يموت. خلق الله الأرض لجميع الناس لكي يعيشوا فيها دون قتال.

كيف كنت عندما كنت طفلة صغيرة؟

كنت أبيع بطاقات المعايدة وأركض خلف السياح. كانت هذه سنوات حياتي الذهبية، فقد تعلمت الكثير من الشارع ومن السياح. تعلمت أن أكون سيدة أعمال. كنت أعرف عددا قليلا جداً من الكلمات الإنجليزية مثل «دولار واحد فقط، دولار واحد.» أنا الآن حاصلة على دبلوم في إدارة الأعمال والضيافة.

كما أقوم بأشياء من أجل شعبي، فأنا أعلم ماذا يعني التمييز ضد الآخرين. لقد منحني الله عقلاً يجعلني أفكر بطريقة مختلفة. العمل الجيد يحتاج إلى وقت، ولا تستطيع المرأة أن تحقق أحلامها في وقت قصير.

السلام ليس حلماً لأنه ممكن. يستطيع كل شخص أن يبدأ بصنع السلام في قلبه وأن يحب جيرانه. فالأمور تحدث إذا أردنا لها ذلك، ولا يوجد هناك أشخاص ضعفاء.

Ihsan Mohammed Turkieh

Comedy writer and actress

Turkieh is a Palestinian Lebanese refugee who learned early to use her gift of comedy to fight for her rights. Living in Ramallah since 1994, Turkieh is the first woman to establish a television comedy show at Palestinian Broadcasting Corporation. She works with Israelis in peace theater through the Peres Center for Peace. Turkieh was widowed with children at age 24 when her husband was killed in the Lebanese civil war.

كاتبة كوميدية وممثلة

نشأت السيدة إحسان محمد تركية في لبنان وهي لاجئة فلسطينية تعلمت مبكراً كيفية استخدام موهبتها الكوميدية للنضال من أجل الحصول على حقوقها. تسكن في رام الله منذ ١٩٩٤ وهي أول امرأة تُعد برنامجا تلفزيونيا كوميديا في هيئة إذاعة وتلفزيون فلسطين. تعمل مع إسرائيليين في مسرح السلام من خلال مركز بيريس للسلام. توفي زوجها في الحرب الأهلية في لبنان وهي في عمر الرابعة والعشرين ولديها أولاد.

מחברת קומדיות ושחקנית

איחסן טורקי היא פליטה פלסטינית-לבנונית. בגיל צעיר למדה להשתמש בכישרון הקומי שלה כדי להילחם על זכויותיה. היא מתגוררת ברמאללה מאז 1994, והיא האישה הראשונה שיצאה בתכנית קומית בטלוויזיה ברשות השידור הפלסטינית. היא עובדת עם ישראלים ב'תאטרון השלום' באמצעות 'מרכז פרס לשלום'. גברת טורקי הייתה כבר אם כשהתאלמנה בגיל 24, כאשר בעלה נהרג במלחמת האזרחים בלבנון.

منظر الحواجز شيء كريه جداً ولكني كممثلة كوميدية أحب أن أختار دور المرأة الفلسطينية البسيطة.
تقول إحسان للجندي على الحاجز «أرجوك، ابنتي في المستشفى، دعني أذهب لأراها.»
يرد عليها الجندي بصوت يشبه نباح الكلاب «معك تصريح؟ لا دخول بدون تصريح.
فترد عليه «دعني أذهب ... دعني أذهب،
لكن الجندي يرد عليها قائلاً «يَّلا، روح من هون.»
فتلعن المرأة الجدار وتصرخ في وجه الجندي قائلة «إنشا الله ييجي تسونامي يسحب السور ويسحبك، ويريِحنا إحنا الاثنين.» يضحك الجندي الإسرائيلي في هذه المسرحية الكوميدية السوداء.

هل كنت أبداً حزينة؟

أشياء عديدة أحزنتني في الماضي، ولكني تعلمت أن أكون قوية، وأن لا أبكي أمام الناس. المآسي التي يواجهها الإنسان في الصغر، مثل فقدان الأعزاء والرحيل من مكان إلى آخر وعدم إيجاد مأوى، تهون عليه المصائب الأخرى.
عندما تقدمت للعمل مع إسرائيليين طلبوا مني أن أسجل البلاد الإرهابية التي زرتها. قلت لهم "عشت طوال حياتي في بلاد إرهابية، وزوجي كان أحد أبطال منظمة التحرير الفلسطينية، وقتل في حرب لبنان." ثم سألت نفسي "كيف سأعمل مع الإسرائيليين وهم ألد أعدائي؟" على أية حال، لا يمكن تغيير الناس بين ليلة وضحاها، الأمر يحتاج إلى وقت.

ماذا يخيفك؟

أخاف الله فقط، ولا أخاف من أي شخص آخر. الخوف يثني الإنسان عن المخاطر. لا أعرف المستحيل، علينا العمل من أجل ما نريد مع توخي الحذر.
تم إيقاف راتبي الفلسطيني لمدة سبعة أشهر كعقاب لي عندما بدأت أعمل في مجالات السلام مع الإسرائيليين وبدأت المشاركة في عروض مع إسرائيليين. لا أشعر بالندم لأنني عملت مع إسرائيليين. والشخص الذي أوقف راتبي قتل قبل أيام في غزة، وأنا لا أزال على قيد الحياة، الله يفعل المعجزات.
المشكلة لدى الكثير من الفلسطينيين أنهم يعتادون على الأوضاع التي تُفرض عليهم، ويقولون لأنفسهم "لو وضع الإسرائيليين الحواجز فإننا سنجد طرقا حولها، ولو بنى الإسرائيليون الجدار فسنجد طريقنا حوله." فهم دائماً يجدون البدائل، التي تدفع الأعداء إلى إيجاد سبل لإغلاق هذه البدائل. يجب أن يشعر المحتل بخطئه ويحل مشكلة الجدار.

هل بين الإسرائيليين من يرغب في إصلاح الخطأ؟

عملت مع الإسرائيليين خلال العشر سنوات الماضية، وجدت بينهم أشخاصا رائعين ولطيفين وإنسانيين للغاية، وهناك من يتمتعون بالعديد من المواهب. تعرفت على يهود أمريكيين في الولايات المتحدة الأمريكية لا يوافقون على الكثير من السياسات الإسرائيلية. هنالك شيء مدهش حول اليهود الأمريكيين. سألتهم ذات يوم "لماذا تدعمون الإسرائيليين إذا كنتم لا تتفقون مع الكثير من سياساتهم وتشعرون بأنها قاسية على الفلسطينيين؟" أعطاني أحدهم إجابة أحترمها فقال "يجب على إسرائيل أن تبقى" ربما سيأتي يوم نقول فيه "يجب على فلسطين أن تبقى، فلسطين أولاً."

איחסן מוחמד טורקי / إحسان محمد تركية

A checkpoint is a horrible scene, but as a comedian, I like to play the simple Palestinian lady. She says to the soldier, "Please, my daughter, she is in the hospital, let me go to see my daughter." He barks, "Do you have a permit? If you don't have a permit, you will not pass." She pleads, "Let me go, let me go." He yells, "*Yallah*, get away from here!" She curses the wall and yells back, "I wish a tsunami takes the wall, takes you. Then both of us will be at rest at the end!" The Israelis laugh, but it is very black comedy.

Are you ever sad?
A long time ago. ... Okay, many things make me sad, but I learned to be strong and not to cry in front of people. When you face horrible things in your childhood, losing people you love, going from place to place because there is no place to live, after that the rest is nothing.
When I applied to act with Israelis, they asked me to write down terrorist countries I'd been to. I said, "I've lived my life in terrorist countries, my husband was a hero of the PLO killed in the war of Lebanon." And I told myself, "Israelis are my archenemy, how can I work with them?" But you can't change someone from right to left. First you have to take them over a bridge.

Are you afraid of anything?
I am only afraid of God, not anybody else. If you are scared, you will not take a risk. Nothing is impossible. If you want to do something, just do it. But think carefully.
When I started peace work with the Israelis, my salary in Palestine was cut for seven months as a punishment for participating in a show with Israelis. I didn't apologize for it. The other day, the man who cut my salary was killed in Gaza. I survived. God does miracles.
The problem with many Palestinians is they become accustomed to any situation. They say to themselves, "Okay, the Israelis make checkpoints, but we will find a way and go. Okay, they built the wall, but we will find a way and go." Always they create alternatives. Sometimes this is not good because you make the enemy smarter to create next steps to close the holes. He needs to realize he is the occupier, he built the wall, and he needs to fix the problem.

Are there Israelis willing to fix the problem?
I've been interacting with Israelis for ten years. I've met many gorgeous people, very nice, talented, and human. Even in the States, I met Jewish Americans who don't agree with many of Israel's policies. I discovered something amazing about Jewish Americans. I asked them, "If you don't agree with many Israeli policies and feel that it is tough on the Palestinians, why do you support them?" One gave me a good answer. He said, "Israel should stay." I respect this. I wish for a day when we just say, "Palestine should stay, Palestine first."

מחסום הוא מראה מזעזע, אבל אני קומיקאית ואוהבת לגלם את האישה הפלסטינית הפשוטה האומרת לחייל, "בבקשה, הבת שלי בבית חולים. תן לי לעבור לראות את הבת שלי". הוא נובח, "יש לך אישור? אם אין לך אישור, לא תעברי". היא מתחננת, "תן לי לעבור. תן לי לעבור". הוא צועק, "יאללה, תסתלקי מפה!" היא מקללת את החומה וצועקת חזרה, "הלוואי שצונמי ייקח את החומה ואתכם, ואז שנינו נגיע לשלווה ומנוחה!" הישראלים צוחקים, אבל זו קומדיה שחורה מאוד.

את עצובה אי-פעם?
לפני הרבה זמן... בסדר, הרבה דברים מעציבים אותי, אבל למדתי להיות חזקה ולא לבכות בנוכחות אנשים. כשאת מתמודדת עם דברים איומים בילדותך, מאבדת אנשים אהובים, נודדת ממקום למקום כי אין לך איפה לגור, אחרי זה כל השאר הוא שום דבר.
כשביקשתי לשחק עם ישראלים, ביקשו ממני לכתוב באילו מדינות טרור הייתי. אמרתי, "חייתי במדינות של טרור. בעלי היה גיבור מאש"ף שנהרג במלחמת לבנון". ואמרתי לעצמי, "הישראלים הם האויבים המושבעים שלי, איך אני אוכל לעבוד אִתם?" אבל אי-אפשר לשנות מישהו לחלוטין, קודם צריך לחצות עמם את הגשר.

את פוחדת ממשהו?
אני פוחדת רק מאלוהים, לא מאף אחד אחר. מי שמפחד לא יסתכן. הכל אפשרי. אם את רוצה לעשות משהו, פשוט תעשי אותו. אבל צריך לחשוב היטב.
כשהתחלתי בעבודה למען השלום לצד ישראלים, המשכורת שלי בפלסטין הופסקה לשבעה חודשים, עונש על ההשתתפות שלי בהצגה עם ישראלים. לא התנצלתי. לא מזמן האיש שהפסיק לי את המשכורת נהרג בעזה. אני נשארתי בחיים. נפלאות דרכי האלוהים.
הבעיה של הרבה פלסטינים היא שהם מתרגלים לכל מצב. הם אומרים לעצמם, "בסדר, הישראלים שמים מחסומים, אבל אנחנו נמצא דרך ונעבור. בסדר, הם בנו את החומה, אבל אנחנו נמצא דרך ונעבור". הם תמיד יוצרים אלטרנטיבות. זה לא תמיד טוב, כי אתה גורם לאויב להחכים ולנקוט בצעדים כדי לסתום את הפרצות. הוא צריך להבין שהוא הכובש. הוא בנה את החומה, והוא צריך לפתור את הבעיה.

לדעתך יש ישראלים שמוכנים לפתור את הבעיה?
אני בקשר עם ישראלים כבר עשר שנים. פגשתי הרבה אנשים נהדרים, נחמדים מאוד, מוכשרים ואנושיים. אפילו בארה"ב פגשתי יהודים אמריקנים שלא מסכימים עם הרבה מהמדיניות של ישראל. גיליתי משהו מדהים על היהודים האמריקנים. שאלתי אותם, "אם אתם לא מסכימים עם הרבה מהמדיניות של ישראל וחושבים שהיא מקשה על הפלסטינים, למה אתם תומכים בה?" אחד מהם נתן לי תשובה טובה. הוא אמר, "ישראל צריכה להתקיים". אני מכבדת את זה. אני מייחלת שיום אחד נגיד, "פלסטין צריכה להתקיים. קודם כל פלסטין".

Index of the women

Organizations and contacts

UN Security Council Resolution 1325 on Women, Peace, and Security
Text of landmark resolution passed by the Security Council in October 2000 that addresses the impact of war on women and contributions of women to conflict resolution and sustainable peace, and that promotes women's voices in formal peace negotiations and implementation of peace agreements.
http://www.peacewomen.org/un/sc/1325.html

Translations of Resolution 1325
Downloadable Versions of Resolution 1325 in 84 of the world's languages.
http://www.peacewomen.org/1325inTranslation/index.html

PeaceWomen's Information Resource on Palestinian and Israeli Civil Society
Online Resource on UN's women-centered network of organizational contacts in Israel and Palestine.
http://www.peacewomen.org/contacts/westasia/israel-pal/isrpal_index.html

Palestinian and Israeli Organizations Referenced in Interviews
Compiled by Zainab Cheema

Abrahamic Reunion
An interfaith nonprofit organization with Jewish, Christian, Muslim, and Druze members who celebrate their spiritual commonalities and differences together to affirm the presence of the four religious communities and to promote peace.
http://www.risingtideinternational.org/peacemakers.htm

Achoti
A nonprofit organization founded by Mizrachi (non-European) feminist activists and headquartered in Tel Aviv. It raises awareness of Mizrachi feminism, reaches out to diverse women on the periphery of Israeli society, and closes economic, social, and cultural gaps in that society.
http://www.achoti.org.il/english.html

Al-Quds Child Institute
An educational and research institute, affiliated with Al-Quds University in East Jerusalem that preserves quality of life for Palestinian children through diverse programs. It advocates on learning difficulties, risky behaviors, and health problems. Dr. Khuloud Khayyat Dajani is Chairperson.
http://www.alquds.edu/centers_institutes/child/?page=mission

American Friends Service Committee
A Quaker organization whose New Israel program provides services and organizational support to promote Arab-Jewish coalitions, protect the civil rights of Israeli Arabs, and promote values of nonviolent resistance and refusal.
http://www.afsc.org/middleeast/int/israel.htm

Annahda Women's Association
An association of Muslim and Christian women devoted to empowering Arab women and caring for mentally ill, mentally disabled, and speech and hearing impaired children. Their Ramallah-based organization provides schooling, social skills development, nutritional support, and vocational training, and raises funds for surgical procedures to improve hearing. Badia Khalaf is Chairperson.
http://www.biblelands.org.uk/project_partners/by_location/isr_pal/annahda_womens_association/index.htm

Arab Jewish Center for Equality, Empowerment, and Cooperation
A center, affiliated with the Negev Institute for Strategies of Peace and Development that empowers the Bedouin community and supports interfaith and intercultural cooperation of Arabs and Jews working together on educational initiatives. Amal Elsana Alh'jooj is Director.
http://www.nisped.org.il/info/english/ajeec/ageecframe.htm

Armenian Relief Society
The oldest international Armenian aid organization, working to preserve cultural identity and provide educational and humanitarian assistance to Armenians worldwide. Noemie Nalbandian is Chairperson of the Jerusalem branch.
http://www.ars1910.org/

Asala: Palestinian Businesswomen's Association
A microfinance institution devoted to economic empowerment of Palestinian women in the West Bank and Gaza. It provides loans for establishing or expanding women's businesses.
http://www.asala-pal.com

Association of Rape Crisis Centers
An association coordinating rape crisis centers across Israel and providing crisis-oriented assistance to victims of sexual assault and the people close to them. Services include a 24-hour national hotline, support during medical and legal procedures, prevention outreach, and professional treatment and therapy.
http://www.1202.org.il/English

Association of Women's Committees for Social Work
A grassroots organization working for the empowerment of Palestinian women, the Association coordinates 400 branches in the West Bank and Gaza. The Association provides voter education, educational facilities for children, leadership workshops, and small business training. Fatima Shehada Ja'fari is a Founder.
http://www.awcsw.org

Bat Shalom
A feminist Israeli organization of Jewish and Palestinian women working for human rights, an equal voice for Jewish and Arab women within Israeli society, and a just resolution of the Israel-Palestine conflict. Bat Shalom is based in West Jerusalem and is the Israeli half of the coalition organization, The Jerusalem Link. Molly Malekar is Director.
http://www.batshalom.org

Beyond Words
A nonprofit organization that uses dance, massage, guided imagery, and listening to empower Jewish and Arab mothers, educators, and childcare workers in values of peace and co-existence and to promote the welfare of children. Silvia Margia is a Program Director.
http://newhavenindependent.org/archives/2007/10/women_finding_t.php
http://www.instituteforcirclework.org/icw_circle_peace.htm

Center for Hagar and Sarah
A center devoted to the empowerment of Arab Israeli women in the town of Faradis, providing entrepreneurial training, leadership courses and more. Ibtisam Mahameed is Founder and Director.

Commission for Future Generations in the Knesset
An inter-parliamentary body providing oversight to the Knesset on the impact of legislation on future generations. The Commission informs Knesset members of future harmful effects of bills and suggests and supports legislation with positive future consequences. Nira Lamay is a Deputy Commissioner.
http://www.knesset.gov.il/sponsorship/future/eng/future_index.htm

Cordoba School in Hebron
A grade school in Hebron isolated from the Palestinian community after the 1997 Hebron Accords divided the city, leaving the school in a zone administered by Israelis. The school draws international peacekeeping support from the Temporary International Presence in the City of Hebron and the Ecumenical Accompaniment Program. Reem Alshareef is School Principal.
http://www.stmgrts.org.uk/archives/2007/12/the_school_on_shuhada_street.html

Creativity For Peace
A nonprofit organization working to nurture Israeli and Palestinian girls as the next generation of leaders. Creativity For Peace organizes summer camps, workshops, and gatherings, and sponsors a leadership program on the values of dialogue and peace building. Silvia Margia is Director of the Young Leaders Program.
http://www.creativityforpeace.com

Domari Society of Gypsies in Jerusalem
An organization working to preserve the Domari cultural heritage and empower the gypsy community in Israel and Palestine. The programs at its center in East Jerusalem include literacy courses, vocational training, entrepreneurial courses, and support for handicrafts. Amoun Sleem is Founder and Director.
http://domarisociety.googlepages.com

El HaLev–Israel Women's Martial Arts Federation
An organization and center that teaches martial arts and self-defense to women in Israel from all cultural, political, religious, and social backgrounds. The El HaLev center in West Jerusalem provides classes, seminars, and certification programs in jujitsu, tae kwon do, karate, street defense, tai chi, and yoga. Yehudit Sidikman is Founder and Senior Instructor.
http://www.elhalev.org/index.html

Filastiniyat
A nonprofit, Ramallah-based organization working to increase the participation of Palestinian women and youth in political discourse by establishing alternate media forums, peace and community centers, and other venues. Wejdan Jaber serves on the Board.
http://www.palestine-ngos.net/ngodetails.asp?ngoid=279

Heinrich Böll Foundation
An international foundation affiliated with Germany's Green Party that supports organizations working on democratic participation, women's rights, environmental justice, and sustainable development. Hadeel Rizq-Qazzaz is Program Coordinator of the Arab Middle East Office, located in Ramallah.
http://www.boell.org.il

Hope Flowers School
A co-educational school, founded in 1984, that provides Palestinian children in Bethlehem an education embedded in the values of peace and democracy. The Hope Flowers School also supports the surrounding community with programs in women's empowerment, technology, trauma reduction, and community development. Ghada Issa Ghabboun is co-Director.
http://www.hopeflowersschool.org

InTajuna
A project in cooperation with Solutions for Development Consulting Co. working to enhance Palestinian consumers' perceptions of locally produced products through advertising campaigns and consumer workshops. They also provide training and consulting services for manufacturers and retailers. Safa Madi is Project Manager.
http://www.intajuna.ps

Interfaith Encounter Association
An interfaith organization promoting peace in the Middle East through interfaith dialogue and cross-cultural study. They sponsor events across Israel to encourage dialogue and networking between Jews, Christians, Muslims, and Druze, using religion as a platform for understanding and building strength.
http://www.interfaith-encounter.org/index.htm

International Committee of the Red Cross
An international relief organization working for humanitarian law and protection of civilians in regions of conflict. The Committee deploys monitors in the Palestinian Territories, visits detainees held by Israel and by Palestinian authorities, provides medical supplies to hospitals, and supports Palestinian families suffering from trauma.
http://www.icrc.org/Web/Eng/siteeng0.nsf/htmlall/palestine?opendocument&link=home

International Women's Commission for a Just and Sustainable Israeli-Palestinian Peace
A coalition of Palestinian, Israeli, and international women established to promote United Nations Resolution 1325, which urges inclusion of women at all decision-making levels as the means to achieve peace. IWC lobbies for women's participation in peace negotiations, raises awareness in civil society, and advocates for women's voices with policymakers and intergovernmental organizations.
http://www.iwc-peace.org

Isha L'Isha (Women to Women)
Israel's oldest feminist organization, established in 1983, to promote women's rights and support women's needs. Isha L'Isha is headquartered in Haifa but works across Israel for women's health, protection against violence, the elderly, lesbian empowerment, and peaceful coexistence between Jewish and Arab women. They founded the Hotline for Battered Women, the Kayan Arab Feminist Center, and the Women's Economic Empowerment Association.
http://www.isha.org.il/default.php?lng=3

Israel Women's Network
A nonprofit organization that promotes gender rights in Israel regardless of a woman's political affiliation, religious outlook, and ethnic background. IWN works for women who were refused divorces, victims of sexual trafficking, women suffering workplace discrimination, and women's access to civil courts.
http://www.iwn.org.il/indexEn.asp

Jerusalem Center for Women
An organization of Palestinian women activists working for the advancement of human rights, women's rights, and a just resolution of the Israel-Palestine conflict. The Center is based in East Jerusalem and is the Palestinian half of the coalition organization, The Jerusalem Link.
http://www.j-c-w.org

Jerusalem Institute of Justice
A nonprofit organization providing educational, legal, and advocacy services for the civil rights of Israeli Evangelical believers, Messianic Jews, and families of mixed (Jewish-Christian) marriages.
http://www.jij.org.il/

JUST VISION
A nonprofit organization informing local and global audiences about under-documented Palestinian and Israeli joint civilian efforts for nonviolent resolution of the conflict. JUST VISION uses documentary film and multimedia educational tools to raise awareness and encourage grassroots peace building. Rula Salameh is Educational and Outreach Coordinator.
http://www.justvision.org

Kolech-Religious Women's Forum
An Israeli feminist organization working to advance religiously observant Jewish women within the framework of the Jewish Law (Halacha) and improve the status of women in the Orthodox community through leadership training, gender-equal curriculum in religious schools, and advocacy with and regarding religious leaders. Chana Pasternak is Director.
http://www.kolech.org/
http://www.nif.org/about/grantees/religious-womens-forum.html

Machsom Watch
A coalition of Israeli women who monitor Israeli soldiers and police at checkpoints to ensure protection of the human and civil rights of Palestinians.
http://www.machsomwatch.org/en

Mandela Institute for Human Rights
A Palestinian nonprofit organization established to safeguard the human rights of the more than 11,000 political detainees in Israeli prisons. The Institute monitors the condition of prisoners, provides legal services to prisoners and their families, raises awareness of Israeli prison conditions, and partners with local and international organizations to provide services to detainees. Butheina Doqmaq is Chairperson.
http://www.mandela-palestine.org

Mosaica Center for Inter-Religious Cooperation

An intercultural center that brings together national-religious Jewish and Muslim educators, trains facilitators in interreligious dialogue, and uses interreligious diplomacy to engage religious leaders to support dialogue and cooperation between the Jewish and Muslim communities. Gita Hazani is Director General.
www.mosaica.org.il

NAAMAT

Israel's largest women's organization, established in 1921 to improve the quality of life of women, children, and families. NAAMAT fosters religious pluralism for both Jewish and Arab Israeli women, supports women's rights in the workplace, provides facilitation for single parents and recent immigrants, and campaigns against domestic violence. Rachel Aspir is Chairperson of the Jerusalem branch.
http://www.naamat.org/

Negev Institute for Strategies of Peace and Development

A nonprofit organization building peace through civil society development. The Institute works on a local and international level, providing leadership training, community development, and consulting services through a number of key programs. Vivian Silver is Executive Director.
http://www.nisped.org.il

Ogarit Cultural Center for Publishing and Translation

A nonprofit organization based in Ramallah that publishes, copyrights, and sells the works of Palestinian women writers. The Center also translates world literature into Arabic for the Palestinian public and encourages the writing of Palestinian children's literature. Dr. Faiha Abdulhadi is Chairperson.
http://www.ogarit.ps

Palestinian Happy Child Center

A nonprofit organization, with a center in Ramallah, that promotes the well-being of Palestinian children with special physical, mental, or psychological needs. Services include education, developmental psychotherapy, family counseling, and social skills and training. Dr. Jumana Odeh is Founder and Director.

Palestinian Heritage Center

A Bethlehem-based Center established to showcase Palestine's cultural heritage through artifacts, national costumes, and textiles. The Center sponsors international exhibitions and educational lectures. Maha Saca is Founder and Director.
www.palestinianheritagecenter.com

Partners for Peace

A nonprofit organization informing the American public about peace and justice initiatives of Israelis and Palestinians. It engages in media advocacy and sponsors Jerusalem Women Speak: Three Faiths, One Shared Vision, which tours the U.S. with a Jewish, a Christian, and a Muslim woman expressing their views for peace at each stop. Wejdan Jaber was the 2007 Muslim woman representative.
http://www.partnersforpeace.org

Psycho Social Counseling Women's Center

A Palestinian counseling and social service center for women and youth affected by domestic violence and sexual abuse. It provides healing through individual and group therapy in safe environments, empowerment programs, and more. Khawla Alazraq is Director.
wscbethlehem@palnet.com

Rabbis for Human Rights

An Israeli rabbinical organization that advocates for the rights of Israel's disadvantaged demographics, including women, ethnic minorities, low-income individuals, and Palestinians. It promotes a humanistic understanding of Jewish tradition and sources within Israeli public discourse. Rabbi Haviva Ner-David is a Board member.
http://rhr.israel.net

REUT-The Center for Modern Jewish Marriage

An organization that provides professional counseling and facilitation services for Israeli Jewish couples planning to marry. Services, seminars, and therapy sessions help couples plan for their future with a forward-thinking perspective on marriage, gender-roles, sexuality, and Jewish Law. Rabbi Haviva Ner-David is Director.
http://www.reutcenter.org/eng

RIWAQ Center for Architectural Conservation

A nonprofit organization protects and develops Palestine's architectural heritage. RIWAQ maintains valuable historical sites and spreads awareness of them through outreach activities, conservation projects, a Registry of Historic Buildings, and publications. Suad Amiry is Founder and Director.
http://www.riwaq.org

Seeds of Peace

A nonprofit organization fostering co-existence and friendship between Arab and Israeli youth. Seeds of Peace brings Arab and Israeli teenagers together in summer camps featuring sports, arts, and conflict-resolution sessions led by American, Arab, and Israeli facilitators.
http://mpdn.org/seeds.htm

Shalom Achshav (Peace Now)

An Israeli peace movement founded in 1978 to promote a two-state solution. The movement organizes demonstrations, public campaigns, petitions, conferences, broad-based coalitions, and street activities. A key project is Settlement Watch, which monitors and protests the building of settlements in the Palestinian Territories.
http://www.peacenow.org.il/Site/en/homepage.asp

Shatil

An empowerment and training center affiliated with the New Israel Fund that provides Israeli non-profit organizations with consulting and training in organizational development, advocacy, media, coalition building, resource development, and volunteer management.
http://www.nif.org/programs-and-partners/shatil

StartUp Jerusalem

An Israeli nonprofit organization that stimulates economic development and job creation in Jerusalem. StartUp Jerusalem works to revitalize Jerusalem by enhancing its international and national appeal and developing competitive advantages. Ilanit Melchior is a Director.
http://www.startupjerusalem.org

TRUST-Emun

An Israeli nonprofit organization based in Jerusalem that is building mutual trust and understanding through innovative women-led programs. Their dialogue, education, and social events foster reconciliation, healing, and hope. Programs serve Jews, Christians, Druze, and Muslims. Elana Rozenman is Executive Director.
http://www.trust-emun.org

Women's International Zionist Organization

An international movement of Zionist women founded in 1920 and dedicated to the welfare of vulnerable demographics in Israeli society, advancing the status of women, and encouraging Jewish education within Israel and throughout the Jewish diaspora.
http://towizo.org/htmls/Home.aspx

Women's Center for Legal Aid and Counseling

A Palestinian social service and advocacy organization that raises public awareness of women's rights, provides legal services and counseling to victims of domestic violence, and campaigns for legal reform on behalf of women. Dima Aweidah-Nashashibi is Deputy Director.
http://www.answers.com/topic/women-s-centre-for-legal-aid-and-counseling

Women of the Wall

A Jewish women's prayer group that organizes women's prayer services at the Western Wall and advocates for women's rights to pray aloud, sing, and don ritual garments and objects. Haviva Ner-David is a Board Member.
http://en.wikipedia.org/wiki/Women_Of_The_Wall
http://www.newday.com/films/WomenoftheWall.html

Patricia Smith Melton, book editor and photographer, is founder and board chair of Peace X Peace, an international organization that connects women of more than 120 nations for direct, private internet-based conversations across cultural divisions. A professional photographer, poet, and playwright, Patricia conducted the majority of the interviews, edited the excerpts, wrote the biographies, and was the primary photographer. She is an American who lives in the United States.

פטרישיה סמית מלטון היא מייסדת וחברת הנהלה בארגון Peace X Peace, ארגון לא-ממשלתי בין-לאומי המקשר בין נשים מרחבי העולם לשיחות ישירות ובטוחות באינטרנט לקראת הבנה בין תרבויות, שינויי תפיסות ופעילות משותפת למען השלום. פטרישיה היא צלמת מקצועית, משוררת, ומחזאית. פטרישה ניהלה את מרבית הראיונות באנגלית, ערכה את התקצירים והייתה הצלמת הראשית. היא אמריקנית המתגוררת בארצות הברית.

باتريشا سميث ميلتون: مؤسسة ورئيسة مجلس إدارة Peace X Peace وهي منظمة أهلية دولية تهتم بشؤون المرأة في جميع أنحاء العالم. تعمل المنظمة من أجل خلق حوار مباشر وآمن عبر الانترنت، بحيث يهدف هذا الحوار إلى إيجاد تفاهم بين الثقافات، وتغيير المعتقدات، والعمل معاً من أجل السلام. تكتب باتريشا الشعر والأعمال الدرامية وتحب التصوير، وهي التي أجرت معظم المقابلات باللغة الإنجليزية، كما قامت بتحرير المقتطفات، وقامت بأعمال التصوير الرئيسية. تحمل باتريشا الجنسية الأمريكية، وهي تقطن في الولايات المتحدة الأمريكية.

Ruth Gardner, French consultant for Peace X Peace, managed audio technology, conducted interviews, and served as advisor. Ruth, who has worked in the investment industry for more than 20 years, is Canadian and lives in Paris.

רות גרדנר מייצגת את Peace X Peace באירופה. רות קיימה ראיונות באנגלית, ניהלה את כל ההיבטים של טכנולוגיית הקול ושימשה כיועצת, מפקחת ומקור השראה בשטח. במשך יותר מ-20 שנה עבדה בתעשיית ההשקעות. היא קנדית ומתגוררת בפריז.

روث غاردنر: منسقة مؤسسة Peace X Peace في أوروبا. قامت روث بإجراء مقابلات باللغة الإنجليزية، كما عملت على إدارة جميع النواحي المتعلقة بالتكنولوجيا السمعية، وقامت بدور المستشارة والمشرفة في المواقع. عملت روث، التي تحمل الجنسية الكندية وتقطن في باريس، في المجالات الاستثمارية لأكثر من عشرين عاماً.

Elana Rozenman, Middle East consultant for Peace X Peace, directed the selection of the Israeli women, conducted interviews in Hebrew, and photographed several of the women. She is executive director of TRUST-Emun, building mutual trust among the people in the region, and founder of Women's Interfaith Networks. An Israeli, Elana lives in West Jerusalem.

אילנה רוזנמן מייצגת את Peace X Peace במזרח התיכון. היא ישראלית המתגוררת בירושלים המערבית ועובדת עם נשים ישראליות מכל המגזרים. היא מנכ"לית "אמון-טרסט", מלכ"ר הבונה מסגרות של אמון בין אנשים באזור, ומייסדת רשתות בין-דתיות של נשים (WIN) למען דיאלוג באזור. אילנה ניהלה את בחירת הנשים הישראליות, קיימה את הראיונות בעברית, תיאמה את תרגומי העברית וצילמה אחדות מהנשים.

إلانا روزنمان: منسقة مؤسسة Peace X Peace في الشرق الأوسط، وهي تحمل الجنسية الإسرائيلية وتسكن في القدس الغربية، كما تعمل مع نساء إسرائيليات من كافة القطاعات. وهي المديرة التنفيذية لمؤسسة إيمون TRUST-Emun التي تعمل على بناء الثقة بين شعوب المنطقة. قامت إلانا بتأسيس الشبكات النسائية للحوار بين الأديان Women's Interfaith Networks (WIN) التي تعمل على تمكين الحوار في هذا المجال. أشرفت إلانا على اختيار النساء الإسرائيليات المرشحات للمقابلة، ونفذت المقابلات باللغة العبرية، كما قامت بتنسيق ترجمة المقابلات العبرية وتصوير العديد من النساء.

Rula Salameh, a Middle East consultant for Peace X Peace, directed the selection of the Palestinian women and conducted interviews in Arabic. She coordinates education and outreach in Palestine for Just Vision and was one of the founders of the Palestinian Broadcasting Corporation. Rula is a Palestinian living in East Jerusalem.

רולא סלאמה מייצגת את Peace X Peace במזרח התיכון. היא פלסטינית המתגוררת בירושלים המזרחית ועובדת עם נשים פלסטיניות בכל רחבי הגדה המערבית. רולא מתאמת חינוך וייסוג ב-"Palestine for Just Vision" והייתה אחת ממייסדות איגוד השידור הפלסטיני. רולא ניהלה את בחירת הנשים הפלסטיניות, קיימה את הראיונות בערבית, ותיאמה את תרגומי הערבית.

رولا سلامة: منسقة مؤسسة Peace X Peace في الشرق الأوسط، وهي فلسطينية من القدس الشرقية. تعمل رولا مع نساء فلسطينيات في جميع أنحاء الضفة الغربية، وهي منسقة التعليم والتواصل في فلسطين في مؤسسة Just Vision. وتعتبر رولا أحد مؤسسي هيئة الإذاعة والتلفزيون الفلسطينية. أشرفت رولا على اختيار النساء الفلسطينيات وأجرت المقابلات معهن باللغة العربية، كما قامت بتنسيق ترجمة المقابلات العربية وتصوير العديد من النساء.